昭通扶贫

昭通市脱贫攻坚大决战实录

威信卷

政协昭通市委员会 组编

中国文史出版社
CHINA CULTURAL AND HISTORICAL PRESS

图书在版编目（CIP）数据

昭通市脱贫攻坚大决战实录. 威信卷 / 政协昭通市委员会组编. -- 北京 : 中国文史出版社 , 2021.12

ISBN 978-7-5205-3176-4

Ⅰ. ①昭… Ⅱ. ①政… Ⅲ. ①扶贫—工作概况—威信县 Ⅳ. ① F127.743

中国版本图书馆 CIP 数据核字 (2021) 第 187189 号

责任编辑：窦忠如　秦千里　方云虎
特约编辑：窦广利　张幼平　邓文华

出版发行：中国文史出版社
社　　址：北京市海淀区西八里庄路 69 号院　邮编：100142
电　　话：010-81136606　81136602　81136603（发行部）
传　　真：010-81136655
印　　装：廊坊市海涛印刷有限公司
经　　销：全国新华书店
开　　本：787 毫米 × 1092 毫米　1/16
印　　张：26.75
字　　数：368 千字
版　　次：2021 年 12 月北京第 1 版
印　　次：2021 年 12 月第 1 次印刷
定　　价：1980.00 元（全 19 册）

《昭通市脱贫攻坚大决战实录》丛书

编　委　会

《昭通市脱贫攻坚大决战实录·威信卷》
编　委　会

顾　　问：肖顺兴　李沅勇

主　　任：赵　红

副 主 任：王维强

委　　员：杨　波　罗忠平　陶永朝　姜伟五　张正聪　徐瑞兵
应永斌　陶思宽　张安明　万里然　李绍勇　严亚伟
杨洪飞　潘先卫　马正宇　张宗琴　张朝坤　张孟雄
张正茂　马世钦　任宗富　赵　耀

编撰人员

编　　审：王维强

副 编 审：陶思宽　张安明

主　　编：张正茂

编　　辑：张朝坤　周元珠　白尚芬　赵　耀　罗吉芬　周　睿
詹生才　刘　瑶

图　　片：郑方星　周先春　刘　瑶

装帧设计：郑方星

编　　务：马世钦　余　洋　李陆勇　魏国勇　陇良会　余　进
荣必忠　陈吉运　白孝勇　王　英　谢光奎　万　艳

总序

成联远

贫困是人类社会的顽疾，消除贫困是人类梦寐以求的理想，人类发展史就是与贫困不懈斗争的历史。

中国共产党从成立之日起，始终高度重视解决贫困问题，持续向贫困宣战。党的十八大以来，以习近平同志为核心的党中央，把脱贫攻坚摆在治国理政的突出位置，团结带领全党全国各族人民打响了人类历史上规模最大、力度最强、惠及人口最多的脱贫攻坚战。经过8年持续奋斗，如期完成了新时代脱贫攻坚目标任务，现行标准下近1亿农村贫困人口全部脱贫，贫困县全部摘帽，消除了绝对贫困和区域性整体贫困，脱贫地区处处呈现山乡巨变、山河锦绣的时代画卷！这是中国共产党团结带领全国各族人民艰苦奋斗所创造的又一个彪炳史册的人间奇迹，生动展示了中华民族摆脱贫困、走向复兴的强大力量。

昭通地处云、贵、川三省接合部的乌蒙山区腹地，是集革命老区、地震灾区、散居民族地区、生态敏感脆弱地区为一体的深度贫困地区，是全国贫困人口最多、贫困程度最深、脱贫任务最重、攻坚压力最大的地级市。全市11个县（市、区）中有国家级贫困县10个，1379个村（社区）中有贫困村1235个，629万人口中有贫困人口185.07万人，正可谓全国脱贫看云南、云南脱贫看昭通。

历史的洪流浩浩荡荡，精彩的答卷壮阔恢宏。近年来，特别是习近平总书记于2015年视察昭通以来，市委、市政府始终铭记习近平总书记的殷殷嘱托，感恩党中央的亲切关怀，始终把脱贫攻坚作为最大的政治任务，全面落实精准扶贫、精准脱贫方略，团结带领全市各族干部群众，攻坚克难、感恩奋进，发扬钉钉子精神，敢于啃硬骨头，奋力夺取了脱贫攻坚大决战全面胜利。全市现行标准下185.07万农村贫困人口、1235个贫困村、10个贫困县全部退出贫困序列，贫困群众人均收入由2015年的2703元增加到9899元，昭通千百年来的绝对贫困问题历史性地画上句号，全面建成小康社会取得历史性成就。昭通的奋力崛起、华丽转身，是云南乃至全国扶贫开发事业的一个缩影。

荆棘载途，玉汝于成。一切向前走，都不能忘记走过的路。在脱贫攻坚工作中，数万名扶贫干部倾力奉献、苦干实干，将最美的年华无私奉献给了脱贫事业，涌现出许多感人肺腑、可歌可泣的先进事迹。“感动南网”的彝良县牛街镇水田村第一书记吴长碧，用柔弱肩膀扛起扶贫重任；把病情报告单“藏”起来去扶贫的女干部金碧琼，一直坚守在扶贫第一线；特别是即将结婚却没有等到婚礼那一刻的“90后”扶贫干部王秋婷、积劳成疾牺牲在扶贫一线的驻村工作队队长李永春等25名扶贫干部，更是用生命诠释了共产党人的初心使命；还有216对“父子兵”、1284对“夫妻档”，572名干部“轻伤不下火线”，他们用身影、心血和汗水，交出了让党和人民满意的答卷。为全面记录新时代昭通艰苦卓绝、波澜壮阔的脱贫攻坚历史进程，客观反映乌蒙大地发生的翻天覆地历史性巨变，真实记录各级干部群众在脱贫攻坚中的感人故事，经市委同意，我们组织相关县市区、部门、专家对2015年至2020年我市开展脱贫攻坚的重大事件、典型故事进行搜集整理，编写《昭通市脱贫攻坚大决战实录》，旨在通过回望昭通脱贫攻坚的壮阔历程，探索总结蕴含其中的宝贵经验和深刻启示，赓续传承伟大的脱贫攻坚精神，从历史回望中照见未来，以更坚定的信心、更昂扬的斗志，继续走好新时代的长征路，奋力谱写昭通高质量跨越发展新篇章。

以昭通脱贫攻坚的壮阔历程资鉴后世。回望昭通脱贫攻坚的壮阔历程，市委、市政府团结带领全市各族人民披荆斩棘、栉风沐雨，攻克了一个又一个贫中之贫、坚中之坚，脱贫攻坚取得了重大历史性成就。昭通脱贫攻坚任务之艰前所未有，全市基础条件薄弱、致贫原因复杂、发展滞后明显，贫困面积大、贫困人口多、贫困程度深，贫困发生率高达 34.8%，“大山大水大峡谷、天寒地冻不出种、人多地少矛盾多”是昭通最大的市情。昭通脱贫攻坚规模之大前所未有，全市 11 个县市区中有国家级贫困县 10 个，其中深度贫困县 7 个；1235 个贫困村中，有深度贫困村 691 个；农村贫困人口高达 185.07 万人，占全省贫困人口的 1/5 以上，平均每天脱贫人数达到 1000 人以上。昭通脱贫攻坚成效之巨前所未有，全市累计投资 1658 亿元，规划的 12 条高速公路全部落地建设，打通了 11 个“出滇入川进黔”大通道，通车里程达 750 公里；累计新建或改造农村住房 55.89 万户；215.4 万人饮水安全得到巩固提升，自来水普及率达 94%；累计硬化农村公路 1.86 万公里，建成公路安全生命防护工程 1.05 万公里；因地制宜规划建设集中安置区 23 个，35.47 万名搬迁群众全部搬入新居；全市生产总值 5 年连跨 5 个百亿级台阶，年均增长 8%，达 1289 亿元。脱贫地区经济社会发展大踏步赶上来，整体面貌发生历史性巨变，极大增强了人民群众的获得感、幸福感、安全感。我们通过收集广大奋战在一线同志的真实故事，以“当事人”的亲身经历，将昭通脱贫攻坚艰苦卓绝、成效卓著的壮阔历程系统完整地记载下来，形成档案性的历史资料，以资后人，以鉴后世。

探索总结昭通打赢脱贫攻坚大决战的深层逻辑。习近平总书记强调：“办好中国的事情，关键在党。”有了党的坚强领导，脱贫攻坚就有了坐镇中军帐的“帅”，亿万人民就有了众志成城的“主心骨”。面对夺取脱贫攻坚大决战全面胜利的历史重任，市委、市政府始终坚持把党的领导贯穿各项工作全过程，坚持以脱贫攻坚统领经济社会发展全局、以党的建设统领推动各项工作落实“双统领”，强化铁的纪律和硬的作风“双保障”，努力实现党的建设和脱贫攻坚“双推进”。始终坚持以人民为中心的发展思想，提出“坚持以人民为中心、以群众工作为主线，抓住精准、统筹、务实三个关键，实现思想、工作和情感三个认同”的“133”工作思路，让人民群众真正成为脱贫攻坚这棵参天大树的主干。始终坚持精准扶贫、精准脱贫方略，围绕“扶持谁”“怎么扶”“怎么退”“退出后怎么办”四个重点，着力扣好精准识别、精准施策、精准退出、巩固提升“四粒扣子”，构建了一整套行之有效的政策体系、工作体系、制度体系，用发展的办法消除贫困根源。始终深入贯彻落实“五级书记抓扶贫”“党政同责促攻坚”的要求，坚持“一把手”负总责，切实强化市县抓落实机制，着力构建各级领导干部责任上肩、挂甲上任的组织体系。始终坚持集中精锐力量投向脱贫攻坚主战场，累计选派4592名驻村工作队队员、823名驻村督导员、6.37万名各级帮扶干部充实到扶贫一线，鲜红的党旗始终在脱贫攻坚主战场上高高飘扬。这些宝贵经验、深刻启示，我们通过编撰实录的形式如实记录，推动脱贫攻坚的认识和实践实现一个新的飞跃，为以后的改革发展提供重要的历史借鉴和方法指导。

赓续传承新时代脱贫攻坚昭通精神。伟大事业孕育伟大精神，伟大精神引领伟大事业。脱贫攻坚伟大斗争，锻造形成了“上下同心、尽锐出战、精准务实、开拓创新、攻坚克难、不负人民”的脱贫攻坚精神，这是中国精神、中国价值、中国力量的充分彰显。回望昭通脱贫攻坚大决战的壮阔历程，市委、市政府团结带领全市各族人民风雨同舟、携手与共、砥砺奋斗，努力闯出了一条以脱贫攻坚统领经济社会发展全局，倒逼产业形态、基础设施、城乡建设、生态文明等各个领域创新突破的“昭通路径”，奋力跑出了争先进位、赶超跨越的“昭通速度”，锻造锤炼了为民务实、实干求真的“昭通作风”，树立展示了“文明友善、开放包容”的“昭通形象”，淬炼形成了敢打善拼、坚韧求成、再硬的骨头也要嚼碎的脱贫攻坚“昭通精神”，这是一笔昭通当代脱贫攻坚人留给后世的宝贵精神财富。我们着力做好时代的忠实记录者，发挥文史资料“存史、资政、团结、育人”功能，赓续传承、大力弘扬新时代脱贫攻坚昭通精神，激励全市600多万名各族儿女在新征程上再鼓干劲、再聚合力、再立新功。

引领我们不断从胜利走向新的更大胜利。春江浩荡暂徘徊，又踏层峰望眼开。脱贫摘帽不是终点，而是新生活、新奋斗的起点。我们如期完成新时代脱贫攻坚目标任务，为实现两个百年奋斗目标以坚定信心、强劲动力，必将激励我们不断从胜利走向新的更大胜利。站在新的历史交汇点上，推动滇东北开发提速和崛起的奋斗史诗正在书写，我们必须从决战决胜脱贫攻坚的实践中汲取智慧和力量，进一步增强“四个意识”、坚定“四个自信”、做到“两个维护”，不断提升政治判断力、政治领悟力、政治执行力，在以习近平同志为核心的党中央的坚强领导下，永远保持慎终如始、戒骄戒躁的清醒头脑，永远保持不畏艰险、锐意进取的奋斗韧劲，永远保持永不懈怠、一往无前的精神状态，真抓实干、埋头苦干，脚踏实地、久久为功，在推动昭通高质量跨越发展的新征程上奋勇前进！

（作者时任中共昭通市政协党组书记、政协昭通市委员会主席）

本卷序言：时光不负追梦人

肖顺兴　李沅勇

脱贫伟业，史诗如歌。党的十八大以来，以习近平同志为核心的党中央高度重视脱贫攻坚工作，擂响了精准扶贫、精准脱贫的战鼓，向贫困发起了总攻。历经8年，全面建成小康社会取得伟大历史性成就，决战脱贫攻坚取得决定性胜利，这一光辉业绩永载史册。我们编制脱贫攻坚大决战实录威信卷，留以传承、用以延续，回望来时路上的风雨兼程，彰显了翻天覆地的沧桑巨变，绘就了日新月异的崭新画卷。

威信，推动中国革命走向胜利新阶段的革命老区县，有着宝贵红色基因。1935年2月，中央红军长征集结扎西，召开了具有重要历史意义的“扎西会议”。2020年，习近平总书记在考察云南的重要讲话中指出：“‘扎西会议’改组党中央领导特别是军事领导、推动中国革命走向胜利新阶段。”土地贫瘠、气候恶劣、交通闭塞曾经是威信县广大农村最真实的写照，45万老区人民世代饱受贫困之苦，贫困的标签深深烙印在这片红色的土地上。

郡县治，天下无不治。县域作为国之根本、治国理政的基石，是脱贫攻坚的主战场和最前线，真正扮演着“抓落实”的重要角色。自脱贫攻坚战役打响以来，我们坚决贯彻落实习近平总书记关于扶贫开发重要论述，坚决执行中央、省、市对脱贫攻坚的决策部署，始终坚持精准扶贫精准脱贫基本方略，以脱贫攻坚统领经济社会发展全局，咬定青山不放松，苦拼实干抓落实，全员动员、尽锐出战，组织所有资源和力量向贫困发起总攻，实现了现行标准下所有贫困人口脱贫退出，贫困群众“两不愁三保障”突出问题得到有效解决，路房水电等基础设施得到全面改善，住有所居、病有所医、学有所教保障到户到人，通信设施、文娱场所覆盖到村到组，处处呈现新房新村新貌，彻底改变了广大农村面貌，困扰威信千百年的绝对贫困问题历史性地画上了句号，经济社会发展处处呈现出前所未有的生机和活力：高铁、高速建成通车，实现了交通从末梢到前沿的一步大跨越；以方竹、生猪为主导的“1＋N”产业强劲蓄势，实现了高原特色产业从一家一户的传统模式向一二三产业融合发展的大跨越；城市形象大为改观、城乡面貌日新月异……巩固脱贫成果接续推进乡村振兴的基础更加坚实。

积力之所举，则无不胜也；众智之所为，则无不成也。打赢脱贫攻坚战役，核心在党的集中统一领导，只有中国共产党这个强有力的领导核心作保障，才能有效动员力量、科学分配资源，汇聚起强大战斗力；关键在以人民为中心，始终把人民放在最高位置，围绕“服务人”“改变人”这一根本，坚持不掉一户、不落一人，精准施策到村、到户、到人，用一件件实事让人民得到更多看得见、摸得着的实惠，就能获取无穷力量，再远的彼岸也能抵达；优势在集中力量办大事，以脱贫攻坚统揽经济社会发展全局，一切工作向脱贫攻坚聚焦、一切力量向脱贫攻坚聚合、一切资源向脱贫攻坚聚集，一件件难事、一场场硬仗，通过尽锐出战、多方发力、上下联动、久久为功，都逐一解决，取得了全面胜利。

回首过往，客观、全面、真实，立体呈现威信县各级干部在脱贫攻坚战场上的生动实践，走遍千山万水、访遍千家万户、诉尽千言万语、克服千辛万苦、想尽千方万计，用生命和忠诚、鲜血和汗水、责任和担当，冲锋陷阵、斩关夺隘，抢险飞渡、奋勇前进，打赢了一场又一场战役，攻克了一个又一个堡垒，闯过了一个又一个难关，书写了许许多多可歌可泣、感人至深、催人奋进的壮丽华章，这是老区人民弥足珍贵的宝贵精神财富，这是威信干群不断汇聚的强大攻坚力量，历史必须铭记，我们必须传承。

时序更替，华章日新。时值党的100周年华诞，小小红船，奋楫扬帆，尤须深刻铭记中国人民和中华民族为实现民族独立、人民解放和国家富强、人民幸福而奋斗的百年艰辛历程。“十四五”已开新篇、新征程即将启航，我们要准确把握新发展阶段，全面贯彻新发展理念，全力构建新发展格局，始终牢记习近平总书记的殷殷嘱托，找准奋斗的坐标，把牢奋斗的舵首，继续奋斗、勇往直前，全面开启建设社会主义现代化的新征程，奋力谱写威信经济社会高质量跨越发展的新篇章。

写于2021年1月20日

（作者肖顺兴时任中共威信县委书记，李沅勇时任中共威信县委副书记、县长）

目　录

第一编　本卷综述

第二编　产业就业扶贫

第三编　基础设施建设

第四编　易地扶贫搬迁

第五编　教育文化健康扶贫

第六编　挂钩帮扶及社会扶贫

第七编　组织保障

第一编　本卷综述

勠力战贫抒壮志　老区换貌展新姿

革命老区威信，地处川、滇、黔三省接合部，素有“鸡鸣三省”之称，是一个集老、少、边、穷、山为一体的欠发达地区。83 年前，中央红军长征途经威信并集结 11 天，在这里召开了具有重大历史意义的“扎西会议”，2020 年 1 月 19 日至 21 日，习近平总书记考察云南时的重要讲话指出：“扎西会议”改组党中央的领导特别是军事领导、推动中国革命走向胜利新阶段。83 载时空穿越，从土地革命到改革开放，老区人民谋幸福的脚步从未停歇。但在这片洒满英烈鲜血的土地上，贫困却总是如影随形，不肯轻易远离。

长期以来，经济落后一直制约着这方曾为中国革命贡献力量、有着光荣革命传统红色土地的发展。随着全国脱贫攻坚工作号角的吹响，威信县所有干部闻令而动，投身战场，携手 45 万威信儿女以昂扬的斗志和不屈的精神向贫困宣战，用青春热血书写了一曲壮丽的脱贫攻坚赞歌。2019 年 4 月 30 日，省政府宣布威信退出贫困县序列。

一、全面排查、全民参与，精准识别定靶心，切实解决“扶持谁”的问题

天下大事必作于细，为切实提高贫困人口精准识别度，威信县紧紧围绕“零漏评”目标，坚持把精准识别作为脱贫攻坚的生命线，依照上级确定的识别标准程序，结合实际提出了“四提两核两审两评两公示”（四提：由摸底调查小组、村民小组理事会、村民小组群众会、村“三委”各自独立提出错评、漏评、错退、漏退“四类对象”建议名单；两核：县直部门数据比对核实，乡村入户实地复核；两审：乡村联合预审；两评：理事会预评暨党员评议和群众会评议；两公示：村民小组公示和乡镇公示）八步走程序，注重发挥群众的主体作用，成立由村民小组长、党员及乡贤组成的理事会参与精准识别，最大限度听取群众意见，精准识别建档立卡贫困户，确保应扶尽扶，应退尽退，切实扣准了脱贫攻坚的第一粒“扣子”。

二、责任到人、保障到位，建章立制保落实，切实解决“谁来扶”的问题

建立健全指挥体系、责任体系、保障体系和帮扶体系，做到分工明确、任务清晰、责任到人、保障到位，形成层层有人管、事事有人抓的扶贫工作机制。

——高位推动，构建坚强有力的指挥体系。成立以党政主要领导任“双组长”的县扶贫开发领导小组，成立了县、乡两级脱贫攻坚指挥部，实行县、乡、村三级书记和县、乡两级指挥长双轨负责制，县指挥部由县委书记、县长担任指挥长，由10名挂乡包村县委常委和人大、政协主要领导担

任乡镇指挥长，县统乡、乡统村，做到一级抓一级、层层抓落实、人人抓扶贫，形成目标明确、职责明确、统一标准、统一调度、高位推动的组织指挥体系。

——压实责任，构建人人有责的责任体系。建立完善处级领导包保制度，全县 83 个村（社区）由 43 名县处级领导全覆盖包村负责。全面建立“挂包帮、转走访”工作机制，统筹省、市、县 100 家单位挂钩帮扶 83 个村（社区），3954 名干部职工结对帮扶所有建档立卡贫困户，帮扶工作实现全覆盖。安排驻村扶贫工作队 83 支、队员 338 名，派驻到有脱贫任务的 83 个村（社区），实现驻村扶贫工作队全覆盖。层层签订“政治生命承诺书”和“履职尽责承诺书”，制定了处级领导、县级单位包保和干部帮扶的考核办法，明确具体的考核奖惩措施，实行县级挂钩帮扶单位帮扶成效与政治生命挂钩，建立起压力全覆盖、任务全分解、责任全落实的脱贫责任机制。

——强化保障，构建强劲有力的保障体系。强化人力保障，通过增加编制，招聘待岗大学生，充实县、乡、村三级扶贫工作力量。强化政策保障，根据中央省市文件精神，结合威信实际，围绕户脱贫、村出列、县摘帽，细化制定了贫困对象识别、易地扶贫搬迁、农村危房改造、就业扶贫、产业扶贫、金融扶贫、健康扶贫、教育扶贫、兜底保障、精准脱贫退出等一系列文件，形成了较为完善的政策支撑体系。强化经费保障，全力争取各级支持，聚力投入脱贫攻坚。2015 年以来，累计投入扶贫资金 51.532 亿元。同时，清理盘活存量资金，合理安排增量资金，大力压减一般性支出，调整优化支出结构，集中有限财力投入脱贫攻坚，实现项目投入精准、资金投入精准，保障脱贫攻坚工作正常开展。建立脱贫攻坚期间村干部绩效激励机制，提高村干部工作的积极性和主动性。强化纪律保障。坚持脱贫攻坚工作与扶贫领域监督执纪问责同步推进，将监督执纪问责贯穿于脱贫攻坚工作始终。建立健全扶贫项目资金管理办法，始终把扶贫领域资金监管作为带电的“高压线”，对“微腐蝇贪”实行零容忍，严厉惩治扶贫领域腐败和作风问题。

——汇聚合力，构建“三位一体”帮扶体系。扎实推进东西对口帮扶协作，东莞市投入东西扶贫协作帮扶资金1.3亿元。立足优势互补、合作共赢的帮扶合作模式，积极开展人才交流、产业合作，大力开展劳务协作，在东莞市大岭山镇建立就业扶贫基地，有序组织建档立卡贫困劳动力到东莞务工。县、乡、村三级分别与东莞市大岭山镇、沙田镇、洪梅镇签订“携手奔小康”框架协议，累计投入帮扶资金973.5万元，东西部扶贫协作及“携手奔小康”项目资金覆盖贫困村80个。加强与中央定点扶贫单位及省市挂包部门的对接协调，积极争取资金、项目落地。鼓励支持民营企业、社会组织、个人参与扶贫开发，构建专项扶贫、行业扶贫、社会扶贫“三位一体”大扶贫格局。

三、分类施策、精准发力，攻克堡垒促攻坚，切实解决“怎么扶”的问题

为确保措施到户精准、项目安排精准、资金使用精准，聚焦“两不愁三保障”，对标对表对所有建档立卡贫困户和贫困村基本情况进行调查核实，按照“缺什么补什么”的原则，从脱贫保障类和巩固提升类两个大类细化完善脱贫攻坚项目库，切实扣好精准扶贫第二粒“扣子”，以“八大攻坚战”为抓手，逢山开路、遇水架桥，全力攻克制约脱贫摘帽的堡垒。

——打好打赢就业扶贫攻坚战。结合威信实际，把就业扶贫作为最直接、最有效的增收措施来抓，根据每户贫困家庭劳动力的实际情况，分类制定公益岗位就业一批、村级劳务队就近就业一批、有序组织到东莞新就业一批、转岗到东莞就业一批、继续回原单位稳定就业一批“五个一批”就业政策。对有序组织到东莞就业的实行“四不愁”“三保障”“两放宽”“两补助”政策（路费不愁、吃饭不愁、住宿不愁、工作不愁；工资有保障、权益

有保障、服务有保障；年龄放宽、学历放宽；务工半年以上给予500元交通补助、1000元稳岗补贴），并积极协调东莞市大岭山镇每生每年补助5000元、学校减免500元、建档立卡户承担2000元的方式，解决举家赴东莞就业建档立卡户子女在当地就学问题；对在外务工半年以上的建档立卡贫困劳动力，分别给予每人省内务工400元、省外务工500元的交通补助；对县内务工半年以上的建档立卡贫困劳动力，每人每年给予300元就业补助。2015年以来，累计转移就业建档立卡劳动力133035人次，培训建档立卡贫困劳动力18502人次。除整户兜底家庭外，努力实现有劳动能力的建档立卡家庭成员都能适岗就业。

——打好打赢产业扶贫攻坚战。坚持把产业作为稳定脱贫的根本措施和长久之策，按照人均2亩竹2头猪的发展目标，大力发展以方竹为主导的“1+N”高原特色产业，采取贫困户将财政扶贫资金、土地、山林等资源入股合作社等方式，扶持发展农民专业合作社，通过“合作社+农户”“公司+合作社+农户”等发展模式，积极探索一条村村有亮点、组组有看点、户户有支撑的产业发展新路子。五年来，全县累计投入产业扶贫资金6.99亿元，累计覆盖建档立卡贫困户33391户次。全县已建成万亩连片方竹基地11个，建成规模化标准化生猪养殖场82个、仔猪繁育场1个，改扩建仔猪繁育场7个。同时，优化营商环境，出台优惠办法，大力实施产业精准招商，引进四川铁骑力士、重庆猪猪侠、江西双胞胎、贵州新润丰等一批知名农业龙头企业落户威信。加强村级集体经济发展，采取财政专项资金入股和自主发展等模式，发展壮大村集体经济，全县80个贫困村均实现村级集体经济年收益5万元以上。加强农村电子商务平台建设，助推产业扶贫“互联网+”，建成县级电子商务公共服务中心1个、乡镇电子商务公共服务站10个、45个村级电子商务公共服务点完成通快递物流服务，实现乡镇电商服务站覆盖率100%，村级电商服务点覆盖率达51%。规范提升农民专业合作社，切实发挥农民专业合作社在产业扶贫工作中的积极作用。

——打好打赢易地扶贫搬迁攻坚战。组建县级易地扶贫搬迁指挥部，因地制宜制定搬迁方案，以城镇化安置为主，在县城龙溪小区和5个乡镇集镇新建小区进行集中安置，严格落实建房补助政策，完善公共服务资源配套设施，积极发展产业，创造岗位解决就业，确保群众“搬得出、稳得住、逐步能致富”。2016年以来，全县累计完成易地扶贫搬迁建档立卡贫困户3727户16255人。

——打好打赢农村危房改造攻坚战。精准锁定农村危房存量，县级组建专家团队，逐户对全县农村住房安全情况进行摸底排查，分类建立C、D级危房台账。分类制定补助政策，对符合4类对象条件的，根据农危改对象的贫困程度和不同的改造方式制定一户一方案进行补助；属于非4类危房的，以加固修缮为主，由县级筹资解决。2016年以来，累计投入资金6.5亿元，实施农村危房改造24536户（含非4类对象），其中建档立卡贫困户11795户，实现了住房安全保障全覆盖。

——打好打赢健康扶贫攻坚战。全面落实云南省健康扶贫30条措施，全县建档立卡贫困人口全部参加城乡基本医疗保险和大病保险。组建家庭医生签约服务团队194支，优先做好贫困人口、孕产妇、0—6岁儿童、老年人、慢病患者、残疾人、计划生育特殊家庭等重点人群和高血压、糖尿病、肺结核、严重精神障碍等重点疾病的签约服务。县域内定点医疗机构全部实行“先诊疗后付费”，全部开通“一站式”即时结报。进一步落实卡户患者的救治工作，大病患者分别由县人民医院、中医医院、疾控中心建立“一人一档一方案”。完成75个标准化村卫生室建设，80个贫困村卫生室业务用房全部达标，10个乡镇均有一所标准化卫生院。县人民医院、县中医院达到二级甲等标准，县、乡、村医疗机构人员配备、医疗设备基本满足临床诊疗需要，因病致贫、因病返贫基本得到解决。

——打好打赢教育扶贫攻坚战。义务教育发展基本均衡通过国家验收。全面落实“双线六长制”，建立健全“控辍保学”工作机制，严格落实一对一包保责任制，确保义务教育阶段学生辍学率在控制范围内。全面落实资助政策，对建档立卡贫困家庭在校生实施“减免补助奖贷”等资助政策，实现应助尽助，确保各教育阶段建档立卡贫困家庭在校生从入学到毕业全程资助。2015 年以来，累计发放义务教育寄宿学生生活补助、农村义务教育学生营养改善计划、学前教育省政府助学金、高中贫困学生助学金、中等职业教育贫困学生助学金、建档立卡贫困大学生县级补助、雨露计划、生源地助学贷款等资金 9.2 亿元，资助学生 49.4 万人次，其中建档立卡学生 32.7 万人次。

——打好打赢社会保障攻坚战。加强社会保障对象精准识别，2017 年组织县、乡、村三级干部 700 余人集中开展农村低保和特困供养精准识别工作，严格履行个人申请、入户核查、民主评议、数据信息核对、审核审批公示等程序，将建档立卡贫困人口中完全或部分丧失劳动能力的 15661 人全部纳入社会救助保障范围，把农村最低生活保障标准提高到每人每年 3252 元，农村低保标准与扶贫标准实现了“两线合一”。全兜底家庭按年人均纯收入不低于脱贫标准进行民政保障，差额部分由县级财政配套解决，确保与其他卡户家庭同步实现脱贫。

——打好打赢基础设施建设攻坚战。集中精力解决“出行难、饮水难、用电难、通信难”问题，促进农村生产生活条件发生根本性变化。全县累计投入资金 14.2 亿元，先后完成了建制村公路硬化、村组公路通达、村组公路硬化等工程，全县所有乡镇和建制村通硬化路率达到 100%，硬化村组公路 1562 公里，硬化率达到 58%，实现“乡乡通油、村村通畅、组组通达”，县乡道路安全隐患治理率基本达到 100%。新建、改扩建村级组织活动场所 35 个、村民小组活动场所 263 个、村（社区）活动场所（村级综合文化服务中心）82 个、七彩云南农民健身工程 9 个，所有贫困村广播电视覆盖率达 99% 以上。村（社区）电力、饮水安全保障、4G 通信网络等公共服务设施实现全覆盖。

四、严格标准、户户过关，严把质量控退出，切实解决“如何退”的问题

坚持现行标准，既不降低标准，也不吊高胃口，坚守脱贫退出质量生命线，严格遵照贫困对象退出标准和退出程序，以“零错退”为工作目标，扎实抓牢精准退出，确保贫困退出经得起历史和人民的检验。

——严把贫困人口退出质量关。在乡镇申报户脱贫的基础上，县级组织对脱贫退出户全面复核，并重点盯住有错退风险的脱贫户，进行逐户分析研判，达不到脱贫退出条件的，坚决不予脱贫。县级复核通过后，组织县直部门逐户对已脱贫户进行达标认定，做到“应退则退”，确保贫困人口退出精准。

——严控贫困村出列关。加强贫困村出列检查，行业部门对照村出列标准，逐项进行综合评估、检查认定，出具认定报告。

——严格县摘帽质量标准。组织县直各有关部门对县摘帽标准进行全面自检自查，综合分析县摘帽的各项考核指标达标情况，确保实现高质量脱贫摘帽。

五、志智结合、激发动力，调动群众谋发展，确保走实群众路线

始终坚持以人民为中心，把群众作为脱贫攻坚的主导者、参与者、受益者，全面把握精准、统筹、务实“三个关键”，认真走实走细走好群众路线，努力实现群众在思想、工作、情感上“三个认同”。

——深入开展“三讲三评”和“三同五促”活动。深入贫困村开展驻村

工作队员讲帮扶措施、评帮扶成效；村组干部讲履职情况、评工作成效；建档立卡贫困户讲脱贫情况、评内生动力。制定出台《威信县脱贫摘帽“三同五促”脱贫提升行动方案》，全县各级干部职工深入挂包贫困户开展“三同五促”活动，即与贫困家庭“同吃、同劳动、同学习，促进困难问题解决、促进脱贫内生动力增强、促进改善人居环境、促进提高扶贫政策知晓率、促进提升群众满意度”。大力开展挂包干部职工帮助贫困群众实现1—2个“微心愿”，挂包单位着力解决一批制约贫困群众脱贫的问题，干部对户、单位对村，保证工作精准度，提高群众认可度。

——加强矛盾纠纷排查化解。针对群众反映突出的精准识别、政策落实、干部作风、形式主义等扶贫领域问题，逐一梳理问题清单、制定化解方案、明确包保责任、形成长效机制，确保扶贫领域矛盾纠纷排查化解取得实效，不断增强人民群众的获得感、幸福感、安全感。

——狠抓环境卫生整治。全面启动“百村示范、万村整治”，在县财政极其紧张的情况下，按照每个乡镇不低于30万元的标准保障工作经费，安排公益保洁人员3109人，县、乡两级均成立农村人居环境整治领导组和办公室，大力开展村庄、公路沿线、河域环境、房前屋后卫生环境整治，村容村貌明显提升改善。

六、党建引领、筑牢堡垒，夯实基础抓脱贫，确保党建扶贫双推进

将党建工作重心转移到为脱贫攻坚凝聚人心、汇集力量、夯实基础上来，充分发挥党的政治优势、组织优势和群众工作优势，找准基层党建与脱贫攻坚的结合点，切实把组织优势转化为推进脱贫攻坚的工作优势。

——让党旗在脱贫攻坚一线飘扬。把坚决打好打赢脱贫攻坚硬仗作为

各级领导干部是否讲政治的“试金石”，在脱贫攻坚这场战役中，全县涌现出了杨祖辉、杨学奎、李永春等可歌可泣的优秀干部。同时，把脱贫攻坚作为考察识别干部的主战场，建立健全正向激励机制。2015 年以来，从脱贫攻坚一线选拔优秀干部 159 人次；从乡镇事业编制人员、优秀村干部、大学生村官中选拔乡镇领导班子成员 12 名，从符合资格条件的事业人员中公开选调副科级干部 8 名。

——全面实施抓党建促脱贫攻坚。坚持把基层党组织建设成为带领群众攻克贫困堡垒的“一线指挥部”。持续开展软弱涣散党组织整顿工作，全面启动村（社区）党组织书记分析研判工作，对履职不到位、精神状态不佳的村（社区）党组织书记进行诫勉谈话，对不胜任工作岗位的村（社区）党组织书记进行调整更换。抓实“党支部 + 合作社”，整合“四位一体”资金和财政专项扶贫资金共 5885 万元，扶持 81 个村（社区）发展壮大村级集体经济，切实增强发展后劲。

七、坚持“四个不摘”，做到“四个力度不减”，以重点突破带动整体提升，全面巩固提升脱贫质量

大道无疆，行在路上。对威信来讲，脱贫摘帽不是终点，而是新时代长征路上的一个重要节点，更是一个新的起点！脱贫摘帽后，威信县始终保持以脱贫攻坚统领经济社会发展全局的政治定力，严格按照“四个不摘”的要求，始终坚持组织领导力度、政策落实力度、帮扶力度、投入力度“四个力度”不减，保持攻坚态势，强化攻坚责任，全力巩固脱贫成果，提升脱贫质量。

——始终保持组织领导力度不减，做到摘帽不摘责任。一如既往肩负起“县抓落实”的政治责任，不折不扣落实县乡村三级书记抓扶贫、“双组

长”“一把手”责任制，保持县乡村指挥部不变，坚持每月至少研究一次脱贫攻坚工作。建立健全压力全覆盖、任务全分解、责任全落实的脱贫责任追究机制，全面落实“五级书记”遍访贫困对象行动。

——始终坚持政策落实力度不减，做到摘帽不摘政策。在脱贫摘帽后，仍然保持全县已脱贫人口在教育、医疗、就业、养老等方面的扶持政策不变，做到既不拔高标准又不降低标准，确保贫困群众在政策支持下稳定脱贫。同时按照“巩固提升、重点突破”的思路，着力破解巩固之难、产业之困、防贫之坚。制定出台了脱贫攻坚成果巩固提升方案等系列巩固措施，进一步补齐“两不愁三保障”突出问题短板。建立防贫基金，一户一策，全力防止返贫和新致贫。

——始终保持帮扶力度不减，做到摘帽不摘帮扶。在脱贫摘帽后，始终坚持队伍不撤、力量不减，确保工作的连续性，不获全胜决不收兵。帮扶力量不减。保持县处级领导挂乡包村制度，持续向 83 个行政村全覆盖选派第一书记、驻村工作队，省、市、县、乡 3823 名干部职工结对帮扶全县所有卡户。帮扶项目不减。围绕脱贫攻坚巩固提升目标任务，调整完善脱贫攻坚项目库，入库项目 12 大项，总投资 323210.77 万元。

——始终保持投入力度不减，做到摘帽不摘监管。按照脱贫巩固 20 条措施，整合各类资金，坚持因村制宜、因户施策，重点推进产业、就业、兜底保障等“巩固提升工程”。2019 年以来，按照脱贫巩固 20 条措施，累计投入脱贫攻坚资金 16.7 亿元，全力推进产业、就业、住房、兜底、健康、教育、基础设施、人居环境整治等工程。

五年来，威信县在脱贫攻坚这场战役中，投入力度之大、动员规模之广、产生影响之深，前所未有，贫困地区和贫困群众生产生活条件显著改变，开启了威信发展新的征程。减贫成效取得决定进展，累计实现减贫 17750 户 74629 人，现行标准下农村贫困人口全部实现了脱贫，贫困发生率由 2014 年底的 12.37% 下降到 0，出列贫困村（社区）80 个；区域发展迈出坚实步伐，特色优势产业快速发展，电商扶贫、旅游扶贫等新业态迈出新步伐，基础设施和公共服务建设逐步完善，贫困地区整体面貌焕然一新；人民生活得到全面保障。实现了户户安居、舒适宜居，因病致贫、因病返贫问题得到有效解决，建档立卡贫困户无一名学生因贫辍学，无劳动力家庭实现应兜尽兜、应扶尽扶；干群关系进一步改善。县、乡、村三级齐心协力、并肩战斗，诠释了扶贫干部的担当和情怀，实现了群众工作和脱贫攻坚一个战场、两场战役的双赢，厚植了党的执政根基。

雄关漫道真如铁，而今迈步从头越。2020 年，高铁高速相继通车，千里之外、朝发夕至。老区威信彻底打破交通落后的束缚，迎来了通江达海的崭新局面。“两高”时代的到来，必将为威信县高质量发展插上腾飞的翅膀，45 万老区儿女将站在脱贫攻坚战伟大胜利的新起点，乘势前行，接续谱写追逐幸福生活的华美乐章！

（中共威信县委办公室供稿）

奋力走好新时代的扶贫“长征路”

肖顺兴

一代人有一代人的长征路，每一代人都要走好自己的长征路。2015 年 11 月 27 日，习近平总书记在中央扶贫开发工作会议上指出，“全面建成小康社会，是我们对全国人民的庄严承诺，必须实现，而且必须全面实现，没有任何讨价还价的余地。”总书记的这一铮铮誓言，掷地有声、一诺千金。威信县积极响应党中央和总书记的号召，尽锐出战，精准施策，浩浩荡荡投身于攻克贫困堡垒这场世纪之战。

威信是革命老区县，1935 年 2 月 4 日至 14 日，中央红军集结威信扎西 11 天，召开了著名的“扎西会议”，习近平总书记在考察云南时的重要讲话中指出：扎西会议改组党中央的领导特别是军事领导、推动中国革命走向胜利新阶段。但是，在这片洒满英烈鲜血的土地上，贫困却总是如影随形，不肯轻易远离。为了战胜贫困，坚决兑现庄严承诺，从 2015 年 12 月开始，我非常荣幸能够作为威信人民的一员、威信干部的一员，亲身参与、全程指挥了这场攻坚之战、决胜之战，在中央、省、市的坚强领导下，秉承“信念坚定、不怕艰苦、意志顽强、团结奋斗”的红军长征扎西精神，奋力走好了这条新时代的扶贫长征路。今年，脱贫攻坚大决战收官在即，威信县在决战决胜脱贫攻坚的战场上步履坚定、信心十足、斗志昂扬，在威信发展历史上书写了浓墨重彩的一笔，而今，战地花香，一个个村庄旧貌换新颜，一条条村道四通八达，一座座民房错落有致，处处展现出欣欣向荣、生机勃勃的脱贫新气象。回顾5年多来的艰辛历程，威信县打赢了一场又一场的脱贫攻坚战役，攻克了一个又一个的贫困堡垒，成效明显、硕果累累，全县累计脱贫17750户74629人，现行标准下农村贫困人口全部实现了脱贫，贫困村全部出列，解决了区域性整体贫困问题，消除了千百年来的绝对贫困。

坚守初心，肩扛使命，找准了贫困“病根”

打赢脱贫攻坚战是新时代中国共产党人的伟大历史使命。我到威信县任职的第5天，当我第一次深入挂钩的高田乡走访贫困户的时候，了解到钨城村、坡上村是比较边远贫困的少数民族村，我就想去实地调研，真正切身了解威信的深度贫困现状。在前往坡上村长湾村民小组的路上，车辆无法通行，大家纷纷下车准备步行上山。村上的干部告诉我：穿一般的鞋子是走不上去的，必须换上雨鞋。我当时还半信半疑地换上了鞋子，一路走，一路泥泞，一路感叹，经过2个多小时的艰难步行，终于到达了长湾村民小组。这是一个相当落后的苗族村寨，映入眼帘的是破败的茅草房，人畜混居，环境脏乱差，生存环境十分恶劣，交通闭塞、饮水困难、用电不足、住房简陋、受教育年限严重不足等问题长期困扰着当地的群众，“贫困程度深”是这个地方最显眼的“标签”。

这次走访调研，刷新了我对威信深度贫困地区的认识，让我不得不重新审视威信县的脱贫攻坚工作。后来，我陆续调研了茨竹坝、硝洞、细长、锅圈、天蓬、唐家坡……这些深度贫困的地区。如果不坚定不移推动脱贫攻坚工作，不采取超常规措施，如何能让这些深度贫困的地方脱贫，这是我作为一名主要领导必须深入思考的问题。同时，脱真贫、真脱贫是不能打任何折扣的，措施如何落实、群众怎么动员、干部能不能胜任这些问题都是不可回避的。回想当初，来到威信县，很多同事、朋友都说这边的工作好做，脱贫攻坚任务也不重，但真正了解了才会明白，威信是老区，但老区还有一个新的标签就是“贫困”，如何攻克这个贫困堡垒，带领干部、群众脱贫摘帽是摆在我们面前必须破解的难题。

“咬定青山不放松、不破楼兰终不还”是在这5年多的战斗中全县干部喊得最响的“号子”，也饱含着最磅礴的力量。通过对深度贫困地区的逐一走访调研，我更加坚定了带领全县干部群众脱贫摘帽的决心。为了寻找攻克贫困的路径和方法，2017年5月4日至5日，我带领考察组到兰考县考察脱贫摘帽工作，对标先进找差距，进一步明晰了思路，提出了打响“八大攻坚战”的具体举措，并在全县大力推广。通过一段时间的调研、考察、探讨，为了统一全县干部群众的思想，我分别与处级领导、乡镇和部门主要负责同志谈心谈话了解情况，统一思想，坚定信心、凝聚力量、汇聚合力，全县干部群众形成了一个共同的目标：坚决脱贫摘帽；形成了一个共识：一个村组不好好干、全县人民陪你干，一个干部不好好干、全县干部陪你干；形成了一条铁的纪律：摘不掉贫困帽就主动辞职并接受组织处理，对影响脱贫攻坚大局、影响脱贫摘帽的干部从扣除绩效、免职、组织处理等方面作了明确的规定，提出为自己而战的导向，并把能否完成脱贫攻坚任务作为考核检验干部的重要依据。从我带头县、乡、村三级层层签订“政治生命承诺书”、立下“生死军令状”。为了确保问题解决，我适时牵头召开会议研究脱贫攻坚工作，先后召开县委常委会41次、扶贫开发领导小组会议43次、专题会178次，以脱贫攻坚统领经济社会发展各项工作，全县各级统一了思想，坚定了以干部“脱皮”换群众脱贫的决心，在革命老区威信上演了苦干实干决战贫困的宏伟“话剧”，书写了攻坚克难奋勇向前的脱贫“史诗”。

栉风沐雨，精准识别，扣好了第一粒“扣子”

对象是否精准，是脱贫攻坚成败的关键。2017年5月开始，按照中央、省、市的要求，对所有的农户开展精准识别摸底排查工作。我任组长，组织全县近4000余名县乡村组干部参与此项工作，组建扶贫对象动态管理工作队83支，对全县开展“拉网式”和“地毯式”排查，做到不留死角、不漏一户，彻底摸清贫困底数。前期工作准备比较充分，威信的摸排进度一段时间名列全市前列。5月28日我到高田乡调研精准识别工作开展情况时，我还鼓励大家要再接再厉。当我们还沉浸在取得好成绩的喜悦中时，当我们还在津津乐道、沾沾自喜、自以为是时，2017年9月，贫困对象动态管理工作省级检查考评组深入我县实地考核评估，综合评定为全省倒数第二。这一个结果如当头棒喝，犹如泼了一瓢冷水，在全省扶贫开发领导小组会议上被全省通报，县委、县政府向市委、市政府作了检讨，被省委、省政府领导约谈。

可以说，精准识别是脱贫攻坚的生命线，如果贫困对象识别不精准，也就意味着我们的精准施策就是空谈，扣不好第一粒“扣子”，其他的“扣子”都会扣歪。我深刻反思这个问题的严重性，在全县的扶贫开发领导小组会议上作了深刻检讨。下步工作如何做，目标就是要围绕“零漏评、零错评、零错退”，组织干部职工开展“回头看”势在必行。白天我到乡镇了解摸底情况，晚上就回办公室召集研究方法，每一户群众都是一个特殊个体，要有一套行之有效的方法给干部摸底作参考，这个标准很难研究，连续几个晚上的反复讨论研究，在“五查五看”“三评四定”、公示公告等工作的基础上，总结出了符合威信实际的“四提两核两审两评两公示”八步走程序，把群众主体、贫情分析、摸底调查、政府参与等结合起来，流程一环不少、一样不减。在全县干部职工的努力下，在摸底调查工作中，累计剔除识别不精准对象2224户8366人，认定脱贫返贫对象1133户4625人，新增纳入建档立卡贫困对象 5778 户 21717 人，为精准施策奠定了坚实的基础，扣好了脱贫攻坚的第一粒“扣子”。

筚路蓝缕，精准施策，扣好了第二粒“扣子”

正确的决策是建立在充分了解的基础上的。我在任县长期间，对全县 87 个村（社区）严格落实遍访制度，通过遍访调研，我对全县的脱贫攻坚工作有了新的认识和体会，更加坚定了冲刺的信心和决心。2018 年是威信脱贫摘帽之年，从 7 月开始到 12 月份，我都在负责县委、县政府的全面工作。这是我在从政以来感觉最艰难、任务最重的一段时期，既面临脱贫摘帽艰巨繁重的工作任务，又肩负稳大局、稳干部、稳民心的重要责任，还要处理好县委、县政府的日常工作事务，更有正风肃纪、非洲猪瘟疫情、公安系统整顿等各项工作交织在一起，让我不得不打起十二分精神、铆足一百分干劲，带领干部全身心投入到工作中。我深知，要做好一件事情，首要条件是要思想统一、方向明确，这样大家才能够认认真真地做好事情。于是，在 2018 年 10 月国庆节假期期间，我带领相关领导认真研究政策、文件、方案，在充分酝酿的基础上，形成了指导全县决胜脱贫攻坚的相关文件，并于 10 月 5 日召开全县脱贫攻坚“百日会战”动员会，这个会的目的是明方向、再动员、断后路，背水一战，同时也明确相关政策，对出台的文件、宣誓的誓词我都逐字逐句认真进行研究修改，带头取消法定节假日和公休假，对干部实行准军事化管理。这次会议开得很成功，成立乡镇、村（社区）一线指挥部，第二天所有挂包乡镇、村（社区）的处级领导、部门负责人就迅速沉下去，逐级召开了动员会议，并驻扎在乡镇、村（社区）开展工作，可以说真正做到了全员动员、尽锐出战、身沉一线、肩扛责任，不折不扣将精准脱贫各项要求落实到位。

白天“走干讲”、晚上“读写想”不能只停留在口头。在“百日会战”动员会召开了以后，我率先垂范、身先士卒，真正深入农村、深入群众了解实情、解决问题。我采取不打招呼、轻车简从、不报道、不宣传的方式，暗访督战，亲眼见证各级各部门的工作落实情况。下到农村，我的方法就是一个，到最边远的村、最边远的村民小组，看看有无烂房子居住人的情况，然后再对照“两不愁三保障”进行比对，对标对表查问题，做到宣讲政策、释疑解惑、分析研判、督促检查、现场指导。还记得，2018 年 12 月 2 日，我暗访到旧城镇龙马村时，一户居住条件不太好的农户引起了我的注意，当我走进该农户家中时，看到人居环境非常差，家中没有一件像样的家具，仅有一个破旧的冰箱，没有其他的家用电器，该户准备在旁边新修住房，但由于没有资金，建了一层板面就停工了，没有门窗，无法居住。通过了解，该户属于非建档立卡贫困户，家中 4 口人，2 个劳动力、1 个残疾人、1 个小学生，家庭收入不稳定，村委会没有积极帮助解决问题，县里面安排的补短板资金也没有把该户报上去，小学生也没有在旧城本地读书，而是送到四川去读的。了解到这个情况后，我十分生气，立即通知镇党委负责人来，实地分析情况，并迅速到镇政府召开会议，带领镇党政班子逐户研究。经过分析，归根到底还是干群关系没有处理好，对一些缺项户补短板措施落实不到位造成的，我要求镇党委立即整改，限时完成，随后派督查组实地督查整改情况。在罗布镇的庙坪村，麟凤镇的五谷村、金鸡村，扎西镇的罗坭村，高田乡的大湾村……暗访过程中，总是会发现这样那样的一些问题，我都会到村（社区）去与他们逐一研究问题，透过问题向干部群众讲政策、找方法，各乡镇也引起警醒和高度重视，全县形成了比学赶超、学习先进、找问题补短板的氛围，暗访督战效果较好。同时，我带头开展“挂包帮、转走访”工作，5 年来我先后挂包了 20 户农户，每一户我都走访了解家庭情况，并给予力所能及的帮助。比如，我在 2016 年的挂包户中，有一户 4 口人的家庭主要劳动力患肺结核，无法劳动，因病致贫，2 个孩子在读书，没有收入来源，“顶梁柱”撑不起家庭，为了精准施策、对症帮扶，我协调了市中医院的专家，从中医入手进行治疗，同时，帮助解决医疗费用、往返车费等，减轻家庭负担，主要劳动力通过较好治疗后，外出务工增加了家庭收入，在当年就顺利实现脱贫。

作为全县脱贫攻坚第一责任人，我始终注重发挥表率作用，坚决扛起“五级书记抓扶贫”“一把手”负总责的政治责任，身体力行、率先垂范，践行走遍千山万水、访遍千家万户、说尽千言万语、历尽千辛万苦、想尽千方万计“五个千万”，真正踏遍了村村寨寨，走过了山山水水。从2018年10月任县委书记以来，我每年对所有村（社区）进行遍访，累计对87个村（社区）走访229次，有的村（社区）走访多达11次。通过遍访，进一步走实了群众路线，而且我是带着找问题、解决问题的目的走访，各项工作措施在走访中不断升华提炼，措施也变得更加精准、有效。特别是针对遍访中发现的“威信产业基础薄弱，全县70%以上的群众必须依靠就业才能实现增收”这一问题，我把就业作为支撑群众脱贫的根本之策，先后5次到东莞对接劳务协作，并牵头成立驻广东、浙江劳务工作站和人力资源公司，选派1名常委副县长担任组长，专人、专班、专车“保姆式”服务。认真分析各类群体实际情况，采取“五个一批”的方式分类解决就业问题，对外出务工人员制定了“四不愁”“三保障”“两放宽”“两补助”“子女就学”激励政策，发放和兑现就业补助、交通补助、稳岗补贴等各类补助资金，实现了非全兜底建档立卡家庭实现户均稳定就业1人以上，2018年威信的就业扶贫工作在全省现场会上作为经验交流发言。

坚韧求成，精准退出，扣好了第三粒“扣子”

无论是户脱贫、村出列，还是县摘帽，我都始终严把精准退出关，坚持做到亲自审定、亲自复核、亲自研究。2018年12月10日，我到县扶贫办现场办公，与相关部门认真研究户脱贫 6 条标准、村出列 10 条标准、县摘帽 5 条标准各乡镇工作完成情况，但情况不是很理想。12 月 12 日晚上，我视频调度所有乡镇和行业部门，此时此刻，各项工作必须收尾，我心急如焚、焦急万分，我逐个乡镇、逐个部门研究问题、商量解决办法；12 月 18 日晚上，我和县长再次召开脱贫摘帽“百日会战”调度会，坚持一周一调度；12 月 19 日，我安排由县纪委牵头的 5 个督查组完成了第三轮督查，我召集他们认真研究督查发现问题，点交清单到乡镇、部门，采取多种方式压实责任，让问题销号、让任务清零。脱贫难度最大的是扎西镇，贫困人口户数就占全县的四分之一，我当仁不让地担任扎西镇的脱贫攻坚指挥部指挥长，扎西镇的每个联席会议、研判会议我都亲自召集、亲自参加，逐户逐村研判，指导镇村干部从收入测算、帮扶措施落实、档案资料、帮扶手册、明白卡等一项任务一项任务地梳理，盯到村、抵到户，做到了问题早发现、早研究、早安排、早落实。

“安得广厦千万间，大庇天下寒士俱欢颜。”实现贫困户住有所居是每一名干部肩扛之责。我深知住房问题是影响户脱贫退出质量和漏评风险的关键。2018 年 12 月，我 2 次召集分管领导、行业部门负责人研究农村危房改造工作，出台了《威信县农村危房改造实施办法》，并于 12 月 5 日召开农危改推进大会，动员全县干部下沉全面排查、锁定对象，不计成本、痛下决心对“4 类对象”和所有 C、D 级房全面修缮加固。经过认真研究，在全县推行“4+1”农危改修缮加固措施，即屋顶不漏雨、墙体不透风、门窗要安装、地面要找平，酌情考虑院坝硬化，指导各乡镇推进农危改工作。以此为转折，威信县农村危房改造步入快车道，打响了全面消除农村危旧房的歼灭战。一个个新农村如雨后春笋，瓦蓝墙白、窗明几净，展现出了新形象，威信的农危改工作得到了云南省住建厅的高度肯定与奖励，并在全省作为先进经验交流发言。同时，我紧盯易地扶贫搬迁安置点的建设，随机到龙溪小区搬迁点督查建设进度，特别是在 2018 年 12 月，凡晚上只要有空余时间我都实地到龙溪小区督战，经过通宵达旦、昼夜奋战、强力推进，群众如期搬入新房，实现了搬得出、稳得住、能脱贫、群众较满意。

通过严把贫困人口退出质量关、严控贫困村出列关、严格县摘帽高质量，实现了精准退出。2019年1月威信县代表全省脱贫攻坚成效考核接受国家考核组实地抽检；2019年2月接受第三方实地评估验收，实现零漏评、零错退，群众满意度达96%，2019年4月30日退出贫困县序列；2019年12月全省脱贫攻坚成效考核威信县迈入第一档次“好”；2019年10月被作为脱贫普查全国13个试点县之一；2020年8月全面接受脱贫普查，数据质量排全省前16位，实现了高质量脱贫。

巩固提升，重点突破，扣好了第四粒“扣子”

脱贫摘帽不是终点而是新生活、新奋斗的起点。我严格按照“四个不摘”的要求，提出了“四个力度”不减，按照“巩固提升、重点突破”的工作思路，把就业、产业作为支撑脱贫巩固的长效之策，始终保持冲刺状态全力抓巩固提升，衔接乡村振兴。特别是在今年疫情影响下，务工人员滞留不能外出，我痛下决心，在财力十分有限的情况下，安排包高铁专列、专车，我主持了发车仪式，“保姆式”护送群众外出务工，实现劳动力“出家门、上车门、进厂门”，就业支撑脱贫巩固作用得到有效发挥。

始终把打造永不过时的产业放在巩固脱贫的首位。从2019年8月开始，我结合“不忘初心，牢记使命”主题教育大调研，带着如何破解产业之困的问题调研。9月9日，我先召开县委全会，深化县情认识、找准发展定位、厘清发展思路，明确提出了产业高质量的发展方向。9月20日至24日，召集处级干部开展专题研讨，10月28日我和县长进行了深入交流讨论，从工作思路、组织领导、责任体系、经费投入，到干部作风、群众工作等各方面，进行了深入的、全方位的讨论，目的就是弄清楚发展什么主导产业、怎么发展主导产业？这个问题不容回避，磨刀不误砍柴工，大家先形成一个统一的意见，集体决策后，乡镇和部门上的同志才好坚定不移地推下去。10月30日，我又召集县四家班子领导、相关部门负责人和专家技术人员，用一天的时间来组织召开全县产业发展务虚会。大家踊跃发言、各抒己见，形成了发展以方竹为主导的“1+N”高原特色产业体系的共识，明确了“人均2头生猪、2亩竹子”的发展目标。明方向、定目标后，下一步就是要树信心、定措施、抓落实。11月8日、9日，我们用了两天的时间召开全县决战产业高质量发展突击战推进会，首先组织乡镇和村（社区）干部现场观摩调研，学习先进典型、树立赶超意识，我要求每名干部都要谈感受、处级领导作点评，首要解决的是各级干部思维上的问题，破解思维之困。同时，在推进会上，尽管县财政十分困难，我也要求千方百计筹措950万元，重奖村级集体经济发展较好的21个村（社区），各级干部大干产业的热情高涨。

俗话说：一枝独放不是春，百花齐放春满园。罗布镇顺河村的冬桃品质、口感都很好，在试种成功的基础上，我指导他们建立了以“党支部+村级集体公司+基地+能人+农户”的模式，压实管护责任，扩大种植规模，目前顺河村已种植冬桃近2000亩，产业带动群众增收的效应进一步发挥。麟凤镇金鸡村的千亩猕猴桃基地、双河乡天池村的千亩柿子基地、长安镇天坪村的魔芋基地……全县上下正在逐步形成村村有亮点、组组有看点、户户有支撑的产业发展格局。作为产业发展的第一责任人，推动产业发展、促进群众增收致富我义不容辞，凡到各村（社区）调研我必实地查看产业发展情况，凡对有助于产业发展的企业我必亲自招商、凡对大胆干产业的干部我必高看一眼。在全县各级干部的推动下，“1+N”产业体系正在发展壮大，全县已建成万亩连片方竹基地11个，方竹种植规模达45.2万亩；建成规模化、标准化生猪养殖场第一期24个、第二期58个，预计全县今年出栏生猪可达32.6万头。建成年提供商品仔猪6万头的仔猪繁育场1个、改扩建仔猪繁育场7个。“赤水河金色优食谷”项目建设加快推进。

农村电子商务平台、新型经营主体等作用逐步发挥，建档立卡贫困户加入新型经营主体比例达到了 91%。

历经风雨，初心如昨，镌刻了脱贫攻坚“丰碑”

惟其艰难，方显勇毅；惟其磨砺，始得玉成。我亲身经历了脱贫攻坚这场战役的洗礼，一路走来，虽有挫折和起伏，但是一直稳扎稳打、步步为营，一次次大考、一次次战斗，一切成绩的取得，核心还是在于坚持以习近平关于扶贫开发重要论述为指引，在于坚持“133”工作思路和“双统领”“双保障”“双推进”，在于省、市党委政府的正确领导和社会各界的关心帮助，更在于全县干部群众战天斗地的精神、坚忍不拔的意志和奋力拼搏的实干，用汗水浇灌收获，以实干笃定前行，在威信波澜壮阔的发展征程中，深深烙下忠诚与奉献、责任与担当的时代印记，给我深深的启迪。

——强化党的领导，建强指挥体系，是打赢脱贫攻坚硬仗的“压舱石”。事业成败，关键在党。县委作为脱贫攻坚的一线指挥部，我作为第一指挥长，把党的建设作为统领经济社会发展全局的核心，着力建立健全指挥体系、责任体系、保障体系和帮扶体系，做到分工明确、任务清晰、责任到人、保障到位，形成层层有人管、事事有人抓的扶贫工作机制。成立了以党政主要领导任“双组长”的扶贫开发领导小组，成立了县、乡两级脱贫攻坚指挥部，实行县、乡、村三级书记和县、乡两级指挥长双轨负责制，县指挥部由我和县长担任指挥长，由 10 名挂乡包村县委常委和人大、政协主要领导担任乡镇指挥长，各乡镇、村（社区）实行准军事化管理，县统乡、乡统村，做到一级抓一级、层层抓落实、人人抓扶贫，形成目标明确、职责明确、统一标准、统一调度、高位推动的组织指挥体系。建立完善处级领导包保制度，全县 83 个村（社区）由 43 名县处级领导全覆盖包村负责。全面建立“挂包帮、转走访”工作机制，统筹省、市、县96家单位挂钩帮扶83个村（社区），3849名干部职工结对帮扶全县17750户建档立卡贫困户，帮扶工作实现全覆盖。安排驻村扶贫工作队83支、队员386名，派驻到有脱贫任务的83个村（社区），实现驻村扶贫工作队全覆盖。实践证明，决胜脱贫攻坚是千百年来前所未有的旷世之举，只有中国共产党的领导、只有社会主义制度的优越性，只有全体干部、全体党员勠力同心、团结一致、全员动员、尽锐出战，我们才有能力、才有底气打赢这场世纪之战。

——走实群众路线，打通思想症结，是激发群众内生动力的“传家宝”。脱贫攻坚脱的是人，各级干部一个最核心的任务聚焦“人”的改变。我们按照市委“133”工作思路，创新开展“三讲三评”“三同五促”和建立“爱心超市”，其核心要义就是坚持以人民为中心，把深入细致的群众工作贯穿于脱贫攻坚全过程，绝不停留在简单的发钱发物，特别是紧紧围绕户脱贫、村出列等措施的精准落实，各级领导干部带头，带着情感、带着责任、带着办法深入千家万户，通过大量艰苦细致的工作，打通了群众的思想症结，最大限度激发了群众的内生动力，变“要我脱贫”为“我要脱贫”，形成了干部领着群众干、带着群众富的生动局面。为了调动群众的积极性，创新基层治理模式，我安排选取偏岩村试点组建村民发展议事委员会，率先开展党建强基强志工作，试点成功后在全县推广，全县已建立在党总支领导下的村（居）民发展议事委员会719个，着力打造了一支永不撤走的工作队。实践证明，群众工作绝不是喊空口号，必须充分尊重群众、信任群众、依靠群众，切实把解决群众思想问题与解决切身利益问题结合起来，做到深入细致的调查研究、合理的诉求解决、认真细致的说服教育引导工作、必要的法律手段跟进、后续的巩固配套工作“五个到位”，以精准、统筹、务实的工作，实现干部和群众对脱贫攻坚工作共同的思想认同、工作认同、情感认同，充分调动群众的积极性、主动性、创造性，最大限度激发群众不等不靠、感恩奋进、艰苦创业的内生动力。

——汇聚各方力量，多方协同参与，是合力攻坚克难奋进的“动力源”。

脱贫攻坚是一项庞大的系统工程，也是一场凝聚各方力量、促进全民参与的大会战。威信县坚持以党建强引领，充分发挥各级党组织总览全局、协调各方的领导核心作用，强化工作统筹，加强横向沟通、纵向协调，特别是紧紧抓住东西部扶贫协作等重大机遇，积极主动争取国有企业、机关单位和社会各界力量支持，与对口帮扶的东莞市大岭山镇、洪梅镇、沙田镇加强互访交流，积极探索创新帮扶模式，深入开展“万企帮万村”“携手奔小康”等行动，形成了万众一心、同心同向攻克贫困堡垒的强大合力。实践证明，越是在发起总攻、夺取全面胜利的关键时刻，越要充分发挥各级党组织的领导和主导作用，统一思想意志，统一行动步调，千方百计汇聚起各级各界的磅礴力量，群策群力齐攻坚、众志成城促跨越。

——注重激励包容，从严监督管理，是调动干部干事创业积极性的“风向标”。党员干部是脱贫攻坚的主力军，决定着脱贫攻坚成效。威信县牢固树立攻坚克难、担当作为的用人导向，制定了在脱贫攻坚一线培养选拔干部等激励举措。2016 年以来，县委在脱贫攻坚一线提拔使用干部 104 人；从乡镇事业编制人员、优秀村干部、大学生村官中选拔乡镇领导班子成员 12 名；从符合资格条件的事业人员中公开选调副科级干部 8 名。坚持严管厚爱结合、激励约束并重，建立正向激励和容错纠错机制，特别是健全村干部“基本报酬 + 绩效补贴 + 村级集体经济创收奖励”结构性岗位补贴制度，完善村干部基本报酬和办公经费正常增长机制，逐步提高村民小组干部误工补贴，妥善解决离任村干部待遇问题。制定办法措施，对履职不到位、精神状态不佳的 14 名村（社区）党组织书记进行诫勉谈话，对不胜任工作岗位的 9 名村（社区）党组织书记进行调整更换。实践证明，越是大事难事面前，越要牢固树立鲜明的选人用人导向、正向激励导向、考评问责导向，促使各级干部始终保持敢为人先的勇气、攻坚克难的锐气和蓬勃向上的朝气，形成担当奋进、干事创业的浓厚氛围。

回顾 5 年艰辛历程，脱贫攻坚取得重大胜利，而今威信迈入高铁、高速时代，为威信高质量跨越发展奠定了坚实基础。处在“两个一百年奋斗目标”的历史交汇点，强化脱贫攻坚巩固提升接续推进乡村振兴仍然是威信最大的任务。展望未来，“十四五”描绘了新画卷、绘就了新蓝图，“红色扎西、赤水明珠”的美名即将响彻乌蒙大地，威信各级将在中央、省、市的正确领导下，在红军长征精神的引领下，全力构筑长江上游最美生态屏障，着力开创区域重要物流枢纽中心，奋力打造立足全省面向全国党性教育基地、农特产品加工基地、红色文旅康养休闲基地，同心同德、顽强奋斗，全面开启实施乡村振兴战略和建设社会主义现代化的新“长征路”。

（作者时任中共威信县委书记）

红色扎西再启航

李沅勇

消除绝对贫困，实现全面小康，是中华民族千年夙愿，也是伟大复兴中国梦的最基本要件。高质量完成脱贫攻坚任务责任重大、影响深远，打赢是硬要求、死命令，打好是党和人民所需所盼，没有丝毫退路可讲，更容不得半点闪失。

走进圣地扎西，认识困境威信

说起威信，“乌蒙北麓、赤水河畔”的地理区位独特，“背靠云南、面朝巴蜀”的发展空间广阔，再加上秀美的山川大地和厚重的红色文化，是名副其实的宣威立信之地。

新中国成立以来，威信经济社会得到长足发展，但受大山阻隔、交通闭塞、基础薄弱等因素影响，欠发达、后发展的现状没有得到根本性改变，是乌蒙山连片特困地区之一，国家扶贫开发重点县。2013 年末，全县有贫困人口 1.5 万户 5.5 万人，贫困发生率约 15%，即每七个威信人中就有一个贫困人口。

2018 年 11 月底，在全市上下决战冲刺脱贫摘帽的紧要关头，组织安排我到威信工作。

作为一名从农家子弟中走出来和成长起来的基层干部，我十分珍惜党和人民的培养，珍惜组织给的机会。从那时起，这里的山山水水、家家户户、方方面面，我都不再例外、不是看客。想着家乡的发展，做着大家的事情，没有半点理由不努力。

习近平总书记指出：“做好一个地方的工作，首先要认识本地区的特点。”立足村情、认识乡情、把握县情，是制定科学的发展战略、正确的发展思路、适宜的发展目标和有效的发展对策的重要前提，尤其是对于威信这样一个集“老、少、边、穷、山”于一体的地方，尤为如此。

如何避免大水漫灌？如何防止“手榴弹炸跳蚤”？如何做到因村因户因人施策？如何深入贯彻习近平精准扶贫思想，坚决攻克“坚中之坚”堡垒，确保实现“一个人不掉队，一个民族不能少”？带着这些问题，任职第一天，我从全县贫困面最大、贫困程度最深的高田乡开始，集中时间跑村入组串户，摸贫情、看项目、想办法、找出路，为更好地推动工作提供有力支撑。从观斗山到大雪山，从赤水河到罗布河，从长征路到龙泉路，我对威信的认识从陌生到了解，从了解到熟悉，从熟悉到全身心地融入，亲身参与见证了老区威信千回百转的彻底蝶变。

探寻脱困之路，找准破题方向

让几千万农村贫困人口生活好起来，是习近平总书记始终最牵挂的事。特别是老区的发展问题，一直是总书记的心头块垒，难以释怀。

2015 年 1 月 19 日，总书记首次离京就到昭通视察，作出了“要以更加明确的目标、更加有力的举措、更加有效的行动抓好脱贫攻坚，确保扶到点上、根上，让贫困群众真正得到实惠”的重要指示。

嘱托就是使命、嘱托就是方向、嘱托就是动力，唯有全力以赴，方能不辱使命。作为政府“主官”，在大决战中，我始终将脱贫攻坚作为统揽全县经济社会发展全局的“一号工程”来抓，从参与决策研究、大面工作统筹，到具体问题研判、落实情况督查，都全力以赴，不破楼兰终不还。

忆往昔，峥嵘岁月稠

我仍清楚地记得，在2018年底脱贫退出迎检的最后冲刺时刻，部分乡镇暴露出农村危房改造研判不准、建设进度不快的问题。说实话，当时大家心里都不踏实，生怕影响考核质量。

经过多次实地调研、深入研究，我探索提出农村危房改造“三九”建设模式，即围绕“民有所居、户有安居、住有宜居”的目标，有效解决精准识别到户、精准研判到房、建成什么样子、谁来组织建设、资金如何筹集等九个方面问题，为保障基本、一户一策、补齐短板贡献了智慧力量。

面对时间紧、任务重的现实，结合“两不愁三保障”提出“屋顶不漏雨、墙体不透风、门窗要安装、地面要找平、院坝酌情处理”的房屋建设“4+1”评判标准，并组织临近县乡有经验、有技术的施工队进场建房，做到村村有施工队、组组有劳务队，从县处级领导开始，淡化行政干部身份，强化施工队长角色，挂乡包村抢时间、赶进度、保质量、求认同。

实践证明，我们用干部的辛苦指数拼出了不一般的威信速度，45万威信人民户户安居乐业。杜甫笔下“安得广厦千万间，大庇天下寒士俱欢颜，风雨不动安如山”的美好愿景变成现实，为顺利通过脱贫退出考核评估奠定了坚实基础。

世上无难事，只要肯登攀

威信资源承载能力严重不足，人均耕地仅有 1 亩，且地瘦天寒，靠牛耕地种苞谷，费工耗力，但收获甚微。

产业扶贫效果最好，也最难搞。多年来，产业发展一直是威信最大的短板和痛点，基础薄弱、质量不高、小散弱等困局严重制约了威信前进步伐。

围绕“症结在哪里、优势有哪些、出路在何方”，我多次带领县直单位下沉田间地头调研，到浙江、陕西、湖北、四川等地考察学习，围绕产业培育、市场开拓、品牌打造等进行深入论证和探索实践。

2019 年以来，我们聚焦省、市关于打造“两型三化”“三张牌”“六个百亿元”的高原特色产业战略部署，着眼“大产业 + 新主体 + 新平台”，按照“红色文化、绿色食品、彩色风光、特色养殖”的工作思路，大干快上、昼夜强推，产业培育迈出坚实步伐，当前正奋力向着“方竹百万亩、生猪百万头、固投上百亿、引资破百亿”的“四个一百”目标迈进。

特别是在生猪产业上，贫困户嵌入产业链，变成“股民”享受分红，在家门口就能增收创收。今年首批出栏生猪的双河比喜养殖场，村集体经济半年收益 79 万元、纯收益 59.75 万元，106 户入股群众平均收益 1960 元，曾经为生计犯愁的村民如今腰包鼓了、笑声多了、底气足了，日子越来越好。

如今的威信，方竹、生猪、猕猴桃、魔芋等特色产业遍地开花，新的希望在人们心中幸福滋长……

赓续红色基因，夺取时代胜利

威信的每一寸土地，都承载着红色基因。

1935 年 2 月，红军长征集结扎西，中共中央在这里召开“扎西会议”，推动中国革命走向胜利新阶段。之后，三千多威信儿女投身革命，川滇黔边区游击纵队坚持敌后浴血奋战12年，为中国革命走向胜利作出了不可磨灭的贡献。

在改革开放和迈向社会主义现代化建设新征程的今天，红军长征扎西精神依然发挥着激励人心、增强信心、催人奋进的巨大作用。

山河为证、岁月为名，脱贫攻坚不是一句简单的政治口号，而是一步一个脚印、挥洒热血汗水的拼搏过程。

在这场举世瞩目的民族史诗性画卷中，威信干部群众“5+2”“白加黑”，同心同德谱写了一曲战贫脱贫的时代赞歌，精准扶贫思想在乌蒙大地落地生根、开花结果。

上前线带着干

习近平总书记强调：“脱贫攻坚战不是轻轻松松一冲锋就能打赢的，从决定性成就到全面胜利，面临的困难和挑战依然艰巨，决不能松劲懈怠。”

2019年年初，省际交叉检查刚过，紧接着迎来农历猪年春节。当时，第三方评估考核在即，不能松懈大意。我和县委顺兴书记商量，在前期“会战100天”的基础上，立即启动“春季攻势”，带头沉到一线背水一战，争取交出100分成绩单。

从正月初三（2月7日）起，全县干部职工结束春节休假，全部回到工作岗位，向绝对贫困堡垒发起总攻，咬紧牙关跑好“最后100米”。

春雷滚动，旌旗飘扬。艰辛努力没有白费，完全值得。

追下去统着干

打好脱贫攻坚战，关键在人，核心在人的观念、能力、干劲。

由于大山挡住了出路，穷苦消磨了意志，一些群众穷惯了、苦惯了、熬惯了，产生了得过且过的精神之困，只管“肚子”，不管“脑子”，成了脱贫攻坚“局外人”。

为全面破解“因穷而要、因要而懒、因懒而穷”的恶性循环，我们按照“双统领”“双保障”“双推进”要求和“133”工作思路，层层签订“军令状”“承诺书”，把全县万名干部“追下去”与贫困群众同吃、同劳动、同学习，帮助解决实际困难，把群众心焐热、脑更新、劲鼓起，激发脱贫内生动力，增强思想认同、工作认同、情感认同。

令人欣喜的是，在干部实在作风的感召下，“靠着墙根晒太阳、等着政府送小康”的贫困户越来越少，奋起脱贫的越来越多，干部的辛苦指数换来了群众的幸福指数。

跑出去聚着干

一个好汉三个帮，志合者不以山海为远。打赢脱贫攻坚战，光靠政府是不够的。必须动员社会各方面力量参与扶贫开发，充分释放社会扶贫潜力。

举个例子，威信45万人口中有劳动力22万人，其中建档立卡劳动力1.6万户4.1万人，人力资源如果不能成为人口“红利”，就会变成人口“包袱”。

2020年年初，突如其来的新冠肺炎疫情对农村劳动力尤其是低收入群体就业带来较大冲击，给农民增收造成较大困难，增加了脱贫攻坚难度。

春节期间，我和分管扶贫、人社部门的政府领导会商研究，早安排早启动2020年农村劳动力就业和转移输出工作，成立领导小组，制定工作方案，落实激励政策，做足输出前准备、做好输出中保障、做好输出后服务，确保转移输出劳动力出得去、有班上、留得住。

我们统筹调度运力，加强与成都铁路公司、昭交集团威信分公司以及浙江、广东等劳务输入地对接合作，分批次分时段协调组织“专车、专列、专班”，认真做好乡镇至威信高铁站、威信高铁站至输入地、输入地到务工地点的“三点一线”直达输送保障，半个月时间里便将1.6万务工人员从“出了家门上车门，下了车门进厂门”。

山风见海浪，帮扶显真心。一直以来，五矿集团、广东东莞等定点帮扶单位倾情帮扶威信，2016年至今累计投入援助资金1.62亿元，建设了一批扶贫项目，助推了一批民生实事，共同铺就了老区威信的扶贫之路、希望之路、崛起之路，书写了东西部扶贫协作新华章。

脱贫出列后，我和四家班子成员继续高频次“走出去”精准对接各级定点帮扶单位，努力争取更多政策、项目和资金支持，保持教育、医疗、兜底保障、基础设施建设等领域投入的连续性和稳定性，确保脱贫攻坚质量与成色。

特别是顺应交通条件大改变、投资环境大改善和“红色扎西”品牌效应大提升，研究出台招商引资36条优惠措施，落实“一把手亲自办、公章下来盖、手续上去跑”的“约法三章”要求，借助东西协作的得天独厚优势，大力开展“一把手”招商、以商招商、全产业链招商，成功引进四川铁骑力士、重庆猪猪侠、江西双胞胎、贵州新润丰、江苏欧蓓莎、广东焱森集团等一批知名龙头企业落户威信扎根发展。2019年、2020年两年累计协议引资接近150亿元，项目引进数和落地率均创历史新高，威信成为各方投资兴业热土。

山再高，往上攀，总能登顶；路再长，走下去，定能到达。

五年来，在习近平新时代中国特色社会主义思想和伟大长征精神指引下，全县上下勠力同心、砥砺奋进，告别千年贫困，教育、医疗、就业、住房、养老等民生福祉持续改善，“晴通雨阻”成为历史，几代人通高铁、通高速的夙愿梦想成真。45万威信人民生活实现了历史性跨越，城乡居民年人均可支配收入分别在中华人民共和国成立之初的基础上增长了200倍，7万农村贫困人口摆脱贫困，日子越过越红火，美丽中国威信篇章越来越丰厚！

融入崛起大道，实现历史跨越

脱贫摘帽不是终点，而是新生活、新奋斗的起点。

省委十届十一次全会提出实施“滇东北开发”这个崭新的时代命题，丰富内涵，既包括昭通的曾经辉煌，也包括当下的艰辛努力，更展望于未来的高质量跨越发展。

威信作为昭通的北大门、全市首批摘帽县和率先迈进高铁时代的桥头堡，凭借突出的区位优势、深厚的文化底蕴、丰富的自然资源，奠定了她在“滇东北开发”中的独特地位。诚然，威信篇章是“滇东北开发”总纲的重要组成部分，“滇东北开发”离不开威信的有力支撑，威信的高质量跨越发展更需借助“滇东北开发”的时代东风奋勇前行。特别值得一提并一直激励老区儿女的是，今年1月习近平总书记对“扎西会议”历史意义的精准定位，以及在时隔4个月后对赤水河流域生态文明建设作出的重要批示。短短半年间，总书记对革命老区和威信儿女的深情关怀和密切关注接续而来，令老区儿女激情澎湃、永不忘怀。

威信工作添彩、“滇东北开发”就添色，威信工作掉队、“滇东北开发”就掉色。我们定当始终铭记总书记的殷殷嘱托，严格按照市委杨书记对威信工作提出的“巩固提升、重点突破”和“打基础、创特色、谋长远”要求，紧扣“红色扎西·赤水明珠”的形象定位，围绕“一屏障一中心三基地”的目标，保持定力、精准发力，奋力谱写好“滇东北开发”威信新篇章。

突出规划引领的高度

落后从来不是威信的“代名词”，当然也不能向“落后”看齐。但认真反思下来，我们确实在某些领域落后了。

去年 5 月，我抽时间专门去了四川兴文县考察学习，感受很深。兴文人口、国土面积跟我们差不多，但人家的 GDP 已经过百亿了，我们却还不到人家一半，被甩开了一大截。兴文的旅游做得风生水起，不但承办了国家级篮球运动会预赛，还举办了世界苗族花山节音乐会。之后，我顺道去了叙永桃花坞、罗汉林，也很受触动。

总体上看，威信依然欠发达，赶超跨越任重道远。

在“两个一百年”奋斗目标历史交汇点上，党的十九届五中全会科学擘画了第十四个五年规划和 2035 年远景目标。

新蓝图振奋人心，新征程催人奋进。

格局有多大，世界就有多大!

从现在起，自觉把威信摆进“两个大局”和“滇东北崛起”的大格局中去思考，在全国全省全市大局中找准威信的坐标方位、使命担当和前进方向，突出“扎西红色小镇、省级园林县城、省级美丽县城、全国民族团结进步示范县、国家级卫生县城、长征国家文化公园（威信段）、国家级历史文化名城”七张亮丽名片打造，高质量编制“十四五”规划，使之真正成为指导“滇东北崛起”威信篇章的前进指南和行动纲领。

强化项目支撑的力度

威信经济近年来主要靠煤电产业支撑，今年 8—10 月由于火电机组停产影响，1—3 季度全县生产总值下降 1.7%，排名全市倒数第三，曾经引以为傲“一枝独秀”的煤电产业已经变得“独木难撑”。短期内要解决经济结构单一、体量散小、运行低迷、增长乏力的问题极不乐观。

当期，抓住项目支撑这个“牛鼻子”越发显得重要。必须按照既满足当前脱贫攻坚巩固提升需要，又为今后高质量跨越发展打下坚实基础的工作要求，抢抓国家和省、市政策机遇，立足当前、着眼长远，积极谋划储备一批重大基础设施、产业发展、城镇建设、公共服务、生态文明、乡村振兴项目，做深做实项目储备“双千工程”，力争项目数量上千个、投资规模超两千亿元。同时，全力做好项目申报工作，力争吼西、新街水库和威遵、威兴高速等更多重大项目挤进国家和省、市“盘子”。树牢“施工队长”理念，认真抓好宜毕高速、叙毕铁路威信段、省道S201旧城至水田提级改造、马河水库、第三中学、第二人民医院等干在当前且影响深远的重点项目建设。

加快产业发展的速度

口袋鼓了，日子好了，还要想得更长远些。产业支撑靠实，才能巩固提升脱贫成效。

现在，威信正围绕打造“绿色高地·生态品牌”，以高度组织化为切入点，突出基地建设、龙头培育和全产业链打造，加快发展壮大以方竹为主导，以生猪、猕猴桃、魔芋、蔬菜、柿子等为支撑的“1+N”高原特色产业，逐步构建起产业生态化、生态产业化的绿色循环经济体系。

不久的将来，我坚信，有规模化规范化种养业的村集体纯收益能达到百万以上，甚至实现资产上千万元、收益过千万元，培养练就一批最接地气、最有底气、最长志气的“三最”村干部，带动群众致富，筑牢基层堡垒。

提升美丽县城的靓度

县城是威信的“脸面”，环境越美，形象越好，就越能集聚人气，提升商气，带来旺气，助推地方经济发展。反之，则留不住人才，引不进企业，制约发展。

通过大力实施“美丽县城”建设，威信这座融红色基因、山水人文于一体的红色之城、胜利之城、美丽之城、幸福之城正展现在世人面前。

如今，县城扎西面貌发生了巨大变化。扎西红色小镇绚丽多姿，红色文化主题街区车水马龙，幸福、龙溪、月畔湾、西京等 60 个城市公园星罗棋布，小微公园、口袋公园遍布全城，42 个老旧小区改造旧貌换新颜。4 个县城入口脏、乱、差现象不复存在，红叶李大道、银杏街、桂花路等绿树成荫、霓虹闪烁。县城主街道及扎西会议纪念馆、扎西干部学院等重要节点灯火辉煌，主街区弱电管线“遁入地下”。滨河路、茶园路等 9 条“断头路”顺利贯通，麒麟美食城建成投用、破旧烧烤城被彻底清除，影响县城形象 20 多年的顽瘴痼疾得到根治。

当然，从一开始，威信“美丽县城”建设就实实在在地成为一项民心所盼、众望所归、众志成城的福祉工程和德政工程！人民群众的幸福感满意度不断提升，老区儿女努力建设美丽宜居幸福新威信的热情空前高涨。

挖掘生态文明的深度

生态敏感脆弱是威信的基本县情。全县山区占总全县总面积的 95% 以上，67 万亩耕地中，25 度以上陡坡地有 36 万亩，占比高达 53.7%，且地瘦天寒，资源承载能力严重不足。

用心呵护好威信的绿水青山、蓝天白云，既是威信现实发展的需要，更是筑牢长江上游最美绿色生态屏障的根本举措。眼下，聚焦“长江上游最美生态河流、践行‘两山’理念样板典范、流域绿色高质量发展先行示范区”的目标定位，全县上下已全面行动起来，深入践行习近平生态文明思想，从生态系统整体性和流域系统性出发，统筹考虑水环境、水生态、水资源、水安全、水文化等方面有机联系，追根溯源、系统治疗，坚决打好赤水河流域生态环境保护攻坚战，真正以苦干实干积极回应总书记的亲切关怀和省委、市委的部署要求。

我们坚持整治点上问题、补齐线上短板、防治面上污染三者相结合，点上一个月内就拆除并复垦了 8 座小水电站，同步关闭 73 个矿山；线上建成 4 个小一型水库，加快中型吼西水库前期工作，全面推进县乡垃圾热解和污水处理项目建设；面上坚持生态减压和控制污染两手抓，以生态移民、面源污染防治、人居环境整治为重点，大力开展蓝天保卫、碧水守护、净土攻坚和大地增绿行动，推动沿岸土地还竹还果、还林还草，应退尽退、能退全退，实现生态环境持续修复。

成就枢纽威信的广度

成贵高铁、宜毕高速建成通车，高铁高速时代到来，威信通江达海一改闭塞历史，成为新的开放前沿，迎来时代性发展机遇。

此刻，威信正加快推进叙毕铁路，努力创造条件推动威彝高速近期启动建设，积极争取威遵高速、威兴高速建设，系统谋划并及早启动滇东北物流园区建设，未来 3—5 年构建“两高铁四高速”的交通大动脉，打造“鸡鸣三省”区域重要商贸物流中心。

并且，围绕打造“胜利起点 · 革命胜地”，按照习总书记关于“扎西会议”的精准定位，传承红色基因、发展绿色产业、推出彩色风光，举全县之力建设长征国家文化公园威信段。未来几年，威信全域旅游将填补宜宾至毕节之间空白，真正实现换挡提速，飞跃发展。

增强乡村振兴的热度

乡村振兴和脱贫攻坚是紧密相连的。脱贫攻坚收官在即，在夺取大决战全面胜利的基础上，必须逐步把工作的重心调整到全面实施乡村振兴战略上来。

接下来，我们主要围绕打造“美丽威信·多彩乡村”，建立完善防止返贫机制，做好高质量脱贫与乡村振兴在政策措施、制度机制、工作措施等方面的平稳有序衔接，在巩固脱贫成果的基础上，努力闯出一条具有老区特色的乡村振兴之路。

加快创建扎西红色小镇，有序启动渔洞乡愁人家、果哈峡风情、旧城稻花香等特色小镇建设。全面开展爱国卫生运动，大力推进特色示范型、干净整洁型村庄创建，扎实抓好“厕所革命”“两污”治理等，实现村庄整洁、乡风文明、宜居宜游。

组织开展“工作提标、落实提劲、效果提质”专项行动，以“双整百千”四级联创为主线，以实施“五面红旗村”“五好议事会”“五星工作队”为抓手，全面提升基层社会治理能力。

一代人有一代人的使命，一代人有一代人的长征。实现“两个一百年”奋斗目标、实现中华民族伟大复兴的中国梦，新长征新使命，历史性地落在我们这一代人的肩上。

奋斗创造历史，实干成就未来。当前，威信已站上新的历史起点，向着新的更高目标进发。身处县长工作岗位，幸承组织信赖和人民重托，责任在肩，不敢懈怠。

雄关漫道真如铁，而今迈步从头越。

真如铁，亦不如信念如铁、意志如钢；从头越，且看那苍山如海、风光无限。

（作者时任中共威信县委副书记、县长）

同 行

赵 红

脱贫攻坚是新长征路上的一场人民战争，唯有与人民同行，才能与人民同胜。

三讲三评：只开群众喜欢的会

脱贫攻坚的记忆，脑海中时常浮现的是在马河村对秋坡上群众抢答问题、干部群众比赛包“抄手”的画面，这是我们组织的第一场与众不同的群众会。不同以往形式单一的宣讲，我们这次从吃一顿美味的“抄手”开始，让习近平总书记的扶贫思想在基层落地生根。

2018 年 10 月 5 日，威信县召开脱贫摘帽“百日会战”誓师大会，号召全县广大干部群众积极主动参与到脱贫攻坚中来。仅剩的百天时间，需要解决的硬件软件问题都还非常多。我到当时所挂钩的庙沟镇马河村走访调研，发现部分群众“等靠要”思想严重，“自强 · 诚信 · 感恩”意识不强。因此，在《中共云南省委组织部关于在贫困村开展“三讲三评”工作的通知》（云组通〔2018〕51 号）和《威信县脱贫摘帽“三同五促”脱贫提升行动方案》的指导下，我带着县委组织部党员志愿服务小分队的同志们，从挂钩的马河村对秋坡“吃抄手”活动开始，带队深入全县 10 个乡镇陆续示范开展了“喜迎国庆助脱贫 · 三讲三评感党恩”“三讲三评感党恩 · 三同五促暖民心”“幸福是奋斗出来的”等系列活动 25 场次。指导全县组建党员志愿服务队 145 支、志愿者 3540 人，深入挂包村（社区）开展系列活动 1000 多场次，用群众喜欢的形式唤起了群众心中战胜贫困的强大力量。

习近平总书记指出：“摆脱贫困首要并不是摆脱物质的贫困，而是摆脱意识和思想的贫困”。整个系列主题活动以村民小组为单位，以挂村党员干部为主讲人，以“听、看、说”活动为载体，通过挂包干部与帮扶群众互认亲戚、看微视频《摆脱贫困》《从黄土地走来的人民领袖》、读脱贫攻坚政策漫画绘本、“好政策就要大声说出来”活动等方式给群众讲政策、讲党恩、讲发展，引导群众讲究卫生、诚实守信、发家致富、向善向好，让群众感受到国家政策的优渥、生活质量的提升以及村容村貌的变迁等各方面的变化，达到对中央脱贫政策和标准的认同，农村群众的精神面貌大改观。通过在 10 个乡镇的示范带动，各级帮扶干部在全县范围内通过走访入户、召开群众会、广泛开展“三讲三评”等方式，充分发动群众，调动群众的积极性、主动性，让群众树立自力更生意识，积极参与脱贫攻坚各项工作中。

爱心超市：激发动力，生产快乐

威信是劳务输出大县，老百姓的家庭收入主要来源于务工收入，留在农村的几乎都是年纪大的老人、读书的孩子、照顾家庭的妇女。在之前“三讲三评”“三同五促”系列活动的触动下，我又想到了给马河村的老人和孩子们过一个“集体生日”。2018 年 12 月 22 日开始，我们分组到了马河村的 15 个村民小组，用两天时间，与所有在家群众共同为 60 岁以上的老人和留守儿童过了一个集体生日，大家一起唱《生日快乐歌》，分享生日大蛋糕。一位 83 岁高龄的老“寿星”吃着蛋糕说：“这个生日，是我几十年来人数最多，过得最有意义，最让我感动的生日。”

在集体生日会上，我们的重点还有两件事情：一是评选道德评议员。通过群众推荐、现场举手表决，分别在每个村民小组评选出了 5 名群众认可的道德评议员。道德评议员每月对本村民小组农户的人居环境、政策知晓、内生动力、家庭美德等方面进行评比评分。二是把“爱心超市”积分规则宣传到各家各户。为了激发广大群众内生动力，我们率先在庙沟镇马河村成立了以“表现换积分、以积分换物品”的“爱心超市”，向群众发放了“爱心超市”积分卡，讲解积分评定标准，群众用每月评比的积分即可到“爱心超市”无偿兑换需要的生活用品。大家听说要成立一个可以免费兑换物品的超市，都听得格外认真。

经过前期的评分公示，2019 年 1 月 1 日，马河村“爱心超市”正式开业。这天我们早早地就来了村上，一起参与组织首场兑换活动。有的背着背篓来，有的骑着摩托车来，村委会的院坝里人越来越多，大家拿着“爱心超市”积分卡，有序排队到积分兑换处无偿兑换需要的生活用品。村民黄天琼兑换到生活用品后笑得合不拢嘴地说：“好得很，只要好好表现，就能不花钱兑换到这么多好东西，这在以前是想都不敢想的事，我回去还要再努力，争取拿更多的积分。”看着他们个个喜笑颜开，我的心情也跟着愉悦起来。

当天下午，我还召集了威信县扶志行动暨“爱心超市”工作现场会，10 个乡镇党委副书记、组织委员和 20 余名偏远、偏僻贫困村驻村扶贫工作队长现场观摩学习了马河村道德评议会和“爱心超市”的建设情况。通过庙沟镇马河村“爱心超市”的示范建设，指导全县各乡镇共设立了“爱心超市”31 家。通过这样“以表现换积分、以积分换物品”的方式，满足了群众的物质需求和精神需求，群众内生动力不断激发，乡风文明不断改善，邻里关系更加和睦，人居环境卫生、各项政策知晓率等都有了显著提升。

龙溪小区：一个“新心”相印的地方

2019年4月30日，省政府宣布威信退出贫困县序列，但接下来巩固好脱贫成果还有大量工作要做，比如县内最大的易地扶贫搬迁安置点——龙溪小区的社区治理工作。龙溪小区是威信县内建设规模最大、搬迁人数最多的集中安置点，这个有3000多人的新家庭，不可避免地面临着困难群体多、矛盾纠纷多、治理难题多、难以稳定居住的现实挑战。通过和同事无数次在龙溪小区的实地走访和调研，最终我们决定用两个“网格化”来落实落细龙溪小区的管理工作。

以楼栋为网格，“五人小组”包保管理。以每个楼栋为网格单元，每栋楼落实1位有责任心、敢于担当、乐于奉献的搬迁群众担任楼栋长，组成以“党员＋楼栋长＋警务员＋物业管理员＋志愿者”的“有事找我”五人小组负责楼栋管理，分组包保楼栋，形成服务管理合力。还建了一本“红黄绿”服务台账。这本精准服务花名册，将每栋楼易迁住户“五清”基本信息详细登记在册，按照红、黄、绿三种颜色对每个家庭的就业、就学、产业三项关键指标进行分类管理，全部达标的列为绿卡户，对一项不达标的列为黄卡户，两项以上不达标的列为红卡户，小区的红、黄卡户是重点管理对象，支部重点对红、黄卡户开展帮扶工作以及提供对应的志愿服务。

以年龄为网格，分龄服务精准化。按照“关心好每一人，照顾好每一个家庭”的目标，我们将小区居民划分为老年、中年、青年和儿童四个网格，同时分别结合每个群体的特点，在小区内整合资源、科学布局，集中建设“1+8党建服务阵地”（“1+8”即党支部＋党群服务中心、警务室、爱心超市、新时代文明实践站、青年之家、县老年大学龙溪分校、妇女儿童之家、红十字会），分别由县委组织部、县委宣传部、团县委等相关部门挂钩联系和管理，实现了小区群众从学龄前儿童到老年人的精准服务全覆盖。在县老年大学龙溪分校里，学员们经常唱的一首歌就是《没有共产党就没有新中国》。苗族老人陶邦会感慨："以前父母没让我读过书，没想到老了还能进学堂，我们龙溪小区的老人都是有福气的人，要锻炼好身体多过几年好日子！"

同时，还经常在龙溪小区开展志愿服务，做优"稳心情"的群众工作。统筹推动县直机关和社会资源下沉，以"部门各炒一盘菜 + 支部共办一桌席"的工作方法，发挥小区党组织的战斗堡垒作用，围绕"感恩、奋斗、快乐"等主题开展各类志愿服务及文体活动，比如图片展、唱红歌、"我在龙溪过暑假"文艺活动、暑期兴趣爱好班、趣味运动会、观看露天电影、扶贫车间职工技能比赛等。各个服务阵地和志愿活动，让龙溪小组的易迁扶贫后续"稳得住"工作落实落地，解决了搬迁群众最关心、最直接、最现实的难点问题，让搬迁群众融入新环境，逐步用双手奋斗出自己的幸福生活。

驻村工作队：满意的话，请给五星好评

驻村工作队既是中央政策的落点，也是精准扶贫的支点，是精准扶贫联通上下的中坚力量。我在落实习近平总书记强调的"六个精准"和云南省"四个不摘"的要求中，通过精准选派、星级管理、加大培训宣传力度等形式，着力打造作风硬朗、能打硬仗的驻村工作队。

坚持精准选派，保持队伍稳定。统筹整合各方驻村工作力量，充分发挥派出单位和驻村干部自身优势，因村选人组队。在驻村干部选派中我坚持"五不选派"的标准，即素质不高、能力不强的不选派，因身体原因不适宜驻村工作的不选派，年满 53 周岁（含 53 岁）以上的人员不选派，家庭存在特殊困难的不选派，工勤人员、临聘人员禁止选派，做到人岗相适、因村选派、人尽其才。截至 2021 年 1 月，有驻村扶贫工作队 83 支，队员 338 人（含总队长、副总队长 2 人），党员比例 67.75%。

实行星级管理，保持劲头不松懈。2020 年 3 月，我牵头研究制定印发了《威信县 2020 年度驻村工作队星级管理办法》，对驻村工作队实行星级管理，依托考核“指挥棒”，根据执行各项管理制度情况、履职情况，每季度对驻村工作队进行“五星好评”或五星以下评价，将驻村工作队星级与年终考核挂钩。累计评出 21 支五星工作队进行通报表扬；责令 1 支一星工作队做出书面检查，由乡镇党委主要负责人对该工作队进行集体约谈；1 支未授星工作队，对直接责任人予以“召回”，年度考核确定为“不合格”等次，其派出单位年终综合考核成绩扣分。通过星级管理有效解决了驻村工作队员脱贫攻坚进入收尾阶段的慵懒情绪和无谓态度，进一步保障了在岗履职情况。

加大培训宣传，激发工作效能。开展驻村工作队培训会和季度大讲堂，从疫情防控、脱贫攻坚普查、人口普查、驻村安全等方面对驻村工作队员实现全覆盖培训。在威信党建微信公众号上设立“驻村扶贫剪影”专栏，用两个月时间系列报道了 26 支工作队用自己辛苦换百姓幸福的故事。设立“扶贫‘星’图鉴”专栏，专题报道每季度评选出来的五星驻村工作队，集体荣誉感让各工作队员互相监督、互相帮助、共同促进。“五星好评”既是督促驻村工作队发挥作用的手段，也是每支驻村工作队的工作目标，更是驻村工作队奋战在扶贫一线的价值体现。

村（居）民发展议事委员会：让基层充满活力与希望

经常听到说，有建档立卡贫困户问，脱贫了是不是驻村工作队就走了，帮扶干部就不管我们了？说到底是希望我们的帮扶一直持续下去。要解决群众的盼望，建立一个村民自治的长效机制才是根本之策。因此我萌生了一个打造一支“永不撤走的工作队”的想法。这个不撤走的工作队，不是代表驻村干部就永远在村上，而是要发挥村民自治的作用。2019 年 8 月 29 日，我来到新调整挂钩的双河乡偏岩村，和镇村干部一起研究成立打造“永不撤走的工作队”的可行性。经过一个多月的反复思考论证，我们决定在偏岩村成立“村民发展议事委员会”。

议事会依托网格化管理，以村民小组为单位，由村党总支和村民共同提名推举 5—11 人为议事会委员，设置议事委员会主任 1 名，副主任 1 名，将村组干部、党代表、农村“双型”党员、人大代表、政协委员、致富能手、复转军人、回乡大中专毕业生、返乡创业农民工以及乡贤等吸纳为议事会委员。议事会落实“1346”议事模式，“1”即一个组织，组建一个村民发展议事委员会。“3”即三项活动，“听总书记的话”农家课堂学习活动、“大家的事情大家办”议事活动、“我们都是一家人”互助活动。“4”即四项制度，例会制度、签到制度、评先评优制度、委员联系群众制度。“6”即六个作用，抓宣传保认同、抓就业保收入、抓产业保发展、抓监督保公正、抓卫生保环境、抓治安保稳定。现在偏岩村有议事委员会 10 个、议事会委员 72 人，共开展议事 90 余场次，议事会的作用不断凸显。大石包村民小组议事会委员轮流送重度尿毒症患者秦贵仙到医院治疗；落凼村民小组议事会委员率先垂范，组织群众齐心协力疏通道路；大地湾村民小组村民们在议事会委员的带动下，自发参与环境卫生整治；郑家山村民小组议事会委员在疫情防控的特殊时期冲在村组疫情防控第一线……

有了偏岩村的实践经验，全县 87 个村（社区）在党组织领导下成立了村（居）民发展议事委员会 719 个，推选委员 4609 人。2019 年以来共开展议事 2024 次，收集发展议事问题 1666 个，解决问题 1344 个，调解纠纷 866 起。今年为了激发村民自治“活力”，我们又开展了“五好议事会”评选。围绕“组织建设好、议事运行好、服务群众好、制度执行好、群众反映好”5 个方面，每季度评选 50 个“五好议事会”并给予资金奖励。目前，一共评选了 3 个季度的“五好议事会”，切实推进民事民议、民事民办、民事民管，逐步形成基层党组织为核心、群众自治组织为主体、社会各方共同参与的基层社会治理新格局。

脱贫摘帽不是终点，而是新生活、新奋斗的起点。在这片希望的田野上，我作为一名共产党员将继续与人民同行，与时代同行！

（作者时任中共威信县委副书记）

不忘初心　不辱使命　聚力脱贫攻坚

汤国乾

到2020年末彻底消灭现行标准下的绝对贫困，全面建成小康社会是以习近平同志为核心的党中央向全世界作出的郑重承诺，是近年来最大的政治任务，是全党全国的工作重点。作为一名领导干部，我始终做到身体力行，积极投入到这场攻坚战中去，立足职能、履职尽责、发挥优势、勇挑重担、直面问题、敢于亮剑、借势借力、破题破局，用实际行动在脱贫攻坚主战场中去践行好一个共产党人的初心和使命。

深化认识　吃透政策　厘清思路

理念决定出路，抓任何一项工作，只有把上级的具体要求弄明白，问题找准确，方法找对路，才能确保取得良好的工作效果。在实际工作中，我始终把习近平总书记对脱贫攻坚的重要论述和各时期的重要讲话以及中央、省、市、县的重要会议精神、重要文件精神作为学习重点，带着问题学，带着问题思，做到举一反三、融会贯通、学用结合，深刻领悟习近平总书记对扶贫工作的战略定位、基本方略、实践路径的重要论述，领会其核心要义，精准施策，不断增强打赢脱贫攻坚战的信心和决心，切实做到方向不偏，靶向精准。深刻理解吃透中央、省委、市委、县委精准识别、精准帮扶、精准退出等相关政策文件精神，切实做到无论走到哪里，都能用深入浅出的语言，把中央、省、市、县委的政策讲透彻，目标讲清楚，用政策激发广大群众参与的激情和热情，让广大贫困群众与县委政府同心同向、步调一致，进一步激发贫困群众的内生动力，充分发挥他们的主体作用、干部的包保作用、政策的杠杆作用，不断扫除工作的障碍，确保每个时期的工作有力有序稳步推进。

调查研究　找准问题　精准发力

调查研究是解决问题的金钥匙，只有深入调查研究，深入剖析存在的问题，才能医治好脱贫攻坚工作的顽瘴痼疾。在工作中，我尽量挤出时间，深入到矛盾集中、困难较多的地方去，聚焦脱贫攻坚推进中的关键环节和重点工作，有的放矢开展调查研究。组织代表开展专项视察调研、专题询问、执法检查、审议专项报告等方式，把调查研究摆在首要位置，作为抓好工作的首要环节，用心调研，广泛听取干部群众意见。自脱贫攻坚工作开展以来，组织人大常委会组成人员、部分县人大代表召开会议，先后听取和审议了县人民政府关于易地扶贫搬迁工作的报告、少数民族地区脱贫攻坚工作情况报告、农业产业培育专项报告并就产业发展情况开展专题询问。对易地扶贫搬迁集中安置点基础设施、魔芋产业培育情况、方竹产业发展情况开展专题调研 3 次。亲自带队就劳务输出、跨省易地搬迁赴广东的广州、东莞，浙江的温州、台州，新疆的阿拉尔市进行调研考察学习，全面了解外出务工和跨省易地搬迁人员的思想状况、就业情况，对存在的问题进行全面调查研究，向县委撰写了《对威信县农村劳动力转移输出的思考与对策》专题视察调研报告。提出在浙江增设威信县劳动力转移输出工作站，加强外出务工人员的法律法规、良好生活习惯的培训力度。搞好项目包装推介，制定优惠政策吸引外出务工人员回乡创业，做好做实思想工作。加大跨省易地搬迁工作力度等意见建议 8 条，被县委政府采纳。组织部分人大常委会组成人员对《云南省扶贫工作条例》等相关法律法规的贯彻落实措施情况全面开展了执法检查，不断提高干部依法扶贫的能力和水平。多次深入到全县产业发展困难较大的重点乡镇村组，对全县重点发展的方竹产业、生猪产业、魔芋产业、猕猴桃产业进行深度调研，亲自执笔撰写了《威信县高原特色农业产业发展调研报告》《威信县发展魔芋产业调研报告》《威信县方竹产业发展调研报告》等 13 份有深度的专项报告报县委决策参考。同时，针对各个时期的工作重点，轻车简从，深入所包保的乡镇，挂钩的重点村走村入户进行精细化调研，查看村级到户帮扶工作台账，入户了解贫困群众在想什么、盼什么、急什么、需要解决什么，并适时召开座谈会、院坝会面对面与群众进行沟通交流，倾听他们的真实想法和意见，收集汇总存在的问题。带领乡村干部解剖麻雀，共同分析问题形成的根源，研究解决对策。指导督促乡、村两级及时纠正偏差，厘清思路，精准发力、有的放矢、少走弯路、久久为功、绵绵用力，真正让每一个问题整改销号清零，彻底打消群众的思想顾虑，提振干部群众的精气神。

身体力行　做好表率　抓好落实

领导就是表率，权力就是责任，有责任就要担当。在工作中，我始终强化责任意识，知责于心，担责于身，履责于行，直面问题，不回避矛盾，不掩盖问题，倾心倾力高质量办好每一件实事，真正做到履职尽责，忠诚担当。第一是对精准识别出来的达不到贫困户标准的关系户坚决剔除，对识别符合进入卡户贫困户的该进就进，真正做到动态调整，进退有序。在挂点的重点村、罗布社区、桃坝村有 2 户达不到条件的关系户被清除，有 7 户符合条件的被补充进来。第二是科学规划，精心谋划，强化规划引领，着力抓好罗布镇 5 个扶贫易地搬迁安置点建设工作，真正做到让五个安置点有前景、谋远景、绘盛景，实现搬得出、稳得住、逐步能致富；第三是帮助原挂点的长安镇大园子安置点解决了电力迁改资金 25 万元，解决安稳村韩婆婆小组到组公路建设资金 12 万元，修通了该组的村组公路，实现了长安镇千百年来组组通公路的梦想。第四是为所挂钩包保罗布镇桃坝村冠地头村名小组钱世友、罗布社区小岭村民小组赵江等 56 户深度贫困户协调解决房屋装修差欠资金 28 万余元，确保以上农户按时搬入新居。第五是帮助罗布镇协调解决资金 531.8 万余元，新建组内公路 10.8 公里，硬化村组主干道 208 千米，危房改造 1687 户，改造输电线路 18 千米。第六是积极向省体育局汇报协调，为罗布镇新庄村、桃坝村争取到价值 30 余万元的体育健身器材，解决两个村村级活动场所有场地无设施设备问题。第七是为包保桃坝村、黑龙村、新田村、罗布社区解决办公经费 23 万元，争取产业发展资金 40 万元，有效地保障了所挂乡镇村重点项目实施和必要经费投入，确保脱贫攻坚期间村级机构运转正常。第八是帮助长安镇安稳村韩婆婆村民小组因贫从水富云天化中学辍学在家的江祖国在威信一中高中部重新入学，鼓励其安心完成学业。2018 年，江祖国被云南师范大学录取。帮助桃坝村、罗布村的建档立卡户陶著斌、杨学华子女在大学毕业后就近就地就业。第九是争取社会资金 5 万元，为桃坝村李天英等 8 户深度贫困户硬化院坝，改善生产生活环境。第十是把产业发展摆在首要位置，指导乡、村两级搞好科学论证，编好规划，全力抓好组织实施，并且是解决好实施中存在的技术问题、管理问题。安排人大办出车出经费先后 3 次组织桃坝村、罗布社区两个重点村（社区）的干部 60 余人到县内外参观考察学习。帮助村集体公司完善管理制度，建好利益联结机制，充分调动群众发展产业的积极性，同时加大宣传力度，搞好宣传推介，项目包装。引进龙头企业参与产业发展，不断提高产业发展的组织化程度。五年来，指导罗布发展方竹10755亩、冬桃2067亩、甜柿2800亩、标准化生猪养殖场11个，所挂重点村罗布社区种植花椒500亩、方竹1000亩、魔芋400亩，修建标准化生猪养殖场1个；桃坝村种植魔芋200亩、猕猴桃200亩、绿化苗木350亩、方竹2000亩，修建标准化生猪养殖场1个。目前，魔芋产业、生猪产业、花椒产业、猕猴桃产业已初见成效，罗布镇一村一品的产业发展新格局正在形成。

动真碰硬　敢于亮剑　形成合力

求新求变、求实求效提高工作质量，是新时代对领导干部的新要求。作为一名领导，一定要言必行、行必果，说到做到，敢于动真碰硬，善于亮剑。在工作中，我始终坚持走在前列，干在实处，无论是哪一个时期，哪一项工作，我都首先带头深入乡村、田间地块、农户家中全面检查，紧盯关键环节，于细微处着力，全面了解干部的工作方法是否对路，工作推进效果如何，防止蜻蜓点水，跑马观花，坚决杜绝以会议贯彻会议，以文件贯彻文件的不良作风。看他们问题找准没有，然后再进行分析研判，切实做到病因找准，药到病除，尽量使受到批评甚至被处理的干部职工心悦诚服。同时，用心用力用情指导帮助挂点乡镇村解决实际存在的问题，帮助他们学会怎样发现问题、反映问题、解决问题，切实提高他们的工作能力，做到春风化雨，润物无声。在实际工作中，我始终做到把督查督办摆在重要位置，充分发挥督查督办的作用，敢于向问题亮剑，用好、用活、用足纪律利剑，对群众反映的干部作风不实或存在违纪的，先后六次对2名村干部、3名挂村驻村扶贫干部、1名驻村第一书记开展谈话提醒，提醒他们肩上所挑的重担，指出他们思想上存在的偏差，工作中存在的不足，违反的有关纪律。教育他们不忘初心，牢记使命，守正创新，苦拼实干，正视存在的问题和差距，敢于担当，不辱使命，用自己的辛苦指数换来群众的幸福指数，有力地保障了脱贫攻坚各项工作沿着既定目标阔步前行，如期实现脱贫摘帽。

回顾五年来的脱贫攻坚工作，我始终慎终如始，不忘初心，履职尽责，帮助所挂包的乡镇、重点村解决了一些长期以来想解决而未解决的问题，干成了一些长期以来想干而未干成的事，推动包保乡镇村的脱贫攻坚工作实现高质量发展，如期实现脱贫。这是县委政府加强领导的结果，是全县各级干部和广大群众努力的结果，是社会各界倾力支持的结果，虽然我在这当中做了一定工作，但离党和人民的要求还有较大差距。在今后的工作中，我将严格按中央、省、市、县的要求，严格落实“四个力度不减”的要求，继续巩固好脱贫攻坚成果，扎实做好脱贫攻坚工作与乡村振兴战略的有效衔接，不断推动脱贫攻坚巩固提升往深里走，往实里走。

（作者时任威信县人大常委会党组书记、主任）

同心合力共圆“脱贫梦”

王维强

“我们要立下愚公移山志，咬定目标、苦干实干，坚决打赢脱贫攻坚战，确保到2020年所有贫困地区和贫困人口一道迈入小康社会。”这是习近平总书记在2015年11月27日中央扶贫开发工作会议上铿锵有力的号召，也是党和国家掷地有声的庄严承诺。2018年10月5日，在全县脱贫摘帽“百日会战”誓师大会上，县委书记、县脱贫攻坚领导小组组长肖顺兴发出动员令：“全县上下要弘扬红军长征扎西精神，以破釜沉舟的决心、滚石上山的意志，尽锐出战，实打实硬碰硬做好每一项工作，全力向脱贫摘帽发起最后总攻。”党有号召，人民有要求，我们就要有响应；党委有部署，人民有期待，我们就要有行动、有作为、有担当。2012年12月，市委决定，调整我从威信县委常委、常务副县长岗位任威信县委常委、县政协党组书记，次年2月，我当选为第八届威信县政协主席，2017年2月又当选为第九届威信县政协主席。八年多来，我和政协一帮人，在中共威信县委的领导下，以昭通市委“133”工作思路为指引，认真贯彻落实威信县委县政府关于脱贫攻坚的决策部署，始终坚持把脱贫攻坚作为履行职能的重中之重、发挥作用的重要平台，积极投身决战脱贫攻坚、决胜全面小康的伟大实践，为全县同心合力共圆“脱贫梦”增砖添瓦，贡献了我和县政协的微薄力量。特别是2015年以来的五年，我亲身参与的决战脱贫攻坚工作，见证威信发生的巨大变化、实现全面小康，峥嵘岁月的脱贫历程我铭记于心，历历在目的攻坚记忆永生难忘。

决战贫困　进军挂包村

2015 年 10 月 9 日，县委召开脱贫攻坚“挂包帮”“转走访”工作动员会，调整我挂三桃乡，包三桃村、鱼洞村，政协机关包鱼洞村。

2015 年 10 月 11—15 日，我和挂包三桃乡菜坝村、环房村、新芬村的县政协党组副书记姜荣学、副主席晋家荣，带着政协秘书长潘先卫和委室负责人到鱼洞村遍访。

“我是乡党委派来任村支书的，全村没有什么产业，群众收入主要靠外出打工，村集体经济没有任何收入，村干部干着干着就不干了。”“听说农网改造已经结束了，我们全村 21 个村民小组还有 11 个村民小组未改造，用电质量不高，经常停电，还有群众未用上电的呢。”时任鱼洞村村支部书记的王宗权简单地介绍着鱼洞村的情况。

“村组路很久都没有车过了，杂草丛生、大坑深洼，四轮车都过不了，我们烧的煤都是拉到村上人来背的。”“我们的那段路还没修呢，所有的生产生活物资都是人背马驮。”“你们真的是来扶贫的，不是来走一趟就了事的吧？”遍访群众时，他们三言两语地说着。

我到了红岩村民小组朱德西家，他家房子地基下沉，墙体开裂，快要倒塌，已是危房，不能再住人了。“先搬出去吧。”我们劝导着。

房主朱德西叹息说：“我没有办法，整不起啊！”

入户走访的干部们问着，听着，看着，记着，思索着。好多农户都是挑水吃，由于路面泥泞湿滑，每户都有一双以上水胶鞋，到乡镇上赶集，要走上一个多小时的路才能乘坐农村客运车。经初步了解，仅仅一个小小的竹林村民小组，成年男子没结过婚的就有30多人。贫有百样，困有千种。鱼洞村的贫困群众要如期脱贫，怎么扶？我包的三桃村、鱼洞村，联系的三桃乡要如期出列，怎么帮？政协处级领导挂的村、政协机关包的村、机关干部职工帮的贫困户怎么办？政协在助推全县精准扶贫、精准脱贫工作方面又该怎么做？从鱼洞村返回县城的途中，我和姜副书记、晋副主席、潘秘书长一路谈着这些问题，讨论如何选准突破口，让鱼洞村的干部群众得到实惠、看到希望、脱贫出列、实现小康。

2015年10月16日，针对我们遍访群众反映出的问题，结合张安明、李想、李联州三位副主席遍访挂包村的情况，县政协召开八届政协第三十六次主席会议，从脱贫攻坚的再认识、工作思路、组织领导、责任体系、干部作风、群众工作、工作突破口等方面，进行了深入的、全方位的再讨论。通过一天的讨论，主席会议成员和各委室同志形成了统一认识和意见。改变，让群众实实在在地感受改变、享受改变，实现美好生活目标，就是我们工作的出发点、落脚点；只有精准发力，开对“药方”，才能拔掉“穷根”；只有踏踏实实为群众办实事，实实在在让群众得实惠，才能得到群众的信任和认同。围绕如期实现脱贫目标。县政协立即成立了以我为组长的政协威信县委员会脱贫攻坚“挂包帮、转走访”领导组，压实政协处级领导挂乡、机关包鱼洞村和干部帮户的责任。秘书长潘先卫主动请战驻村，派驻为驻村第一书记、工作队长。机关干部职工全员递交了政治生命承诺书和包保责任承诺书，同时明确，既要包户抓挂包点，又要履职助推全县大面。10月18日，县政协牵头召开解决鱼洞村用电难问题现场办公会议，落实专人负责，在公用经费中挤出10万元给予支持，要求电力公司必须在12月底前高质量维修改造完成鱼洞村所有农户用电线路，让群众用上优质、安全、稳定的电；10月21日，召开三桃乡“挂包帮”“转走访”工作第一次联席会议，电力公司组建施工队进驻鱼洞村。政协10位处级干部包1个贫困乡、挂全县15个贫困村和政协机关包鱼洞村，22名政协机关干部结对帮扶164户598名贫困群众，开启了五年精准扶贫、精准脱贫的奋斗历程。

号令既出，动若风发。五年来，全体政协机关干部闻令而动，听令而行，舍小家、顾大家，知重负重，不分节假日，不分晴天雨天，不分白天黑夜，以“静夜之思、清晨之问，案无积卷、事不过夜”的工作作风，推动思想行动和脱贫攻坚同频共振。为扣好挂包村精准扶贫、精准脱贫第一粒扣子，解决好“扶持谁”的问题，政协机关干部全员出动，组成工作组入驻挂包村，帮助开展精准识别贫困人口工作。通过遍访，入户调查，召开院坝会、村民小组大会，开展“三评四定”，弄清楚了贫困人口，搞清楚了贫困程度、致贫原因，找对了“穷根”，明确了靶向。我们坚持“两不愁三保障”脱贫标准，为落实各级党委政府和各行业部门精准扶贫、精准脱贫决策部署，推进户脱贫方案落地，解决好“如何帮”“如何退”问题，制定了政协机关挂包干部每月必须遍访一次贫困群众、到贫困群众家里同吃一餐饭、与贫困群众共同劳动一次、召开一次贫困群众家庭会议、给外出务工贫困群众打一次电话、为贫困群众解决一个问题、和村委会研判一次脱贫攻坚工作、召开一次村民小组大会的“八个一”制度。我和政协挂村的处级干部，每年遍访 4 次以上挂点乡村贫困群众。政协机关干部职工不论老少、不论男女，都沉下去、蹲下来，与乡村干部一道努力工作，与群众“三同五促”面对面解决问题。年龄 59.8 岁的正处级干部姜荣学、年龄 59.7 岁的副处级干部晋家荣带头为挂钩村想法子、找路子、跑项目、要资金，亲自为帮扶的贫困群众铺水管、打院坝、建房子、搬新家；八届县政协副主席张安明经常和村上的干部工作到通宵，亲自为困难群众孩子送去急需的开学报名费；机关干部肖吉英、熊启龙退休前一天，还在自己帮扶的贫困群众家里，和群众共商脱贫对策，用实际行动践行着群众不脱贫，干部不出村的诺言。无论是烈日炎炎、骄阳似火的盛夏，还是电闪雷鸣、风雨交加的乡村夜晚，政协机关全体干部职工与乡村干部一道不畏酷暑、风雨无阻，沐雨经霜，奔走在村组路上，进出于农户家中，劳作在田间地头，宣传党的扶贫政策，帮助分析致贫原因，共商脱贫良策，培训种养技术，资助寒门学子，协调就业岗位……身孕 8 个月的政协办公室副主任王英一遍一遍地走在去帮扶群众家的路上，为帮扶群众送去政策、送去点子、送去温暖、送去信心。秘书长潘先卫驻村一去就是5年多，他的妻子梅小燕放弃在县城安逸的生活，随他驻村入户，一直陪同义务参与扶贫；他的86岁老母亲，得知儿子在村上扶贫多年了还未回来，经常是三几个月才能看见一次，还听说带着群众修路、种竹荪、种生态稻、发展林下养鸡，担心这个从未做过农活的孩子把群众的事办砸，亲自跑到鱼洞村一看究竟。当看到鱼洞村一片欣欣向荣的景象时，他的老母亲才放心，鼓励孩子多为群众办点实事。

小小鱼洞村的脱贫攻坚工作，各级领导都牵挂着。省政协民宗委副主任、脱贫攻坚助推办主任龚敬政，昭通市委书记杨亚林、市长郭大进、市委副书记朱家伟、市人大主任张绍雄、市政协主席成联远，市委常委、常务副市长陈真永，市人大副主任晏祥丽，市政协副主席陶仁，县委书记肖顺兴、县长李沅勇、县委副书记马永孝、县人大主任汤国乾等领导都亲自到鱼洞村检查指导工作，支持帮助鱼洞村。

一分耕耘，一分收获。5年来，县政协10名处级干部包的1个贫困乡和挂的全县15个贫困村2018年全部脱贫退出。我和政协机关挂包的鱼洞村，经过全体挂包干部、驻村干部、村干部和贫困群众的艰苦努力，住房、饮水、用电、交通、产业、人居环境等方面都发生了翻天覆地的变化。截至2018年底，改造危房157户、易地搬迁36户，为338户1687人解决了饮水困难，全村21个村民小组全部完成农网改造，组组通10千伏动力电，硬化了38千米村组公路、61千米联户路。新建鱼洞现代生态农业示范水产养殖园投入运营，帮助建成6个种养殖专业合作社，部分群众参与发展竹荪、绿色蔬菜、猕猴桃、甜苦竹、生态稻和养猪、养牛、养鸡等产业，辐射带动全村群众增收，鱼洞村贫困发生率从12.8%降至1.56%。今天的鱼洞村，贫困户已全部脱贫，村委会已配齐配强了班子，集体经济有了收入，村民办起了“农家乐”，农村文化活动设施齐全；一条条平整的水泥路盘旋在山间，路边的果树绿意盎然，硕果盈枝；三两层的“乡村别墅”点缀在绿树掩映间；户户通电、照明稳定，家家用上自来水，电视、手机信号覆盖千家万户；新建的学校里传来琅琅读书声，就近看病就医的群众眉头渐展，县委定位打造乡愁旅游小镇正在如火如荼推进，一幅乡村振兴的画卷正徐徐展开。

助推脱贫　冲刺2018

2017年11月26日，县政协召开九届三次常委会议，就威信县如期脱贫摘帽开展专题协商。在协商会议讨论中，九届县政协党组副书记张安明发言讲道："自2016年3月8日县委脱贫攻坚工作暨威信县革命老区精准扶贫精准脱贫三年行动计划活动大会以来，全县按照《威信县革命老区精准扶贫精准脱贫三年行动计划活动方案》，今年是威信县脱贫摘帽之年，根据我们对标对表脱贫标准和省市督查情况看，还有一定差距，据说县委已向省市党委政府汇报，请求威信县延后一年脱贫退出。无论是上级来验收我们今年脱贫退出，还是到2018年再交卷，我们都要补齐短板、巩固提升，群众实现真脱贫、脱真贫，威信实现高质量摘帽，让群众实实在在有获得感、幸福感。"

在全县脱贫攻坚战中，县政协始终坚持把脱贫攻坚作为履行职能的重中之重、发挥作用的重要平台。面对新形势，面对当前脱贫攻坚这个最大的政治任务，我们不敢懈怠。

2017年11月27日，县政协召开委室主任和部分委员列席的九届政协第十一次主席会议，部署为期1个月的政协机关处级干部带队，委室负责组织委员参加的对标脱贫标准全县走基层、访群众、搞调研、收集社情民意活动。

2018年1月31日至2月4日，县政协九届二次全会在县城扎西召开，李陆勇、张成江、王学尧、赵晓、方成仲、潘先卫六名政协委员紧扣2018年威信县脱贫出列，分别围绕“加强跟踪监测管理，提高扶贫对象精准度”“狠抓农村短平快增收产业与转移就业全覆盖，确保贫困对象收入达标”“抓好教育扶贫，助力脱贫攻坚”“健全医疗保障机制，破解因病致贫难题”“突出重点，紧盯问题，用铁的纪律硬的作风确保全面实现脱贫摘帽目标”“浅谈怎样提高群众满意度”作了大会发言。县政协助推脱贫、冲刺2018脱贫摘帽的序幕就此全面拉开。

县委、县政府重点工作推进到哪里，县政协履职助推就跟进到哪里。贫困群众要如期脱贫，增加收入是关键，实现就业是重要抓手。2018年2月20日大年初五，大家还沉浸在欢快祥和的春节里，我县第一批去广东东莞务工的贫困劳动力178人，就乘坐政府免费提供的4辆大巴车，在县四套班子领导的欢送下，满怀希望，从扎西体育馆前浩浩荡荡出发了。随后，2月24日，县政协党组副书记张安明牵头组织县政协视察组，深入到全县各乡镇、村组和部分农户家里开展了农村贫困劳动力“五个一批”就业专项视察，了解贫困劳动力就业情况，认真分析查找存在的问题。3月9日，视察组又到广东东莞市大岭山镇、安徽淮南市等贫困群众务工地点进行走访座谈，了解务工人员思想动态、工作环境、工资收入等情况，拍摄了视察专题片，形成了专项视察报告，报县委、县政府决策参考。报告反映的问题和提出的意见建议，得到了县委主要领导的高度重视和肯定，要求把视察拍摄的专题片向组织外出务工认识不到位的乡村干部、想外出务工信心不足的贫困群众广泛宣传，一些意见建议在随后的劳动力转移就业工作部署中得到采纳，为稳定和促进贫困劳动力“五个一批”就业起到很大的帮助和推动作用。

始终坚持我们党没有调查研究就没有发言权的优良传统，深入开展助推脱贫出列调研。为全面了解掌握全县各级各部门脱贫攻坚工作推进处于什么程度，距离实现脱贫出列“571”目标还存在什么差距？2018年6月7日，县政协召开决战决胜脱贫攻坚工作监督性调研动员会议，县委副书记马永孝到会提要求。这次脱贫攻坚工作监督性调研，杨洪飞副主席负责，政协机关处级领导全员参与，专委会负责人、部分委员和扶贫办、统计、发改等部门抽人参与组成监督性调研组。调研组对照贫困户脱贫、贫困村出列、贫困县摘帽标准，采取县级行业部门和 11 个乡（镇）全覆盖，随机抽查 18 个行政村 72 个村民小组户户见面的方式，看政策、看责任、看工作是否落实到位，看人员是否在岗，看成效是否明显，进一步查问题、找不足、寻对策、补短板，做到户有研判结果、村有出列研判报告、乡（镇）和县有监督性调研报告，并将问题及时反馈给乡村，意见建议上报县委、县政府决策参考。这次监督性调研，为全县脱贫攻坚工作做到心中有数、心中有底气提供了咨询，坚定了全县脱贫信心，得到了县委、县政府的充分肯定和高度重视。

彰显人民政协讲政治、顾大局的政治本色，同心合力助推脱贫。2017 年 2 月 18 日至 21 日，在县政协九届一次全会上，我们向委员和政协各参加单位发出倡议书，做出县政协助推脱贫攻坚专项行动部署。倡议既出，唯行不返。广大政协委员和各政协参加单位积极投身参与结对帮扶、捐资助学等助推行动。2018 年 8 月 31 日，全省政协系统脱贫攻坚助推行动拉开序幕，进一步坚定了全县政协委员、政协干部和政协各参加单位积极投身脱贫攻坚、全力参与脱贫摘帽行动的信心和决心。2018 年 9 月 4 日，县政协召开脱贫攻坚助推行动再动员再部署会议，学习全省政协系统脱贫攻坚助推行动动员会议精神，充实县政协脱贫攻坚助推行动领导机构，紧扣“七个助推”和“九个一”活动完善实施意见，制定助推成效考核办法，助推脱贫攻坚在威信大地再次统一共识，再掀行动高潮。助推脱贫攻坚行动开展近四年来，政协机关各委室、政协各参加单位和委员活动小组参与助推行动 100%，委员参与助推行动覆盖面达 99.8%。全县 181 名委员有 113 名委员结对帮扶贫困户 626 户 2734 人；有 26 名委员参与助推产业扶贫，辐射带动贫困户 239 户 1068 人增收；有 22 名委员参与助推健康扶贫，开展义诊 78 次，为贫困群众送医送药，受益群众 3000 余人次；有 109 名委员参与助推安居扶贫，为贫困户组织建材，维修改造房屋，捐款100多万元帮助困难群众添置生活用品；有96名委员参与助推就业扶贫，帮助881名贫困群众务工稳岗就业，实现年务工总收入2708万元；有61名委员参与助推文化扶贫，开展专场文化活动155场次，为群众送文化、送政策；有21名委员参与助推科技扶贫，组织开展科技培训和技术服务59场次，受益贫困群众4700余人次；有145名委员参与助推教育扶贫，共捐资56.6万元帮助困难学生就学，为控辍保学、阻断代际贫困尽了社会责任。在助推行动中，涌现出了很多助推典范。像杨忠洪委员亲力亲为为贫困群众组织建材，维修改造房屋；潘先卫委员带领贫困群众发展产业，增收致富；陈怀仓委员捐款42万元，帮助困难群众购置生活用品；余祥友委员长期资助11名学生就学；曾孝忠委员70多岁了，还活跃在送文化下乡的路上等等。

以实际行动为国履职为民尽责，协商建言助推脱贫摘帽。脱贫摘帽交卷在即，如何迎检，全县各级干部心里没底、压力大。为扎实做好迎检前的各项准备工作，让广大干部和群众充满接受脱贫验收信心。2018年9月14日，我和姜荣学、晋家荣两位政协快退休的处级领导、政协秘书长潘先卫带领部分政协委员和扶贫办等部门人员，到2017年已脱贫摘帽的罗平县、寻甸县考察学习。回来后，第一时间向县委主要领导汇报，县委高度重视，安排人员及时把我们考察学习收集的资料进行整理，发给广大干部学习。2018年9月20日，县政协召开九届八次脱贫攻坚议政性常委专题协商会议，县委副书记马永孝、县政府副县长李继东出席，县直相关行业部门负责人和各乡（镇）乡（镇）长参加会议。会上，魏国勇、张正茂、杨应辉、韩英、潘先卫等委员紧紧围绕对标“571”标准如何补齐短板、如何开展“三讲三评”提高群众的满意度、如何创建“爱心超市”、如何开展村容村貌整治、如何进一步落实责任全面发起冲刺以及如何完善档案资料和迎检干部的培训、政策宣传等作了会议专题发言，向县委、县政府、县脱贫攻坚指挥部提出了迎检前的意见建议。

2018年10月5日，威信县脱贫摘帽“百日会战”誓师大会召开，县委、县政府制定下发了脱贫摘帽迎检前一系列保障措施文件，全县脱贫摘帽百日冲刺行动全面拉开。

10月5日晚，县政协召开贯彻落实县委脱贫摘帽“百日会战”誓师大会精神专题会议。

10月6日，挂包三桃乡处级领导暨包保部门联席会议召开。

10月10日，三桃乡脱贫摘帽“百日会战”工作动员会议召开。

10月23日，由挂包单位出一点、帮扶干部捐一点、爱心人士捐一点共筹措20多万元资金建设的鱼洞村“爱心超市”投入运行。

12月30日，鱼洞村“三讲三评”暨政协助推脱贫攻坚行动活动在鱼洞村柑子小学操场上举行。鱼洞村的上千名群众参加。助推活动为群众送去了春联，开展了义务理发、法律咨询、农技培训、义务就诊等。“三讲三评”会上，观看了《今天的鱼洞》专题片，驻鱼洞村扶贫工作队长潘先卫介绍了几年来的帮扶工作情况，村党总支书记王祖贵介绍了村干部的履职情况，建档立卡贫困户代表陈怀迁讲述自己在党的精准扶贫政策支持下，在帮扶干部的帮助下，通过自己艰苦努力脱贫致富的奋斗过程。参会干部讲体会，群众踊跃发言、讲变化。会上还评选表彰了全村100户敬老爱幼、教子有方、脱贫光荣、勤劳致富、家园整洁家庭。全村群众沉浸在即将告别贫困的喜悦中。

“感谢党的扶贫好政策，我们家家户户都打通了联户路，现在都不用穿水胶鞋了，拖着一双拖鞋也可以到处串门了。”河嘴村民小组群众熊永容动情地说。

“我们家供的几个大学生，得益于党的好政策，雨露计划、贫困学生帮扶政策给我们减轻了很大的负担，以后娃娃们大学毕业参加工作了，我要让他们把这份爱心传递下去，多做对社会、对人民有益的事，回报社会，做一个感党恩、听党话、跟党走的守法公民。”柑子村民小组群众陈仁才激动地说。

即将退休的县政协机关帮扶干部杨廷才感慨地说：“我作为一名党员、

一名政协委员、一名政协干部，有幸参与这场史无前例决战贫困的伟大战役，消灭了贫困，让群众实现了小康，我的人生很有意义，我十分自豪！看着今天人民群众怡然自乐的幸福生活，我更加坚定了共产党人的初心使命！更加深切地体会到生活在中国大地上的广大人民群众，在中国共产党的领导下，是无比的幸福！”

2019 年 1 月 6 日，我县接受全国省际交叉成效考核，鱼洞村以“零举证、零错退、零漏评”高标准高质量通过。

2019 年 2 月 14 日，我县接受脱贫摘帽第三方评估考核验收，全县被抽 21 个村，政协机关 10 位处级领导挂的村被抽到 6 个，占被抽的 28.5%，全部高标准高质量考核验收通过。

2019 年 4 月 30 日，省政府公开发布《云南省人民政府关于批准东川等 33 个县（市，区）退出贫困县的通知》（云政发〔2019〕15 号），威信县光荣在列，退出贫困县，我们迎来了全县人民决战脱贫攻坚、决胜全面小康这场硬仗的决定性胜利。

实现小康　启航乡村振兴

帽摘了，但助推不能停。如何巩固好脱贫成果，推进全县经济社会高质量跨越式发展，全面实现小康的问题一直萦绕在我的脑海里。2018 年 5 月 11 日，县政协召开政协视察调研课题座谈会，将这个课题的调研摆上议事日程。随后，万里然副主席负责，组织部分政协委员，并邀请云南省社科院的部分专家学者参与组成调研组，围绕“威信县巩固脱贫成效对策研究”“实施乡村振兴战略，激活威信县农村发展新活力”“主动融入长江经济带，推进威信发展新跨越”等 10 项课题开展了调研，并将 10 项课题调研成果汇编成《新时代威信县高质量跨越发展研究》一书报县委、县政府，送全县各级各部门决策参考。2019 年 1 月 20 日至 23 日，县政协召开九届三次全会，只差一个月时间就退休的九届政协委员、正处级干部姜荣学围绕“巩固脱贫成效的对策与建议”，杨应辉委员围绕“实施乡村振兴战略，构建美丽宜居威信”分别作了大会发言。随后县政协又召开了“探索建立解决相对贫困长效机制”专题协商会议，以及“破解威信教育发展难题，推进全县教育高质量发展”和“营造良好的营商环境，发展壮大民营经济”2 次专题议政性常委会协商会议，进一步推动助推脱贫成果巩固往深里走、往实处做。

帽摘了，但摘帽不摘责任、不摘政策、不摘帮扶、不摘监管，脱贫攻坚仍在持续推进，助推行动不能停歇松劲。按照“抓好乡村振兴就是最有效巩固和提升脱贫攻坚”的思路，我和驻村的政协秘书长潘先卫又再次邀请农业、发改、水务、旅游等部门同志和三桃乡党委政府的主要领导，再次走遍鱼洞村的山山水水，现场查看，反复商讨，为鱼洞村制定了巩固提升方案。协助三桃乡党委政府聘请重庆博裕园林景观工程有限公司，以“果熟稻香、醉美鱼村”发掘鱼洞最美乡愁为主题，制定《三桃乡鱼洞村乡村振兴总体规划》，描绘了鱼洞村发展最美蓝图。现在的鱼洞村，昔日浮满垃圾的水塘如今碧波荡漾、鱼儿跳跃，曾经的泥泞烂路变成了坦道通途，往日蚊虫缠绕的草堆粪堆变成了绿油油的菜园、果园、花园。村子里，“农家乐”开起来了；鱼塘边，垂钓者笑逐颜开；田野上，生态稻稻黍飘香；果园里，幸福果硕果满枝……随处可见村民们脸上洋溢着幸福的笑容，感恩着我们伟大的中国共产党！

脚下踩泥土，心中有大局。五年来，我们制定了《政协威信县委员会关于成立脱贫攻坚“挂包帮、转走访”领导组的通知》《政协威信县委员会关于在政协机关、政协参加单位和政协委员中开展脱贫攻坚助推行动的实施意见》《关于威信县政协机关抓好当前助推脱贫攻坚工作的通知》《政协威信县委员会脱贫攻坚成果巩固提升助推行动实施方案》等 21 个文件，对开展脱贫攻坚助推工作进行周密部署。

我们重点围绕贫困户精准识别、基础设施建设、产业发展、易地扶贫搬迁、教育扶贫、医疗卫生保障、农村危房改造、扶贫资金管理、扶贫领域纪律作风建设等脱贫攻坚关键问题，先后召开了9次专题议政性常委会协商会议、19次主席会议、23次专题协商会，共提出意见建议582条供县委、县政府决策参考。共组织委员围绕脱贫攻坚开展了16次视察、33次调研，形成了《威信县中药材产业发展情况视察报告》《威信县农村基础设施建设情况视察报告》《威信县农村劳动力转移就业视察报告》《威信县义务教育均衡发展情况视察报告》《威信县脱贫攻坚工作情况视察报告》《威信县特色农产品发展情况调研报告》《威信县健康扶贫实施情况调研报告》等50余篇视察调研报告，向县委、县政府汇报。委员共提出提案329件，其中，涉及脱贫攻坚的提案202件，占提案总数的61.4%，涵盖了脱贫攻坚工作的方方面面。

我们把帮扶鱼洞村脱贫攻坚的各级干部和群众，决战贫困的感人镜头记录下来，制成一张MTV，唱响了一首《扶贫之歌》。

我们把鱼洞村的变化用摄像机拍摄下来，制作了一部专题片《今天的鱼洞》。

我们把县政协五年来学习贯彻习近平总书记的精准扶贫、精准脱贫思想，落实各级党委政府的扶贫决策和部署，助推脱贫攻坚的奋斗历程用文字记载下来，编撰了一本书《威信脱贫路上的政协力量》。

我们开展脱贫攻坚助推行动的生动实践，得到了省市政协的充分肯定，2019年6月28日全省政协工作交流会上，威信县政协作了《在脱贫攻坚行动中践行双向发力》的交流发言。

一个个文件，一场场会议，一篇篇视察调研报告，一份份提案，一件件实事，勾勒出县政协、县政协各参加单位及县政协驻村干部、县政协机关干部职工、全县政协委员心系贫困群众扶真贫、真扶贫，全力助推脱贫的感人画面。

一遍遍进村入社，一次次进出农家，一趟趟田间地头，一句句鼓舞人心的话语，一桩桩善行义举，聚成涓涓暖流，流进贫困群众心田，绘制出一幅县政协、县政协各参加单位及县政协驻村干部、县政协机关干部职工、全县政协委员用心、用情、用智、用力与党政中心工作同频共振、同向发力的生动图景。

一条条意见建议被采纳，一桩桩好事实事办成，一个个贫困堡垒被攻克，一批批贫困群众脱贫出列，一张张幸福的笑脸，县政协、县政协各参加单位及县政协驻村干部、县政协机关干部职工、广大政协委员交出了一份份合格的决战脱贫答卷，谱写出了一支支带着泥土芬芳的决胜全面小康赞歌。

新的起点，新的征程。威信县退出贫困县后，不代表帮扶结束、助推停滞，政协人将继续坚毅前行，用实际行动巩固脱贫攻坚成果，推动脱贫攻坚和乡村振兴有机衔接，全力让脱贫群众迈向富裕，为谱写开启全面建设社会主义现代化国家新征程威信篇章贡献政协智慧和力量。

备注：

1. 政协机关5年来十名挂村处级干部：县政协八届主席会成员，王维强、张安明、李想、晋家荣、李联州，党组副书记、正处级干部姜荣学。县政协九届主席会成员，王维强、杨洪飞、万里然、李绍勇（市委派驻村扶贫督导员）、严亚伟（兼高田乡党委书记）、陶思宽（兼扶贫办主任、未挂村），党组副书记、副处级干部张安明，正处级干部姜荣学、副处级干部晋家荣。

2. “571”标准：贫困户退出5条指标（人均纯收入、住房安全、义务教育、基本医疗、饮水安全）。贫困村退出7条指标（贫困发生率、交通、电力、广播电视信号覆盖率、网络宽带、医疗设施、活动场所）。贫困县退出1条指标（主要指标是综合贫困发生率低于3%，参考指标是贫困人口漏评率低于2%、错退率低于2%、原则上群众认可度达到90%）。

3. “七个助推”：助推产业扶贫、就业扶贫、安居扶贫、教育扶贫、科技扶贫、文化扶贫和健康扶贫。

4.“九个一活动”：为贫困户劳动力提供一个就业岗位、帮助贫困户选择一个合适的产业项目、为贫困户产业发展提供一项技术服务、为贫困户产品销售提供一个渠道、为贫困村开展一次义诊活动、为贫困村开展一次文化活动、为贫困村开展一次爱心义捐活动、资助一名贫困学子、为精准扶贫提出一条好的建议。

5.“五个一批”：通过巩固自发输出稳岗就业一批、提高组织化程度新增转移就业一批、结合产业发展就近就业一批、组建乡村劳务队实现就业一批、要开发扶贫岗位安置就业一批。

（作者时任威信县政协党组书记、主席）

管中窥豹　感受威信扶贫力量

杨　波

脱贫攻坚是一场史无前例的伟大人民战争。2012 年，我调至威信县工作，从 2013 年末开始，我全程见证了麟凤镇乃至全县的巨变，见证了基层干部、驻村工作队的艰辛，也见证了群众在这场“战争”中的真实改变，感受了威信实实在在的扶贫力量。

人的改变

给牛喂草料、喂水，打扫牛圈，查看牛的长势，还去附近的玉米地背玉米秆，在家能自己料理家务……在这熟练的动作下，很难想象他是一位双目失明者——威信县麟凤镇金凤村锅底凼村民小组贫困户李怀均。

李怀均是我到威信参加工作后，给我留下较深印象的一名普通群众。他今年 46 岁，是个土生土长的老实农民。2013 年 12 月纳入建档立卡贫困户，家庭成员包括配偶、一个儿子、两个女儿和父母，家庭人口 7 人，家庭收入来源主要是李怀均和妻子养牛以及妻子在附近打零工，仅能够勉强维持一家 7 口人的基本生活。

2009年，对李怀均来说，是不幸且残酷的一年，各种不幸接踵而来，先是左眼视网膜脱落晚期致失明，接着右眼白内障手术失败也致失明，可见度只有正常人的20%，自己年纪轻轻就成了一个“废人”。当时想一死了之的他，想起年老的父母和年幼的孩子，选择了做一天和尚撞一天钟地活下来，但对生活和未来完全失去了自信。

驻村工作队和村委会在了解到李怀均的实际困难和悲惨经历后，第一时间帮其落实了相关保障政策，同时多次入户与其拉家常、讲政策，帮助其重新树立生活信心、分析致贫原因、寻找脱贫措施，制订脱贫计划、确定脱贫致富的路子。在驻村工作队员和镇村干部的不懈努力和一次又一次的入户工作下，李怀均终于在“身残”的荆棘中冲了出来。他常常说道：“我要努力挣钱、甩掉穷帽子，给儿女和父辈们争口气，做出好榜样。”

2017年，正逢全县上下大干产业发展，驻村工作队、镇村干部和帮扶干部等多次到他家做工作，为他谋出路、思发展。从小就养牛的他，决定在养牛上做出点事情。随后，他贷了3万元的政府贴息产业发展贷款，又向亲朋好友借了部分启动资金，开始发展肉牛饲养。在艰苦的努力和悉心经营下，李怀均的小型养殖场存栏肉牛已经达到了12头，还计划继续扩大养殖规模。周围群众和驻村工作队以及镇村干部提起李怀均，都竖起大拇指，说他是“牛专家”，他喂养的牛长得好，他在买卖牛的过程中对牛的估量也八九不离十。

“孩子读高中享受到了补助，政府还补助一头牛，还享受政府贴息产业贷款政策，看病基本不用花钱了，生活有了保障，驻村工作队和帮扶干部经常来我家帮我谋发展，是党的政策让我有了好好活下去的自信，我坚信，未来一定会更美好。”谈起今夕之变，李怀均不禁潸然泪下，他自己也没有想到精准扶贫让他重新“站了起来”，有了生活的自信，更对未来充满信心。

在牛圈墙壁上，有一扇用于排除粪便的小窗，透进明亮的光，李怀均熟练地挥动铲子顺着光亮把牛粪铲出来，这一缕光亮照亮着他，更照亮着窗外的人。

没有光亮，脱贫信念就是他的眼；没有本钱，党的帮扶为他起底；没有牛圈，利用现有烤房和猪舍改造，一砖一瓦都有他触摸的痕迹，从一头牛到十二头牛的增量，是脱贫成效的显现，是贫困户自身努力的结果，更是一个从简单帮扶输血到扶智造血的活教材和真实践。

在李怀均养牛奇迹的背后，是党的精准帮扶及脱贫路上不让一个贫困户“掉队”的铮铮誓言——只要你努力，没有什么不可以。

村的变化

金鸡村隶属昭通市威信县麟凤镇，距麟凤镇 10 公里，距县城 42 公里，下辖 9 个村民小组，现有农村人口 878 户 3172 人（2019 年末户籍户数和人数）。全村面积 8.067 平方公里，其中，耕地面积 3450 亩、林地 5306.12 亩，主要种植的农作物有玉米、洋芋等，主要的经济作物有猕猴桃、方竹、烤烟。全村经济收入主要依靠种植猕猴桃、烤烟和外出务工，属深度贫困村，全村有建档立卡户 118 户 548 人。

2013 年底，我第一次走访金鸡村，过了麟凤集镇到金鸡村，不过短短 10 公里，我们乘车却都耗时 40 分钟左右。弯大坡陡都不能完全形容这段路况，逢下雨天，一般的家用车辆更是无法通行。进入村子，依然可以看见零星的实木结构住房，地里的庄稼基本都是烤烟和玉米，路上游走和地里劳作的更多是上了年纪的群众和小孩。在与村干部的交谈中，我才了解到，金鸡村之前相继发展过中药材、辣椒、马铃薯等产业，但都没有成功，久而久之，群众便对发展产业失去了信心，大多数年轻劳动力都选择了外出务工。

脱贫攻坚开展以来，麟凤镇村干部和村组干部以贫困群众脱贫致富为核心要求，以实现贫困人口“两不愁三保障”为目标，苦干实干，开展了就业扶贫、产业扶贫、易地扶贫搬迁、农村危房改造、健康扶贫、教育扶贫、社会保障、基础设施建设、社会扶贫等工作，全力开展以水、电、路、网、房为主要内容的基础设施建设，极大程度地改善了农村生产生活生态建设条件，群众生活水平有了明显提高。

2016年至2018年，全村搬迁建档立卡贫困户27户143人，搬迁对象已全部搬迁入住；对131户原住房不安全对象实施农村危房改造（其中，实施4类重点对象农村危房改造1户，实施非4类重点对象农村危房改造8户，均已全部完工入住）。全村硬化村组公路13.7公里，村组公路硬化率达53.31%，实现了村村硬化通畅、组组通达目标；建设联户路8581米。修建蓄水池8个，实施大面农村饮水安全工程和饮水安全巩固提升工程，实现饮水安全保障全覆盖。建成村级文化活动场所1个，村民小组活动场所3个，按标准实现村（组）活动场所全覆盖，基本保障群众文化体育活动需求。加强农村电网改造升级工程建设，实现所有贫困村通10千伏以上动力电，每个村民小组的配电变压器具备380伏三相动力电力能力。加强广播电视和网络通信建设，通过有线、无线和直播卫星户户通设备三种覆盖方式，实现全村广播电视覆盖率达100%。深入开展"百村示范、万村整治"行动，全面打响农村人居环境整治提升人海战。引导群众从规范操家理务、清洁庭院卫生开始，革除陋习、养成习惯、提升形象，开展卫生光荣户挂牌工作评定。大力推广人畜分离、畜禽集中圈养模式，修建垃圾池35个，加大私搭乱建、乱堆乱放、乱排乱倒整治力度。制订了村规民约，实行了农村生活垃圾处理费征收管理，营造清洁优美的人居环境。通过落实自主就业、推荐岗位、村级劳务队、公益岗位、产业带动、民政保障等多种途径保障群众就业，增加贫困户人均可支配收入。

2018年底，由县农投公司全额投资，村党总支组织实施，村集体经济组织以400元/亩，按逐年每亩递增30元方式承租农户土地，农户承担有偿劳务，实行统一栽种、统一管理、统一经营。截至目前，建成了2400余亩猕猴桃产业园区，挂联建档立卡贫困户73户361人。在规模化发展中，猕猴桃种植用工带动当地解决群众就业300余人。2019年至2020年，已兑现到户土地流转费120余万元，发放劳务费390余万元。猕猴桃产业彻底改变了全村种植结构、农村经营方式和农民增收致富途径。成片的猕猴桃产业基地带动麟凤镇产业发展用心、用情、用力走在了全县前沿。2019年度，金鸡村采取“支部+公司+村集体经济组织+农户”模式，建成了生猪存栏2000头、年出栏4000头的代养场1个。2020年5月出栏生猪1755头，实现分红11.2万元。2016年至2019年，金鸡村贫困户人均可支配收入由7273元增加到11513元。

之前的金鸡，道路交通既闭塞又脆弱，居住环境极差，住房破烂不堪，务工收入低，饮水困难。遇到天灾，遇到生病，遇到孩子读书上学，都可能让一个家庭跌入谷底，都是过着人背马驮的生活。进了厨房吃不下饭，去了厕所不敢往下蹲。现在完全变了，农民的生活起居，越来越讲究。现在的金鸡，入户有电视、有冰箱、有洗衣机、有衣柜、有大床，外面看白墙青瓦，旁边一个卫生厕所。鸡鸭成群结对、农具摆放整齐。几年时间，政府改善了硬件设施，农民改变了生活习惯，生活质量大大提高。建档立卡贫困户的医疗报销比例超过90%，“两免一补”“雨露计划”“助学金”等让孩子上得起学。危房改造项目解决危房问题。产业形成规模解决就业增收的问题。机耕补助让农户买得起机耕器，现代农业进入大山深处，有了各种扶持政策以及基层干部的帮助，贫困群众对生活质量、居住环境以及未来，看到了更多可能，也有了更多期待。

（作者时任中共威信县委常委、副县长，现任昭通市交通运输局副局长）

纪检干部忆扶贫

王太义

纪委监察机关在脱贫攻坚中，主要承担监督政策执行、保障决策部署落地见效等职责，为脱贫攻坚保驾护航。我的工作经历，只是全县广大纪检监察干部辛勤工作，服务脱贫攻坚工作的一个缩影。我是 2016 年 5 月到威信纪委工作的，那时威信的脱贫攻坚已进入繁忙阶段。四年多来，我以多种身份和角色参加了这场史无前例的脱贫战役，亲眼见证了县委政府举全县之力推动脱贫攻坚战役的周密部署。回味这段经历，依旧历历在目、记忆犹新。

监督员，保障上级决策部署执行到位

做好监督执纪工作，为脱贫攻坚保驾护航，是我的使命。

任职以来，我准确领会上级监督执纪的原则和精神，严格按照查办案件的程序、标准和要求开展扶贫领域的监督执纪工作，认真区分不同案件中不同人员不同行为的违纪性质，努力寻求查办案件的政治效果、社会效果、法纪效果和经济效果的最大公约数，确保查办的案件禁得起历史和人民的检验。

为了达到这个目标，我和我的同事付出了艰苦的努力。我和我的同事一直在与时间赛跑防止证据自然消灭或人为销毁；一直在与被调查人斗智斗勇，从他的言谈举止中判断说话的真伪，了解他的心理活动；一直在日夜兼程快马加鞭推进工作，以便按时完成任务。白天找人了解情况，晚上分析案情制定下步调查方向，周末和节假日撰写调查报告。我们像其他领域的扶贫干部一样，用“5+2”“白加黑”“夜总会”的方式开展监督执纪。

我们的工作中，除了按时按量完成工作带来的量上的压力外，有时还得面对我们的工作原则和建议与时任一些县委领导要求不一致的工作压力。2017 年 5 月 28 日，时任县委书记的杨家伟，在对扎西镇大河村精准识别调查工作开展情况进行督查时发现，扎西镇大河村精准识别摸底调查工作组存在工作拖拉，纪律涣散，部分工作人员不在岗的现象。当即要求县纪委对有关人员进行立案调查。随后，我顶着压力，及时向杨家伟报告了纪检监察工作的原则和程序，强调不能“先定后查”，要以事实为依据、以党纪党规为准绳进行处理，是否立案这个决定要根据初步调查核实的情况来进行集体研究决策。

之后，我迅速安排人员成立了调查组，对扎西镇大河村精准识别摸底调查工作组遵守工作纪律、工作作风等方面的情况进行了调查。核查表明：5 月 27 日，扎西镇党委召开工作组长、村党总支书记、联络员参加的工作会议，明确摸底调查工作组成员除 5 月 30 日休假一天外，5 月 28、29 日均不放假，扎西镇大河村精准识别摸底调查工作组组长刘昌林同志（时任威信县市场监督管理局副局长），在贯彻落实该会议精神的过程中搞变通、打折扣，未请示、未报告，默许各工作小组自行安排休息；大河村精准识别摸底调查工作组驻村开展工作以来，没有严格按照县委相关文件规定及要求开展工作，没有认真履行考勤管理和请销假制度，工作队员存在随意离岗的现象，集体违反工作纪律。

根据初步核实的情况，我认为达不到党纪政务立案的条件，我及时将这些情况向时任县委书记杨家伟报告。杨家伟听后，依旧要求县纪委对刘昌林进行党纪政务立案调查，给予纪律处分。此时，我陷入了两难。一边是县委主要领导的安排和指示，另一边是纪律处分条例等党纪党规的原则和曾经付出辛勤工作的扶贫干部。思考再三后，我决定顶着压力，坚持工作原则对干部本人和事实负责。之后，我再次找杨家伟和县委其他常委同志汇报我的工作建议，阐明纪委工作的原则、方法和要求，并从全县扶贫工作大局分析利弊。终于，常委会最终采纳了我的建议，没有对刘昌林同志进行立案调查。后经县纪委集体会议研究并报县委批准，做出了如下处理：一是对刘昌林作出免职的问责处理；二是对扎西镇大河村精准识别摸底调查工作组进行全县通报批评；三是责成扎西镇党委将大河村党总支列入软弱涣散党组织进行整顿。

5 年多来，累计处置扶贫领域腐败和作风问题线索 122 件，党纪处分 45 人，政务处分 3 人，双重处分 1 人，问责 71 人，8 个单位，通报曝光扶贫领域腐败和作风问题典型案例 19 批次 49 起 71 人。

除了查办案件之外，我还组织纪检系统的干部职工，做好预防工作。通过发布扶贫领域腐败典型案例、开展警示教育、发布专项工作纪律要求等方式，进一步筑牢拒腐防变的思想防线。还根据县委政府对脱贫攻坚的阶段性工作安排，及时组建相应的工作督查组，对脱贫攻坚的阶段性重点工作进行督促，发挥纪检机关监督的“鞭子”作用，督促各级各部门按时按质按量完成工作任务。2015 年以来，我们转发上级扶贫领域案件通报 24 份，5 年多以来，“点名道姓”通报本县扶贫领域腐败和作风问题典型案例 50 起 76 人，共开展警示教育 21 场次，教育党员干部 6403 人次，下发扶贫领域通知 21 份，共组织开展脱贫攻坚专项纪律督查 40 余次，现场交办和反馈问题 127 个，书面交办问题 265 个，形成专题监督检查报告 19 个，发布通报 6 个，通报违反驻村工作纪律 13 起 28 人。

为方便群众反映问题，我丰富了举报渠道，在原有来信、来访、来电举报的基础上，开通了“廉洁威信”和“清廉威信”两个公众号受理群众的网络举报，最大限度地方便群众。同时加强与相关部门的配合，强化主动地到基层开展巡察，组织开展明察暗访，以便及时发现并整改存在的问题。各种渠道共收到扶贫领域举报133件次，审查中发现扶贫领域线索10条，部门移送案件线索6条，本级巡察发现扶贫领域问题线索59条。

为了教育和挽救干部职工，我坚持“治病救人”的原则，那就是把做被调查人的思想政治工作贯穿初核、立案调查和处分的全部过程，使被调查对象在调查中受到教育、受到感化、受到改变，从而真正悬崖勒马，继续为党和人民的事业贡献力量。即使严重违纪违法被开除公职的，也劝导其改过自新后做一个对社会有用的人。

指战员，协调督促水田镇脱贫攻坚工作

作为水田镇的挂钩联系领导之一，协调资源投入、督促落实部署、帮助解决问题，是我的职责。

挂钩联系水田镇以来，我尽自己所能，做了一些工作。主要有以下几个方面：首先是代表县委督促乡镇抓好落实。县委政府对脱贫攻坚作出动态调整、精准识别、确定搬迁对象等工作安排后，我采用听取汇报、实地走访等方式，对水田镇的落实情况进行跟踪监督，防止政策执行走样，防止政策悬在空中落实不到位。其次是协调解决全镇脱贫攻坚中遇到的困难和问题，例如，产业发展资金不足、群众申请扶贫小额信贷审核缓慢、村集体公司建设资金短缺等等。最后是与水田镇党委政府一道，共同研究全镇脱贫攻坚中存在的工作短板、下一步工作思路等。

党中央国务院决定在2020年开展脱贫攻坚普查。为做好准备工作，我们水田镇从年初就开始各项准备工作，客观条件基本上都已经达到了稳定脱贫的标准。但是，从以往迎检的经验来看，有个问题始终在我的心头悬而未决，并且始终找不到很好的办法来解决。那就是受访群众与普查人员可能因为沟通不畅，导致出现情况失真。因为来开展普查的人员是外地人

员，我们的群众可能不能完全听清普查人员的话；普查人员根据普查问卷进行提问，而群众平时是说口语和方言，可能听不懂问卷上的部分书面语。

2020年7月，我到水田镇，与镇党委书记、镇长和分管脱贫攻坚的镇人大主席，以及站所长一起研究制定水田镇的普查工作流程和方案，明确了每项工作的具体流程、具体要求、具体人员等极具操作性的内容，以便大家遵照执行。第二天，我们开展了一次演练，提高大家对处置工作手册的熟悉程度，彼此间配合的默契程度。演练中，我担心的那个问题，还是不同程度存在，没有得到很好的解决。当晚，我和水田镇的党委书记、镇长和分管脱贫攻坚的镇人大主席一起商量，觉得要很好地解决普查员与被访群众的沟通问题，最好的办法就是普查人员用方言提问，最好是水田方言。但是，不知道这个建议，普查组是否会采纳。

2020年7月18日，从昭通市盐津县抽调的，负责普查威信县的全体普查人员抵达威信县。7月19日，负责水田镇普查工作的8名工作人员抵达水田镇，我也随即赶往水田。到达后，我和水田镇的党委书记、镇长和分管脱贫攻坚的镇人大主席，主动与普查组沟通对接。本着为全市、全县普查工作负责的初衷，我们客观坦诚地提出了我们的工作建议。经过普查组长与普查人员的反复商量和研究，认为我们的建议比较合理的，用方言提问，不但没有改变普查问卷的内容，更是为了让群众好理解。后来，水田镇立即落实了当地的村干部与普查员一道着手进行普查问卷的翻译，翻译好后，印发提供给普查员使用。同时，村干部还向普查组简单讲解本地方言中外地人可能听不懂的一些词汇和语句的意思，承担“双语教师”的角色。

普查组就利用这些临时学习的方言进行普查，与群众进行沟通交流，普查工作得以顺利推进。并且，因为各项工作准备到位、普查员与群众的交流到位，水田镇普查的数据质量，在全县10个乡镇中名列前茅。

后来，昭通市普查领导小组在业务要求上也补充强调，不能完全按照普查问卷上的问题“照本宣科”地进行提问，要适当进行转化，用群众语言与群众进行交流。

突击员，及时完成指挥长交办的任务

作为全县脱贫攻坚战的一名战士，及时完成领导组确定的、交办的各种临时任务，是我的又一职责。脱贫攻坚以来，参与了陪同调研、迎检举证等各项临时性的突击工作。其中，迎检举证一事是最紧迫的。

2019 年 2 月 13 日，贫困县退出第三方评估组进驻威信县，启动贫困县退出评估工作。2 月 17 日上午，反馈了 10 户疑点户的名单给县委政府，要求进行核实并举证。县委肖顺兴书记安排我带队前往长安镇，常务副县长杨波等县委政府其他领导，一人一组盯紧压实责任，负责长安镇 6 户疑点户的举证资料收集工作。

接到任务后，我还是觉得挺沉重的。因为举证工作对时效的要求极高，最好做到当天提交举证资料，否则第三方可能就会觉得疑点存在。另外，要全面收集疑点户达到“两不愁三保障”的客观证据资料，做到一次成功，否则也可能加重第三方的怀疑。加之群众可能拒不配合，故意刁难我们的工作人员。

没时间想面临的困难，我立即按照之前县里制定的预案，通知有关人员立即赶赴长安镇，一路上都在电话了解各方的情况，计划取证的方案和思路。到长安镇之后，我立即召集参与的人员进行了简短的强调，重申了工作要求和纪律要求让大家务必做通群众工作，让大家务必规范取证，严禁采取威逼利诱等违规方式。工作人员分成 6 个举证小组分赴各家进行取证，每个小组由有镇党政班子成员担任组长，党委书记杨章龙也带一个小组出发。我负责在长安镇政府，协调解决各组遇到的困难。

在焦急的等待中，第一个小组终于带着长安镇长安社区寨子沟居民小组毛孝洪户疑似存在漏评风险的举证资料来到了镇上。我和长安镇的同志，站在第三方的视角，用纪检监察机关审理案件的证据标准对资料的真实性、完整性、相关性进行审核。审核后发现这个组提取的大多是村委会或者镇政府提供的说明和证明材料，而工厂、信用社等社会第三方机构提供的客观证据较少，有自说自话、自圆其说的嫌疑。针对这些问题，我们列出了针对该户的补充取证思路和清单。同时，电话联系其他正在取证的五个工作组，要求他们及时调整取证重点。

担心的情况，还是遇到了。长安镇瓦石村一村民小组需要举证的群众罗尚前，因为思想不认同，所以拒不配合工作人员的了解取证。村干部、镇干部、镇党委书记、学校老师、家族德高望重的老人等，能想到的人员，能请到的人员，都动员来做他家的思想工作了，但是他依旧拒不配合，硬生生地把黑的说成是白的，有收入说成没有收入。

时间在一秒一秒地流逝，夜幕开始降临，而罗尚前这户的举证工作还没有取得实质性的进展。俗话说，欲速则不达，看似近的路线不一定是最快的路线。后来我们立即调整举证资料收集思路，按照纪检监察工作调查的方式，从外围了解入手，收集能够证明该户收入的旁证资料。后来杨章龙辗转了解到他和他儿子在镇雄县做过工程。我安排人员立即出发，冒着严寒、迎着黑夜，前往庙沟、镇雄等地了解以前跟他一起做工的工友。

我们的工作人员通过艰苦的努力，找到了有关工友，表明自己身份，耐心说明来意，认真讲清政策后，得到了罗尚前工友的理解，提取到了一起务工的旁证。后来，几个组又再次回到长安镇瓦石村，拿着他工友的佐证资料再次找罗尚前讲政策、做工作。当时已经是深夜 12 点左右。

在我们耐心诚心的努力下，通过寻找多人轮番地讲政策、摆道理，罗尚前终于放下了对抗和抵触的心理，如实陈述自己的家庭情况，特别是收入情况，悬着的心终于落下来了。凌晨 1 点左右，工作组完成罗尚前户的举证资料提取。工作人员回到长安镇，我和党委书记杨章龙同志再次对该户的举证资料进行梳理汇总，讨论研判。确认可以提交后，杨章龙立即出发，专程送到在县城等候的县委书记和县长两位领导的手里审阅。

组织员，带领机关干部职工助推水田攻坚

县纪委监委挂钩水田镇香树村，加挂高田乡大湾村，作为县纪委监委机关的主要负责人，认真组织机关干部到挂钩扶贫点开展帮扶，协调各级各部门投入各种资源，是我的职责。

选派优秀干部驻村并关心其工作和生活。到任后，我及时到香树村和大湾村开展调研，与驻村扶贫干部谈心谈话，了解思想动态，听取意见建议，帮助他们厘清工作思路，解决办公用品购置、经费保障等实际困难，让他们安心工作。同时，按时报销驻村扶贫工作队员的生活补助、车费补助，定期划拨驻村工作经费，组织队员体检。选派优秀干部定期轮换驻村扶贫工作队员。其中，2018 年为香树村购买 2 台台式电脑、1 台打印机作为办公设备，共计 8650 元。2019 年为香树村购置复印机 1 台，彩色喷墨打印机 1 台，价值万余元。

认真组织干部职工开展回访。根据干部职工调动情况，及时调整挂包关系，由 74 名干部职工结对帮扶 215 户贫困户，确保帮扶不断档。组织干部职工利用周末、节假日等时间，实地开展回访，了解贫困群众思想动态，引导贫困群众树立自力更生、艰苦奋斗的决心，实现思想的转变和观念的脱贫。同时，帮助解决生产生活困难。

及时组织干部职工协助乡村推进重点工作。2017 年协助完成了 1135 户 4533 人的精准再识别摸底调查工作，县、乡两级领导就香树村调查工作多次表示认可和提出表扬。2018 年协助开展劳动力调查等工作，2019 年协助开展贫困退出迎检准备等工作，2020 年协助开展疫情调查，开展无害化公厕验收等工作。

扎实开展“三讲三评”激发内生动力。有领导、有秩序、分批次开展“三同五促”工作，切实做到帮扶干部与帮扶对象同吃、同劳动、同学习，有效改善帮扶对象人居环境，促进困难问题解决，群众满意度大幅提升。扎

实开展“三讲三评”感党恩活动5次，参与干部80余人次，参与群众400余人次，有效地宣传了扶贫政策，培养了群众感党恩、知党恩的意识，更进一步密切了干群关系，凝聚了脱贫攻坚的战斗力。

通过积极的协调和督促，在各级各部门的关心下，在镇村干部的努力下，我们单位挂钩的香树村基础设施和村容村貌发生了巨大变化。变压器增加了6台，提升改造8个村民小组3000余人的用电情况，硬化了两条公路4公里，提升了300户农户电视村村通，如期启动了村集体经济发展。组织干部职工开展帮助群众发展养猪、养鸡、养牛、种植等产业发展，开展劳动力培训帮助群众申请扶贫小额信贷400余万元。协调70万元修通大湾村下寨至马家村街上的断头公路。

通过各方努力，香树村和大湾村如期脱贫。

运动员，以普通干部身份助力攻坚

作为全县党员和干部中的一员，以普通干部的身份开展结对帮扶贫困户，是我的职责。到威信县工作后，我结对帮扶水田镇香树村寨头村民小组的刘发传、马代英、刘发香、杨均发和杨洪开这5户贫困户。这5户贫困户的贫困程度，在香树村来说，还是比较重的。后来因为我们单位的人员数量增多，就把杨均发和杨洪开这两户调整给其他同志结对帮扶。

刘新阳户，家中原有3人，分别是户主刘新阳，妻子马代英，儿子杨波。该户是2015年全县第一批被评为建档立卡贫困户的，是寨头村民小组公认的家庭比较贫困的群众之一。我到威信工作后不久，就实地到该户进行走访，了解他家的基本情况、生产生活状况，帮助群众分析家庭的致贫原因，鼓励群众树立脱贫致富的信心，坚定为美好生活奋斗的决心。

通过了解，发现该户居住在狭窄的两个房间内，非常拥挤，家具也比较简陋和老旧。家里土地不足 1 亩，全家人的受教育水平和劳动技能低。致贫原因主要是缺技术、缺土地。通过几次的入户之后，初步确定了该户今后的脱贫方案。回到村委会后，我及时将这户的情况与村委会的干部进行了交流，让村干部尽快上报该户实施危房改造的计划，并且协助实施该户的其他脱贫计划。

2016 年 6 月，该户启动了危房改造。就在他家满怀信心前往小康道路的途中，却突然出现了变故，小康道路再添荆棘。7 月 10 日，刘新阳在早上去烤烟房劳动的过程中，被自家烤烟房的烟囱倒塌下来砸中，直到下午才被发现，此时早已断气身亡。这个变故让家里的劳动力少了一个，使原本贫困的家庭雪上加霜。同时，也让全家刚刚燃起的信心之火，再次熄灭。

意外发生后不久，我及时前往马代英家，继续鼓励这户失去脱贫信心、脱贫路径的家庭。到她家后，我先安慰了大家失去亲人的悲伤心情。我再次与他们一起梳理今后的脱贫计划，再次强调党中央“不让一户群众在小康路上掉队”的承诺和决心，让他们相信我们各级组织和干部会采取实际行动帮助他们渡过难关，带领他们走进小康社会。临走时，我从兜里拿了 2000 元钱给马代英。虽然扶贫措施要求不能简单发钱发物，但是我觉得这个是我对他们的鼓励，是我承诺帮助他们的一个信号。

儿子外出务工后，马代英独自一人无法继续料理房屋建设一事。我安排我们单位在香树村驻村扶贫的同志帮助联系施工的匠人，采取完全承包的方式修建房屋。同时，帮助监管质量、协调有关事务、办理进度款申请等各项帮扶工作。因为家里遭遇变故，让原本贫困的家庭雪上加霜。后来香树村在低保对象动态管理时，按程序将马代英纳入低保享受范围。不久以后，房屋的主体顺利竣工。

看着还没有装修的房屋，我知道单靠他们自己的力量，要靠杨波打工赚钱来装修房屋的话，不知要等到什么时候，我觉得自己应该想办法帮他们装修一下房屋。不久，全县上下启动了社会捐款支持扶贫工作，帮助群众改善生产生活条件。我立即与水田镇党委政府联系，让他们对马代英家进行倾斜和照顾，最后落实了1.1万元的资金帮助马代英装修房屋。同时让村干部和党委政府的领导，与从事建材销售、房屋装修的本地小老板小包工头联系，给予这户群众帮助和支持。在大家的帮助下，马代英的房屋终于简装完毕。后来，顺利安装了水电。杨波参加了技能培训，在县里组织的劳动力转移中，到福建找到了一个不错的工作。

2016年年底，马代英户达到了“两不愁三保障”的脱贫标准，按照程序退出。

2017年，杨波结婚了，妻子是水田镇邻村的郑芳慧。这件喜事，就像一阵暖风，吹开了笼罩在全家上空的阴云，让全家脱贫的信心更加坚定。2018年4月11日，马代英家新增了一个人口，孙子杨子轩出生了，这个小精灵的到来，让原本沉闷的家庭多了一份生机，多了一份活力，多了一份希望。

正当这户家庭的生活过得风平浪静的时候，现实再次向这户家庭扔下一块石头，全家生活再起波澜。儿子杨波和儿媳郑芳慧的感情不和，郑芳慧于2018年5月18日，扔下只有1个月大的孩子，另觅高枝去了。临走时，我从兜里拿了300元钱给马代英，让她给孩子买奶粉，力所能及地帮助这个“没娘的孩子”。

后来，我不时到马代英家进行回访，有时进行电话回访。了解全家人的身体状况，政策享受情况，鼓励杨波继续多学技术，多努力工作，节约用钱，养成健康文明的生活习惯，远离赌博、酗酒等生活恶习，争取早日找个媳妇一起过日子。这户家庭的脱贫，也只是低水平的脱贫。今后，我将继续按照摘帽不摘帮扶的要求，继续想办法对这户进行帮扶，保障他们稳定脱贫，获得更高水平的脱贫。

（作者时任中共威信县委常委、纪委书记、监委主任）

以法治方式　助力脱贫攻坚战

陶　勇

脱贫攻坚战如期取得全面胜利，不仅需要党中央和省市县委政府凝神聚力、社会各界众志成城，还需要发挥法治在脱贫攻坚中的保障服务作用。在脱贫攻坚战期间，我先后 3 次召集法院、检察院、公安、司法等职能部门，就如何充分发挥政法机关公共服务职能作用，专题研究法治扶贫工作，同时我还通过实地走访、座谈、调研等方式，进行认真调查研究，努力做到精准发力，精准施策，为高质量打赢打好脱贫攻坚战提供坚强的法治保障。为此，这几年，通过全县各级党员领导干部及广大人民群众和社会各界的共同努力，全县农村路、房、水、电等基础设施得到全面改善。住有所居、病有所医、学有所教保障到户到人。通信设施、文娱场所覆盖到村到组，处处呈现新房新村新貌，彻底改变了农村面貌，极大提升了群众幸福指数。

推进矛盾纠纷调解　弘扬社会公平正义

开展工作中，我始终在想，矛盾纠纷调处这环不可缺，如果发生了“怎么办”“怎样调处”的问题。邻里之间发生口角或矛盾不及时排查化解，会消耗群众大量的时间和精力，严重的还会上升为刑事案件。对此，全面排查化解矛盾纠纷，促进社会和谐稳定，让群众集中精力发展产业、促进增收致富，打赢脱贫攻坚战具有十分重要的意义。村为单元，小组为网格开展矛盾纠纷的排查，发现苗头，及时调处化解，不能化解的及时上报乡镇司法所调处化解。乡镇司法所牵头，排查长时间未化解、长期未调处的复杂矛盾纠纷，必要时请乡镇党委、政府给予帮助、指导。乡镇综治中心及时与村委、司法所及派出所对接矛盾纠纷排查、化解情况，联合多方力量，把排查出来的矛盾纠纷尽早、尽小消灭在萌芽状态，防止纠纷升级，损害当事家庭，破坏社会稳定，阻碍脱贫攻坚工作。近三年来，全县共排查矛盾纠纷 5650 起，调处化解 5480 起，调解率为 97.5%，有力促进了社会稳定，有力帮助了脱贫攻坚工作。

护航控辍保学责任　保障学生接受教育权益

让每一个孩子上得起学、上得好学是脱贫攻坚工作任务之一。如何破解义务教育阶段困难群众的子女有学上，也是我常常惦记的事情。我采取了由挂包干部、驻村干部、镇村干部或教师等上门入户动员入学，力所能及解决入学中的困难，于情于理做通家长或学生的思想工作，依法依理宣传《义务教育法》。部分多次劝导后不送到学校的家庭采取法治手段，依法送达行政处罚决定书，要求家长限期将孩子送到学校就读。个别因残、因病不能到校的学生由相关学校选派教师送教上门，有条件的家庭实行远程网络学习，并商请驻村、镇干部定期或不定期上门关心、关爱，解决学习过程中存在的困难问题。拒不送子女完成义务教育的家庭，由乡镇人民政府依法向人民法院诉讼，综合运用综治、法治等措施，坚决保障学生的接受义务教育的合法权益。各乡镇人民政府依法诉讼拒不接受义务教育家庭 5

名，让学生和家长都明白“如果娃娃不读书，将来就不会有好的出路”和“不送娃娃去读书就是犯法”的道理，5名辍学学生通过诉讼途径返回学校上课，从而使全县建档立卡家庭子女入学率达100%。

践行法治宣传服务　敦促履行赡养义务

帮扶过程中，我发现有些乡镇存在少数的赡养义务人不履行赡养义务，少数农村家庭另外选址新修安全住房后，子女搬进了安全稳固的新房，以老年人不愿意同住为借口，拒绝将老人一同迁入安全住房，让老人长期居住在脏乱差等条件简陋的危旧房。我立即召集政法部门研究制定出台《关于敦促赡养义务人积极履行赡养义务的通告》，要求倡导文明家风，切实保护老年人的合法权益，依法严厉打击遗弃、虐待等违法犯罪行为。采取干部入户宣传赡养老人的相关尊老爱幼的传统道德、法律法规及政策，宣讲赡养老人是子女的应尽义务，拒绝赡养老人属违反中国几千年的传统道德和违法行为。营造良好的尊老敬老社会氛围，以群众会、院坝会等形式宣传尊老敬老的传统美德，尊老敬老也是家庭美德，共同营造全社会都应当尊老敬老的良好风尚。对仍不赡养老人的家庭，提供法治服务，由综治中心、司法所及派出所联合村委干部、驻村干部，甚至请当地德高望重的老党员、老同志一同上门调处，依法开展司法判决及调解，及时依法依规解决搬迁入住的困难和问题，最终达到搬得出、入得进、住得好，促使居家和睦。全县通过法院判决履行赡养义务案件6起。

运用法治思维手段　依规依法拆除危旧房

安全稳固的新房已建，但危旧房迟迟不拆，全县所有乡镇都存在这种现象。为有力推进拆除危旧房工作，我要求政法部门为拆除危旧房工作提供法治服务和保障。有针对性地开展法治宣传和一户一宅政策，让群众人人知晓有决心坚决制止一户多宅或违法占用农村宅基地的违法行为，全社会形成节约土地、节约国有资源的法治意识。运用法治思维，依法依规开展由乡镇人民政府送达《危旧房拆除通知书》，对依法拆除并在政策补偿范围的开展补偿工作。无劳动能力拆除的农户，由镇村组织有施工资质的单位或集体依法开展拆除工作，保障危旧房拆除工作的顺利进行。危旧房拆除后，坚决制止一拆了之，乡镇人民政府必须组织施工单位对拆除地基开展复垦复绿工作，严格复垦复绿标准，严格复垦复绿的验收，复垦复绿工作中坚决维护群众的合法权益，做好群众的支持、配合工作。

突出党建示范引领　创新基层治理服务易迁群众

为了打通服务易迁群众“最后一公里”。龙溪小区、高田康城新居等 5 个集中易地安置点，安置了 1352 户 5656 人，易地安置点群众以汉族居住为主，杂居着苗、彝两个少数民族同胞。民族团结尤其重要，加之人口规模大、人员结构复杂，统一战线充分发挥沟通感情、联络友谊、凝聚人心优势。我探索创新“党建引领化、区域网格化、分工责任化、管理多元化、参与全民化、运行规范化、民族团结化”的网格管理模式。充分发挥综治中心总抓、协调、指导的作用，在易地搬迁点成立综治中心服务站点，推动辖区内实有人口服务管理、特殊人群服务管理、社会治安、矛盾纠纷、校园及周边治安综合治理等涉及部门的社会治安综合治理事项的解决，构建“党组织 + 网格 + 楼栋”的党建楼宇模式，成立临时党总支，选配临时总支书记、临时总支副书记、临时总支委员，形成主抓基层社会治理“总动脉”。以栋楼为单位，将党支部建在网格中，以安置区楼栋为单位，划分为 24 个网格，成立 24 个临时党支部，24 个网格长由临时党支部书记兼任，形成细抓基层社会治理“总经络”。根据楼栋党员人数，采取单独建或联建的方式建立党小组。楼栋长从楼栋居民户中挑选政治素质好、热衷于公益服务的党员和普通群众担任，形成实抓基层社会治理“末梢神经”。通过延伸组织“触角”，对社区的楼栋“人、地、物、事、组织”五大要素进行全覆盖，实现组织引领大联动，精细化、高效能服务管理，不断提升社会治理能力和水平，不断服务好搬迁群众，以促进群众之间和谐共处、守望相助。

（作者时任中共威信县委常委、政法委书记、统战部长）

我的扶贫路

陶永朝

看，夜幕下的扎西红色小镇，威信儿女来来往往，似乎还有当年红军长征留下的身影；听，和谐号从威信站飞驰而过的呼啸声，那是威信人民在新起点上阔步向前的铿锵号角。每当我抚摸着高田乡凤阳村口的那棵老杨树，我总会想起扶贫路上的那些父老乡亲、同志，还有我对这片土地抹不去的乡愁……

唯其艰难　方显勇毅

2015 年 12 月，经县委、县政府研究决定，派我挂钩高田乡，并担任脱贫攻坚常务副指挥长，负责凤阳村、大湾村的包保任务。全县动员大会召开、脱贫攻坚号角吹响次日，我和全县其他党员干部一样，深入高田乡，在脱贫攻坚战场上发起了冲锋。作为一名共产党员，我更能明白脱贫攻坚的深远意义；作为县委常委、宣传部部长，我深知这份责任的重大。

威信脱贫看高田，高田脱贫看凤阳！高田乡有 8 个村 163 个村民小组，总人口 3 万余人，在 2017 年精准识别的时候，全乡有建档立卡贫困人口

2326户10117人，贫困发生率32.8%，属全县贫困面最广、贫困程度最深的乡镇。凤阳村、大湾村由我包保。其中，凤阳村是全县最贫穷的一个村。凤阳村与四川省叙永县的白蜡乡、黄坭镇、分水镇接壤，边界线绵延近20公里，山高坡陡、沟壑纵横、气候恶劣、信息闭塞、交通落后、地瘠民贫、汉苗杂居，群众思想观念十分落后，是威信贫困面最大、贫困发生率最高的深度贫困村。全村25个村民小组，总人口868户3742人，有建档立卡贫困人口488户2261人，贫困发生率高达56%。顶着"全县之最"的压力，我只能身不停歇地不断前行……

我清楚地记得，第一次走进凤阳村的时候，映入我眼帘的到处都是破烂不堪的石木结构瓦房或者是残垣断壁。茅草房、杈杈房，这些威信县上报数据中已消除多年的老百姓的房子，再次进入视野。羊肠小道泥泞不堪、湿滑难行，乡村公路坑坑洼洼，许多公路两边是凹槽，中间是高高凸起的土埂，就连越野车都无法通行。没有比人更高的山，没有比脚更长的路。我穿梭于凤阳、大湾的村组和田间小道，已多年未穿的水鞋再次派上了用场。把双脚扎进泥土，走到困难群众家中、田间地头，与群众面对面、肩并肩地一起品尝他们的"酸甜苦辣"，弄清他们"心里想的是什么、家里住的是什么、家中缺的是什么、锅里装的是什么"。当我看见有的困难群众身上穿得破破烂烂、家中一贫如洗、粮食也不多、有的家中还有身患重病躺在床上无钱医治的病人时，我的心犹如大海里翻滚的浪涛，久久不能平静。

时光如河，浮生如鱼，在暗流湍急中相见，总是命里该遇，就算那日不见，终会路左相逢。于是，脱贫攻坚把我和马朝俊两个完全陌生且无生活交点的两个人联系得如亲人朋友般紧密，终是缘分。

时隔5年，我依旧记得第一次来到我的帮扶对象马朝俊家的情景。马朝俊，现年30岁，带着5岁的儿子相依为命。马朝俊因"懒"字当头，家境贫寒，房屋破旧，其妻外出后一去不复返，家不像家，40多平方米的木瓦房里没有一点幸福生活的气息，除了一个黑黢黢的电饭煲算家电外，基本没有其他家用电器，可谓家徒四壁。其子依偎在火炉边取暖，马朝俊则是因昨夜的宿醉卧床不起。和我一行的村干部叫醒正在睡觉的马朝俊，只见马朝俊带着一脸不满的表情，睡眼惺忪地走出来和我们打招呼。通过一番交流，我发现马朝俊并非村干部口中一无是处的懒汉，他说话思路清晰、言语组织很有条理，待人接物很有分寸。交流过程中，他总是用一些小事故意岔开我们关于他家生活困难的话题，似乎在躲避什么。他的这些举动让我原本忐忑的心更加沉重，他并不是因为没有文化导致贫困，真正的根源应该是内心、思想上的不自信，对生活现状得过且过，这种思想贫困比经济贫困更难转变。经过两个多小时的交流后，我与村干部离开马朝俊家。通过和村干部分析，马朝俊应该是因婚姻的破裂后自尊心受挫，导致对生活失去了信心，把日子过得越来越不像样，还让年幼的儿子跟着受苦。我最终决定了帮扶方法：先为其儿子解决低保，为马朝俊安置一个保洁员的公益岗位，同时帮助其维修加固房屋，在实施社会保障后，思想扶贫紧随跟上。

自从和马朝俊认识后，我深知让他转变不是一件容易的事，我就经常抽空到他家和他交流，从我不厌其烦地说和他不耐烦地听，到我不厌其烦地说和他不厌其烦地听。时间是一味良药，我始终相信我的热情总会感化这个内心敏感且自尊心超强的人。所以除了逢年过节物资慰问、电话问候外，只要到高田，我必定去他家拉家常，关心鼓励他。经过一年多的帮扶，终于在2017年末，盼来了他的转变。那天，我再次到马朝俊家，或许因为冬日的阳光格外温暖，修剪了头发的马朝俊肩背也挺直了，整个人都精神了。他告诉我，前几天听了我在凤阳村组织开展“自强·诚信·感恩”活动时的讲话后，他不想继续在家混吃等死了，想出去打工赚钱把旧房子拆了重建。我把东西部扶贫协作项目各项惠农政策一一给他解读，推荐他到东莞市一家我了解的公司工作，点燃了他对新生活的憧憬……当然，我也没忘叮嘱他，到了务工的地方一定得戒酒，努力工作，争取成为厂里最靓的仔，早日把离家的老婆找回来，给孩子一个完整的家。2019年10月，我到马朝俊家走访时，正遇到马朝俊离家多年的妻子回家看望孩子，我告诉她马朝俊的变化、整个家庭的变化。终于，有情人又成眷属。

唯其磨砺　始得玉成

凤阳村、大湾村，甚至整个高田乡，像马朝俊家这样贫穷落后的困难群众，比比皆是。为了下好凤阳村、大湾村脱贫攻坚的先手棋、打好主动仗，我紧扣“两不愁三保障”这一中心，靠前指挥，坐镇一线，牢牢把脱贫攻坚工作责任扛在肩上、记在心上、抓在手上、落实在行动上，坚持把脱贫攻坚各项工作目标任务实行清单式管理，一项一项抓到位、一件一件抓落实，一个一个销号清零。

美丽之前的蜕变总是很痛苦的，欲立先破！脱贫攻坚战役打响以来，为了确保贫困户住房有保障，我和高田乡党委政府以及各挂包单位一起逐户研判、分类施策，组织施工队推进危旧房的拆除、扶贫安居和维修加固工作，所有的危房得到了清除，全都住上了干净、整洁、安全的新房子。看到群众有了安全住房，水电路的问题也必须配套解决，我主动与威信县供电局对接联系，争取建设资金尽量倾斜。县供电局投资 5000 多万元，在凤阳村的高山峡谷里安装电塔、架通电网，使家家户户用上了安全、稳定的电压，电费更加便宜了，加速改变了凤阳村、大湾村电力落后状况。看到走在泥泞的“水泥”路上去上学的孩子，我的心就扎得生疼。我向市级挂村领导市政协晏祥莉副主席汇报后，她带着我和县交通运输局、高田乡党委政府的同志们一起实地考察、调研，制定出了方案。县交通运输局先后投入资金 3000 多万元，最终将涉及全村 25 个村民小组的 6 条主线 8 条支线、总长 48.14 公里的低等级公路全部加宽硬化，并且打通与四川公路连接的 5 个出口，形成通滇入川的交通网络。县委宣传部、威信供电局和威信住建局的 100 多名挂包干部职工，深入开展“挂包帮转走访”和建档立卡“回头看”，大力实施“六大工程”和“五 +N 个一批工程”，积极推动驻村扶贫工作队、村“三委”干部和挂包干部苦拼实干。在决战决胜脱贫攻坚的日子里，凤阳村的路上留下了我和全体挂钩帮扶干部的脚印和艰辛的汗水、苦涩的泪水，但也收获着一路感动、一路欢歌。

五年来，在县委、县政府的正确领导下，通过高田乡党委政府、驻村工作队以及18个挂钩帮扶部门300多名干部职工的日夜奋战，我包保的凤阳村、大湾村建档立卡贫困人口达到了“两不愁三保障”标准，顺利通过国家脱贫成效省际交叉考核检查验收，两个村实现了整村脱贫。高田乡的脱贫攻坚工作取得了引人瞩目的成绩，在2018年全国脱贫攻坚成效考核省际交叉检查中胜利收官，全乡2326户贫困户全部脱贫，8个行政村全部脱贫出列，翻开了高田历史发展的崭新一页。截至2019年，全乡完成村组公路硬化260公里，实现村民小组硬化路占比达90%以上；增建蓄水池35个，管道延伸174公里，实现人畜饮水户户通；院坝硬化9175平方米、联户路硬化83公里；新建通信基站5个，实现网络通信村村通；实施“四类对象”建房1979户，“非四类对象”建房250户，全面实现危房不住人、住人不危房；实施易地扶贫搬迁621户2627人，农村分散安置147户635人，进城集中安置474户1992人，建成康城新区安置点1个，共安置搬迁户269户1025人；成立村集体经济公司，以村支部+合作社+公司+卡户等模式，初步形成“户户有项目、人人有收入”的产业扶贫新格局，让更多的建档立卡贫困户从中得到经济增收；种植魔芋1800余亩、猕猴桃2845亩，建木耳、银耳基地各1个，大力实施退耕还林工程，种植方竹2.4万亩，建桃李园基地2个300亩，建设生猪代养场8个，切实做到卡户产业全覆盖；外出务工输出2042户3641人，发放交通补助120万元，安排公益性岗位201人，组建劳务队8个179人，确保卡户人人有事干；全力巩固义务教育均衡发展成果，加大控辍保学力度，杜绝因贫辍学，落实学前教育补助6030人次，高中教育补助1902人次，中职教育补助433人次，申请雨露计划814人次，大专及以上教育补助1624人次，共计发放补助款1139万元；贯彻落实健康扶贫30条措施，补助907万元，对全乡建档立卡贫困户2326户10111人全面落实贫困人口基本医保、大病保险、医疗救助、兜底保障“四重保障”，确保建档立卡贫困人口100%参加基本医保和大病保险，并落实补助资金303.3万元，实现30319人次重病兜底保障；纳入全兜底保障1098人次，享受特困供养3714人次、孤儿补贴410人次；建档立卡贫困户家庭成员新农保参保率100%，发放养老金3948人次。

浴火涅槃　终得初心

俗话说，“授人鱼”不如“授人渔”。在这场脱贫攻坚的大考中，我始终坚持“富脑袋”与“富口袋”并重，扶志扶智相结合，注重把开展“自强·诚信·感恩”主题教育实践活动与“不忘初心，牢记使命”主题教育活动、新时代文明实践中心（所、站）志愿服务活动有机融合起来，扎实做好贫困群众的思想引导、宣传发动、组织动员工作，切实扭转“等靠要”不良风气，全面提振群众脱贫致富精气神。

宣传能够汇聚起正能量。讲好身边的人、身边的脱贫故事，用榜样的力量示范引领，让卡户摒弃“等靠要”思想，浴火涅槃，终得初心。我带领宣传战线充分发挥行业优势，深入挖掘在扶贫工作中的先进经验、典型，与中央、省、市主流媒体沟通协调，《革命老区人民过上幸福新生活》《革命老区威信：产业兴，群众富》《革命老区威信县的脱贫摘帽交答卷，请批阅》《威信：弘扬长征精神　抒写脱贫壮歌》等400余篇脱贫攻坚新闻先后在中央、省、市媒体刊播，较好地起到了宣传引领作用。在提升内生动力的宣传上，通过在威信电视台、“微扎西”微信公众号等媒体平台，开设“自强·诚信·感恩”主题教育实践活动专栏，依托“互联网＋党建”，借助QQ群、微信群等网络平台，宣传威信脱贫攻坚工作的重要举措、经验做法和突出成效以及涌现出来的优秀帮扶干部、第一书记、脱贫户，用先进事迹凝聚脱贫攻坚强大合力。宣传优秀驻村工作队长、优秀脱贫攻坚支书、致富带头人等在脱贫攻坚中的新观念、新思路、好经验、好做法，营造学习先进、宣传先进、争当先进的氛围，树立脱贫光荣、守贫可耻的导向，激发贫困群众不等不靠、自主脱贫的自强意识，凝聚力量打赢脱贫攻坚战。同时，在村级公共活动场所设置光荣榜、曝光台，发布好人好事、脱贫致富等先进事迹，公开曝光好吃懒做、争当贫困户等不良行为，引导贫困群众学习榜样、对比典型、反省自己，找差距、找根源，进一步提升了群众的思想认识。组织县文联开展脱贫攻坚采风活动2次，创作出了纪实报告、诗歌、散文、摄影、书法、美术和音乐等作品；同时，我还安排部署有关部门在城区主干道、集镇、乡村、交通要道沿线等地，通过悬挂宣传横幅、印制宣传单、张贴宣传图、设置宣传栏等方式，大张旗鼓地向群众宣传脱贫攻坚工作的政策知识点，讲好“扎西会议”故事，传承红色基因，增强老区人民的荣誉感、成就感、幸福感、自豪感，激发贫困群众自我发展、自我革新、主动脱贫的内生动力。

征途漫漫　唯有奋斗

全面小康，几代人追求的梦想。脱贫攻坚是一场战争，同时也是一场大考，作为县委常委、宣传部部长、高田乡脱贫攻坚常务副指挥长，我倍感责任重大，丝毫不敢懈怠。在我所挂钩的高田乡、包保的大湾村和凤阳村以及全县的宣传思想阵地，按既定的时间脱贫出列是我的工作目标，市委确定的脱贫攻坚“133”工作思路是我的工作行动指南，率领县委宣传部、高田乡党委政府以及挂钩帮扶高田乡的扶贫干部圆满完成工作任务是我的责任与担当。所有“参战”人员与我一起勇挑重担、砥砺前行，以抓铁有痕、踏石留印的精神，结合分管工作的优势，通过开展全民宣传动员、“自强·诚信·感恩”主题教育实践活动等形式激发群众内生动力。在这场没有硝烟的脱贫攻坚战中，交出了令上级领导放心、包保群众满意的时代答卷。

气象峥嵘今胜昔，翻天覆地慨而慷。回望人类历史上规模最大、力度最强的脱贫攻坚战，自这场战役战打响以来，威信各级党员、干部弘扬伟大长征精神，夙夜在公，默默奉献，在贫困革命老区用奋斗的汗水浇灌着幸福之花。广大贫困群众不等不靠，立脱贫之志，攻脱贫之艰、取脱贫之胜，展现了一幅幅与贫困决战的生动画卷。全县广大干部群众通过宣传引领，汇聚起了强大的正能量，用绣花之功对标精准施策，累计减贫 17750 户 74629 人，80 个村全部出列，威信实现整体脱贫。五年多来的脱贫攻坚战，单位挂包的凤阳村就是一个缩影：一条条翻山越岭的致富路、幸福路，不但解决了贫困群众出行难、运输难问题，而且激活了全村经济发展的强大动力，让群众喜笑颜开；一座座电塔矗立在高山峡谷之间，一根根银丝翻山越岭，把昔日黑灯瞎火的凤阳山村照得灯火通明，照亮着困难群众脱贫致富奔向小康生活的康庄大道；一幢幢崭新的楼房星罗棋布点缀在沟谷林间，屋内厕所卫生、厨房整洁、院坝干净、鸟语花香。2019 年，威信县委、县政府在研究特色小镇创建申报中，赋予了凤阳村一个好听的名称参与申报——凤阳部落特色小镇。潘孝正老先生到凤阳时兴奋地写道："昔日凤阳非凤阳，山高路远地荒凉。人稀水瘦穷村寨，东倒西歪破草房。风瑟瑟，雾茫茫，春秋冬夏黯神伤。何时摆脱寒酸境，梦里依稀问小康；今日凤阳真凤阳，三沟五岭尽春光。绿荫深处农家笑，新学堂前稚子狂。迁异地，走康庄，穷根拔去另开张。明灯照耀人心亮，山路弯弯富路长。"是为诗，是为史。

雄关漫道真如铁，而今迈步从头越。脱贫后的威信，成贵高铁、宜毕高速通车运营，让威信人民冲破闭塞，从此通江达海，朝发夕至。威信人民解放思想，春潮彭湃，干事创业，气势豪迈，民族团结示范县、扎西红色小镇已通过初验，国家卫生县城、国家历史文化名城等城市名片正努力创建中。浩荡东风千帆竞，铿锵脚步踏歌行。看！生态优美、干净宜居、特色智慧的新威信正阔步走向未来！

（作者时任中共威信县委常委、宣传部长）

创新施策新路子　扣准扶贫“纽扣子”

陶思宽

风雨砥砺，岁月如歌。2020 年，在以习近平同志为核心的党中央坚强领导下，我国的脱贫攻坚工作取得了决定性进展，脱贫攻坚力度之大、规模之广、影响之深前所未有，谱写了人类反贫困历史新篇章。乘着时代飞速前行的列车，威信县同全市、全省、全国一道，顺利实现了脱贫摘帽。纵观扶贫这五年，我们迎着脱贫攻坚工作的号角，攻克了一个又一个“山头”，摧毁了一个又一个战斗堡垒，最终打赢了脱贫攻坚这场阻击战、歼灭战，昔日破瓦烂砖、吃不上饭、看不起病、上不起学的贫困境况，在威信大地上成为历史。

记忆的刻刀雕刻了难忘的回忆。我刚到县扶贫办上任后的第一次下乡调研，是到高田乡，山路十八弯，终于“弯”到了坡上村，冒着大雨又走了 1 个多小时才到达调研的第一家农户杨大爷家。见有客人来访，杨大爷赶紧从门后拿来几个圆木桩子让我们坐下。环顾四周，杨大爷这个家哪里像个家？屋顶上盖的是茅草，楼上放的是接雨的锅，家中没有一条像样的板凳，更说不上家具。煮饭的灶台是用石头和泥堆的，上了年头烧得焦黑。说到房子的事，老杨说，最怕下雨天，天上下大雨屋里头下小雨，一踩一个水凼凼，说起来都丢人。据介绍，整个村子只有 1 户建有平房，其他全是破烂石木瓦房，四周损坏严重，房顶盖草，无法遮风挡雨，环境卫生极差。后来又走访了几个乡镇，贫困程度都差不多。面对此情此景，作为一个扶贫办主任，我深感责任之重大，脱贫道路之艰难。但县委政府既然相信我，把我放到了主抓全县扶贫工作的重要位置上，我将坚定信心，主动担当作为，不负县委政府的重托和人民群众的厚望。

创新思路，科学谋划

心犹在，志益坚。自打响脱贫攻坚战役以来，作为威信县扶贫干部的一分子，我每一天都如履薄冰，不仅仅是高强度的工作压力，更重要的是，7万多贫困群众如何真正摆脱贫困。工作上，我不敢有一丝懈怠和马虎，尽心竭力，全力以赴。

团结协调，凝聚部门合力。脱贫攻坚工作是一项多部门协同作战的系统工程，然而在脱贫攻坚工作刚开始的时候，县直各行业部门各自为政。记得有一次由扶贫办召集的行业部门联席会议上，一位部门负责人对我说："我们部门的事情都干不完，还要帮你们扶贫办做事。"这虽是一句玩笑话，却引起我的高度警觉。这位同志的观点其实代表了众多行业部门领导的想法，他们总认为脱贫攻坚就是扶贫办的责任。班子会议上，分管领导也跟我叫苦说每当向行业部门收集情况时，总得不到积极的回应。针对部门协调不力的问题，扶贫办班子多次开会研究症结所在，进一步征求部门意见建议，制定完善了扶贫工作协调制度机制，有效凝聚了扶贫开发领导组成员单位的工作合力，增强了工作的推动力。

画好作战图，增强战役"火力"攻击力。脱贫攻坚是一场前所未有的大战役，根本无经验可借鉴，也没有教训先例可规避，全靠摸着石头过河。在县委政府的领导下，我带领扶贫办班子成员草拟了干部职工脱贫攻坚责任压实、动态管理工作、巩固提升脱贫成果、年度脱贫攻坚重点任务分解等一揽子方案措施，经扶贫开发领导小组审核下发实施。由于省市关于扶贫工作的要求理解不透，加之经验不足，有的文件从草拟到定稿往往要数易其稿。我带着办公室工作人员加班到深夜两三点钟是常事。很多时候，县委政府的会议刚散，我又与同事们在办公室挑灯夜战，有时直到饥肠辘辘、水尽灯枯。2015年以来，威信县扶贫办共草拟了《中共威信县委　威信县人民政府关于明确目标凝聚力量　举全县之力打赢扶贫开发攻坚战的实施意见》《中共威信县委　威信县人民政府关于打好八大攻坚战　决胜脱贫攻坚的意见》《威信县脱贫摘帽"百日会战"行动方案》《威信县扶贫资产管理办法》《威信县2019年脱贫攻坚巩固提升工作实施方案》《威信县开展防止返贫和预防新致贫工作方案》《威信县决战决胜脱贫攻坚百日提升行动方案》以及历次巡视巡查督查考核反馈问题整改工作方案等一系列文件交两办行文下发。

抓好一线督战，当好参谋助手。扶贫办作为县委政府在脱贫攻坚工作中的综合协调部门，是作战指挥部和一线战场的"中枢"，为充分调动部门脱贫攻坚的主观能动性，及时准确掌握脱贫攻坚各项措施的落实落地情况，及时向县委政府决策提供最可靠的依据，我带领扶贫办班子成员白天下乡调研，晚上分析研判，找准户脱贫和村出列短板弱项，找准问题根源，列出问题清单和责任清单，形成工作建议向县扶贫开发领导小组报告，同时召集部门负责人和业务人员多次开展政策业务培训，进一步明确部门责任，提高干部职工主动服务、优质服务的行动自觉。按照领导小组的工作部署，组织工作专班开展不定期的检查督查，对各乡镇各部门工作落实情况进行督查，形成专题报告供扶贫领导小组决策。

听清民意，扣准纽子

县扶贫办每天都是一派热火朝天的景象，而整栋楼里最"热闹"的莫过于群众来信来访办公室。来访者反映的问题，有的是自己家贫困却不是贫困户，申请纳入卡户的，还有的是反映卡户纳入程序不公开不透明有猫腻的行为等等。这一现象引起了我的高度重视，我们不怕问题也不怕别人提出问题，就怕发现不了问题解决不了问题。于是我要求分管领导把这些问题分类整理形成报告交给我。看着这一条条的问题和申诉，我意识到了问题的严重性和紧迫性，必须马上核实摸排，找出原因，制定解决办法。扣好精准识别这颗纽子是脱贫攻坚工作的重中之重，不容出错。所以我立即向县领导反映了这些问题，商量如何结合我县实际将省里的标准和流程落到实处，维护群众民主参与讨论和决策的权利，确保贫困对象应纳尽纳、应退尽退、应扶尽扶。那一段时间，每天下乡与乡政府、村组基层干部、群众进行座谈成了我工作的常态。通过调研，我们对规定的程序和步骤作了探索创新，以走实群众路线为目标，创新新路子，主抓两项工作。

组建村民小组理事会。为提升群众政策知晓率和参与积极性，实现自我教育、自我服务、自我管理、自我监督，全县1614个农村村民小组均组建由村民小组会议选举产生由5—7人组成的理事会，成员主要由村民小组长、党员及致富能手、乡贤等构成。主要是配合工作队做好政策宣传和释疑解惑，提名拟新识别的建档立卡贫困户名单，并在不受干扰的条件下独立评议，同时发挥收集反馈民情、调解矛盾纠纷、监督政策落实等职能，既当群众代言人和政策宣传员，又当党委政府联络员，保障了群众在脱贫攻坚工作中的知情权、参与权、监督权，推动了精准识别工作有效开展。

实施四方独立提出建议名单抓实贫情分析。即摸底调查小组根据全覆盖入户调查情况提出新识别建议名单、村民小组理事会提出新识别建议名单、村民小组户代表在村挂片干部的组织下召开群众会提出新识别建议名单、村“两委”召开会议提出新识别建议名单。在四方独立提出新识别建议名单的基础上，乡镇主要领导在村级主持召开贫情分析会，综合分析研判后提出拟新识别的建档立卡贫困户建议名单。通过四方独立自主提出贫困户名单，最大限度实现贫困对象的精准识别，确保了过程公开、结果公正、群众公认，贫困对象从初步精准实现了更加精准，扣好了脱贫攻坚“第一粒扣子”。

知难而进，精准研判

2017 年 9 月，贫困对象动态管理工作省级检查考评组深入我县开展实地考核评估，经抽查，评定我县错退 2 户 12 人，错退率 7.59%，错退率居全省前十名。2017 年 10 月 31 日，省扶贫开发领导小组召开第七次全体会议，通报了全省贫困对象动态管理工作质量考评情况之后，我和县委领导分别接受省委领导的约谈。作为县扶贫办主任，我难辞其咎，心情十分沉重。办法总比困难多，约谈结束后，针对全县前期在贫困退出上把关不严等问题，我向县领导建议在坚持省里明确的退出标准和程序的基础上，把“户户过关”作为开展脱贫退出的总方针。同时，我清楚地认识到，脱贫攻坚的战场并非靠单打独斗就能取得胜利，一系列脱贫攻坚政策的准确落实和各部门、各单位的协同合作才是我们的制胜法宝。因此，在县级统一安排部署下，县扶贫办、县住建局、县医保局、县教体局、县水务局、县交运局及其他相关部门各自成立专项认定工作组分别开展认定工作。首先对照村出列标准，逐项进行审核和认定。其次对照户脱贫标准，对乡镇初步确定的拟脱贫户，会同乡村组干部，逐户深入农户进行现场认定。在此基础上，县级组织复核组对各乡镇有错退风险的对象进行重点复核和研判，指导基层在实践中准确掌握退出标准，做到既不吊高胃口，也不降低标准。通过把好部门认定和县级复核关，贫困对象实现了退出精准。2019 年 2 月，我县迎接第三方脱贫摘帽的评估验收，取得了零错退的好成绩。2020 年 8 月，我县通过了脱贫攻坚普查，接受普查的 17813 户建档立卡户全部实现了“两不愁、三保障”。

多措并举，聚力攻坚

扶贫工作事关民生福祉、社稷久安。脱贫攻坚这一场硬仗在中国历史甚至人类历史上绝无仅有，其覆盖面之广、耗时之长、涉及部门之多、工作量之繁杂是其他工作无法比拟的。扣准“精准识别”这颗纽子，抓实“精准帮扶”这个核心，把好“精准退出”这个关键环节，一进一帮一出，为我县脱贫攻坚工作夯实了基础，锁定了胜局。与此同时，我们在部门协同作战、行业联合帮扶上再次发力，确保措施精准到户。“镇彝威革命老区三年行动计划”和“脱贫攻坚项目库”是措施精准到户的重要载体，但由于涉及部门多，各行业部门认识有偏差、信息不对称、政策有掣肘等原因，政策执行不到位、项目推进缓慢的情况时有发生。根据上级有关指示精神，经多次研判，我们多措并举，以脱贫攻坚项目建设为统领，坚决啃下了行业帮扶这块硬骨头。

合理调整项目。镇彝威革命老区三年行动计划中，由于种种不可预见因素，极少数项目已不具备实施条件，如不及时处理销号，将作为项目实施未完成而进行整改。在保留还是取消的两难选择中，部门意见分歧严重，有部门认为项目来之不易就此舍弃很是可惜；有部门认为追责问责压力大，既然实施不了不如申请取消。面对分歧我寝食难安，心想一个问题的出现必然有合理的解决方法，为此我多次与上级有关部门请示汇报，吃透相关要求，分析前因后果，最后向县扶贫领导小组汇报了我的想法，最终确定了申请取消一批、保留一批、延缓实施一批的解决方案，做到最大限度的平衡。

动态调整项目。脱贫攻坚项目库是措施到户和项目落地、体现脱贫效果的重要途径，在项目谋划、资金安排、程序报批、组织实施、跟踪督促等环节上工作量巨大。为了解决项目安排的合理、平衡问题，我成立了由5个副主任担任组长的工作组，深入到乡、村两级开展大量调研、指导，确保项目安排的“含金量”。乡、村两级的项目申报上来以后，我召集县直相关部门到县扶贫办来集中审核。每到集中审核的时候，就是最“热闹”的时候，县领导亲临把关，县扶贫办灯火通明，通宵达旦，饿了就叫外卖、困了就在沙发上眯一下。有的乡镇长为了争取一个项目，跟我“吵”得脸红脖子粗，通过政策上的解释，最终都达成了一致。项目敲定了，项目管理的问题又迎面而来，有的项目因种种原因不具备实施条件需调整出库，有的新项目又要进入项目库。为此我及时请示上级，在“村申报、乡审核、县审定”的大框架内，出台了脱贫攻坚项目库动态调整方案，严明资金使用公示公告纪律，做到了项目管理有进有出动态调整，尽最大努力做到既符合上级有关要求，又符合基层实际，确保项目和资金管理规范、有序。

科学监管项目。我县2018年、2019年、2020年脱贫攻坚项目库，三年最高峰时达到12个大项500余个子项目，涉及扶贫资金近50亿元。为了确保项目的有序监管，我结合实际制定项目实施进度通报制度，即每月由项目实施单位向县扶贫办报告项目推进和资金使用进度，由县扶贫办汇总形成分析报告，对存在的问题进行分析汇总，对进度情况实行每月通报，以通报倒逼进度。各行业部门实施的项目进度和资金使用情况一目了然，通报让各行业部门更加全面、准确了解动态和全县情况，做到了信息对称，解决问题及时，为各级各类项目的落地实施发挥效益提供了保障。我县脱贫攻坚项目库涵盖了“农村危房改造”“产业扶贫”“转移就业”“交通扶贫”“教育扶贫”“健康扶贫”“生态扶贫”“兜底保障”“饮水安全保障”“脱贫巩固及贫困村提升”等方面，这些项目的落地实施，背后关联着千万个贫困家庭和贫困人口，项目的实施成效直接关系着每一户每一人的脱贫成效。

攻坚克难，成效卓著

2019年11月的一天，当我再次下乡调研踏上前往高田坡上的路时，公路依旧弯曲，但已经不再颠簸。宽阔平坦的柏油路，在晨光的照耀下像一条闪闪发光的绸带，柔软的弧线缠绕着，穿越座座青翠的山峰，飘逸而美丽，轻轻地飘向前方，联结着山里山外人的共同理想。我与扶贫办的几位同志乘车一路兴高采烈、兴致勃勃地回访坡上村长湾社。刚到杨大爷家旁边的岔路口，已远远听到杨大爷爽朗的笑声。看到我们，连忙招呼进屋喝茶。水泥楼房清爽干净，室内沙发很软，桌椅齐全。在袅袅茶香中，杨大爷谈起了家里的变化、道路的变化、村庄的变化……环顾四周，早前的破砖烂瓦房已变成了混泥砖小平房，潮湿昏暗的房间如今窗明几净。挑高的楼房显得更加宽敞明亮，卧室客厅分开打理得整整齐齐，厨房里漆黑的灶台改头换面贴上了瓷砖，电磁炉、电饭煲等生活用具一应俱全。

杨大爷家的变化和坡上村的变化，只是威信县脱贫攻坚战役辉煌战果的冰山一角。经过五年时间的艰苦鏖战，2019 年 2 月，威信县迎接第三方脱贫摘帽的评估验收，取得了 10 个乡镇 80 个贫困村全部出列，17750 户 74629 人已如期实现脱贫的好成绩。2020 年 8 月，威信县通过了脱贫攻坚普查“大考”，成功摘掉了贫困帽！

但愿苍生俱温饱，不辞辛苦入山林。实现贫困户的如期脱贫，是我们党向全国人民的郑重承诺。作为一名基层扶贫干部，担起时代的责任我责无旁贷。脱贫摘帽不是幸福路上的终点，而是新起点。“让老百姓过上好日子是我们一切工作的出发点和落脚点”“脱贫只是第一步，更好的日子还在后头”，我将永远牢记习近平总书记的这些谆谆教诲，在振兴乡村的道路上，始终保持初心，继续担当使命，以最饱满的热情续写威信发展跨越的新篇章。

（作者时任威信县政协副主席、扶贫办主任）

不负良心不负党　不负苍天不负民

应永斌

“全面建成小康社会，一个民族都不能少”，总书记的殷殷嘱托是每一个民族地区打赢脱贫攻坚大决战的动力源泉。双河苗族彝族乡是威信县唯一一个少数民族乡镇，“出门就爬坡，山高石头多”“种粮种到天，开荒开到边”，曾经是威信县双河苗族彝族乡最真实的写照，土地贫瘠、气候恶劣、交通闭塞，生活在这片贫瘠土地上的人民世代饱受贫困之苦。双河乡全体乡村干部历经六年苦战，走遍千山万水，走进千家万户，说尽千言万语，想尽千方万计，彻底改变双河乡千百年的绝对贫困。而今，白墙青瓦遍乡村、硬化道路到村组、产业发展惠万家……民族同胞曾经贫困的愁容舒展成了幸福的微笑，岩桑坳、大河坝、院门口、凌子返等一个个村寨焕发出了前所未有的生机和活力。

久困于穷——民族地区的贫与困

天池村是双河苗族彝族乡的一个苗族村寨，位于高寒山区，交通闭塞，常年云雾缭绕、阴雨绵绵，房屋破败、道路泥泞，“肩挑马驮、牛耕锄种”

沉甸甸地生活压在这里的苗族同胞身上，世代繁衍、世代受穷，而又只有望山兴叹，这只是双河苗族彝族乡贫困的缩影。六年前，双河乡集贫困、高寒、边远、少数民族聚居为一体，贫困发生率高达 21.3%，141 个村组未通公路，2663 户住房无安全保障，满山遍野苞谷秆成了最主要的收入来源，人均纯收入仅 2350 元。面对这些“如芒在背、如鲠在喉”之痛，我牢记习近平总书记的重要指示，坚决执行中央、省、市、县对脱贫攻坚的决策部署，始终坚持精准扶贫精准脱贫基本方略，以脱贫攻坚统领经济社会发展全局，组织所有资源和力量向贫困发起总攻，以“咬定青山不放松，苦拼实干抓落实”的干劲打响“八大攻坚战”，奋力攻下了贫困堡垒，实现了现行标准下所有贫困人口脱贫退出，贫困群众“两不愁，三保障”突出问题得到有效解决。路、房、水、电等基础设施得到全面改善；百姓住有所居、病有所医、学有所教，各项保障到户到人；通信设施、文娱场所覆盖到村到组，处处呈现新房新村新貌，彻底改变了民族地区面貌，极大提升了群众幸福指数。

尽锐出战——不负良心不负党

“我在走访贫困户，我太累了，不回来了……”这是乡人大主席团副主席杨祖辉同志和我一起走访天池村贫困户时，与远在三桃乡的妻子说的一句话，然而这句话竟成了杨祖辉同志与妻子最后的诀别。2018 年 11 月 25 日，日夜劳累让杨祖辉同志年轻的生命定格在了扶贫路上。在这场长达六年、战斗遍布村组角落的脱贫攻坚战场上，双河干部尽锐出战，做有泥土味、汗水味、人情味的“三味”干部，426 名干部沉下身子，走村入户，“围炉拉家常、院坝话发展、田间说产业”成了双河乡脱贫攻坚战场上一道道亮丽的风景线，铸就了敢打善拼、坚韧求成、再硬的骨头也要嚼碎的脱贫攻坚精神。倒在脱贫攻坚战场上的杨祖辉同志和双河村党总支书记杨学奎同志以及全体乡村干部的艰辛付出托起了脱贫的底，温暖了群众的心，实现了群众工作和脱贫攻坚一个战场、两场战役的双赢，厚植了党的执政根基。

对标对表——抓好贫困人口管理

“双河苗族彝族乡是全县唯一的少数民族乡，脱贫的任务重、压力大，情况复杂，你要有充分的思想准备。”这是县委主要领导在我任前谈话时的嘱咐。我深知，组织安排我到双河工作，交给我的担子是沉甸甸的。双河乡占地面积 146 平方公里，辖 8 个村 167 个村民小组（其中少数民族聚居村民小组 53 个），农业户籍 7262 户 34490 人（其中少数民族 1921 户 9680 人），气候条件恶劣，基础设施条件落后，全乡贫困面大、贫困程度深。想要找准脱贫攻坚工作的切入点，只有深入群众、了解群众、读懂群众，才能找到解决问题的关键。我紧紧围绕“扶持谁”，找准扶贫对象，精准扣好“第一粒扣子”，率先垂范，带领全乡干部沉下身子走进农户家中，扑下身子听取群众的诉求，按照“无安全稳定住房、无稳定收入、无致富技能、有在校学生、无青壮年劳动力、重灾户、家有重病人”7 条标准，“一把尺子”量到底，坚持“谁最穷、谁优先”的原则，让群众充分发表意见，切实把“贫中贫、困中困”的群众作为贫困对象。为详细了解农户住房、生产、生活、收入等情况，我们深入每户家中认真调研，白天走干讲，晚上读写想，始终坚持“日审核、日汇商”。印象最深的是在茨竹坝村黑岩村民小组，路面泥泞，车辆无法通行，要了解农户情况，往返就要走 2 个多小时，回到村上后还要完善摸底表册，对存在的问题及时通报、及时整改。在乡村干部扎实的工作作风下，我们紧紧围绕“4095”（漏评率为 0、错评率为0、漏退率为0、错退率为0，群众满意度95%以上）的工作目标，确保“应纳尽纳、应退尽退、应扶尽扶”。全乡累计识别纳入建档立卡贫困人口1697户7358人。

分类施策——精准落实帮扶措施

围绕“两不愁、三保障”的目标，按照“贫困户退出、贫困村出列、贫困乡出列”标准，乡党委、政府结合乡情充分调研论证，制定全乡脱贫攻坚规划，列出了项目书、时间表、作战图，制定脱贫清单，精准落实帮扶措施。我们深入每一个村、村民小组召开座谈会，研究制定出切实可行的村组脱贫方案，通过反复摸索和实践，对全乡的贫困户实行了分类动态管理，分为绿卡、黄卡、红卡三类贫困户，找准了帮扶的着力点，使脱贫措施有的放矢。按照“缺什么、补什么”的原则，牢固树立“建好新房是基础保障，培训技术是关键支撑，增加收入是核心环节”的思想，牢牢把握产业增收、住房保障、基础提升、民生保障、就业扶贫、教育扶贫等政策精准落实，全面打好“八大攻坚战”。2018年，全乡8个贫困村，1697户7358人贫困人口如期实现脱贫，贫困发生率由2015年的21.3%降为0。

建好新房——打好住房保障歼灭战

围绕易地扶贫搬迁对象、农危改“四类对象”“非四类对象”3类群体，全面覆盖符合条件无改造能力的危房住户，全力打好住房保障歼灭战。2018年的冬天，天池村马头山、中坝、罗汉林、沙坝片区是苗族同胞聚居村组，气候条件恶劣，交通条件落后，群众内生动力不足。为切实解决群众住房安全保障问题，我同9名机关干部，驻扎在天池村6个月，帮助群众组织建房材料，同贫困户一起搬砖、捡瓦、扛水泥，半年时光，我们用实践证明自己，用真情打动贫困群众，实现了他们几代人都没有完成的愿望。通过广大乡村干部和驻村工作队员的顽强拼搏，2016年至2020年全乡共启动实施农村危房改造2290户（拆除重建1437户、维修加固853户），其中，建档立卡家庭1186户，低保户768户，特困供养户25户，贫困残疾人家庭2户，非四类对象309户。他们终于住进了新房，圆了住上好房子的梦。

转移就业——打好就业扶贫攻坚战

通过调研，我找出了双河乡贫困群众要实现收入脱贫，就必须走“近期脱贫靠就业、长远增收靠产业”的路子。围绕非全兜底家庭“每户至少1人以上就业”的目标，我们采取“四个A+B”模式，打好就业扶贫攻坚战。调查+研判，对贫困劳动力实现精准分类。精准掌握劳动力资源，建立劳动力台账，形成求职需求清单，实行动态化管理。出发+接收，实现精准服务。对群众转移就业提供一条龙服务，根据外出务工人员的特点，指导他们提前选好务工企业和岗位，提前报名定岗，吃下“定心丸”，做到人岗精准对接，确保外出人员有人联络、有厂可进、有岗可上。外出+就近，实现精准就业。围绕非全兜底家庭“每户至少1人就业”的目标，采取“四个一批”的措施，不漏一户，不落一人，帮助实现幸福就业。即引导自主就业一批、组织到东莞务工就业一批、村劳务队吸纳一批、公益岗位使用一批。前方+后方，实现精准稳岗。“前方”密切掌握务工群众思想动态，跟踪做好思想引导、看望慰问等工作，解决务工人员的生活困难等问题，“后方”做好留守人员的生产生活安排，安排公益岗位人员帮助照顾留守儿童和老人，让外出人员解除后顾之忧，安心务工，扎实做好后方亲情服务。

我们按照“开辟基地提供岗位、入户宣传精准定岗、强化培训人岗相适、集中输出精准保障、组建机构稳岗服务”的方式，成立工作专班，驻点服务，抓住全县通高铁、高速的优势，对农村劳动力开展“出家门、上车门、进厂门”“点对点”一条龙服务，集中输送到广东、浙江务工。5年来，全乡高度组织化输出贫困户劳动力累计1.46万人次。

发展产业——确保持续增收有保障

2020年11月30日，双河苗族彝族乡偏岩村委会群众兴高采烈围聚在一起参与村集体经济分红，群众分红最高达到2000元，2020年是偏岩村村级集体经济收益较好的一年，收益达到68万元。这是双河苗族彝族乡脱贫攻坚的一个剪影。我们围绕“村村有亮点、组组有看点、户户有支撑”的要求，坚持“大产业＋新主体＋新平台”理念，紧扣双河乡实际，统一干群思想，选准方竹、生猪养殖两大永不过时的主导产业，铆足干劲、昼夜强推、狠抓落实，建成万亩方竹基地1个，种植规模达3.52万亩；建成投用年出栏4000头生猪养殖场8个，同步建成苗圃基地6200亩、冬桃基地2000亩、柿子基地1000亩、蔬菜基地1000亩、魔芋基地1000亩。我们按照县委指示，在党支部的领导下成立村民发展议事委员会，把党的政策和产业发展规划向群众讲深讲透，从干部到群众，立足长远，着眼当下，积极协调配合，主动投入项目建设，为各产业项目的投资建设营造优质的环境。我们积极引进龙头企业，建成了3个农特产品精深加工厂，推动高原特色产业从传统模式向一、二、三产业融合发展，实现“接二连三”的全产业链接，为脱贫巩固提升和乡村振兴奠定了坚实的产业基础。

夯实基础——改变乡村面貌

把基础设施建设作为先导性工程来抓，我带领大家集中精力解决“出行难、饮水难、用电难、通讯难、住房难”，扎实抓好基础设施建设，促进农村生产生活条件发生“根本性”变化。争取项目资金全面改善出行条件，实现乡镇到行政村100%通沥青路或水泥路，入组公路硬化率达80%，道路交通全达标；大力实施饮水改造工程，解决了5700余人的饮水困难，确保饮水安全实现零死角全覆盖，让群众喝上放心水；新建村活动场所4个、村民小组活动场所27个，新建村级卫生室8个，激发了农村发展活力。统筹易迁资金，规划建设完成集中安置点6个，完成6个安置点排污管网、化粪池、街道硬化、绿化亮化、饮水工程、电力设施等建设内容，实现了从农村到城镇、从农民到市民的一步跨越。

党建引领——实现党建扶贫双推进

开展了系列脱贫提升行动，组织农户召开座谈会、院坝会、户代表会，多形式教育引导贫困户积极转变“等靠要”思想，树立勤劳致富理念，提高了群众认可度，为全乡如期打赢脱贫攻坚战奠定了坚实基础。建立了“爱心超市”带动模式，在挂帮单位的帮助下，筹集资金在全乡8个村建立“爱心超市”。广大群众以表现换积分、以积分换用品，收到了既扶贫又扶志的“双重实效”。开展了党建强基强志工程，探索创新基层治理模式，组建村民发展议事委员会，村民自议自理自治，通过群众积极参与议事决策，建强了基层战斗堡垒，着力打造一支永不撤走的工作队。压实了乡村干部责任，成立由我和乡长任“双组长”的脱贫攻坚工作领导组，与各村、各乡村干部签订履职尽责承诺书、政治生命承诺书，实行挂图作战。健全“挂包帮”“转走访”、责任承包、督查督导和追责问责等工作机制，脱贫攻坚责任压实到了每一名干部肩上，实行准军事化管理，一个个穿着迷彩服的战友，戴着草帽，顶着烈日，冒着严寒，行走在双河乡间路上，走进贫困户家里，这些镜头至今时时浮现在我的脑海里。

提升形象——打好农村环境整治提升人海战

大力开展人居环境整治，做到支部组织、党员带头，把党员身份亮出来，让党旗飘起来，将人居环境整治工作向纵深推进，全面提升乡村形象。以支部为引领，制定实施双河人居环境整治“115”模式。即1个干部1个责任区，制定1部完善的村规民约，落实好收费管理制度、保洁员管理制度、逢“2、5、8”例行清扫制度、周检查通报制度、水费收取管理制度。扎实推进“厕所革命”。实行干部分片区包保，党员干部、公职人员带头改建，派驻到村技术指导人员15名，加大无害化卫生户厕改造力度，截至目前，全乡7262户农户已完成卫生厕所改造4573户。

脱贫不是终点，而是新生活新奋斗的起点。站在新的历史起点，双河苗族彝族乡党委、政府将坚持以习近平新时代中国特色社会主义思想为指引，深入贯彻落实党的十九届五中全会精神和省、市、县的决策部署，落实好防止返贫的监测和帮扶机制，持续跟踪监测脱贫人口收入变化和“两不愁，三保障”巩固情况，及时发现，及时帮扶，巩固拓展脱贫攻坚成果，接续推进乡村振兴。

（作者时任双河苗族彝族乡党委书记，现任中共威信县委常委、县委办主任）

奔向更加美好的幸福生活

杨章龙

2012 年 12 月，根据组织的安排，我调任威信县长安镇党委书记，时光飞逝，转眼已快 8 年。8 年来，最让我难忘的就是决战脱贫攻坚。在市委“133”工作思路的指引下，在县委、县政府的坚强领导下，我和我的同事们浴血奋战，“5+2”“白加黑”地攻克一个个贫困堡垒，最终实现了 2018 年全镇 1357 户 5767 人的贫困人口全部脱贫、4 个贫困村全部出列。回首这段脱贫历程，许多事迹历历在目。

精准识别，找准贫困对象

长安镇位于威信县最西端，地处“两省四县”交界处。这里一年四季气候比较暖和，因此素有“威信小昆明”的美誉。在脱贫攻坚精准扶贫工作开始以前，长安镇人多地少、资源匮乏、产业滞后、交通落后，人均纯收入较低。全镇人口密度达每平方千米 430 人，超出全县平均密度 100 多人，人均耕地仅 0.7 亩。全镇 110 个村民小组中，还有 5 个不通村组公路，50 余个晴通雨阻。区域性贫困与点状式贫困融为一体，以及贫困面大、贫困程度深等问题成为我们党委政府一班人必须面对和攻克的重大课题。

2015年，党中央吹响了精准扶贫的号角，要求各级党委要把脱贫攻坚作为压倒一切的政治任务来推动落实，实行五级书记抓脱贫，我深感责任重大。其中2017年5月开始实施的精准识别，扣好第一粒扣子成为脱贫攻坚的第一场硬仗。为了在32000多人中把真正贫困的人口找出来，我反复学习上级政策，认真培训镇村干部，深入5个村农户家中查看房屋、核实收入、把关评议，凡镇村干部认为难以开会的村民小组我逐个参加。记忆最为深刻的是长安镇长安社区大元子村民小组评议会议，入户调查小组和社区负责同志向我报告，由于部分农户争当贫困户情绪较为激动，会议开不下去，贫困对象评议无法进行。我赶到现场安抚好群众后，带领调查小组的同志按程序重新开展评议，整个评议会用了5个多小时，才把真正贫困的农户评议出来。精准识别期间，组织镇村干部召开群众会110场，公开评议出1333户5617人，清退了55户186人。通过精准识别，精准剔除了错评对象，确保公平正义；精准识别漏评、错退对象，确保贫困对象能得到精准帮扶。扣好第一粒扣子，意义特别重大。

精准帮扶，不让一户贫困户掉队

习总书记说过，脱贫攻坚要下足绣花功夫。为压实干部责任，我率先提出“双包”机制，既在省、市、县各挂包干部挂包的基础上，将全镇98名镇村干部直接包保到1357户建档立卡贫困户，一包到底，不脱贫不脱钩，做到每户贫困户身后都有2名干部负责，严格落实领导包村、干部包户制度。自己严格执行遍访贫困户制度，把全镇所有贫困户均走访了2至3遍。对照脱贫标准，根据贫困村、贫困户实际，制定切合实际的脱贫规划和到户帮扶措施，与各村签订目标责任书、与干部签订政治生命承诺书、与职工签订履职尽责承诺书，将目标任务细化到户，帮扶责任细化到人，列出帮扶清单，挂图作战。2015 年以来，全体镇村干部和驻村扶贫工作队员尽锐出战，一项一项落实帮扶措施。

紧盯收入不放松。为确保每户建档立卡户稳定增收，在用好兜底保障政策基础上，我把产业培育和劳务输出作为增收主渠道。针对长安土地资源匮乏的实际，我们长短结合，围绕清除“苞谷秆”做文章。引进昭通绿藨种植有限公司、云南乡土魅农业发展有限公司等 5 家农业企业进驻长安，通过“公司 + 村集体 + 农户”模式发展辣椒 5000 余亩、魔芋 2000 余亩、猕猴桃近 2000 亩、方竹 20000 余亩，建成 5 个生猪代养场，群众通过土地流转、基地务工、产品销售等方面获得了收入。对无劳动能力的贫困户，动员其将政府帮扶的每户 5000 元产业扶持资金入股村集体公司，农户享受分红。脱贫攻坚工作开展以来，全镇 5 个村（社区）均消除了空壳村，各村均有了自己的产业，所有卡户通过产业发展增加了收入。我包保的瓦石村马道村民小组的卡户柳昌勋，他患有癫痫病，3 个孩子 1 个上大学、1 个上高中、1 个上初中，家庭经济来源前些年主要靠低保收入，入不敷出。2017 年，我多次到他家，动员其妻子种植辣椒，当年该户种植辣椒增收 12000 余元，孩子们的学费基本解决了。群众在辣椒产业中得到了实惠，3 年来，全镇已培育了近 100 户“铁杆”椒农。此外，我们深知，“授人以鱼不如授人以渔”，脱贫攻坚期间，在全县乡镇中率先成立技能培训学校，开办了汽修工、电焊工、挖掘机工、厨师等班次，就地就近培训卡户劳动力，先后培训卡户 300 余人次。原云南省委书记李纪恒到长安技能培训学校视察工作时，给予了充分肯定，指出：“家有良田万亩不如薄技在身”，要求我们务必持之以恒抓下去。通过培训，有效提高了许多卡户劳动力外出就业的机会，大大增加了其家庭经济收入。瓦石村半坡村民小组卡户柳昌元，通过培训电焊工后，我把他推荐到观音山煤矿上班，月工资达 4000 多元。自从他上班后，一家人稳定脱了贫。每年春节后，我的第一要务就是组织卡户劳动力外出务工，安排干部职工挨家挨户宣传务工政策，推荐就业岗位，全镇卡户有劳动力2900余人，每年外出务工的基本保持在1800人以上，为脱贫增收打下了坚实基础。

狠抓住房保障攻坚战。通过逐户核查，2016年年初，全镇建档立卡贫困户不安全住房达1138户，这是我们在脱贫攻坚以来人力、物力、财力投入最大的一项。为解决群众的住房问题，我们精准落实建房政策，严格按照“易地扶贫搬迁解决一批、拆除重建一批、维修加固一批”的办法实施住房保障，共建成3个集中安置点，易地扶贫搬迁324户1524人，实施拆除重建662户，维修加固152户。对特殊困难农户，由村里组织劳务队帮建代建128户；对无自筹能力的农户，协调挂包单位出资34.9万元，动员社会知名人士募捐50余万元，干部职工捐资5万余元，予以帮助，打了一场漂亮的住房保障攻坚战，实现了户户安居。瓦石村半坡村民小组王良宣户，家庭人口5人，全户无劳动力，居住在山腰上，距公路500米以上，住房为D级危房，必须拆除重建。最初镇村干部多次做工作，他因无自筹能力不愿建房，我先后5次到他家中做思想工作，最终答应将家中仅有的一头猪卖掉修建房屋。我们先后协调挂包单位昭通市交通运输局支持资金4万余元、政府补助3万元，最终解决其住房保障问题。安乐村麻地湾村民小组林大才户，家庭人口2人，儿子上大学，为了支持儿子上学，决不建房。我和挂村领导、挂包干部先后7次给他做思想动员工作，并协调省体职院帮助资金3万余元，加上政府补助，由村劳务队帮建，才解决其住房问题。在住房保障上，类似事例不胜枚举，通过镇村干部的辛劳付出，换来了全镇卡户1138户住上了安全稳固的住房。

在教育、医疗保障等方面，我们除了严格执行上级帮扶政策外，还积极协调省体职院、市交运局建立教育帮扶基金，对建档立卡贫困户子女考上高中、大学的，视其家庭经济状况给予一定的帮扶。5年多来，帮扶困难高中生、大学生共252人，帮扶资金达33.55万元，让每个贫困家庭孩子都圆了自己的上学梦。安乐村井口坝村民小组李宗武户，家庭人口4人，妻子属精神病人，家庭收入全靠李宗武在附近打零工，儿子考上北京航空航天大学后，一家人无法高兴起来。得知这一消息后，我带领安乐驻村工作队，及时将5000元教育帮扶基金送到李宗武手中，解决了他家的燃眉之急。目前，孩子已毕业并就业，全家人稳定脱了贫。

攻坚破难，紧盯短板夯基础

决胜脱贫攻坚，打赢以交通、水利为主的发展基础尤为重要。我们党政一班人紧盯长安的短板弱项，抢抓省体职院、市交运局、县交运局等单位挂包长安的优势，大搞交通建设，短短5年，全镇共投入资金8000余万元。新建村组公路26公里，硬化村组公路近100公里，建成公路桥5座，实现了组组通公路，90%以上的村民小组通硬化路，全镇形成了四通八达的交通网络。如瓦石村半坡村民小组，2016年以前，全组23户人家，仅有1户有20平方米左右的水泥坪房，其余农户全是石木结构的C级危房，主要原因是不通路，建房成本高，运一块砖运费就要8元，群众最大的愿望就是有一条公路。初步测算，路线长4.5公里，且要建1座公路桥，投资较大，镇里难以解决。经向市交运局汇报，解决建设经费83万元。2016年冬季，半坡村民小组结束了不通公路的历史，同步实施了公路硬化，一条宽敞舒适的致富路，让半坡村民喜笑颜开。

脱贫攻坚的另一变化是各村的公共服务得到全面改善。全镇共投入资金3000余万元，建成学校4所，卫生室8个，村民小组活动场所25个，文化广场18个，实施饮水安全工程36件，广大人民群众真切感受到了党和政府的扶贫政策给贫穷落后的乡村带来的巨大变化。

党建引领，凝心聚力合力攻坚

决胜脱贫攻坚，关键在人。5年多来，我们坚持贯彻市委“133”工作思路和“双统领、双保障、双推进”工作要求，一方面着力加强贫困村党组织建设，在选人用人上下功夫。先后调整不胜任工作的村党总支书记1名、副书记3名，村委委员8名。在攻坚期内，严格实行镇村干部半军事化管理，锻造了一支作风优良、敢打善拼的乌蒙铁军。一些干部因脱贫攻坚推迟婚期，取消产假、婚假；一些干部因脱贫攻坚积劳成疾，如安乐村村委委员白孝贤，因脱贫攻坚任务，自己的胃病未及时治疗，最终在2019年宣布脱贫出列时检查出了胃癌晚期，半年后与世长辞。各村党组织也着力加强党员队伍的教育管理，着力发挥党员先锋模范作用，许多农村党员主动请缨参与脱贫攻坚。2016年，瓦石村道角党支部12名党员，主动向党委报告，要求联系贫困户，协助包保干部做群众工作。在他们的带头引领作用下，全村133名党员，除老弱病残和流动党员外，有90余名均联系了贫困户。另外，我们着力激发贫困群众的内生动力。通过入户走访、院坝会、群众会、“三讲三评”“三同五促”等方式教育引导贫困群众感党恩、跟党走，部分群众从不理解、不支持干部工作到主动积极配合帮扶。如长安社区工作队长余大科，把自己因全身心投入扶贫导致妻子不理解离了婚的经历在“三讲三评”上讲述后，在场的群众无不热泪盈眶，自此，他的工作开展得十分顺利。镇妇联干部覃啟端，包保了一位性格怪异的“五保”老人陈学尧。陈学尧家有什么需求，小覃有求必应。2018年大年三十，小覃还把自己的叔叔接来给老陈家接水管。一桩桩暖心事，让性格孤僻、不愿见外人的老陈，把小覃视作自己的闺女，大家认为的“钉子户”终于被小覃感动了。市委杨亚林书记曾说过，只要干部沉下去，群众动起来，脱贫攻坚必胜，我个人体会十分深刻。

“攻堡垒，克难关”，5年的精准扶贫，5年的艰辛努力，换来了1357

户 5767 人贫困人口的高质量脱贫，换来了贫困山区的巨大变化。不忘初心、牢记使命，我们将以脱贫攻坚锻炼的优良作风继续前行，抓好后续帮扶，抓好巩固提升，矢志带领 32000 名群众奔向更加美好的幸福生活，扎实开启好长安镇乡村振兴的美丽篇章。

（作者时任长安镇党委书记，现任昭通市市场监督管理局副局长）

南广源头扶苍生

严亚伟

2010年1月至2011年11月，我在高田乡担任乡长。时隔5年后的2016年10月，受组织的安排，我再次有幸来到高田乡担任党委书记。

高田乡在威信东北部，距离县城28公里，面积173.2平方公里，东与四川省叙永县白腊乡、黄坭镇、分水镇相连，南与双河乡接壤，西接扎西镇、罗布镇，北邻旧城镇，全乡辖8个村163个村民小组，居住着7655户31596名汉苗儿女。全县海拔最高峰（1902米）杨龙湾梁子就在高田乡境内，南广河发源于杨龙湾梁子顶峰，那儿有一股清泉四季不枯竭，日夜奔流，穿越大半个高田乡，沿途海纳百川，流经350公里，在宜宾市的叙州区南广镇注入长江。全乡耕地面积2.52万亩（其中水田面积4965亩），有林地13.43万亩，森林覆盖率56.3%。境内煤、硫、林、水资源丰富，已探明硫铁矿储量1.28亿吨，可开发利用水资源1万千瓦（已开发利用6000千瓦）。距乡政府21公里处，有集儒、道、佛三教为一体的观斗山庙宇和天下绝的石雕群。这片富饶的土地，地势却山高坡陡，沟壑纵横，自然条件恶劣，区位劣势突出，社会发育程度低，“深度贫困”是其真实写照，其贫困面、贫困程度、绝对贫困人口均居全县之首。2016年10月，我到高田乡任职时，全乡8个行政村均属贫困村，163个村民小组均分布有贫困人口；除新华、鱼井两个村为一般贫困村外，其余6个村均属深度贫困村。其中凤阳村贫困发生率达到54%。全乡还有19个村民小组无安全饮用水、35个村民小组农网改造没实施、7个村民小组没通村组公路、79户农户还居住在茅草房杈杈房里、15个村民小组不通通信网络。全乡共有建档立卡贫困户2327户10117人，占总人口的32.8%。

雄关漫道真如铁，而今迈步从头越。围绕实现“两个一百年”奋斗目标，确保高田乡与全县一道如期脱贫出列，我作为党政班子的“领头羊”，时刻牢记党的宗旨和使命，始终以脱贫攻坚统揽经济社会发展全局，以贫困群众持续稳定发展为核心，紧盯“两不愁，三保障”，全面抓好“三个落实”，精准抓实各项扶贫措施，构建住房保障、产业扶贫、教育扶贫、健康扶贫、饮水安全、基础设施改善等系列政策体系，一针一线补齐短板，一砖一瓦夯实基础。

扣好第一粒扣子，确保贫困户不漏一户

2016年10月，我到高田乡任职后，了解到全乡只有贫困户245户。我感到非常震惊，简直不敢相信这个数据。因为5年之前我在高田乡担任乡长时，我就深深知道该乡的贫困程度之深是全县绝无仅有的，怎么就只有两百多户贫困户呢？理性思维和直觉敏感告诉我：高田乡的贫情与现实情况差距较大。我将全乡的有关工作进行全面的安排部署后，决定把工作重心放在摸清全乡的贫困户底数上。于是，在除夕之夜，我回老家陪着父母和家人过了一个喜庆的大年，在初一早上，我就邀请我家里最小的弟弟，开着他的私家车送我，不辞辛劳地奔赴在高田乡的山山岭岭、村村寨寨，调查核实摸准全乡的建档立卡贫困户基数。通过近8个月的艰辛工作，大面积摸清了底数。我终于明白了之前全乡只有200多户贫困户的真实原因。原来，高田乡曾经实施过整乡推进项目，按照整乡推进项目建设的要求，项

目覆盖即脱贫，只要是修通一条毛路、修建一个水池、房屋不是残垣断壁等情况的，均不识别为贫困村、贫困户的对象。当我已经做到家底清、底数明的时候，2017 年 5 月全县就大规模地拉开了扶贫对象重新精准调查、精准识别工作的序幕。我之前所掌握的数据，为轰轰烈烈开展的这场战役打下了坚实的基础、扣准了第一粒扣子。

抓政策落实，确保精准扶贫落地有声

面对高田乡贫困程度较深的现实，我决定立下愚公移山志、嚼碎这块硬骨头。我带领党政班子和乡村领导干部认真贯彻落实中共中央《关于打赢脱贫攻坚战的决定》、中央办公厅及国务院办公厅《关于支持深度贫困地区脱贫攻坚的实施意见》《威信县革命老区精准脱贫两年行动计划实施方案》等文件精神，并对照“六个精准”“五个一批”要求，制定了《高田乡“十三五”脱贫攻坚规划》。按照深度贫困地区脱贫攻坚目标任务的要求，及时对“十三五”脱贫攻坚规划进行修编。拟定《贫困对象动态管理工作方案》《高田乡找问题、补短板、促攻坚专项行动实施方案》《高田乡易地扶贫搬迁实施方案》《高田乡扶贫安居实施方案》《高田乡高原特色产业精准扶贫实施方案》《高田乡低保和特困供养动态管理实施方案》《公益岗位管理》等一系列政策贯彻落实文件，明确了职能职责、工作重心和目标任务，从思想上部署上行动上与党中央国务院、省市县各级政府保持高度一致，做到执行政策不跑偏不离向，增强贯彻落实脱贫攻坚决策部署的政治意识、思想意识和责任意识。同时，为了确保谋篇布局精准、措施到村到户精准、工作发力精准、脱贫成效精准，我围绕“户脱贫、村出列”标准及脱贫巩固要求，带领班子决策制定了一户一方案、村脱贫出列规划、“三讲三评”和“自强诚信感恩”教育规划。

抓责任落实，确保精准扶贫定岗定人

为了发挥好领头羊的作用，我决定首先成立高田乡脱贫攻坚领导组，明确班子分工，坚持责任到人。我坚持靠前指挥，压实责任，充分发挥党委、政府“一线指挥部”作用，全面落实党政一把手脱贫攻坚第一责任人责任。坚持党政主要领导亲自抓、带头抓，乡党委与各班子成员、各村签订《脱贫攻坚责任状》，压实乡、村、帮扶干部及驻村第一书记的主体责任。建立定期召开精准扶贫联席会议制度，班子每周至少召开一次专题会研究脱贫攻坚，安排部署当前工作。工作中我坚持党建引领，充实队伍，不断加强基层党组织建设。对3个软弱涣散的村党组织，我的做法是采取下派党代表的方式，全面开展整顿，使基层党组织的凝聚力、战斗力得到有力提升，基层党组织的公信力、号召力不断增强，群众对基层党组织的信任度大大提高。同时，将脱贫攻坚纳入“三会一课”、主题党日、万名党员进党校等内容，实现党建脱贫双推进。抽调干部组建乡扶贫工作站，公开招聘30名大学生作为扶贫志愿服务人员，充实扶贫力量，完善扶贫队伍建设，解决基层扶贫力量薄弱问题。在全县第一家实行准军事化管理、网格化作战体系。研究制定了《高田乡干部包保村民小组工作方案》，将全乡163个村民小组优化成100个网格，整合驻村扶贫工作队员、乡机关干部职工、大学生扶贫志愿服务人员、村两委“三大员”116人分片包保，实现网中有格、格中有人、人在格上、事在格中、一包到底，全面负责宣传脱贫攻坚方针政策，落实各项惠民政策；为增强干部纪律意识、奉献意识、责任意识，脱贫攻坚期间，我开展对干部职工实行准军事化管理，每天按时起床、出操、汇报、点评，切实转变干部工作作风，打造一支作风优良，想干事、能干事的干部队伍。加强执纪问责和督查整改，对贫困对象识别、扶贫项目推进和扶贫资金管理等各方面进行督促检查。对在脱贫攻坚工作中不遵守纪律、责任不落实、工作作风飘浮的干部，严格启动问责程序，以问责推进工作落实。强化督查整改，对省、市、县巡察组督查的问题召开专题整改推进会，乡纪委、乡扶贫攻坚工作领导小组办公室定期对 8 个行政村脱贫攻坚工作进行督查，对工作不力的予以通报批评，责令限期整改到位，并约谈相关责任人。

精心组织，周密部署，全力打赢八大攻坚战

根据县委政府的安排部署，我和党政班子领导一起精心组织，周密部署，全力打赢八大攻坚战。

不断夯实发展基础，打好基础设施建设攻坚战。5 年前，高田乡的许多村寨是“三不通”：公路不通、水电不通、通信不通。公路可以说是山路十八弯、中间起垄埂、两边深槽潭，别说过小车，就连农用运输车也要将底盘蹭坏。老百姓赶集、适龄儿童上学、乡村干部下乡，如果不穿水胶鞋，那么都会“寸步难行”。许多村寨破烂的房屋，就是因为交通不便造成修建材料运输成本很高，一幢面积 100 平方米左右的房子修建好就会增加运输成本 3 万元左右，所以老百姓望路兴叹、望运费兴叹，建不起房子。我看在眼里、疼在心里，十分着急。要致富、先修路，我向县委政府报告高田乡的交通落后状况，请求对高田乡的乡村公路建设政策开绿灯、资金多倾斜、里程超规划，否则，因为受交通的制约就会引起连锁反应，影响到高田乡一系列脱贫攻坚目标任务的如期完成，特别是住房有保障方面。县委政府高度重视，及时安排县交运局认真研判，对高田乡的公路建设网开一面，从政策、资金、里程等方面给予前所未有的大力关心和支持。通过近 5 年的艰苦奋战，高田乡乡村公路建设阔步向前，成效明显，全乡村组公路硬化累计完成 200 余公里，实现村民小组硬化路占比达 90% 以上，为全乡的脱贫出列和乡村振兴打下了坚实的基础，插上了腾飞的翅膀。此外，在水

电、通信、联户路等基础设施建设方面，高田乡也策马扬鞭，笃定前行，新建蓄水池35个，维修7个，管道延伸174公里，实现人畜饮水户户通；硬化院坝9175.26平方米、联户路82.91公里；新建通信基站5个，实现网络通信村村通；全面实施农网改造和户表安装。如今，不管我们走到哪个村寨，都能看到一幅幅乡村老百姓生活无比幸福滋润的美丽画卷：大家出门和孩子们上学可以不穿水胶鞋了，乡村里的小车多起来了，厨房里的清水哗啦啦地流出来了，手机打起来了，万家灯火亮了，老百姓的电视机、洗衣机、磨面机、磨浆机等电器响起来了。万千百姓从此告别了走烂路、摸黑夜、电费贵和电压低等落后的年代，走上了脱贫致富奔小康的康庄大道。

不断改善住房条件，打好住房保障攻坚战。高田乡多年前虽然通过对危旧房进行改造，但是存量还是非常大。每当我走进凤阳村的邓家坪、河腰头、马腰杆、埂上和坡上村的长塆、湾头、顶上、落哑等村庄时，映入眼帘的是大片大片的破瓦房和残垣断壁，酸甜苦辣顿时涌上心头。最让我难忘的是马家村的刘相辉家，他当时已经50多岁了，由于弟兄较多，他分得的房子是楼上的一大间四面透风的屋子。他家没有子女，捡了一个女孩喂养。妻子身体有病，但还是坚持在外面务工挣钱来维持一家人的生活和女儿读大学的费用。女儿刚考上一所大学，但母亲每个月只给她500元的生活费。女儿不够的生活费只有在周末去帮别人发广告传单挣钱贴补。我看到刘相辉家穷困潦倒的生活状况时，流下了同情和伤心的眼泪。他家没有进入建档立卡贫困户，我认为是漏评，必须及时采取措施给予补救。于是，我决定把他家纳入建档立卡贫困户，给老刘安排一个公益岗位，并每个学期补助他女儿2000元钱的生活费，同时安排他家立即找好宅基地，修建60平方米的住房。临走的时候，老刘一下子准备跪下去给我磕头，我急忙把他扶住，认真地说："我们共产党的干部不兴这一套。"后来，高田乡的一位企业老板听说这件事，不要我出钱，主动每个学期为老刘女儿的卡上打去2000元钱的生活费，直到她大学毕业。此后，我决定下最大的决心和勇气改造全乡的危旧房，坚决做到"危房不住人、住人不危房"。通过近5

年的不懈努力，全乡实施“四类对象”建房 1979 户，“非四类对象”建房 250 户，使高田乡的危旧房改造发生了翻天覆地的变化，家家户户住上了漂亮、宽敞、安全的新房，村村寨寨旧貌换新颜。

大力改善居住环境，打好易地扶贫搬迁攻坚战。俗话说，靠山吃山、靠水吃水。但是，高田乡属于典型的高山峡谷贫困山区，许多地方靠山真的靠不住。一年耕种半年粮，没有劳动力出门务工挣钱的家庭，就会缺半年的口粮。况且这些地方自然条件恶劣、交通闭塞、土地贫瘠，生存环境已经丧失，一方水土养不起一方人。面对这些残酷的现实，我大胆地决定：搬不动大山就搬人，一定要让那些祖祖辈辈住在白云深处的人家告别大山、告别贫穷、告别苦难，走进坝区、集镇和城市，过上美好幸福的新生活。在做易地扶贫搬迁卡户的思想工作时，难度都很大，因为大家觉得住惯的高山不嫌陡，割不断故土情结，不愿意搬迁者甚多。我带头翻山越岭、披星戴月、苦口婆心地对一些思想不通的卡户开展思想动员工作。特别是钨城村的苗族卡户陶勇，才 40 岁出头，但是蓬头垢面，像一个 60 岁的老者。他一个人带着一个 10 岁的女孩艰难地生活，两列木柱破瓦房东倒西歪，天上下大雨、屋内下小雨。由于家庭贫寒，他的妻子带着一个小男孩离家出走多年，杳无音信。他意志消沉、思想懒惰、精神颓废，破罐子破摔，嗜酒如命。他喝酒从来不用饭碗或者杯子，直接把酒桶子挂在火炉旁的杈杈木棍上，用一根输液软管插进酒桶里，想喝酒的时候就嘴含软管，咕噜咕噜地吸个饱。所以他整天酩酊大醉，无所事事，不劳动、不务工，是村里出名的懒汉。像他这样的家庭，即使政府补助多少钱，他都没有能力建房。于是我耐心地做他的思想工作，动员他搬迁到高田乡的康城新居易迁点居住。最初他死活都不同意，说死都要死在老家。最后，通过我和村委以及帮扶干部的多次轮番动员，终于精诚所至、金石为开，陶勇同意了易地搬迁。搬家的那天，我特意去帮他搬家，看见他搬上车子的家具就是几口破锅破碗和破烂的棉絮，价值不到 1000 元，我心中感到一阵阵酸楚。我特别安排乡上为他家配备了一台新电视机、新床、新棉被，帮扶干部为他家购买了大米、食用油、电磁炉、电饭煲等日常生活用品。陶勇搬进新家那天，他高兴得哭了起来，一声声感谢党、感谢政府、感谢帮扶干部的话语顿时温暖着我们，在场的人们都被感动得流出了热泪。像这样的例子不胜枚举。通过努力工作，高田乡易地扶贫搬迁得以顺利实施，如期完成任务。2016 年以来，共实施易地扶贫搬迁 621 户 2627 人，农村分散安置 147 户 635 人，进城集中安置 474 户 1992 人，建成康城新区安置点一个、共安置搬迁户 269 户 1025 人。每当我走进这些易地扶贫搬迁的卡户家中，看见他们已经住进了宽敞明亮的新房，用上了现代炊具、家具和电器，告别了大山和人背马驮以及脸朝黄土背朝天的贫苦日子，过上了幸福美满甜蜜的新生活，我的心终于如释重负。听见他们一声声感谢党恩、感谢习近平总书记的温暖话语，看见他们一张张无比幸福的笑脸，我也感慨万端、热泪盈眶。此时我才觉得我这几年付出的工夫没有白费、血汗没有白流、父母官没有白当。

积极培育新兴产业，打好产业发展攻坚战。我深刻认识到，高标准推进农村产业融合发展，是高田乡当前和今后一个时期农业农村工作的重点，是农民致富的一个抓手。只有锲而不舍地抓下去，高田乡产业振兴之路才能越走越宽广，美丽乡村画卷才能精彩呈现。没有龙头企业带动，无论是农产品生产，还是农产品加工，或者是旅游业，都难逃“散小乱”的问题，规模、质量和效益都无法提升。我积极引进云南奇异果业有限公司，在新华村草房头小组和大湾村中坝小组创建软枣猕猴桃实验基地，成功引种软籽猕猴桃 1300 余亩。积极发挥龙头企业在产业融合中的引领作用，走市场化道路，采取公司化运作。成立村集体经济公司，以村支部 + 合作社 + 公司 + 卡户等模式，努力形成“户户有项目、人人有收入”的产业扶贫新格局，让更多的建档立卡贫困户从中得到经济增收。2018 年以来，种植马铃薯 4086.67 亩、辣椒 972.8 亩、魔芋 1816 亩、猕猴桃 1845 亩、方竹 2.4 万亩、中药材 160 亩（玄参 150 亩、天麻 10 亩），建桃李园基地 2 个 300 亩，建设生猪代养场 8 个，切实做到“三个全覆盖”。

抓好东西扶贫协作，打好劳动力转移就业攻坚战。外出务工挣钱、增加家庭经济收入是高田乡大部分贫困户实现稳定脱贫的重要支柱产业。因此，我每年都要带领高田乡党政领导一班人马精心组织、认真落实，有力加强农村劳动力的大量转移和有序流动，特别是把定点组织他们转移到广东、浙江沿海一带务工作为重点工作抓牢抓实。主要采取转移前上岗培训、发放交通补助、上车门进厂门一站式服务等途径和方式，为全乡广大务工人员转移就业搭建了一个广阔的平台。2018 年，全乡建档立卡贫困户中全兜底 445 户 1157 人，有劳动力家庭 2107 户 4976 人。自主外出务工 1841 户 3397 人（其中县内 506 户 855 人、县外省内 120 户 198 人、省外 1215 户 2344 人），政府组织到东莞务工 201 户 244 人。共发放交通补助 120 万元。此外，对那些无法外出务工的卡户家庭，主要采取开展劳动技能培训、安排公益性岗位、组建劳务队等多种形式增加他们的家庭经济收入。全年安排公益性岗位 201 人，组建劳务队 8 个 179 人，开展劳动技能培训 182 人。

坚持教育先行，打好教育扶贫攻坚战。“十年树木，百年树人”，按照县委政府的决策部署和“扶贫先扶智”的工作思路，认准目标不动摇，精准发力，挂图作战，聚焦教育，压实责任，以坚定的决心打赢教育脱贫攻坚战。工作中有效控制义务教育阶段学生辍学现象，确保建档立卡贫困户适龄子女 100% 接受义务教育，无贫困学生辍学现象存在。坚决贯彻执行“六长”负责和“双线包保”工作机制，即县长、局长、乡（镇）长、校长、村长（村委会主任）、家长“六长负责制”，分层签订《义务教育控辍保学责任书》，把控辍保学目标任务纳入考核内容，严格考核和责任追究。同时，关心关爱残疾儿童，采取跟班就读和送教上门等途径补齐短板。2018 年，全乡义务教育阶段建档立卡贫困户适龄子女无一人辍学，入学率 100%。落实教育扶贫救助基金和各类助学政策，确保学生不因贫困而失学。落实学前教育补助资金 6030 人次，高中教育补助 1902 人次，中职教育补助 433 人次、申请雨露计划 814 人次，大专及以上教育补助 1624 人次，共计发放 1139 万元。继续巩固义务教育均衡发展成果，加大控辍保学力度，杜绝因贫辍学。

坚持以人为本，打好医疗保障攻坚战。认真贯彻落实健康扶贫30条措施，完善贫困群众医疗保障救助体系。2018年，补助907万元，对全乡建档立卡贫困户2326户10111人全面落实贫困人口基本医保、大病保险、医疗救助、兜底保障“四重保障”，确保建档立卡贫困人口100%参加基本医保和大病保险。认真开展“四类慢病”筛查，实现家庭医生签约、履约100%。补助资金303.3万元，实现30319人次重病兜底保障。建成标准化农村卫生室8个，实现每所村卫生室乡村医生执业达1名以上，“五室一房”按标准分设。

筑牢脱贫底线，打好社会保障攻坚战。坚持“应保尽保，分类施保”，不让一个人掉队。2018年，全乡纳入全兜底保障1098人次，享受特困供养的3714人次，享受孤儿补贴410人次。落实全员参保政策，建档立卡贫困户家庭成员应参加养老保险32853人次，已领取养老金3948人次。

走实群众路线，打造“美丽宜居”人居环境

在脱贫攻坚战中，我坚持市委“133”工作思路，走实群众路线，抓好满意度提升。认真开展“自强·诚信·感恩”和“三讲三评”“三同五促”活动，以群众会、宣传单、公开栏、标语等为载体，广泛宣传精准扶贫工作面临的新形势、新任务、新要求，使全乡上下充分认识新阶段精准扶贫精准脱贫的紧迫性和艰巨性，营造全社会关注扶贫、支持扶贫、参与扶贫的浓厚氛围。建立健全干部帮扶、亲情帮扶、社会帮扶“三位一体”的帮扶机制，挖掘“不等不靠、脱贫致富”的先进典型，以及“人穷志不穷”“穷则思变”的典型案例，并以群众喜闻乐见的方式表现出来，增强贫困群众立足自身脱贫致富的信心，激发贫困群众自强自立、自我发展的决心和热情，提升群众满意度，畅通信访渠道，化解矛盾纠纷。

我还带头以打造“美丽宜居”的人居环境为目标，全面开展农村人居环境综合治理。深入开展“百村示范、万村整治”行动，全面打响农村人居环境整治提升人海战，积极推进集镇“三场四化一公厕”建设。要求乡上的全体干部职工和所有的帮扶人员引导群众从规范操家理务、清洁庭院卫生开始，革除陋习、养成习惯、提升形象，开展卫生光荣户挂牌工作评定。大力推广人畜分离、畜禽集中圈养模式，加大私搭乱建、乱堆乱放、乱排乱倒整治力度。全力抓好2个示范型村庄建设；实施农村“厕所革命”；开展人居环境人海战，现已投入2万人次；建设垃圾池148个。确保所有村庄达到“一档”以上标准。

为了全力预防返贫和新致贫，巩固脱贫成果，我还抓实问题整改。始终坚持把防止返贫和新增贫困放在重要位置，把巩固脱贫成果作为财政投入的优先保障领域，按照脱贫巩固20条措施，整合各类资金，坚持因村制宜、因户施策，确保不返贫、新致贫。深入推进中央脱贫攻坚专项巡视问题整改落实，强力推进省委巡视反馈所涉问题整改工作，清单化梳理管理摸排情况，统筹抓好各类监督检查发现的问题一并整改，确保整改无盲区、无死角。

南广河用她那甘甜的泉水滋润着勤劳善良纯朴的高田人民，也见证着这片土地通过脱贫攻坚大决战后翻天覆地的巨大变化。在县委县政府的关心、在结对帮扶单位的帮助下，高田乡经过3万多干部群众的共同努力，8个行政村于2018年与全县一道出列，2326户贫困户全部脱贫，高田翻开了历史的新篇章。在接下来的乡村振兴战略中，高田将按照“产业兴旺、生态宜居、乡风文明、治理有效、生活富裕”的总体要求，蓄势待发，破茧化蝶，在南广源头抒写出更加绚丽多彩的华章。

（作者时任威信县政协副主席、高田乡党委书记）

立足扶贫助攻坚　实干为民抓落实

江　旺

2011 年 3 月，根据组织安排，我来到了水田这个贫穷落后的小镇，就任乡长，2014 年 2 月任职水田镇党委书记。转眼已是 10 个年头，这 10 年来，在上级党委政府及相关部门的关心支持下，我团结带领广大干部群众"5+2""白加黑"，日夜奋战，水田发生翻天覆地的变化。全镇基础设施不断夯实，人民生活水平明显提升。特别是脱贫攻坚以来，我作为脱贫攻坚第一责任人，紧紧围绕"扶持谁""谁来扶""怎么扶""如何退"工作思路，主动投入脱贫攻坚战。通过几年的努力，于 2018 年实现全镇 829 户 2995 人高质量脱贫，3 个贫困村全部出列。回顾脱贫历程，工作点点滴滴铭记于心。

正视困难迎机遇，革命老区誓崛起

水田是红色热土，1935 年 2 月，红军进入云南途经水田，在花房子召开中央政治局常委会议，改组了党中央的领导特别是军事领导，推动中国革命走向胜利新阶段。由于这段历史，赋予了水田厚重的红色文化，但革命老区经济落后，产业发展缓慢，基础设施薄弱，生产生活条件艰苦，群众等、靠、要的思想严重。10年前的水田，全乡通车里程180余公里，油路仅有比水（双河苗族彝族乡比喜至水田镇）通乡公路，水田境内不足10公里，未硬化公路170余公里，未通公路村民小组6个。公路路面等级差，交通基本靠走，群众出行极为不便，雨天一身泥，晴天一身尘。由于交通落后，群众建房成本较高，人居环境脏乱差，全镇60%以上的群众住房为C级、D级危房。

2015年11月27日至28日，中国中央扶贫开发工作会议在北京召开。习近平总书记强调，消除贫困、改善民生、逐步实现共同富裕，是社会主义的本质要求，是中国共产党的重要使命。自此，全国上下、大江南北，脱贫攻坚如火如荼扎实有效开展。

水田镇基础设施建设滞后，贫困程度深，脱贫任务重、难度大，脱贫攻坚对水田来说，是千载难逢的机遇，如何打赢这场没有硝烟的硬仗？我深感责任重大。作为一名乡镇党委书记，我向县委县政府立下了军令状，2018年带领全镇脱贫出列。军旗猎猎，战鼓声声，退缩解决不了问题，只能迎难而上。根据习总书记“五级书记抓扶贫”的总体要求，在市委“133”工作思路的指引下，按照县委县政府的安排部署，我紧紧围绕“两不愁、三保障”目标，带领党政班子、机关干部职工、各村（社区）“两委”、驻村扶贫工作队开启了水田镇脱贫攻坚征程。

提高站位抓落实，精准识别查穷根

脱贫攻坚“扶持谁”事关脱贫攻坚工作成效。扶谁不扶谁，首在识别、贵在精准。但是脱贫攻坚是新事物，历史上从没有关于扶贫、脱贫的记载，在开展脱贫工作的初期，各级均是摸着石头过河，相关的政策、制度、标准不健全。2017年，县委政府出台了建档立卡贫困户动态管理方案，我认真钻研识别政策，深刻领会精神实质，对照文件中的纳入标准，严格按照动态管理“八步走”和精准识别“五查五看”“三评四定”的程序要求，围绕“零错评、零漏评、零错退”的目标，组织帮扶干部经过多次的“回头看”工作和“精准识别摸底调查”，对建档立卡贫困村、贫困户和贫困人口进行全面核查，把符合条件的群众纳入建档立卡贫困人口管理，做到应纳尽纳，确保无漏评人口；对违规纳入、识别不精准的予以剔除，从而扣准了精准扶贫的“第一颗纽扣”。

精准识别，真正考验我们的执行能力，由于部分农户存在争贫思想，特别是一些边缘户，如果我们干部存有私心，一不小心就会出现“漏评”或“错评”。为此，我白天走干讲，晚上读写想，对各村（社区）反复强调，一定要一碗水端平，严格按照识别标准，逐条核实。针对争议较大的，我就组织镇村干部、扶贫专干、驻村工作队人员入户研判。印象最为深刻的是我镇香树村在初评时有205户贫困户，有群众反映存在“不公平”现象。为此，我亲力亲为对205户贫困户逐户走访，对有疑问的现场记录后召开村组干部会议逐户研判，严格对照评定标准，应纳尽纳，应剔尽剔，最终锁定香树村贫困户262户并及时公示，消除了杂音，实现了公正。

对标对表找短板，细化措施明帮扶

脱贫攻坚要扶到根上，只有把贫困人口、贫困程度、致贫原因等搞清楚，做到因户施策、因人施策，才能实现扶真贫、真扶贫。为此，我对照村出列户脱贫标准，按照“五个一批”的政策要求，组织镇村干部，逐村逐户研判，查找问题缺项。对照“两不愁、三保障”标准，按照“缺什么补什么”的原则，制定切实可行的脱贫措施。入户走访的过程充满艰辛，卡户遍布4个村（社区）90个村（居）民小组。河坝村后山山高路陡、水田社区半坡入组公路不通、壮龙和木头科入组路弯急坡大，路面狭窄不平，给入户工作造成极大不便，加之平时会议较多，统筹难度大，我争分夺秒，牺牲对家庭的照管和充分利用周末时间开展艰辛的扶贫工作。几年来，走遍全镇所有卡户3遍以上，部分特殊情况卡户多次入户、反复研判。通过走访，我了解了最真实的情况，清楚掌握每一户致贫原因，脱贫短板，对照脱贫标准，需要制定什么帮扶措施，为挂包干部的帮扶瞄准了靶心，明确了方向。

创新包保压责任，真情帮扶暖人心

脱贫攻坚是一场“硬仗”，需要全社会共同行动，需要集中力量，尽锐出战。在水田镇推进脱贫攻坚工作中，县委组织部安排2位县处级领导干部挂钩帮扶，每名领导包2个村。2位领导尽心尽力，多次亲临一线指导工作，按期召开联席会议，为我镇脱贫攻坚工作协调解决了很多困难和问题。5家县直帮扶部门认真履职，在帮扶干部安排、资金等方面也给予了大力支持和配合。派驻的驻村扶贫工作队员动真情、真扶贫、扶真贫，积极深入脱贫攻坚前线，帮助贫困村、贫困群众出主意、想办法、谋发展。为有效推进脱贫攻坚工作，在县直单位干部包保的基础上，我组织召开班子会后，决定在水田实行脱贫攻坚“双包保”模式，即统筹全镇94名镇村干部、驻村工作队员、大学生扶贫工作队对全镇的829户建档立卡贫困户进行了全覆盖和双包保。我自己包保的贫困户有11户，均是贫困程度较深的卡户。其中有2户情况特殊的卡户，1户是60多岁的患病老人，带一个8岁多的小娃娃，住房是木结构破烂危房，四面通风，只剩几根木柱支撑房屋主体，收入基本靠政府兜底。我通过多方联系，帮其买木料、瓦片、联系匠人等，解决了该户住房修缮加固的问题，老人感动涕泣。另外1户是家庭成员患有皮肤病，多处医治未果，后通过自己朋友帮其彻底医治，虽然只是帮助垫付了不算太多的药物费用，但我能感受到他们对我付出的认可，每次想到他们感恩的眼神，我就会觉得为他们乃至全镇贫困户付出再多，都是值得的。

五指攥拳破难题，城乡面貌展新颜

脱贫攻坚，基础先行。但是水田社区半坡、马湖沟因不通入组公路，水电及住房还是20世纪80年代水平，组内发展较好的农户早已搬至集镇，留下多为老弱病残，其中陈绍安妻子郭天元自嫁入后50多年未曾到过集镇，更不说县城、省城。这些地处偏远的村组，修建入组路成本太高，唯有通过整组搬迁才能实现脱贫。但整组搬迁后农户担心后续生产生活。为此，在动员搬迁工程中，挂村干部召开3次群众会后尚有6户不愿搬迁。这些听地名就能判断落后程度的村组，村民思想守旧，我知道挂村领导他们已经尽力了，但是精准帮扶，不让一户贫困户掉队，这些地方的村民才是真正需要帮扶的群众。后来，我又亲自去参与2次群众会，直到我们集镇安置点主体建成后，把仅剩的2户不愿搬迁户接到安置点看了房后，才完成半坡和马湖沟整组搬迁工作。

通过易地扶贫搬迁、农危改等政策的实施，贫困户住房安全问题得以解决，但是要完成脱贫出列，收入稳定就是最大的帮扶难题。我们制定的长期产业是旅游业，但是见效慢，短快平产业风险又大，将卡户动员外出务工才是收入稳定的最好路径。但是卡户中多数文化程度不高，无技能劳动力居多。尽管如此，我还是觉得比在家务农强。于是，我们根据全镇卡户劳动统计情况，将年龄大和文化程度低的卡户通过争取公益岗位进行安排，剩余的动员外出务工。

2016 年，按照县委政府安排，我镇香树村需在全县率先脱贫出列，在第三方评估检查中，刘章华户因人居环境差被第三方认定为错退，相关镇村干部花了很大的精力收集佐证材料，但还是举证失败。为此，我本人、挂村领导及香树村党总支书记受到处分。当时，按照脱贫标准，刘章华户是没有一点问题的，就是因为环境卫生差导致视觉错退。当刘章华户作为全县案例被各乡镇及职能部门现场参观时，惨痛的教训让我意识到卡户脱贫硬件要达标，软件也不能忽视。自此，我把环境卫生作为包保干部帮扶的一个重要内容，规定帮扶干部每次入户访谈必须宣传卫生整治，从室内室外及房团屋转都明确了整治标准，取得了明显效果。2019 年，全镇累计减贫 829 户 2955 人，顺利通过国务院扶贫开发成效省级交叉考核和云南省 2018 贫困县退出专项评估检查，3 个贫困村脱贫出列，全镇贫困发生率为零，2020 年高质量通过脱贫攻坚普查。截至目前，全镇实现 9 个“百分百”：村委会 100%通硬化路、村民小组 100%通硬化路、所有农户 100%住上安全住房、100%饮用安全放心水、100%通电视网络、100%用上安全电、所有村委会 100%有村集体收入、100%通 4G 网络、适龄儿童 100%入学。

“脚上有多少泥，心中就有多少情”。我在脱贫攻坚中开展的工作只是全镇脱贫攻坚的一个缩影，在这场没有硝烟的战场上，我们水田还有太多太多像我这样的党员干部，舍小家、顾大家，在工作上任劳任怨、朝夕不倦。他们，是脱贫路上的奋斗者；他们，用奉献的汗水和无悔的韶华，捍卫脱贫攻坚使命；他们，与你我同行，正为彻底击碎贫困、共圆小康梦砥砺前行！

（作者时任水田镇党委书记，现任教体局党工委副书记、局长）

下足"绣花"功夫　提升群众满意度

刘　剑

旧城镇位于威信县北部，南邻高田乡、罗布镇，东、北、西依次与四川省叙永县高峰乡，兴文县大坝镇、沙坝乡、文印乡，珙县石碑乡接壤。镇政府驻地旧城距县城公路里程41公里。全镇总面积163.9平方公里，辖7个村民委员会，145个村民小组，有7128户30602人。其中，建档立卡户（贫困人口）1275户5125人。截至2020年9月，已脱贫1275户5125人。今年8月20日全面通过了国家普查验收。

2018年正是全县脱贫攻坚进入攻坚的关键时期，根据县委的安排，5月初我到旧城镇担任党委书记。俗话说："群众能不能致富，关键看干部。"上任后，我把干部作风建设作为突破口，带头勤下乡、摸情况、了民情，很快就掌握了全镇的基本情况。在此基础上，认真分析我镇脱贫攻坚中存在的问题，对涉及群众切身利益的矛盾纠纷调处不到位，扶贫政策宣传、解读、落实不到位，农户争贫困、拼低保、要住房、求救助未满足等，专题召开党委会及时研究，统一共识，围绕贫困群众增收为主线，聚焦"两不愁、三保障"目标任务，采取有力措施，帮助群众解决生产生活、调解矛盾纠纷、提高服务质量、改善人居环境、提升干部素质、加强组织建设等工作，下足绣花功夫，在全镇范围内开展群众满意度提升活动。全镇干部作风得到转变，干群关系更加和谐，民意诉求渠道畅通，合理诉求得到解决，文化生活得到提高，使脱贫攻坚工作得到群众的思想、工作、情感上的认同，群众“获得感、幸福感”得到了增强，为全镇脱贫攻坚工作顺利推进奠定了良好基础。

真抓实干，为民排忧解难

开展脱贫攻坚工作中，提升群众满意度实际就是认真贯彻习近平总书记以人民为中心的思想。当好一个干部，特别是党员领导干部，心中一定要装有群众，一切为了群众，把群众的事情当作自己的事情来做，做到真正为群众办实事、办好事，维护好群众利益，就是领会和践行好市委杨亚林书记的“133”工作思路的具体体现。

开展民情大走访活动。结合全县开展“挂包帮、转走访”活动，将每月6日定为民情走访日，我带头走访群众，在村上先了解贫困和困难群众的第一手情况。龙马村是旧城镇贫困群众面较大、贫困程度较深的一个村，作为镇党委主要领导，我主动要求挂包龙马村，从最困难的贫困户开始入户了解每家每户情况。记得在龙马村五谷村民小组有一户贫困户叫王成德，家庭人口3人，王成德和老伴已经年过70岁，一个儿子近40岁还没有成家，长期在外很少回家，家里的房屋破旧不堪，不能达到脱贫标准。我去之前，镇村干部多次上门做其工作，补助点钱重新建房，都不同意修建。村上的支书给我谈到这个情况，非常着急，我想只有不到两个月的时间国家第三方就要来开展脱贫成效考核检查验收了。当时，天要黑了，又下着雨，立即赶到五谷村民小组王成德家。见到王成德老两口，住的房屋是石木结构的老房子，已经破烂不堪，生活又很差，有个儿子在外打工听说又不怎么成器，近40岁了还没有讨到媳妇，老两口一谈起此事就唉声叹气。一开始做工作叫他建房子，都说不建，没有意思，建来做啥子，对未来已经失去信心。当晚，回到镇上，我一晚没有睡好，怎么来解决这个问题？第二天我又带上挂包干部，早早地又到王成德家，继续做工作，还是没有做通，说他老了修不起。回到镇上，我又反复地想，准备好换个思路再去做工作，第三天我又带上挂包干部和村上的支书一同又去，并认真分析了他家的情况。就跟王成德讲，他家娃儿没有成家主要还是你家的条件不好，看看这个房子哪个媳妇要来住，住不上三天就要跑。通过耐心细致的工作，讲了现在党的政策好、干部好，今天我们把村上的干部请来，就是你有什么困难，村上镇上都会帮他解决。通过努力，我们的诚意感动了王成德，终于同意修建，并愿意把娃儿叫回来建房子。在建房期间，我与挂包干部三天两头到王家，帮助其解决运输难题、建筑材料等问题，王成德终于在检查组来之前搬进了新家。据不完全统计，全镇共计开展“挂包帮、转走访”活动 316 场次，参加群众达 20168 人次。通过大走访，进一步拉近了干部与群众之间的距离，干群关系明显改善。

开展矛盾纠纷大排查活动。及时制定下发矛盾纠纷大排查方案，从我带头，党政班子成员下沉到村，深入农户，开展矛盾纠纷大排查、大化解活动。在文兴村有一村民叫万思华，经常到村上镇上反映，他家媳妇缴新农合的钱因为原村上的干部黄某未给他上交，造成在外住院大笔医疗费不能享受报账政策，要讨个说法。在镇上我已遇见几次，这个问题不解决不行，长期闹下去不好。我就把他请来，认真听他反映，并做好记录，好好地开导他。他又是建档立卡户，有什么困难，我可以到他家去看看。他非常满意，叫我一定去他家。过了两天，我把村上的同志一并带去，同意帮助他解决吃水难等问题。回来后我马上安排水管站的同志去落实，他非常高兴。从此，万思华就没有到镇上村上来闹了。通过排查，当年全镇共计排查各类矛盾纠纷 157 起，化解 130 起。

转变作风，方便群众办事

群众要对政府满意，对干部没有意见，关键是看政府能不能方便群众办事，做到有人管事、有人理事、及时办事。我在全镇提出了“群众要办变成帮群众办，群众的事当成自己事来办”的思想观念，在全镇开展机关干部作风整顿，强化服务质量，切实改变了一些站所“门难进、脸难看、事难办”的不良习气。全镇机关作风、服务群众意识明显好转，从干部开始带头为群众办事，关心群众，让群众看到我们的干部是真心实意为他们着想，为他们服务的局面。

痛下决心，整治人居环境

农村卫生环境要改善，彻底改变“脏乱差”现象，无疑是一场革命。打好这场攻坚战，转变群众思想观念是关键。

一是抓宣传。从我开始，带领班子成员深入村组，召开群众会、院坝会或入户跟群众宣传整治人居环境的重要性。二是抓落实。在抓整改落实的过程中，我在农户家中带头示范，给群众讲如何做好个人卫生，如何摆放农具、厨具、生活用具，农户室内外和庭院环境卫生如何打扫。群众看到我都这么下力，一下没有顾虑，主动打扫起卫生来，充分激发了群众的积极性，进一步发挥了群众的主体作用。在此基础上，对家庭、路域、河道、田间及集镇产生的各种垃圾进行分类和科学处理，从而根治农村脏乱差现象，使全镇农村人居环境明显改善和提高。开展大整治期间，全面推行“农户清扫、村组收集、乡镇转运、及时处理”的垃圾管理模式。全镇新建垃圾池 160 余个，清理河道、清除污水沟 92.46 千米，清理沟渠淤泥

25 吨，出动垃圾清运车辆 503 次，清运垃圾 838 吨。参与环境卫生整治达 24039 人次，路域、河域、公共场所环境卫生得到有效改善。大力开展“厕所革命”，新建公厕 5 所，实施农村无害化户厕改造近 3000 户，使农村生活质量和面貌有了很大的改观。

党建引领，作用发挥明显

农村基层党组织是在社会基层组织中的战斗堡垒，是我们党的全部工作和战斗力的基础。我带头要把村级党组织建设成为联系群众、教育群众、团结群众、维护群众、带领群众发展经济、帮助群众脱贫致富的纽带和桥梁，把群众的心拢起来，把群众的力量聚起来，充分发挥基层党组织的战斗堡垒作用，切实把农村基层党支部建设成为群众的主心骨。

抓好党支部规范化达标创建工作。在开展达标创建上，我亲自研究，亲自安排，亲自检查，严格按照“五个基本”的要求，使全镇 41 个党支部达标创建按时全面完成。

抓实“万名党员进党校”教育培训工作。以镇党校为载体，我亲自带头动员讲话，带头上课，共计培训 6 期 920 人次，实现了党员培训人数基本全覆盖，充分发挥党校的阵地作用。

创新开展“四型支部”建设。在持续抓好“两学一做”学习教育活动的同时，以开展“支部规范化达标创建”工作的有利时机，结合我镇实际，在全镇开展“抓学习、抓制度、抓创新、抓服务”为主的“四型支部”建设和“一讲三带头”活动，进一步丰富创新我镇基层党组织活动载体，增强党支部的凝聚力、战斗力。

加快发展村集体经济发展步伐。以产业扶贫和引导就业为抓手，引导和服务农村群众致富脱贫，充分发挥村集体经济合作社对村级经济发展的示范带动作用，着力打造特色农业产业，逐步形成户户有增收项目的发展格局，壮大了村集体经济。全镇建设 8 个生猪代养场，种植 12000 亩方竹，拓宽了群众的增收渠道，壮大了村集体经济。

加强村级党组织班子建设。“群众富不富，关键在支部”，我始终把村级党组织班子建设作为党的建设工作重点，坚决整顿软弱涣散党组织。坚持德才兼备，任人唯贤的原则，特别是选好一个总支书记，及时补齐配强村党组织班子，增强了党组织的凝聚力和战斗力。同时，严格按制度做好党务公开、村务公开和财务公开工作，及时更新宣传栏内容，充分保障群众的知情权和监督权。

倡导新风，促进社会和谐

脱贫攻坚以来，有少数群众不思进取，等、靠、要思想严重，互相攀比得多得少，没有吃苦耐劳的精神，甚至不感恩，在当地群众中造成不良影响。因此，加强社会主义精神文明建设，教育群众，转变群众的思想观念尤为重要。我带头在全镇范围内大力开展“自强、诚信、感恩”主题实践活动。通过群众会议、制作标语、办宣传栏宣传党的方针政策、惠民措施。我主动带头走村入户，要求建档立卡户要树立脱贫信心、不等不靠、自力更生、艰苦创业，通过自身努力实现脱贫致富。同时，要心存感恩、诚实守信、遵守公德的好公民。真正实现了户户增收致富、家家和睦相处、村村倡导文明、处处体现和谐的浓厚氛围。

（作者时任旧城镇党委书记，现任威信县民政局局长）

第二编　产业就业扶贫

革命老区高原特色产业的“华丽变身”

邓兴钊

回首威信县产业扶贫工作走过的5个年头，产业发展之路充满了荆棘满途，道路曲折蜿蜒，有成功也有失败，有痛点也有亮点，有付出的艰辛更有收获的喜悦。在县委、县政府的高位推动下，各级干部挽起裤子、撸起袖子、甩开膀子加油干，经过5年的探索和实践，方竹、生猪、魔芋、猕猴桃、蔬菜、柿子、桃子等高原特色产业从无到有、从小到大，每一户有产业发展条件和意愿的贫困户有了增收致富的产业，全县高原特色产业实现了“华丽变身”。

决策部署

威信，这个集老、少、边、穷、山为一体的贫困县。曾几何时，受大山阻隔、交通不便、信息闭塞、牛耕人种、大农业、小产业、产业基础设施薄弱、龙头企业带动能力弱。2018年脱贫出列后，如何巩固脱贫成效，靠什么去巩固？产业发展短板如此突出，找不到一个可以支撑的主导产业。我们时常感叹：每次去市里，听到的都是昭阳区讲苹果、彝良县说天麻、绥江县谈李子、鲁甸县谈花椒，而我们县拿什么来谈呢？这不仅是我们农业人的“噩梦”，更是老区人民的苦楚，我们农业人记在心里，县委、县政府也同样看在眼里、谋在心间。

为此，脱贫攻坚伊始，全县上下便铆足了干劲，势必要打一场产业发展“翻身仗”。县委、县政府夙夜为谋，主要领导带领涉农相关部门负责人多次外出调研和招商引资，前往了铁骑力士牧业科技有限公司四川省绵阳市总部、佰瑞猕猴桃研究院、聚仙食品有限公司、海升集团等举行座谈会 19 场次，通过借鉴“他山之石”来“攻玉”，用以上企业的先进经验和好的做法，引领威信产业的发展。同时，县委、县政府主要领导、分管领导多次进村入户、深入农业生产一线实地查看建设情况，组织相关部门研究起草产业发展政策性文件，县委主要领导多次主持召开县委常委会、县政府常务会、座谈会、专题会等会议研究发展高原特色产业助推脱贫攻坚工作，慢慢地我们农业人也开始有了产业“谈资”。2019 年 10 月 10 日，滇东北金色优食谷项目启动仪式在双河工业园区举行，标志着我们县特色产业、生态绿色产业发展迎来破题破局的新局面。2019 年 11 月 9 日，全县召开了产业高质量发展突击战推进会，确立了“1＋N”高原特色产业发展思路，将方竹作为全县主导产业打造，提出了全县人民人均“两亩竹、两头猪”的远景目标。在我们县财力非常困难的情况下，依然筹措了 950 万元资金，对全县 21 个产业发展得好的村（社区）进行奖补，有力地激发了村级集体产业发展动力。全县上下致力于用智慧与汗水，去换取特色产业的发展与进步，通过培育实实在在的产业来支撑巩固脱贫成效，随着成贵高铁、宜毕高速的建成通车，高铁时代、高速时代到来，威信信息闭塞、交通不便、内外连接不畅的困境已经成为历史，加之独特的区位优势，人流、物流、资金流、信息流从四面八方汇集而来，威信迎来了产业高质量跨越式发展新时期。可以说威信产业发展天时、地利、人和的局面已经形成，其时已至、其势已成、其兴可待。

负重前行

作为农业产业发展的主管部门，我们在产业发展的过程中承担了极为重要的责任，主要领导及时准确地传达县委政府和上级部门产业发展相关指示精神，认真履行县产业精准脱贫领导小组办公室职能职责，结合全县产业发展实际，通过召开党组会、专题会、部门联席会议等方式，分析在产业发展过程中存在的短板和不足，研究落实改进措施并对下步工作进行安排部署，切实做到对全县产业发展工作直接主抓、全面落实的主体责任。层层压实工作责任，研究制定全县产业发展规划，研究起草产业发展相关政策性文件，合理布局每一个产业，仔细分析产业发展每一个环节并积极解决发展过程中存在的问题。5 年的时间，我们领导干部担起初心与使命，勇敢地迎难而上，看到了每一位干部职工下沉到田间地头抓产业的坚持，看到了后勤保障的鼎力支持。为把农业产业抓好，每一位干部从一开始便做到了思想统一，树立把产业培强做大的信心，以基地建设为突破口，以高度组织化为切入点，强化“施工队长”角色，落实一线工作法，坚持“日报告”“周研判”，与乡镇干部、村干部共同努力、通力协作，他们主动放弃了节假日、双休日，一心扑到农业生产一线，积极向基层干部群众讲清楚政策，宣传引导好群众转变思想、更新观念，实现由传统的种养模式向新型农业发展模式的逐步转变。针对方竹、生猪、魔芋、猕猴桃等重点产业，落实“一套工作专班、一个工作方案”，成立工作专班、技术指导组，构建起领导挂钩到乡镇、技术人员挂钩到基地片区的责任机制。春节抢抓节令抓种植，夏日酷暑抓管护和疫病防控，冬日严寒防动物疫病流行。刚一开始，农技人员便面临知识老化、青黄不接的尴尬局面，以前那些指导玉米、马铃薯、小麦的系统知识已经不足以支撑生猪、魔芋、猕猴桃等特色产业的发展需求，不懂就学，一方面虚心向懂技术的企业技术人员求教；另一方面通过查阅资料、网络学习等方式，用理论指导实践，在养殖基地、田间地头不断总结提炼适宜威信气候环境的生产技术。在大家的共同努力下，全县农业生产技术水平不断提升。同时，将产业发展现场会开到田间地头，农科人员现场指导农民特色产业生产技术，大力推广现代种植、养殖技术。邀请了中国魔芋协会、四川铁骑力士集团、西南林业大学、云南省农业科学院生物技术与种质资源研究专家所通过举办魔芋种植现场会、生猪养殖现场培训会、方竹产业培育发展专题培训会的方式，大力推广现代种植、养殖技术，不断提升全县产业发展技术水平；聘请西南林业大学董文渊教授为威信县人民政府方竹产业发展总顾问；云南省农业科学院生物技术与种质资源研究所曾黎琼研究员在我县组建魔芋专家工作站。

链条延伸

产业帮扶一定要围绕自主的、可持续的产业，只有把产业做起来了，威信的发展才能够可持续。现在，走到我们本地的餐馆吃饭，我们都喜欢点上一份魔芋丝结，吃起来绵软细腻、口齿留香，更因为它是来自双河乡嘉佳乐食品有限公司所生产的魔芋产品。2019 年以来，威信县坚持用工业化的理念、技术、模式改造提升农业产业，年产 6000 吨产值 2.1 亿元的魔芋特色食品深加工项目已建成投产，蔬菜配套冷链物流中心、监控检测中心、花园式配送中心建设项目建设已完成并投入使用，同时，启动打造“滇东北金色优食谷”，分步实施年屠宰 50 万头生猪、30 万吨饲料加工基地、100 万羽蛋鸡养殖基地、特色高端食品加工、物流及冷链体系、枫叶牧场集成中央厨房等项目建设，打造科技水平高、生产加工能力强、上中下游相互承接全产业链条，将生猪、竹笋、猕猴桃、魔芋等进行重塑包装，着力培育产业链长、产品附加值高、品牌影响力大、辐射带动面广的高原特色产业，推动实现农业“产品”向“商品”转变。

硕果累累

到2020年底，全县80个有产业发展条件的贫困村均实现了有一个以上产业扶贫基地，扶贫产业实现对17377户有发展条件贫困户全覆盖，产业受益贫困人口74637人。翻看我们整理的脱贫攻坚档案，每一张照片都完整地记录下了82个生猪养殖场昼夜强推、一片片竹林绿满山头、金鸡2000亩连片猕猴桃基地、在罗布镇桃坝村魔芋测产时挖出的碗口大魔芋、庙沟镇家银种植专业合作社猕猴桃果实挂满枝头、生猪养殖场从仔猪入场到肥猪出栏的变化，每一张图片都完整记录了全县农业产业发展的变迁，形成了一幅幅美丽的画卷。

“十三五”以来，县委、县政府认真贯彻落实习总书记绿水青山就是金山银山的精神，把发展绿色产业作为助力脱贫攻坚，实现永久脱贫的重点。五年来，我们县抓住实施陡坡地生态治理和新一轮退耕还林等重点生态工程项目建设的历史机遇，通过全面深化营造林改革，调整林种结构，重点培育发展以方竹为重点的特色林产业。探索出了土地全租赁、土地租赁＋收益分成、入股联营三种模式，实现由村集体经济组织参与发展竹产业，引导村集体协助公司、合作社等新型经营主体发展竹产业，建立业主、村集体经济组织和农户的三方利益联结机制，共同发展竹产业。通过创新经营模式，农户通过土地流转获得租金，通过股份合作分得股金，通过劳动务工获取薪金。经营主体负责竹林的经营管护和产品市场开拓，大大降低了农户造林管护和市场经营风险。全县竹子总面积已达45.2万亩，发展竹产业新型经营主体35家、大户1家、村集体经济组织50家。年均实现竹笋采收2000吨、产值0.69亿元。2020年4月28日，威信县在麟凤镇召开2020年方竹产业管护工作会，将产业管护提升到了新的高度，发动群众参与，掌握方竹管护技术，继续提高“一分种，九分管”产业发展意识，破解管护难题。

通过全县干部群众和企业的不懈努力，生猪产业实现了跨越式发展。实现了从一家一户的分散养殖向基地化、规模化、规范化、品牌化方向迈进。2020年，生猪产业产值达到了56632.95万元，同比增长了65.6%，两年时间，我县的生猪产业持续做大做强。2020年，我县实现生猪存栏24.81万头，同比上涨75.5%；生猪出栏25.17万头，同比上涨65.6%；能繁母猪17319头，同比增长28.1%，5个规模化、标准化仔猪繁育场已供给我县规模养殖场仔猪1.8万头，生猪存栏、能繁母猪存栏、生猪出栏都远超上年同期水平。成功引进重庆铁骑力士、猪猪侠、双胞胎3家农牧科技有限公司落户威信，通过龙头企业引领，走产业化带动、规模化发展、标准化生产、集约化经营、品牌化营销相结合的现代畜牧业发展道路，全面启动全县生猪标准化规模养殖场建设，2019年建成24个生猪养殖场和1个仔猪扩繁场，2020年建成58个年生猪标准化规模养殖场，全县80个贫困村实现了村均1个规模化养殖场。生猪全产业链正在加速推进，已启动由铁骑力士集团承建的年屠宰50万头生猪屠宰加工项目建设和改扩建年屠宰30万头生猪屠宰加工场项目2个……这些在2018年以前都是我们所无法想象的。现在我每到一个村说起生猪养殖场建设，村干部们都能娓娓道来。遇到选址困难，打破定式思维束缚，将场址选到别的村和其他乡镇，建基地遇到连续雨水天气，雨停了接着干，白天干不了我们晚上干，就是靠着各级干部“5+2”“白加黑”“泥加水”，流汗流泪，一鼓作气：3月启动建设，8月就全面完成主体工程建设，一口气跑出了威信产业发展的加速度。双河乡双河村集体公司，全县第一个实现生猪出栏的规模化养殖场，2020年4月，双河生猪养殖场与四川铁骑力士集团合作代养生猪报酬全部结算完毕，双河村集体公司获得结算代养费用总收益78万余元。带动的51户建档立卡贫困户光分红就分到了20万元。在为贫困群众带来收益的同时，也给村干部们吃下了一粒“定心丸”。

依托威信独特的立体气候和生态类型多样化的自然特点以及良好的土壤环境，猕猴桃、魔芋等特色种植业得到了长足的发展。麟凤镇金鸡村，曾经的一个被贫困落后笼罩的贫困村，如今被满山的猕猴桃园所环抱，形成了一道亮丽的风景线。2019 年年初，县农业开发投资有限公司决定落户金鸡村发展猕猴桃产业，采取“公司 + 基地 + 农户”的发展模式，在金鸡村 7 个村民小组栽植猕猴桃示范品种贵长，建成标准化猕猴桃连片示范基地 2000 亩。土地流转覆盖农户 383 户 1469 人，其中建档立卡贫困户 73 户 383 人；常年吸纳农户 100 余人参与猕猴桃基地建设和管护（建档立卡贫困户 76 人），参与务工贫困劳动力实现工资性收入 23 万元。威信贵奇农业专业合作社自 2017 年发展魔芋种植以来，已在长安、麟凤、扎西、高田、罗布 5 个乡镇种植魔芋 3500 余亩，带动农户 1000 余户参与魔芋种植，其中建档立卡贫困户 500 余户，贫困户通过土地流转和劳动务工获得收入 110 万元，有效发挥了特色优势产业助力脱贫攻坚的作用。如今，全县已种植猕猴桃 1.4 万亩，带动贫困户 1237 户，2020 年产量达 1300 余吨，综合产值 2940 万元。全县已种植魔芋 1.6 万亩，带动贫困户 3270 户，2020 年产量达 2.15 万吨，产值达 1.3 亿元。全县发展标准化蔬菜基地建设 2500 亩，覆盖带动农户 800 余户 3922 人，2020 年产量达 8967.9 吨，综合产值 2152 万元。同时，全县已建成柿子种植基地 3 个 2600 亩，带动贫困户 289 户；种植桃子 2067 亩，带动贫困户 62 户。

接续“振兴”

按照县委、县政府“红色文化、绿色产业、彩色风光、特色威信”的工作思路，县委政府强调：打造一个永不过时的产业，定力很重要，着眼于“大产业 + 新主体 + 新平台”，紧扣“做大做强、彰显特色、形成支撑”，结合威信自然资源禀赋，围绕“一绕一横四纵”6 条主干线布局，着力培育“1+N”高原特色农业产业集群，积极探索走一条“村村有亮点、组组有看点、户户有支撑”的产业发展新路子。思路已经明确、方向已经确定，产业发展既是一场突击战，也是一场持久战，不是等得来、喊得来的，而是拼出来、干出来的。

（作者时任威信县农业农村局局长）

打造永不过时生猪产业　助力威信脱贫攻坚

唐　毅

抓好扶贫攻坚工作，是党中央作出的重要决策部署。自2018年我到威信工作以来，始终以对人民群众高度负责的态度，坚持群众路线，坚持以习近平新时代中国特色社会主义思想为指导，深入学习贯彻习近平总书记关于脱贫攻坚的重要论述，紧紧围绕中央提出的脱贫攻坚目标，以时不待我的紧迫感、舍我其谁的责任感，全力以赴抓好脱贫攻坚工作。

产业扶贫是脱贫攻坚工作的核心和关键，是解决贫困地区和贫困人口生存发展的根本手段，是实现稳定脱贫的必由之路和根本之策。产业扶贫的关键在于定好位。诚如习近平总书记所言，“要脱贫也要致富，产业扶贫至关重要”。只有相关产业发展起来了，贫困户致富能力提升了，才能实现持续增收拔掉穷根。作为一名扶贫干部，能有幸成为威信县夺取脱贫攻坚伟大胜利的参与者和见证人，我感到无比的骄傲和自豪，也知道肩负的使命重大和光荣。特别是威信生猪产业在威信县委、县政府的坚强领导下，在县直各部门和乡镇的共同努力下，从以前的“一穷二白”发展到如今的规模化、标准化发展态势，成为威信巩固脱贫攻坚成果的重要支柱扶贫产业。这主要得益于威信县委、县政府的前瞻布局和长远谋划。

厘清生猪发展思路。产业是强县之本、富民之源。多年来，产业发展一直是威信最大的短板和痛点，基础薄弱、质量不高、“小、散、弱”等滞后困局严重制约了威信前进的步伐。围绕“症结在哪里、出路在何方、办法有哪些”，几代威信人进行了不懈努力和探索实践。2018 年以来，威信县委、县政府紧紧围绕省委、省政府“两型三化”和“三张牌”战略部署，市委、市政府“六个百亿元”高原特色产业发展思路，着眼“大产业 + 新主体 + 新平台”，紧扣“做大做强、彰显特色、形成支撑”，结合自然资源禀赋，按照“红色文化、绿色食品、彩色风光、特色养殖”工作思路，选准方竹产业、生猪产业、村集体经济组织三个突破口，着力培育“1 + N”高原特色农业产业集群（1：主导产业方竹；N：生猪、猕猴桃、魔芋、柿子、蔬菜等），打造一个永不过时的主导产业，积极探索走一条“村村有亮点、组组有看点、户户有支撑”的产业发展新路子。在生猪产业上，大力发展生猪规模化、规范化养殖，力争用 2—3 年的时间达到“村均 2 个生猪养殖场、人均 2 头出栏肥猪、全县规模养殖上 100 万头”目标。

强化政策支撑。2019 年，县级出台了“1 + N”产业发展扶持意见，细化明确生猪产业发展扶持政策，量身定制，精准施策。大力扶持村集体公司建设经营年出栏 4000 头规模化、标准化生猪养殖场，县财政整合涉农资金，按第一期每场 170 万元、第二期每场 160 万元资金进行补助。鼓励能人大户发展生猪产业，养殖规模达 500 头以上、1000 头以上、2000 头以上的分别一次性奖励 30 万元、60 万元、120 万元。制定《威信县农业产业发展贷款风险补偿金实施方案》（威政办发〔2020〕47 号），由县财政出资 1000 万元设立农业产业发展贷款风险金，按照 1∶15 的放大倍数由县农行、农商行、富滇银行等商业银行向符合条件的农业新型经营主体发放产业贷款，明确了村集体公司建设生猪规模养殖场可以贷款 200 万元，切实解决项目建设资金瓶颈。近两年，全县累计投入产业发展扶持资金 6.05 亿元，产业扶贫小额信贷资金 1.81 亿元，县财政统筹整合近 70% 的涉农资金投向农业产业，其中，投向生猪产业 1.54 亿元。同时，积极向上汇报对接，争取生猪调出大县、种猪繁育、粪污资源化利用、项目贷款等政策支持。

突出龙头带动。始终把招商引资作为产业破题破局的关键一招，实施生猪产业精准招商，成功引进四川铁骑力士、重庆猪猪侠、江西双胞胎等一批知名农业龙头企业落户威信扎根发展，推动生猪产业从一家一户的散养模式，向规模化、标准化、市场化、集约化、品牌化的现代农业方向迈进。努力实现“培育一个龙头，带动一大产业，致富一方百姓”的发展目标。

加强基地建设。以基地建设为突破口，以高度组织化为切入点，强化“施工队长”角色，落实一线工作法，坚持“日报告”“周研判”，高位推动、高频指导、昼夜强推，全力推进项目建设。2019 年仅用 3 个月时间，建成投用第一期年出栏 4000 头规模化、标准化生猪养殖场 24 个，2020 年新建投用年出栏 4000 头规模化、标准化生猪养殖场 58 个。建成投用年出栏 6 万头仔猪繁育场 1 个、改建投用仔猪繁育场 7 个。全县生猪养殖产能从 15 万头发展到 50 万头，仔猪产能达 18 万头。2020 年 9 月又与重庆猪猪侠合作启动建设年出栏 20000 头生猪规模化养殖示范小区 4 个，与双胞胎集团合作启动建设年存栏种猪 1.3 万头、出栏仔猪 30 万头繁育场。截至 2020 年 11 月 10 日，全县生猪存栏 20.61 万头，同比增长 43.6%；生猪出栏 21.22 万头，同比增长 19%；能繁母猪存栏 17037 头，同比增长 7.2%。

完善利益联结。坚持党建引领产业发展，压实县、乡、村三级书记责任，充分发挥村民发展议事委员会作用，党政齐抓、干群齐动。建立银政企沟通对接常态机制，以政府搭台实现银企唱戏，帮助企业、村集体公司破解融资难题。2020 年 4 月，农行云南省分行将专门根据威信产业发展实际，研究推出全省村集体经济公司发展“强村贷”贷款项目，为威信县建设的第二批 58 个生猪养殖场提供 1.12 亿元贷款资金支持。采取“村集体经济组织 + 龙头企业 + 农户”“支部 + 龙头企业 + 基地 + 农户”等组织模式，建立利益共享、风险共担紧密联结机制，辐射带动群众增收致富，不断巩固提升脱贫成效。建立产业发展滚动基金制度，在产业见效后，所得收益在首先满足农户入股分红和年度贷款还本资金的基础上，剩余资金按 3∶3∶3∶1 的比例分配使用，即：30% 用于产业后续发展流动资金；30% 用于村组公益事业；30% 用于“村两委”干部奖励〔其中，村支书和主任分设的，奖励总资金的 20% 首先用于奖励村支书和主任，剩余部分平均奖励村“两委”干部（包含村支书和主任）；村支书和主任“一肩挑”的，奖励总资金的 15% 首先用于奖励村支书，剩余部分平均奖励村“两委”干部（包含村支书）〕；最后 10% 归集县财政注入产业发展滚动基金，推动产业持续健康发展。

延伸产业链条。坚持上下延伸、链条发展，以工业化理念、市场化手段助推生猪产业转型升级，做大做强生猪产业。深化与龙头企业全方位合作，致力将生猪产业打造成为集饲料生产、原种猪饲养、仔猪繁育、生猪育肥、屠宰加工、冷链物流、品牌塑造和市场营销为一体的全产业链，实现“接二连三”融合发展。

壮大村集体经济。目前，威信县基本实现每个村建成 1 个年出栏 4000 头标准化生猪养殖场的目标，村集体收益最高的双河乡双河村半年达 78.2 万元，106 户入股群众平均收益 1960 元。生猪产业既有力带动了村集体经济发展，又真正鼓了群众口袋。

威信生猪产业前景可期，当下仍需加力奋进。我们将继续保持战略定力，坚定信心不动摇、坚定决心不动摇、坚定目标不动摇，乘势而上、持之以恒、常抓不懈，坚决打好打赢生猪产业高质量发展持久战，打造一个永不过时的生猪产业，助力威信脱贫攻坚。

（作者时任威信县人民政府副县长）

做方竹产业的引路护航人

陈懋宽

截至2020年末，我县有竹林面积45.2万亩，其中，方竹30.2万亩。近年利用退耕还林等工程新造方竹园28万亩，覆盖全县10个乡镇82个村1472个村民小组42718农户183687人，其中建档立卡贫困户9466户。今年产笋8100吨，产值7100万元，林农通过政策直补、建园务工和采笋收入达19600万元，为助力脱贫攻坚留下一抹辉煌的色彩。

审时虑远，谋定后动。时间回到2013年，我随县委、县林草局领导去滇中进行产业考察，目睹了玉溪市经济林产业一、二产业融合发展的管理模式和高收益，感触很深。回到局里，我一边和同事们分享着这次考察的见闻和所获，一边思考着过去20年我县曾经走过的产业之路，我县曾大力发展过蚕桑、水果、药桃和金银花等诸多产业，最终都没有发展成为农民持续增收脱贫致富的主导产业，而以杉木为主的用材林产业虽然种植面积已达40万亩，但收获周期长达20多年，作为短期脱贫致富主导产业培育是不合适的。

我和局里几个同事根据近年野生筇竹和方竹笋被外地客商哄抢，收购价从几年前的0.5元/斤，长到3元/斤的现状着手考察和调研，通过搜集方竹产业发展现状，了解率先发展的四川叙永和贵州桐梓两县竹产业情况，一直认为发展方竹筇竹产业收获周期短，经济效益和生态效益表现不俗，最适宜我县多雨高湿寡日的气候，竹产业经济收益好，市场前景广阔，便向局党组汇报，得到局党组认同。

俗话说万事开头难，要做成方竹产业更难。我始终把握产业须坚持适地适树的原则，高效优质高产绿色的原则；必须以市场为导向，科技为支撑。首先，得从种苗入手。一开始我遍访常年在威信县域内收购竹笋的工头，通过工头找竹笋加工厂，得知我县筇竹方竹笋是肉厚心实味鲜的上品，但经过一番调查后，竹子要60多年才开花，结果一次便死亡，我县方竹还没到开花年，如果用本地方竹造林只能用天然竹分蘖苗，不宜大面积造林且对天然竹林破坏大。紧接着我通过林业系统内线在周边寻找种源，得知贵州大楼山（金佛山）方竹和盐津（威信有分布）方竹近年陆续结果且品质好，我分别与当地林业部门联系，获允适量供种并可提供育苗等技术指导，哎！终于舒了口气。最后是寻找尝试种竹业主，通过林业系统广泛宣传和多方开导，应者寥寥，只好选国营林场带头，一个养鱼老板和两个退役军人共4家业主开启了引种育苗、流转土地种植方竹的先河，如今已是分别收获几十吨竹笋，基地上万亩“丰润”“兴驰”“国林”等大公司了。

工欲其事，必先利器。自引种方竹以来，我开始通过网络、书籍和向专家请教等方式，学习方竹栽培先进技术，到种植基地调查研究。两年下来，我发现育苗技术和竹苗质量上存在一些问题。一是苗农大多选择平缓的熟地育苗，苗床四周没有挖排水沟，常因连续下雨，土壤持水过高死苗，或苗长势弱，出圃率低和造林成活率低；二是方竹用农耕地育苗需要架设遮阳网遮阳，架材和人工费高达1200—1500元，亩苗圃总投资7000—8000元，拉高了竹苗单价，加重了竹农负担；三是方竹人工种植较晚，基础研究和栽培技术储备少，方竹苗没有统一的品种和种植技术标准，用于大面造林的方竹苗质量无法界定，当时林草局预设的“每丛三杆以上、杆粗大于2毫米，苗高大于20厘米”的标准，通过大面造林调查，成活率低于50%。而投机的苗商为了多获利，把自然丛大于三杆的苗丛按三杆一丛分割，造成竹苗人为损伤，进而给大面积造林带来损害，反响极大。为此，我和种苗站的同事们深入各育苗场、种竹基地调研，查阅资料，改进育苗技术，反复实践，总结出一套适用于威信气候特点的育苗技术，培育的裸根苗、袋装苗每丛竹杆大于4杆，杆粗大于3毫米，苗高大于30厘米，每丛笋芽大于3个且亩出圃率大于80%，我们把这个标准报请县政府定为威信方竹苗的地方标准，只有达到这个标准的方竹苗才属合格苗，极大地提高了造林成活率。总结出的林下育苗技术，不仅病虫害杂草少，竹苗分蘖快质量高，而且不用遮阳架材，每亩节省投资1500元左右。

退耕还林实施两年来，在这两年中我广泛参与营造林规划设计，大面积检查验收和竹苗培育指导与调运质检等林业工作，发现现行营造林先由各乡镇报年度计划，县林草局派工程技术人员到现场规划设计，苗木由县局统一采购调至各乡镇林业站接收后分发到村和村民小组，小组再分发至农户，由农户自行造林，造林结束，县林草局核查面积，验收合格兑现政策补贴的体制已经不适用于社会经济发展现状。一是千家万户分散造林不利于集中技术指导，造林质量难保证，种苗损失浪费大；二是造林地块零星分散，不利于走现代产业规模化标准化发展之路；三是造林面积和树种最终决定权在乡镇，而地方苗木生产商的介入使问题复杂化，县级层面主导的产业（如竹产业）如与当地种苗生产商品种不一致的则遭到抵制，借口是林农不愿意，导致推进过程极为艰难，仅2014—2015年6万亩的造林中，林木品种超过10个，许多树种不在县级引导产业内且是不适应我县域气候特点和没有市场前景的，如果这些问题不解决，将阻碍我县规模林产业的发展。我把这些问题反馈给局党组，并积极参与研究起草改革方案报县委、县政府，促成全县营造林改革，县委、县政府出台了《威信县新一轮退耕还林工程建设实施方案》，明确适竹区域优先发展方竹，乡镇人民政府为林产业发展主体，林产业必须走“公司＋基地＋农户”或“合作社＋基地＋农户”等规模化发展模式，农户以土地入股参与发展。明确了政策资金兑现与造林质量和日常管护挂钩，种苗造林业主自主采购，林业主管部门质检把关。通过营造林改革，竹产业走上了规模化、优质高效产业化和节约化、利益共享化的快车道。《威信县大力发展方竹产业巩固脱贫成效实施方案（2019—2023 年）》（威政发〔2019〕19 号）和《威信县人民政府关于加快推进“1+N”高原特色产业发展的扶持意见》（威办通〔2019〕137 号）文件的出台，从政府层面确定的竹产业是助力和巩固脱贫攻坚成果，实现乡村振兴战略的主导产业。截至 2020 年末，全县有竹产业公司和合作社 128 家，其中村集体公司 79 家，社会资本公司和合作 49 家，种竹 30.2 万亩，最大公司种竹超 5 万亩。

我常自语，我从参加工作的那天开始就一直做产业，30 多年过去，至今没培育出一个富民强县的规模化优势产业，是我们做产业人的悲哀。县委、县政府在决战脱贫攻坚的关键时刻，出台文件，明确竹产业的培育政策、规模前景和目标任务，使我坚定了为竹产业努力工作的信心。我通过向科研院所购买技术资料和向专家请教，学习掌握方竹等笋用竹先进栽培技术，结合我县实际编写培训材料，到县内各乡镇、村对竹产业从业人员进行技术培训和管理环节现地指导，三年来共开展方竹等林产业实用技术培训 10 个乡镇 32 场、现场管护示范指导近 100 场次，累积受训和接受技术指导 3480 人次，其中接受培训建档立卡户 600 余户。指导竹产业公司和村集体科学施肥管护 58786 亩。

锲而不舍，金石可镂。县政府在《威信县大力发展方竹产业巩固脱贫成效实施方案（2019—2023 年）》（威政发〔2019〕19 号）文件要求，到 2023 年实现人均 2 亩竹，即人工种竹达 85 万亩，要实现人均 2 亩竹目标，就必须把方竹种植区域向 1000 米海拔以下区域延伸，而我县前期方竹品种适种区域在 1000 米以上，所以寻找引进适应我县 1000 米以下种植高产优质方竹品种是关键。我通过网络平台搜索、联系周边省市种植区和方竹科研院所，功夫不负有心人，找到了四川种植的分布于赤水河中下游的大竹（学名合江方竹），适应于年平均温度 19 度以下湿润地区种植。一是通过浙江丽水市林科所的引种研究表明合江方竹笋品质一流，在丽水市海拔 300—700 米生长表现良好；二是组织县林草局专家数次到四川种植区和野生分布区考察研究并发现有结果竹林；三是采集标本报请昭通市林草局竹子专家鉴定确认；四是我负责指导“威信丰润公司”实施引种试验；五是引试人工选育大竹（合江方竹）分蘖苗和野生种子播种育苗均获成功。截至目前累积育苗 300 余亩，在县内 1000 米以下区域种植 4 万亩，经进一步观测，其出笋和走鞭优于高海拔方竹。引种育苗使 50 多个民工就近务工收入达 100 余万元。

加强天然和人工低效竹林改造，是市政府充分利用地方资源实现快速脱贫的要求，也是我县培育壮大竹产业，巩固脱贫成果的快车道。我作为科技推广站站长和产业办主任，责无旁贷。因实施低效竹林改造，有政策资金补助和技术要求，我带着规划人员到各乡镇村组一边宣传政策和培训改造技术，一边配合设计人员上山规划，在工作中遇到思想不通、认识不到位的人员要认真细致做工作；遇到没劳动力的村组，要帮助他们想办法联系业主进行联合经营改造。有时遇到补助资金兑付不及时的还要挨骂。一路走来，我忍辱负重，跋山涉水，风餐露宿两年下来，改造了 2 万余亩，产量和产值都翻倍增长，竹农笑了，我也笑了。

（作者系威信县林业和草原局高级工程师）

猕桃铺就康庄道

王家银

2020年6月14日，威信县文联组织的“红土地上的脱贫壮歌”文艺采风团风尘仆仆地来到了庙沟镇宗家坳村，参观了我种植的100亩猕猴桃基地。当时，工人们正在挥舞剪刀、修枝疏果，辛勤地劳动着。原县委宣传部退休干部潘孝正老师看见满目葱翠、硕果盈枝的猕猴桃，欣然为我填了一首鹧鸪天词，题目为“鹧鸪天·题赠宗家坳猕猴桃先行示范者王家银”：

走进宗家示范园，家银创业着先鞭。猕桃架下猕桃笑，花果山前花果鲜。

挥玉剪，去闲顽，科研开道路尤宽。多年心血凝经典，谱就山乡致富篇。

读着潘老师的这首鹧鸪天词，我感慨万端、思绪万千，心情久久不能平静。回想起我在猕猴桃科学种植和创业的人生道路上所走过的风风雨雨、坎坎坷坷的道路，以及品尝过的酸甜苦辣、人生百味，我这一辈子怎么都不会忘记。

21 年磨一剑

1979 年，我出生在威信县庙沟镇扎实沟村一个贫困农民家庭。1992 年，我才 13 岁，刚好读完小学。那年我 35 岁的父亲不幸掉到河里，永远离开了我们。失去了父亲这个家里的顶梁柱和经济来源的靠山，我不得不辍学了，跟随着邻居的一位大哥哥到贵州省修文县当打工仔。来到贵州，由于我年龄太小，没有哪家工厂会接收我。我经过千方百计地苦苦寻找，终于找到一家名叫青山畜牧养殖场的专业合作社，老板姓周，看见我年纪小可怜，于是便好心地收留了我，让我帮他家放羊、看牛，每月的工资 5 元，包吃住。干到 15 岁的时候，我的个子长高了许多，犹如一个大小伙了。为了挣到更多的工钱，我开始更换工作，要求到周老板的矿山工地上去开采石料。这项工作虽然苦累和危险，但我没有想那么多，因为每个月 350 元的工资早已“诱惑”着我的心。那时，周老板也开始种植猕猴桃了。我在闲暇的时候，常常溜进果园里，帮助技术师傅或者工作人员施肥、修枝、疏果，并虚心求教种植猕猴桃的相关技术，偷师学艺。当时，周老板种植的猕猴桃已经可以卖到 1 元每市斤的好价钱了。我看在眼里，喜在眉梢，记在心头。我知道这些经过人工栽培和培育过的猕猴桃，口感好，营养价值较高，价格和销售的市场前景非常看好。我想：家乡扎实沟村一定适宜种植这种名叫“贵长”（绿心）的猕猴桃，因为家乡属于边远山区，灌木林中每年都生长有众多的野生猕猴桃。于是，我暗下决心，一定要学会种植猕猴桃的精湛技术，把贵州的猕猴桃带回家乡去试种和发展，带领更多的乡亲们脱贫致富。于是，我毅然放弃了工资丰厚的工作，选择去猕猴桃基地务工。周老板也被我的执着和追求所感动，答应了我的请求，安排我到果园去种植猕猴桃。为了潜心学习和钻研猕猴桃种植技术，无论是猕猴桃高品质的嫁接、栽培、施肥、修剪、预防病虫害，还是猕猴桃的包装销售等各方面的技术，我都会用心地去刻苦钻研、虚心求教。走遍千山万水、历经千辛万苦、“修炼”二十一年，我在修文县终于磨就了一把种植猕猴桃的“科技宝剑”，算得上身怀绝技。

被乡亲们嘲讽为“疯子”

2014 年 11 月，我回乡探望母亲，看到家乡还在以传统方式种植苞谷、洋芋等，经济效益低，收入甚微。于是，我决心把学到的技术无私贡献给家乡，带领乡邻们发展猕猴桃产业，脱贫致富。我返回到修文县，毅然辞去了工作，买了 200 棵猕猴桃苗带回家乡，开始试种。创业的道路绝对不会一帆风顺，处处长满棘刺。种植之初，乡亲们都不理解我，说山上的野生猕猴桃那么多，要都没人要，你种植的猕猴桃谁人来买？喂猪猪都不吃，还“糟蹋”那么多上等的土地，你王家银纯粹是一个无可救药的“疯子”。我原来给邻居租赁的土地已出钱请人翻犁好了，但邻居怕我日后付不起地租，撕毁合同，收回土地。母亲也给拆台，不准我用家中珍贵的上等土地种植猕猴桃。开弓没有回头箭，我这个人就是有点脾气倔强，决定要做的事情，雷都打不动。母亲不让我种自家的土地，我就去租赁一位亲戚的 2 亩土地进行试种。这位亲戚被我的真诚和敢闯敢干的精神所感动，答应租地给我。

那年头贷款非常困难，但要发展产业，必须要有资金投入才行。于是，我费了多少口舌、求过多少亲戚朋友，才好不容易借到了几万元钱。我不得不精打细算，把这点来之不易的资金投入到土地租金、打桩、栽苗、栽桩、架线、施肥、授粉、管理等一系列生产建设中。此时，我在贵州的妻子周福碧也不理解我，认为我有神经病，放弃较好的工作环境和丰厚的工资待遇，跑到扎实沟这个拉屎不生蛆的穷山沟里种植猕猴桃，还欠那么多账，一气之下，绝情地跟我离婚了，带着两个孩子回贵州去了。母亲也跟着掣肘，索性离家嫁给了别人。孤苦伶仃的我一时陷入了离婚的痛苦和创业艰难无助的旋涡之中。每当夜深人静的时候，我孤零零地躲在自家那几间破烂不堪、摇摇欲坠的茅草房里，一个人悄悄把创业的艰辛和家庭离散的苦水往肚里吞。每当半夜天上下雨的时候，我盖在身上的被子常常被雨水湿透，把我从睡梦中冷醒。看见自己这个破败不堪的家境，我曾经伤心过、痛苦过、徘徊过，多少次真的很想放弃，出门去务工挣钱来养活自己。但是，我经过短暂痛苦的深思熟虑和苦苦煎熬后，觉得自己是个男子汉、大丈夫，必须咬定青山不放松、不到黄河心不死。于是，我坚持了自己的梦想，继续发展猕猴桃产业，把这条路走到底，让别人去说吧。主意一拿定，我更加坚强地站了起来，意气风发、信心百倍地投入到猕猴桃产业发展的事业中去。

硕果盈枝香万里

世上无难事，只怕有心人。我经过两年的潜心研究、探索、实践、改革，2016 年，我试验的 2 亩猕猴桃终于成功挂果了。经检测，从贵州移植过来的“贵长”猕猴桃品种在扎实沟也能够茁壮成长，安家落户，可溶性固形物达 18% 至 21%，属于高品质猕猴桃。看见硕果盈枝的猕猴桃，我悲喜交加，悲的是为了发展产业，我妻离子散、负债累累，喜的是苍天有眼，没有让我走上绝路。我种植出来的猕猴桃，个头大、色泽鲜艳、口感好、营养价值非常高，远销广州、深圳一带，一时名声大振。

2017 年春，威信县委政府支持我 20 万元资金，鼓励我建立专业合作社，大力发展猕猴桃产业，带动当地贫困户脱贫致富。我迅速抓住这个千载难逢的大好机会，在庙沟镇宗家坳村流转土地 100 亩，再贷款 150 万元，带领 12 户建档立卡贫困户一起创业种植猕猴桃。我成立了威信家银种植专业合作社，并任合作社理事长，采取“党支部 + 合作社 + 农户 + 集体经济”的经营模式。特别是 2017 年 11 月 5 日，党的十九大代表、昭通市委书记杨亚林，来到了扎实沟村委会为“新时代讲习所”揭牌，并在院坝内与村组群众分享了十九大精神，上了一堂生动的讲习课。我也有幸参加了这堂讲习课。课后，我向杨亚林书记汇报说：“我外出打工回来就住在家里的茅草房里，有一天晚上下大雨，水漫了进来，我半个身体都湿了，家里也被淹掉……就在这个最困难的时刻，政府的补助来了，解决了我发展猕猴桃产业的实际困难，所以，我就把我的猕猴桃取名为‘恩宏’猕猴桃，‘恩’字在前，表示感恩共产党，感谢党的关心和爱护。”杨书记听了我的话，非常满意，鼓励我说：“你要带领乡亲们一起干、一起致富，要成为一名带头人、领头雁，你猕猴桃名字取得很好，希望我能够早日从市场上、网络上买到你的‘恩宏’猕猴桃。”

有了杨亚林书记的高度评价和鼓励，我的干劲十足，更加坚定了创业的信心，我和贫困群众一起打桩、栽苗、栽桩、架线、施肥、管理。历经 3 年辛苦耕耘，我种植的“贵长”“红阳”等品种均成功挂果，产品已经销往广东、福建、北京、上海等多个城市，供不应求。在此期间，我终于掀掉自家祖祖辈辈居住的茅草房，用勤劳的双手换来的血汗钱盖上了宽敞明亮的水泥平房。同时，我还向中国猕猴桃王、扬州猕猴桃科研所专家杨声谋教授学习猕猴桃种植技术，并邀请杨声谋教授到百亩猕猴桃示范园指导，传授技术。宗家坳猕猴桃基地被杨声谋教授誉为世界上坡度最陡的猕猴桃示范园。我注册的商标“恩宏”，并经云南省蓝硕环境信息咨询有限公司跟踪监测，基地环境、土壤、水质等均符合无公害标准，于 2018 年 11 月获无公害农产品认证，2019 年纳入提升绿色猕猴桃种植项目基地。为了培育出适合威信县自然地理条件的猕猴桃苗木，我在麟凤镇柏乡村建立了 60 亩苗圃基地，是威信县第一个优质健康的猕猴桃苗圃基地，并吸纳了 45 户 200 余人建档立卡贫困户在基地务工，解决了他们照顾家庭不能外出务工的困难。我还用野生猕猴桃做贴木，共培育了 80 余万株优质健康猕猴桃苗，培育品种有贵长、红阳、东红、徐香、金艳等。这种苗木具有抗病、抗涝、抗旱能力强等优点，适合威信县高海拔和酸碱土壤种植。

2019 年 9 月 22 日，我在宗家坳举办了威信县首届猕猴桃采摘开园仪式，500 多人前来采摘，迎来了丰收，产值达 50 多万元。2020 年，宗家坳的猕猴桃基地预计产值将达 300 万元左右。在宗家坳猕猴桃示范园的带动和影响下，我无私地为大家免费培训猕猴桃种植技术，分享种植经验。为了让更多的家乡贫困百姓富起来，我与周边村民合作种植猕猴桃 1200 亩，并无偿为他们提供技术，村民投工投劳，帮助成立 8 个猕猴桃种植专业合作社，带动 190 户建档立卡贫困户创业致富。这些猕猴桃今年果子已经挂满枝头，丰收在望，产值预计可达 600 万元左右。

经过 6 年来的辛劳付出，我在猕猴产业发展中取得了一定的成绩，并成功带领 200 余户建档立卡贫困户铺就了一条脱贫致富的康庄大道。但是，我的梦想不仅仅满足于当前这些，我的目标是要把猕猴桃产业做大做强，让它成为威信的一大支柱产业，让更多的群众鼓起腰包，让猕猴桃走出威信，走向全国，走向世界。

（整理者周元珠时任威信县文化艺术联合会主席）

指尖上的扶贫战场

余华洋

5年电商扶贫，一生电商情结。因为，我心中的电商，寄托了对落后的故乡脱贫致富的希冀，这是我一个农民儿子回到故乡面对勤劳的父老乡亲时，时常不由自主思考的问题。如何把乡亲们辛勤劳作的成果兑现成价值对等的财富，如何让秀丽山河中的珍稀佳肴走出大山化作财富，让家家户户过上更加富裕的好日子，是我的梦想。虽然之前没有能力去做，但我一直在思考与梦想。

2016年，精准扶贫机遇，电商扶贫异军突起，承载着县、局的重担，我终于如愿以偿，展开梦想的翅膀，翱翔在现代网络信息平台太空，助力驻村的千千万万干部帮助当地农民寻找电商致富路子，倾力为千家万户搭起产品销售向世界的电商桥梁……5年的不平凡岁月里，作为扶贫电商的领头羊，我抢抓国家实施“互联网＋合作社＋贫困户”机遇，按照“党政共推、企业主导、产业支撑、品牌带动、保姆孵化、促农增收”的总体思路，通过搭建产业助推“六大平台”，编织服务体系“四张网络”，使一张内接城乡、外联世界的网初具规模。强化产业发展“四大引擎”等工作措施，让原本“养在深闺无人识”的优质农特手工艺产品乘上了电子商务的快车，使山沟沟里的贫困农民对接上了互联网上的大市场，初步实现了企业增效、就业增加、农民增收的阶段性目标，并逐步探索形成了合作社统一订单、企业统一加工、全县统一品牌、网货中心统一包装、溯源体系统一监管、物流中心统一配送的“六统一”电商扶贫新模式。实现了威信电商平台从有到无，拓展成了广大贫困山区的交易银行，成了绿水青山转化为金山银山的纽带之一。

为伊消得人憔悴

5年脱贫攻坚，大浪淘沙中，虽然我的电商梦也逐步成为现实。但回首往事，一路走来，风雨兼程，成败交加，酸甜交织。

提高认识，义不容辞。我县是一个典型的山区农业县，自然风光优美，生物资源种类繁多，有100科583种植物，有树蕨、珙桐、秃杉、水杉等数十种国家一级、二级保护植物，盛产竹笋、薇菜、蕨菜、山嵛菜、香椿、刺老苞、猕猴桃、苦丁茶、天麻、竹荪、香菌、木耳、红豆杉、金银花、淫羊藿、首乌、百合、天蚕、三七、锁阳、重楼等。除了丰富的自然生态美味外，山林下放养的百万只土鸡、土法喂养的上万头特有乌金猪等，也是令人求之不得的美味佳肴，现代市场需求的绿色产品。但因为与世隔绝，一度与大世界无缘，藏在深闺人未知，许多农特产品优势难以转化为经济优势，导致我县农民抱着“金疙瘩”却依然处于贫穷状态。2016年，在老区众志成城、轰轰烈烈开启精准扶贫的脱贫攻坚新长征征程上，我义不容辞地接过电商扶贫重担，在县委政府的正确领导、上级部门的全力指导、所在单位的鼎力支持、社会各界的热心帮助下，化压力为动力，把电商扶贫作为政治任务，舍个人顾大局，舍小家顾大家，为伊消得人憔悴。

难以自拔，困在网中。电子商务平台也可以称为第三方电子商务企业，泛指独立于产品或服务的提供者和需求者，通过网络平台，按照特定的交易与服务规范，为买卖双方提供服务，内容包括“供求信息发布、搜索，交易的确立、支付、物流”。随着农村电子商务的发展，许多地方已开始通过电子商务平台推动了当地经济的发展，带动了一些贫困户的脱贫增收。因受物流、人才等因素影响，我县电子商务发展进程较为缓慢。如何快速搭上“电子商务”这辆顺风车，拓宽我县农特产品营销渠道，及时将农特产品通过电子商务平台销出去，变成农民的经济收入？县里、局里把任务重担交给我一人，为了不辱使命，充分发挥电子商务平台优势，帮助更多农村优质农特产品拓渠道、树口碑、打品牌，形成“农民有钱赚、生产有底气、安全能保障”的共赢局面，切实保证贫困群众增收致富，5 年里，昼夜“不忘初心，牢记使命”，很多时候，我连做梦也满脑子是与电商有关的内容，如网站策划、技术、美工、市场、频道内容建设、产品维护改进、效果数据分析、前期市场调研、可行性分析、策划文档撰写、业务流程说明、部门沟通协调……全身心投入，进入舍己忘我之境界。

打造品牌，跋山涉水。5 年里，面对电商世界琳琅满目、推陈出新、日新月异的产品，为了竞争，我将一名电商成功人士的经验（产品包装要上档次，不要觉得产品好，包装可以不上档次，先入为主的印象可是非常重要的；好的包装，让你的产品看起来有档次，那么你的产品卖得比别人贵是可以理解的，但是包装本身很没档次，那要卖高价就难。）打印放置在办公桌面，以史为镜，督促自省、自警、自励、身体力行。为此，我拿着相机，背着干粮，进入大雪山、观斗山，风餐露宿，在春寒料峭中对罗汉竹笋和其一尘不染的青山绿水环境作图片拍摄，短片摄制；到大弯村马路塘山顶千亩林中的万只放养飞鸡捕捉特写，抢拍精片；不厌其烦深入 183 家合作社进行普及调研，进入 19 家企业进行实地策划；全力以赴支持 7 家企业取得无公害食品证书、1 家企业取得绿色食品证书、1 家企业取得有机食品证书，1 家企业完成申报……在历经一线艰苦细致获取精准资料的基础上，完成无公害猕猴桃生产基地控制措施、无公害猕猴桃生产质量控制措施、土鸡蛋电商流通标准、蜂蜜电商流通标准制定；梳理了农产品产销时令，价格区间，市场占比等，详细和有机整合形成了我县农村电商产品数据库，并利用产品数据库帮助19家企业搭建了自己的追溯体系。同时，开展区域公共品牌名称征集活动，确定“威山信水”作为威信县旅游类的区域公共品牌；“三色扎西”作为威信县农副产品的区域公共品牌；“扎西味道”作为威信县小吃类的区域公共品牌；完成公共品牌旗下猕猴桃、魔芋、天麻、核桃、绿壳土鸡蛋、竹笋通用包装设计和品牌名称的LOGO设计。

塑造特色，取长补短。建设电子商务公共服务中心，延伸农村公共服务中心，不仅可以助力县域电子商务的发展跨入一个全新的阶段，而且能有效通过电子商务的新型经济模式发挥县域经济综合优势，促进县域经济社会运行质量与效率。为立足当下、着眼长远，打造具备投其所好、满足各取所需、具有底蕴深厚、达到生生不息目的的电商平台，形成风景这边独好效应，吸引与日俱增的网友，我查阅了阿里巴巴、京东等历史悠久的名牌电商资料，综合了其发展历史、运作理念等，博采众长，成就了5个突出开展一系列卓有成效的运营模式。其中，一个特色在进博览会、广交会等被其他省赞誉。这一特色就是，以政府、企业、创业者、农民为服务对象，整合政府、协会、第三方服务商等多方资源；形成集办公、人才培训、特色产品展示等于一体的综合性场所；构建提供设计包装、人才培训、营销策划、创业孵化、宣传推广、咨询服务、金融服务等一系列的系统性服务；达到为政府提供决策支撑服务，推动政府制定相关配套政策，协助电商主体对接政府相关职能部门及第三方服务商，促进电子商务产业集聚，推进县域电子商务发展。

孵化创业，诲人不倦。出生农民家庭的长安镇瓦石村瓦河村民小组的胡德林，2006年中学毕业后只身前往广州打拼。进过工厂、干过服务员、开过服装店，辛苦拼搏多年却背负10万元的债务。2017年3月回到老家接触到我的电商平台，成为我的网友。我将注册、认证等数十个程序，以及策划、摄影等成百项技术点对点反反复复教授，冬去春来，他终于情坠网络，利用我这一点可达世界各地的快手平台，对野生笋、土鸡等进行推广。凭借野生竹笋等绿色食品优势，吸引了全国各地网友争相购买，2018年，第一个月就开门红，成功赚到了 1 万余元，截至目前已经赚取了 150 余万元人民币，同时也赢得了 100 多万“粉丝”，不仅还清了债款，还有了一笔不小的积蓄，并带动各地 50 多户卡户增收。胡德林的成功培育，仅仅是成功之一。胡德林等网络销售成功后，他将自己的成功经验通过亲朋好友与微信传播开来，一花引来百花开。为满足脱贫攻坚需要，孵化创业惠及更多群众，5 年来，共组织开展电商业务培训 237 场，培训 13200 余人次，其中普及型培训 6850 余人次，贫困户专场培训 6300 余人次，乡镇村级站长培训 238 人次，提升型培训 1397 人次。培训中，针对部分群众文化水平低，又热爱电商就业，我亲自手把手教他们前期市场调研、可行性分析、策划文档撰写；甚至文章标题和内容怎么显示、功能键怎么摆放、广告如何展示、怎样填图加色使之变成美观的页面才能够让客户或用户得到好感等。培训后，为提升和巩固成果，我坚持对参加培训人员进行电话回访，或通过 QQ、微信等网络联系方式，做好跟踪服务，对于有创业能力的电商人才，通过电子商务公共服务中心的孵化体系，帮助电商人才实现自主创业，给予免费开设网店、免费店铺装修、免费产品策划等店铺服务，帮助提高电商人才的转化。培训，造就了多层次的电商人才，促进了电商领域更多的人员就业。仅 2019 年，通过电商培训共带动就业 791 人，带动贫困户创业就业人数 237 人，新增网络店铺 71 家。同时，还设立了创业孵化区，为 15 名贫困家庭高校毕业生提供办公场地、电脑、桌椅、住宿和培训“五免费”服务，鼓励创业、促进就业。

在全县攻坚拔寨的艰苦岁月里，每当遇到挫折，我总振奋自我：多学，看别人怎么取巧；多看，参照别人怎么面对；多练，学习别人怎么艰辛；多查，模仿别人怎么找错；多改，借鉴别人怎么改进。终有一天你会发现，凡事不能一步登天，时刻要扛下所有来自各方面的挫折，方能云开见月明。

无数日夜奋战，指尖上的扶贫终踏平坎坷出大道，成为脱贫攻坚的一份献礼。

灯火辉煌入梦来

历经一番寒彻骨，终得梅花扑鼻香，5 年拼搏，灯火辉煌入电商梦里来的美好愿望，终于初见成效。

平台日趋完善，网络体系逐步健全。5 年来，紧紧围绕打造县、乡、村三级电子商务公共服务网络体系，培育区域农村特色产业公共品牌和网络产品，提升产业电商化水平。建立健全县、乡、村三级物流配送体系，在整合农村电商快递的基础上，搭载消费品、农资下乡和农特产品出县多向配送，降低物流成本。体系中，电商平台建成面积约 4000 平方米、各类设施配备完整的县级公共服务中心；建成 10 个乡镇电子商务公共服务站，乡镇电商服务站覆盖率 100%；建成 45 个村级电子商务公共服务点，其中 43 个为贫困村电子商务服务点，实现贫困村覆盖电子商务服务点率 53%，并能提供网上代买、网上代卖、网上缴费、本地生活、金融等服务，切实为当地贫困户解决了“买难卖难”的问题。同时，整合平台形成打通农村“最后一公里”物流体系，10 个乡镇级物流配送中转站和 45 个村级物流配送中转点，与邮政资源形成共享物流配送网，与电商企业、物流企业、供应商等开通共享快递专线，确保县城到站点时效在 2 天内，下行包裹不收费，助推农产品上行，降低网销农产品物流成本。

精准的招商入驻，构筑高效专业运营体系。5 年来，重点招募物流企业、第三方服务商、农村电商服务平台企业、初创企业以及电商创业人员等 28 家入驻公共服务中心。引入律师事务所 1 家、金融服务机构 1 家、财务记账公司 1 家。组建专业电商运营服务团队 500 余人，建立相关微信群、QQ 群等 28 个，通过线下线上交流提供电子商务技术咨询服务，帮助企业、创业者等解决疑难问题，排除后顾之忧。整体构成电商企业技术有支撑、销售有渠道、物流有保障、资金有来源、权利有保障联动保障机制。同时，充分发挥了入驻企业和运营团队优势资源，实现抱团发展的格局，建成县名优特色产品线下体验馆，精致包装上线，使我县魔芋、猕猴桃、竹笋、晨曦酒、蜂蜜等优质农特产品21类204种闪亮登场，县外产品110种同台交相辉映。并将红色基因融入展馆，赋予绿色产品以革命血脉，依托红色助推电商红红火火，做大做强。

5年绵绵有力，久久为功，集建平台、入市场、接基地、连农户、促销售等电商商务系统工程在竣工中，并不断巩固、提升。电商在扶贫路上，芝麻开花节节高，自己不负良心不负党。

脱贫花开幸福来

新庄村水坪村民小组是一个偏远苗族寨子，离县城30多公里、离乡镇20多公里。贫困户陶伟一家就住在这里。陶伟全家6口人，夫妻两人近40岁；四个孩子，最大的有12岁，最小的6岁。四个孩子当中两个因开水严重烫伤，另外两个都患有先天性心脏病。4年来，四个孩子先后住院花费共5万多元。治疗期间，夫妻俩不能正常外出务工，收入较低，因病致贫，2017年被列入贫困户。2018年，陶伟一边务工一边利用电商平台，2019年实现电商收入3.12万元，合计打工收入的5.2万元，一人就收入8万余元。如今，电商成了他打工之余的福利收入。他高兴，我欣慰。

扎西镇的大河村，贫困户248户1049人，全村劳动力除部分输出务工外，均以务农为主，是典型的贫困农业山区村。全村夏节气温18—32℃，雨水丰沛，阳光充足，非常适合西红柿生长。近年来，大河村在扶贫开发中，结合村组地理条件及资源禀赋，坚持统筹规划、因地制宜的原则，大胆拍板发展西红柿种植。通过精耕细作和精细管理，西红柿产量喜人，但销售问题成了村民的一块“愁云”。2018年6月开始利用邮政“优帮帮”助农电商平台上架销售，因西红柿品质优良，深受顾客青睐，每年西红柿一上架短短10天内就销售一空。大河村总支书记何德松动情地说："过去，农民靠卖农产品挣不了什么钱。每天凌晨2点要起来采摘，然后背到城里去卖，辛苦不说，销售价格还上不去。现在农产品通过电商平台进行销售，一方面方便了农民，不用起早贪黑地肩挑背驮去集镇当街叫卖；另一方面销售价格好，农民享受到了非常大的实惠，特别是增加了贫困家庭的收入。"

威信棒棒腊肉食品有限公司是一家从事腊肉生产的传统企业，因为采用独特的配方，传统的熏制方法，在县内具有良好的口碑。因销售局限于县内的餐馆和农贸市场致使企业发展缓慢。2018年入驻电子商务公共服务中心，通过中心的指导和入驻企业间的交流，开始走线上线下交易的O2O模式，扩宽了销售渠道，提高了盈利点。目前在县外培养了良好的客户资源和代理商，销量得到大幅度提升，年营业额达300余万元。

以上，只是5年里千百事例之一。自2016年启动以来，截至2019年，初建的电商累计实现电子商务交易额2.74亿余元，带动180个合作社、400多家企业、3万多户农户等成功网上交易，其中带动8021户贫困户2019年户均增收2011元。脱贫花开幸福来，威信脱贫攻坚，电商扶贫功不可没。

回首往事，成功属于历史，失败成就经验，艰辛成为磨炼。行百里者半九十，伴随脱贫巩固和乡村振兴，我将一如既往，开拓进取，再接再厉，把我的电商梦变为全县万众创新、大众创业的梦想之一，为谱写全面建设社会主义现代化威信篇章增砖添瓦。

（作者时任威信县工业信息商务科技局中小企业服务中心电商办主任）

为了贫困群众的增收

杨应松

2020 年 8 月 10 日，我县脱贫攻坚普查数据顺利通过国家验收。至此，五年来的脱贫攻坚工作即将告一段落。回望这五年，尤其是 2017 年我到人社局工作以来，在县委县政府的坚强领导下，团结带领人社系统全体干部职工真抓实干、努力拼搏，为了贫困群众的脱贫和收入，我们付出了太多的辛酸和汗水，但是值得。我们帮助近 8 万名贫困群众实现了脱贫致富，兑现了承诺，完成历史交给的重任，“贫困”二字从此将成为历史，贫困的帽子在我们这一代人的手中摘除。

受命于非常时期

2017 年 12 月 19 日，我从县民政局调到县人社局担任党组书记，同年 12 月 23 日县十六届人大常委会任命我为县人社局局长。刚到人社局工作不久，便逢 2018 年全县脱贫摘帽这个特殊时期。全县能不能如期实现脱贫摘帽，关键在贫困群众的收入能否达标。这是摆在县委县政府主要领导面前最紧迫的问题。群众的收入从哪里来？如何保证贫困群众的收入达到脱贫标准？像我县这样一个以农业产业为主的边远山区县，几乎无工业产业，贫困群众80%左右收入要依靠外出务工。因此，要确保贫困群众收入达标，就必须要组织老百姓外出打工，才能脱贫。2018年元旦刚过，县委主要领导把我和副县长李继东（后调至市扶贫办）叫到他办公室，一起研究贫困群众收入问题。当即给我下了死命令，要求我在三天之内拿出一个就业增收方案来。接到任务，我的内心十分忐忑。因我刚到人社局工作不久，情况不熟悉、底数不清楚，而且时间紧、任务重，威信又是2018年昭通市首批脱贫摘帽的县，没有其他的经验可借鉴。摆在面前的就业问题如何破解，让我寝食难安。既然县委主要领导作了安排，作为新上任的部门主要负责人，考验我的时候到了，再难也要想方设法完成，绝不能辜负组织的信任和重托。当天我便召集分管的副局长、就业局的负责人进行研究，要求他们加班加点，必须在两天内给我拿出初稿来，经我审核把关后再上报县委领导。功夫不负有心人，在经过连续三天两夜的加班，并经多次研究和修改后，2018年1月9日，指导全县就业扶贫工作的第一个政策性文件——《威信县2018年就业增收攻坚战实施方案》，以县委办2018年1号文件印发执行。该文件明确了建档立卡贫困劳动力赴东莞务工享受“四不愁”（路费不愁、吃饭不愁、住宿不愁、工作不愁），“三保障”（工资有保障、权益有保障、服务有保障），“两放宽”（年龄放宽到55岁、学历放宽到文盲），“两补助”（务工半年以上给予500元交通补助、1000元稳岗补贴）政策。在此基础上，我们还积极协调东莞市大岭山镇采取每生每年补助5000元、学校减免500元、建档立卡户承担2000元的方式，解决举家赴东莞务工的建档立卡贫困户子女在当地就学的问题。该政策一直执行到2020年年底。该政策的出台，给外出务工群众吃下了定心丸，打消了建档立卡贫困劳动力外出务工的担忧和顾虑，增强了贫困群众外出务工的意愿。

观念转变最为关键

有道是“观念一变天地宽，思想认识是关键”。我们虽然出台了相应的务工奖补政策作保障，但是由于我县极少数贫困群众存在甘于守“穷窝”，“等、靠、要”思想严重，多数群众不想外出、不敢外出、不愿外出，如何转变他们“小富即安，不思进取”的陈旧观念，树立起“务工挣钱，脱贫致富”的理念，我们从思想引导上积极做文章。从 2018 年春节开始，每年我们利用春节期间企业招工需求量大、务工人员返乡过年在家的黄金期，大力实施“转移就业百日行动”，整合乡镇、村组、驻村工作队，特别是结对帮扶干部力量，定任务、定目标，采取点对点、人对人的方式进村入户开展思想引导、政策宣传、算账对比、组织动员，组织专门工作组深入乡镇集镇、村（社区）开展现场招聘会，宣传推荐岗位，广泛动员群众走出农村、走进城市，用勤劳双手创造幸福生活。四年来，我们共组织招聘组深入乡镇、村（社区）开展就业现场招聘会 284 场次，在县城举办了农村劳动力转移就业暨高校毕业生专场招聘会 6 场次，共向群众宣传推荐就业岗位共计 25 万余个。在通过招聘会宣传推荐的同时，我们还积极通过电视、宣传车、微信公众号、务工微信群、QQ 工作群、回乡务工人员谈体会、帮扶干部进村入户发动等方式，大力宣传外出务工的目的意义、政策措施以及岗位、工种、薪酬、服务保障等，着力营造转移就业氛围。同时，积极创新宣传方式，用好现代新媒体，先后于 2018 年、2019 年拍摄了《我要去东莞》《我在东莞等你》两部微电影，用生动接地气的群众语言、喜闻乐见的交流方式向群众宣传，点击率达到了 50000 人次以上。有力的宣传动员和积极的引导，收到良好的效果，2016 年至 2020 年，我县累计转移就业贫困劳动力 130054 人，其中，2016 年至 2017 年 35131 人、2018 年 28758 人、2019 年 32278 人、2020 年 33887 人，80% 以上贫困劳动力实现了就业增收。

多渠道促进就近就业

我县绝大多数的贫困户通过外出务工实现了稳定脱贫，但是有部分建档立卡贫困劳动力因为要照顾家中的老人、病人，或因为子女上学，不能外出务工创收，怎么办？得想办法让他们就业、有收入来源，不能因为某一户某一个未就业导致收入不达标而影响脱贫。针对这部分特殊群体，我们结合实际，因地制宜，采取措施就地就近开发岗位促进他们就业，确保脱贫达标。组建村级劳务队帮助其就业。在全县83个贫困村，每村组建一支劳务工作队，按照不低于80%比例吸纳建档立卡户劳动力为劳务队队员，主要负责承揽该村一些工程项目，队员劳动报酬由村集体公司根据劳动力强弱、技术水平等情况按日计酬，一般按每天不低于100元计发。2018年我县组建的83个劳务队共解决建档立卡劳动力就业1352人。创建就业扶贫车间吸纳就业。通过就地就近建设扶贫车间，促进当地贫困劳动力就业。2018年至2020年，全县共建设了威信玖江农业科技有限公司、威信彬彬种植专业合作社等13家扶贫车间，累计吸纳贫困劳动力就业683人。开发乡村公益岗位兜底保障就业。针对建档立卡贫困劳动力中年龄偏大、身体较弱、不能承担重体力劳动等就业困难人员，我们开发农村公路保洁员、河道清理员、园林绿化员、环卫工勤员等公益性岗位，促进贫困劳动力就业，每人每月由县财政给予800元岗位补贴。2016年至2020年累计开发乡村公益岗位9453个，解决贫困劳动力就业9453人。

技能培训提升素质

“家有良田万顷，不如薄艺在身”。授人以鱼不如授人以渔。为了鼓励贫困群众习得一技之长，练就增收本领，带动更多的贫困户实现“一人学技就业，全家脱贫致富”的目标，我们始终把技能培训作为提高贫困群众技能素质的一项重要工作来抓，改进技能培训方式，创新培训模式，根据贫困劳动力的培训需求和就业意愿，整合就业培训、技能培训等各方面的资源、项目和资金，以“适时、适地、适才、实际、实用、实效”为原则，精准制订培训计划，精心组织实施。我们大力开展订单定向培训。由县人力资源服务公司牵头，加强与东莞市劳务中介组织、用工企业的对接，采取“培训＋就业”的合作模式，坚持“培训跟着企业需要走，内容围绕岗位技能转”的模式，定点培训、定向培训，稳定在东莞务工的群众。我们结合我县农特产业发展情况，积极向贫困群众开展方竹、猕猴桃、天麻、辣椒、魔芋、生猪、蜜蜂等种养殖实用技术培训，通过开展实用技术培训，促进种养殖业的发展。我们聘请技工院校的老师到我县开展挖掘机、电工、焊工、汽车驾驶、混凝土等技能培训，提高贫困群众的技能水平。我们对有创业意愿并具备一定创业条件的建档立卡贫困劳动力，提供电子商务、网络创业等免费创业培训和创业扶持，鼓励贫困群众自主创业，实现创业带动就业。2016 年至 2020 年的五年间，我们一共举办了各类培训班 380 期，培训建档立卡贫困劳动力 18966 人，其中有近 3890 人接受挖掘机、电工、焊工、汽车驾驶等技能培训，有 12300 人接受方竹、猕猴桃、生猪、蜜蜂等种养殖实用技术培训。

优化服务稳定就业

针对部分外出务工贫困群众因水土不服、饮食习惯、气候等原因不适应务工地的生活，思想不稳定，不想在厂干活，要辞职回家等情况，我们先后于 2017 年 11 月、2018 年 5 月在广东省东莞市成立威信县驻东莞劳务协作工作组、浙江省诸暨市成立威信县驻浙江劳务输出工作站。东莞工作组、浙江工作站成立以来，认真履行职责、积极开展工作，切实加强与当地政府和企业沟通协调，努力做好岗位咨询、思想疏导、维权服务等工作，为务工人员稳定就业和宣传推介我县发挥了积极作用。工作组针对部分务工群众首次外出到新环境新岗位不适应、不习惯等问题，定期深入厂矿、企业做好思想引导、看望慰问、政策宣传、算账对比、服务保障等工作，协调解决务工人员调换岗位、生活习惯、子女就学等困难问题，努力稳岗就业。

邹正书，旧城镇龙马村柏香村民小组人，38 岁，患先天性小儿麻痹症，行走障碍极大，体弱多病，家庭人口 2 人，父亲邹占富现年 76 岁。2017 年 11 月，邹正书在县、镇、村的积极动员和组织下抵达东莞大岭山镇务工。由于邹正书的身体状况，许多企业都不愿接收，正当他对实现务工就业不抱希望准备返乡之际，我县驻东莞对口帮扶协调工作组在对组织到东莞务工人员进行信息摸排时，及时了解到他的情况，按照不放弃任何一个有就业意愿贫困劳动力的原则，通过多方协调和岗位匹配，东莞市新洲印刷有限公司同意留用邹正书实习一段时间，观察能否适应工作。在实习期间，邹正书虽能吃苦耐劳，但由于实习岗位要求频繁走动，邹正书不能满足岗位需要，公司准备予以辞退。本人得知消息，立即与工作组联系，告知工作组他不想回去，想留下再挣点钱，希望工作组能帮助他留下来。经工作组与新洲印刷公司高层领导协商，同意调换岗位，历经四次调岗，为邹正书找到相适岗位、工种。同时，考虑到邹正书腿脚残疾、走路缓慢，每当下班吃饭走到食堂基本只能吃残汤剩饭的情况，工作组不厌其烦多次与公司座谈，公司生产部同意邹正书提前 20 分钟下班吃饭且不扣工资。在后来的工作中，邹正书用坚强的毅力、勤劳的作风、高尚的品德赢得了公司的认可和信任，成为公司正式员工。现在邹正书月收入在 3500 元左右，年存款达 3 万余元。

东西协作硕果累累

2017 年，东莞市大岭山镇对口帮扶我县以来，我们紧紧抓住东莞市大岭山镇对口帮扶我县的机遇，充分发挥我县劳动力资源丰富和东莞市就业市场广阔的互补优势，在先行试点、探索经验、厘清思路的基础上，建立县委、县政府主要领导定期到东莞市对接劳务协作工作机制，与东莞市大岭山镇等地党委政府以及用工企业、劳动力市场就劳务协作进行深入洽谈，建立劳务输出战略合作关系和长效机制，在东莞市大岭山镇成立了对口帮扶协作工作组，建立了我县劳动力转移就业基地，加大劳动力市场开拓力度，不断扩大岗位供给，落实优质岗位 25000 余个，开辟扶贫专岗、残疾人专岗 2000 余个，涉及家具、电子、五金等众多企业。四年来，我们两地人社部门共同开展互访 6 次，联合举办东莞市大岭山镇对口帮扶威信县农村劳动力转移就业专场招聘会 6 场次，为我县累计提供就业岗位近 10 万个，现场达成意向就业人数近 20000 人。我县累计组织 11000 人到东莞市大岭山镇及周边地区务工，有力帮助东莞企业解决用工短缺实际困难。

疫情防控就业“两不误”

2020 年，是极不平凡的一年。一场突如其来的新冠肺炎疫情，给脱贫攻坚的全面收官带来了新的挑战，同时也给群众外出务工带来了前所未有的困难。企业停工停产，没有就业岗位，老百姓返岗复工成问题，收入从哪里来？而且又逢脱贫攻坚收官大考，贫困群众脱贫后能否巩固达标，行业扶贫能否顺利通过验收，是摆在人社部门面前亟待解决的问题。面对困难和挑战，我们全面贯彻落实中央、省、市、县关于疫情防控和稳岗就业工作决策部署，全力聚焦“两不愁、三保障”问题，坚持一手抓疫情防控，一手抓劳动力转移输出，确保贫困劳动力充分就业。

为了全面排查摸清在家贫困劳动力，有组织地转移输出，实现就业增收，正在全县疫情防控最为关键的时期，我们于2月13日至20日组织乡镇、村组干部、驻村扶贫工作队员和就业扶贫信息员，一边抓防疫知识宣传，一边抓转移就业动员，以村民小组为单元，采取上门登记、电话摸底等方式，逐户逐人对全县农村劳动力情况进行排查登记，详细摸清需要由政府统一安排车辆返回原岗的人数、需要由人社部门提供岗位组织输出的人数，掌握自驾出行返岗人数。同时，针对新冠肺炎疫情的影响，大部分贫困劳动群众对企业复工复产信息不明、情况不清的情况，我们派出了2个工作组共8人冒着病毒感染的危险，分赴广东、浙江等地我县务工人员较集中的地区，与当地人社部门、企业协调对接，收集各企业复工复产时间、用工需求、招聘计划等信息，将收集到的信息及时提供给务工人员。在“走出去”落实就业岗位的同时，我们又将用工量大、薪酬待遇较好的各类企业引进我县，在县内举办巡回招聘会，累计为务工人员提供就业岗位10万余个。在开展线下岗位宣传推荐的同时，我们积极通过各类媒体渠道发布就业岗位信息，全方位为贫困群众就业提供岗位信息，尽全力帮助务工人员找到满意适合的岗位。

就业岗位通过协调虽然落实了，但是如何将务工人员安全送到企业，这就成了问题，因为在疫情防控期间，县内外班车停运、列车停运，老百姓出不了门。为了把老百姓安全送进厂就业，我们积极与成都铁路局协调对接，从2月23日至3月5日期间每天增开2列威信至杭州、威信至广州的农民工运送专列，每列按最大载客量1000人左右输送，切实为外出务工人员提供交通保障，截至2020年3月5日，我们共组织了14列专列将务工人员“点对点”安全快速送到企业，实现务工人员“出家门上车门、下车门进厂门”。组织包高铁专列运送农民工外出务工，这在我县历史上还是第一次。贫困群众外出务工的高铁车费，全部由政府承担。在组织高铁专列输送的同时，我们还积极协调运输公司的客运大巴，通过包客运大巴将务工人员直接送进厂，务工人员不出一分车费，疫情防控期间共租用客运大巴 74 辆，通过高铁、客运大巴累计点对点向广东、浙江等地输出务工人员 16406 人，有力帮助贫困外出务工就业，实现增收。

大规模的集中组织输出，需要强有力的组织。为了确保务工人员有组织地乘车出发，我们动员社会各界志愿者 100 余人，参与务工人员转移输出后勤保障工作，局领导班子成员、局机关所有干部职工近百名同志，每天凌晨四五点进驻高铁站站前广场，组织务工人员站队，清点人数，向务工人员发放面包、矿泉水、方便面等食品，组织务工人员排队安检、维护秩序，引导务工人员有序上车……直到列车出发，我们才离去，此时天刚蒙蒙亮。作为班长的我，必须树好表率，起好带头作用，从 2 月 23 日至 3 月 10 日，我几乎一天 24 小时有 20 个小时在办公室工作，早上组织输出务工人员，中午协调对接高铁站，督促乡镇上报第二天拟输出人员名单，下午落实第二天出发的车辆，安排人员随车护送等工作。20 天来，我几乎吃住在办公室，饿了就吃盒饭，困了就在办公室沙发上小憩一下，直到整个有组织转移输出结束。在这次有组织转移输出中，我们用辛苦指数换来了百姓的幸福指数。

乘车旅客对我县开通劳务输出“免费直通车”、有组织转移输出的举措给予了很高的评价，对党和政府给予了高度赞扬，他们纷纷表示：返回工作岗位后，一定要不辱使命、认真工作，为威信争光！

在浙江亿衡针纺科技有限公司务工的威信老乡古友强返岗后激动地说：“这次出门打工，县委政府对我们太好了，出门就坐车，下车就到厂，进厂就工作，整个过程我们不出一分钱，这种关心和服务，又细致又周到，我们非常感动，也非常感谢。”

“只要能把他们安全送达，及时进厂工作，我们再苦再累也很值得，况且，这是我们的本职工作。”我局派驻浙江诸暨的工作组负责人说。

这次“点对点、一站式”劳务输出，不仅解决了返岗务工交通不畅的难题，同时也大大降低了返岗人员中途转乘等风险，为务工人员能够安全、便捷、顺利返回就业岗位提供了保障，也为贫困群众的增收奠定了坚实的基础。

一分耕耘，一分收获。2019 年 2 月，我县成功接受了第三方评估检查。2019 年 4 月 30 日，云南省委、省政府正式宣布，威信县退出贫困县序列。2020 年 8 月 10 日，我县就业扶贫的数据顺利通过国家普查验收。

（作者时任威信县人力资源和社会保障局局长）

扶贫小车间　脱贫大作为

邵大波

“真没想到，现在不仅能住进城里，还能在家门口上班。有了这份工作，生活越来越幸福，致富越来越有希望了。”尽管才到威信金宏翔电声有限公司就业扶贫车间上班三个月，小黄已经喜欢上这份家门口的工作。25岁的小黄老家在威信县扎西镇龙里村梁家村民小组，自从2018年12月住进龙溪易地扶贫搬迁小区后，他和其相依为命的父亲开始过上了城里人的生活。

“因为要照顾长期生病的父亲，就不能外出了，只能就近找工作，扶贫车间解决了我的烦恼。”小黄高兴地说。据他讲，2019年5月以前一直在昆明做广告设计，每月工资5000多元，但是除去房租、水电、生活费用等，到手的还没有现在在扶贫车间挣得多，并且还当上了车间组长。“现在，家里有了稳定收入，一定能在城里‘稳得住’，再加把油，致富也不是梦。”

为了让因照顾家中老人、子女等无法外出的务工贫困劳动力实现就业增收，我县积极采取措施，在全力抓好劳动力转移输出的同时，通过协调引进广东等地企业到我县建立公司，把生产车间建在家门口，帮助贫困群众实现就近就地就业，这样既照顾了家庭，又有了收入来源，达到“务工、顾家、挣钱”三不误。

出台政策“奖”，引进特色企业

为鼓励企业、农民专业合作社、个体工商户积极吸纳贫困劳动力就地就近就业，助力脱贫攻坚，2018 年，我县以威政发〔2018〕19 号文件，出台了《威信县人民政府关于创建扶贫车间的实施意见》，文件规定了，通过认定授牌的就业扶贫车间，政府在招商引资、就业扶贫、金融贷款等方面给予一定政策扶持，在税收等方面给予相应的减免，在就业扶贫方面给予一定的奖补。对创建就业“扶贫车间”吸纳建档立卡劳动力稳岗就业 6 个月以上的，每年按照“吸纳建档立卡劳动力数量 × 单位奖补金”给予厂房建设（含租金）奖励补助；对就业“扶贫车间”招用建档立卡贫困户劳动力，给予一定的社会保险补贴和稳岗补贴；对创建就业“扶贫车间”吸纳 5 人以上贫困劳动力就业的，每吸纳 1 名贫困劳动力，给予 1000 元的一次性奖补，最高可奖补到 5 万元。为了让广大的企业、农民专业合作社、个体工商户等积极参与到扶贫车间的建设中，我们加大宣传力度，通过电视、微信公众号、创业微信群、QQ 工作群等方式，大力宣传政府的优惠政策，激发企业创建扶贫车间活力。位于我县扎西镇龙溪小区易地扶贫搬迁安置小区的威信金宏翔电声有限公司，就是我县 2019 年 1 月从广东引进的一家扶贫车间，该车间总投资近 300 万元，以生产耳机喇叭为主，截至 2020 年 8 月，共计吸纳贫困劳动力就业近 100 人。三年来，我们通过东西部扶贫协作机制，共从广东等地引近企业建设扶贫车间 3 个，解决群众就近就地就业 120 人。累计发放贫困劳动力稳岗补贴 256 人 25.6 万元。

底数摸排“清”，夯实就业基础

为扎实做好贫困劳动力转移就业工作，我们加强对未就业人员的排查，通过对贫困家庭收入来源和劳动力结构摸排分析，掌握贫困家庭劳动力难以外出务工的原因，以及贫困劳动力分布的大致情况，在普遍开展底数清查的基础上，研究探索推动就业扶贫车间发展的方式方法。根据大部分贫困家庭劳动力由于需要照顾老人、小孩、生病的家人或轻度残疾等原因无法外出务工，导致家庭收入低、生活困难，难以通过转移就业来实现脱贫致富的实际情况，我们因地制宜，在城镇附近的社区，地处偏远、经济实力弱的村发展就业扶贫车间，形成了行业类别繁多、发展模式多样的就业扶贫车间，涵盖食用菌种植、蔬菜种植、猕猴桃种植、水晶加工、服装、耳蜗生产等多种行业，努力解决贫困劳动者就业。

我们注重把就业扶贫车间与易地扶贫搬迁结合起来，在易迁集中点建设扶贫车间，以“易迁安置点 + 企业 + 贫困户”的方式，引导搬迁贫困户进厂就业。同时解决了企业招工和贫困户就业两个难题，达到了贫困户稳定脱贫、企业增收的双赢效果。如威信金宏翔电声有限公司、罗布水晶加工厂等。

技能培训“实”，提升“造血”功能

扶贫先扶志、扶贫必扶智。我县积极鼓励企业通过采取免费培训、边培训边上岗等方式，为吸纳的就业人员提供技能培训，提升技能水平，为就业扶贫车间的发展提供人力资源保障，促进就业扶贫车间发展。我们在做好贫困户培训意向调查，对贫困劳动力摸底统计造册基础上，邀请技校教师和家政培训机构专家到车间讲课，提高他们的劳动力附加值。针对猕猴桃、食用菌产业的发展，我们大力开展农村实用技术培训，着力增强贫困劳动力种养知识和能力。2018 年以来累计培训建档立卡贫困劳动力近 10000 人。

创新模式“管”，解决实际难题

为了充分发挥扶贫车间的作用，我们制定出台扶贫车间认定和管理制度，按照“科学管理、规范运行、整体提升”思路规划，建立“定点联络、结对指导、包干负责”制度，提出“四个一”（一个扶贫车间、一个工作专班、一份问题清单、一套解决方案）帮扶机制，切实加强对“扶贫车间”的业务指导，组织扶贫车间管理人员开展业务培训，坚持每月对运营情况进行一次随机检查，督促做好产业发展、人员管理、政策落实等工作，不断提升“扶贫车间”管理运营水平。由于在扶贫车间上班的人员大多是因为要照顾老人、小孩的特殊群体，作息时间不规律，为此我们倡导凡是认定为就业扶贫车间的企业，实施错峰计时人性化管理，贫困户随到随干，实行计件报酬，这样既解决了照顾家庭的实际困难，又有了务工收入，实现了双赢。如果严格按照企业上下班作息，可能就会有部分贫困劳动力又将面临失业。

在扶贫车间工作的郑光银，对现在的生活越来越满意，他是庙沟镇马河村大河村民小组人，2018 年 12 月搬迁至龙溪小区易地扶贫搬迁小区，家里有两个年迈的老人，而他本人因患上后天强直性脊椎炎长期服药，外出务工不方便。“就因为在家门口有了威信金宏翔电声有限公司生产车间，有了上班的地方，并且工资还不低，又能在家照顾老人和有每月吃药的钱。”郑光银难掩心中的喜悦。

抓好车间“建”，促进就业增收

龙溪小区是我县最大的易地扶贫搬迁集中安置点。搬迁群众受惠于党的脱贫攻坚政策，一步进城入镇，由农民变为居民，生活条件发生了翻天覆地的变化。这么多群众集中到一起，收入从哪里来？为切实解决群众“搬得出、稳得住、能致富”的问题，我县立足实际，统筹谋划，多次组织人社、工信、农业、发改、扶贫等部门的领导外出考察学习，通过前期大量的调研和综合论证，最后决定以“企业 + 扶贫车间 + 贫困户”模式创建“就业扶贫车间”，把“就业扶贫车间”建在村头、岗位设在家门口，有力地解决留守妇女、贫困户就近就业、脱贫增收问题。

针对龙溪小区易地扶贫搬迁城镇化安置点 873 户 3868 名易迁群众就业难问题，我们易迁指挥部率先腾出空房 500 平方米，我们从东莞引进威信金宏翔电声有限公司、东莞市宏福音电声有限公司，将适合分散加工生产的电声耳机喇叭，通过来料在龙溪小区设点采取“企业 + 就业扶贫车间 + 贫困户”的模式加工生产。截至 2020 年 8 月，龙溪小区就业扶贫车间累计吸纳就业 254 人，其中，建档立卡易迁贫困劳动力 85 人，月工资均在 3000 元以上。

在我县庙沟镇马河村院子村民小组绿树成荫的山坡上，因山就势而建的几座工业大棚内，鸡群啄食的声音犹如密集的雨点急速落地，在棚内嘈杂回荡。61 岁的李绍芬老人正沿着整齐排列的鸡笼来回捡拾着鸡蛋。说起扶贫车间，老人忍不住竖起了大拇指。“政策好哟，我们完全沾着政府的福。家在县城去了，贫困户在县城去领着房子。儿子、儿媳、孙孙全都打工去了，就是我一个人在家。我在这里都是老板供吃供住。”

李绍芬老人一家原来居住在庙沟镇棕树坝，受惠于易地扶贫搬迁政策的实施，老人举家搬进了位于威信县城的安置点。儿孙在外务工，闲不住的李绍芬老人则选择到养殖场来做事。这样既可以挣取一部分收入，还可以排遣孤寂。“这个活路干着就是对头的，比种地好在哪点去了，我种地一年只种两千多斤苞谷，收入没得这个好。干起活，饭也吃得起，我又不愁哪样。重活路不喊我做，我都是干轻省活路，工资 2300 元，月月都拿的。”李绍芬老人骄傲地说。

养殖场由威信县星火农业发展有限公司投资建设，采取党支部 + 公司 +

合作社 + 基地 + 农户的模式运行。2017 年 3 月份投入运营至今，共吸引 9 户群众入股，吸纳 19 名当地群众长期务工。2018 年，养殖场鸡苗、肉鸡、鸡蛋销售收入达到 380 多万元。随着这项特色产业的建设运营，马河村村集体经济的活力也进一步显现。

截至 2020 年 8 月，我县累计建设“就业扶贫车间”13 家，共吸纳农村劳动力就业 683 人，有力促进贫困人员家门口就业，较好助力脱贫攻坚。

（作者系威信县人力资源和社会保障局职工）

公益岗位托底贫困群众就业

邵大波

天刚蒙蒙亮，水田镇龙洞村的村民老郑便麻利地起床穿衣，吃完早饭后，急匆匆地奔赴工作岗位。“感谢党委政府，让我成为一名农村公益性岗位人员，过上了有稳定收入的好日子。”老郑骄傲地告诉我们，他现在也是一名捧国家“饭碗”的人，这么好的政策，只要他努力奋斗，相信日子一定会越过越好。

老郑是龙洞村建档立卡贫困户，身体驼背有残疾，但是能做一定的体力劳动，妻子有点智障，家里生活条件捉襟见肘。2018 年 3 月，经过村委推荐、乡镇审核，老郑成了一名农村公益性岗位人员，负责所住小组辖区公路的保洁，月工资 800 元。除此之外，在帮扶干部的支持引领下，老郑还养起了土鸡和生猪。“工作轻松不累，离家还近，方便照顾孩子，参加政府公益性岗位后，家里的日子好过多了。”老郑感激道。

老郑是我县开发乡村公益性岗位安置的众多受益者之一。自脱贫攻坚工作开展以来，为切实加大就业扶贫力度，推动精准扶贫、精准脱贫工作，我县从保障困难群众的就业和基本生活出发，大力开发农村公路保洁、河道清洁、就业协管、扶贫协管等公益性岗位兜底保障就业困难的贫困群众，重点安置建档立卡贫困户、残疾人等困难人员就业，调动他们就业的主动性和积极性，帮助他们树立改变家庭困境的信心，在全县形成以岗位促就业、以就业促增收、以增收促脱贫的良性发展链条。

为充分发挥农村公益性岗位在兜底安置、稳定脱贫、防止返贫、改善民生等方面的作用，我们切实加强对公益岗位人员的管理，制定出台了一系列管理办法和制度。我们严把人员入口，严格规范使用。明确了公益性岗位聘用对象为建档立卡贫困家庭劳动年龄内有就业愿望和劳动能力的“一有二无”人员（有劳动能力，无业可扶、无法外出），重点是“40—50”人员、身体残疾但有一定劳动能力的就业困难人员。为了确保从事公益岗位的人员符合条件要求，我们加强了走访调研，对各乡镇上报的拟安排为公益岗位的人员，采取入户抽查的方式，查看安置是否符合要求，是否精准，是否存在冒名顶替、张冠李戴等情况。2019 年 6 月，我局组织工作人员，对全县拟申报为公益岗位的人员进行电话核查时，发现三桃乡上报的公益岗位人员名单中，有一人存在在县外务工，不符合公益安置的条件，后经我们调查时为该户收入能达标，村上用了儿子的名字申报由父亲来从事公益岗位，领取岗位补贴，对此我们坚决不予审批，也幸亏我们审核把关严格，避免资金的流失。

我们强化就业服务。一改以往的被动开发为主动服务，通过走访动员困难群众，了解他们的实际需求，有针对性地帮助困难群众就业。我们充分发挥乡镇、村委（社区）干部熟悉情况的优势，争取他们配合，在开展入户走访时发现就业困难的家庭时，主动宣传公益性岗位的相关政策。2018 年 5 月，我们在开展入户走访五谷村王宗泽家时，发现他家属因学致贫，妻子无法外出务工，家里仅靠他一人在村周围帮人做点零工挣钱，条件十分艰苦。随后，走访人员当场向他宣传政策，帮助他进行相关信息的登记备案。如今，他的妻子被安排在当地做农村公益设施管护岗位工作，每个月有 800 元的收入。

光开发不管理不行，光安置不退出也不行。为了确保公益岗位人员真正发挥作用，建立动态退出机制十分有必要。我们制定《公益岗位人员考核办法》，按照属地管理的方法，坚持“谁用人、谁管理、谁负责”的原则，建立起岗位实名制、公示公告、考核考勤、解聘退出等多重管理制度。在人员管理及工作职责方面，由乡镇与公益岗聘用人员签订劳务合同，劳务合同实行一年一签，合同期满，如仍未脱贫且能够按合同要求完成工作任务的可续签，如已脱贫或不能按合同要求完成工作任务的，按有关要求另行选聘。实行公益岗补贴发放与工作完成情况相挂钩，采取按月考核、按月发放的方式进行，由各乡镇对实际用人情况及每月考核结果报我局审核后，县财政拨付乡镇进行发放，确保了公益岗位人员进入可控使用规范。

我们强化日常管理，压实管理责任，明确乡村公益性岗位的管理责任主体为乡镇人民政府，各乡镇、村委会（社区）定岗定责，建立考勤考绩制度，严格履行乡村公益性岗位日常管理工作责任。严禁安置非就业困难人员、超过法定退休年龄人员、虚报冒领骗取补贴、“吃空饷”等违法违规情形。我们严格履行督查职责，实行实名制台账系统管理、责任追究等制度，会同财政部门强化补贴资金监管和检查工作，避免“变相发钱”，防止福利化倾向。每季度我们组织人员不定期对公益性岗位人员履职情况进行督查，采取随机抽查、走访贫困户等方式对岗位安置、人员在岗、补贴兑现等情况进行监督检查。对检查发现有虚报冒领、空岗、挂岗等造成岗位补助金损失的，我们严肃追究有关单位和个人的责任。

2018年以来，我县累计开发乡村公益岗位9453个，安置就业9453人。通过乡村公益岗位的开发，贫困人员实现了就业、稳定了增收，对促进脱贫攻坚起到了兜底保障的作用。

（作者系威信县人力资源和社会保障局职工）

第三编　基础设施建设

路变好　生活美

余　挺

我们都在努力奔跑，我们都是追梦人，习总书记这句话总是在激励着我们交通人向前奋进，让我们充满激情、希望和力量。生于20世纪60年代的我，见证了威信交通在脱贫攻坚工作以来的快速发展和变化，看到了一个又一个的梦想正在变成现实。党的十八大以来，随着脱贫攻坚战号角吹响，全党上下闻令而动，所有党员干部下沉基层，大量资金和项目用在农村，扶贫先修路，扶贫先扶智和志，扶贫不只是喊口号，更是撸起袖子加油干。全县各级围绕全面建成小康社会的目标和新的扶贫标准，紧盯“两不愁、三保障”，在县委政府的带领下，城乡面貌一天一个样。短短五年时间，革命老区威信县高铁高速相继开通，组组通公路，家家自来水，人人有学上，不管是教育还是卫生，无论生产还是生活，也不管是居住条件还是生活环境，都在发生着明显改变。群众满意度明显提升，革命老区威信顺利摘掉几十年的国家级贫困县帽子，以崭新的面貌迎接未来。

记忆中的乡土路

“世上本没有路，走的人多了，也就成了路”，这是鲁迅先生的名言。电视剧《西游记》中也有一句歌词：“敢问路在何方，路在脚下”。其中包含了许多哲理，也说明了“路”与我们的生产生活息息相关。我在麟凤、罗布、水田等乡镇工作过，深有感触路对群众的生产生活太重要了。听有的群众讲，以前要烧煤炭，必须到三四公里外的地方去背，每天只能背一回。后来有了公路和马车，花 10 元钱可以买一马车煤炭，但却要一家人齐上阵背上一天才能背到家里。哪家要有个红白喜事，帮忙的主要就是背煤炭和挑水这两项重活，这是 20 世纪七八十年代的事情了。那时大家都深感交通不便给生产生活带来的困难，修一条通往自己家里的公路，成了各社群众的梦想，但很多地方都因资金问题，一直难以实现。在八九十年代人们上昭通，要坐大班车 6 点从县城出发经雨河火石坳、李子坝转罗坎，再沿河经牛街、柿子坝、豆沙关，爬过九弯十八拐的凌子口，到昭通时已是晚上十一二点。这还算好的了，在冬天放寒假时路滑，一些车子在凌子口就歪在了侧沟里，班车不得不套上链条慢慢地走到镇雄歇一夜再回威信。听老一辈的人讲以前没有公路通班车时是走路上昭通的，要爬彝良的猫猫山，从威信到昭通大概要走七八天。在水田工作那两年，从县城到水田还是砂石路，很多社还未通公路，即使通了的还达不到砂石路标准，可以说就是泥土路，雨天车子就走不动。那几年财政对路的投入不多，不要说水泥路柏油路，就是路上的大坑小坑都没有资金进行修补，实在过不了车子才会挤点资金拉几车泥夹石填补一下，要不就是群众出点义务工修补一下，所以那几年的路总是很烂，几乎都是晴天一身灰雨天一身泥，群众生产生活较为困难。为了修一条路，群众的热情是极高的，有老人把自己的棺材卖掉支持乡村修路，为的就是对美好生活的向往和追求。

干群齐心共筑致富路

路对群众生产生活实在是太重要了，路修通后可以节省很多人力物力，节省很多费用开支，特别是修房造屋和运输生产生活物资。在县委政府的带领下，很多村民小组的群众都投工投劳积极修路，并通过一事一议、新农村建设等方式得到了硬化，极大地方便了群众生产生活。因为工作关系我到过全县所有的村，很多小组的公路从无到有，从土路变成水泥路，当年“要致富先修路”的口号已成为现实。2015 年全县脱贫攻坚战打响，我所在的单位帮扶的村在罗布镇庙坪村，这个村给我印象最深刻的还是路。刚去扶贫的那一年，从镇上的大公路到庙坪村的路虽然没有硬化但还可以走，但从庙坪村委会到龙洞村民小组的路就烂了，车轮跑的位置深深地陷下去，中间高高地隆起来，大坑小坑十分不平整，再高底盘的车子也会听见车子底下不时被剐蹭得“叽叽哐哐”，车子不疼却疼在了开车人的心坎上。有一次，我们扶贫干部开车经顺河从旧城去龙洞村民小组，公路全是黄泥巴，比上半小组的公路好不了多少，在一处两边是大坑中间是乱石的地方，车子就被卡住了，进退两难很费了点力才退回去。走访时了解到一些群众的房子想要重建都找不到车拉砖和钢筋水泥，老百姓都希望这条路早点打成水泥路。终于，县委政府把交通扶贫列入了攻坚战来打，2017 年庙坪村 10 多公里长的凹凸不平公路被打成水泥路。脱贫攻坚战打响以来，威信县委政府投资 7.2 亿元，实施硬化全县 80 个贫困村 1008 公里村组路，并加强安防设施，使全县的农村公路通行条件大大改善。路好了，群众生产生活方便了，生产生活成本也降低了，居住条件明显提升，群众满意度得到极大提高。

构建内通外联交通网

老区人民做梦都不会想到，短短五年时间威信会通高速路，更不会想到 2019 年 12 月 16 日高铁开通了，而且威信高铁站就在县城城区，从威信到成都 2 小时，到贵阳 1 小时，到昆明不到 4 小时。成贵高铁的开通打开了威信老区人民通江达海的大通道，威信的交通正在发生天翻地覆的巨大变化。隆黄铁路在建之中，预计 2022 年建成通车；宜毕高速威信至镇雄段 2020 年 8 月 26 日正式通车，威信至宜宾段正在加快建设；叙威高速双河至叙永段即将建成通车；威彝高速前期工作已完成。全县 10 个乡镇 87 个村（社区）通硬化路率 100%、通农客车 100%、通邮 100%，县乡道安全隐患治理率 100%，农村公路乡道列养率 100%，村道列养率达 70%。全面推行路长制，落实县道县管、乡道乡管、村道村管责任，将爱路护路纳入乡规民约、村规民约，基本建立起县有路政员、乡有监管员、村有护路员的路产路权保护队伍。积极推进城乡道路客运一体化，优先发展城乡公交，稳步有序发展城市出租车、网约车、农客车和长途汽车，努力构建群众多样化的出行方式。在县委政府的正确领导下，全县正在努力构建赤水河畔三省交界的重要交通枢纽，使威信成为滇东北的一个重要交通节点。目前，威信公路里程超过 3500 公里，其中高速路通车里程 41 公里，即将完成四级路改三级路 107 公里，二级路 84 公里，四级路 606 公里，等外公路 2283 公里。2020 年止，已修建完成安稳坝至中长坝产业路资源路、坛厂至庙坪公路、茶腊园至后山公路，启动柴家井至长安美丽公路改扩建工程、罗布生态农庄村组道路、穿洞至九龙山公路等，不断推进完善交通便民工程和巩固交通扶贫成果。

（作者时任威信县交通运输局局长）

高速公路修到我家乡

黄道海

革命老区威信县是我的家乡，80 多年前，红军长征转战威信，并在这里召开伟大的“扎西会议”。“改组党中央的领导，特别是军事领导，推动中国革命走向胜利新阶段”，这是 2020 年 1 月 21 日习近平总书记对这段历史的定位和肯定。20 多年前，威信仍由许多闭塞的小山村组合而成，少年时代的我对家乡落后的交通深有感触，要去读书时，先从寨子里走一个小时的路到村委会所在地大落脚，再坐汽车到县城，然后又从客运站坐车到其他城市，再乘火车……那时候车少，错过一班可能就要等一天，往往赶到学校就要三四天时间。为了求学、生计，有很多人沿着泥泞道路，坐着绿皮火车，怀揣走出大山的信念，奔向远方……

大山筑路魂，岁月践初心

2016 年 10 月 28 日，事关全县 40 多万人民群众的宜毕高速路威信段动工。当市领导宣布宜毕高速公路开工那一刻，我作为一名老交通、筑路人，难掩激动心情，不禁想起家乡那一条条磨得锃亮的青石板路，那些坑坑洼洼的土公路，以及那些在漫长路途中疲惫的乡亲……这条“扶贫路”途经三桃乡、罗布镇、扎西镇、双河乡，全长 71.84 公里，桥梁和隧道多达 78 个，为双向四车道，路基宽 24.5 米，设计时速 80 公里，全线有 6 个一般互通，1 个枢纽互通，投资估算总金额约 98 亿元，公路途经地绝大部分为沟谷地带，地形地貌复杂，设计、施工难度非常大。

在开展宜毕高速公路路线走廊带踏勘、环保水保、文物保护、珍稀鱼类保护等前期报件时，我与设计单位跑遍了道路经过的山山水水、村庄小寨，为了配合编制单位尽早拿出成果，我们夜以继日地收集、核对数据，县委县政府领导多次与设计单位座谈讨论，对线路方案的科学性、合理性提出优化设计建议，最终完成了道路设计并获上级批复。

前期征地工作主要针对驻地建设、控制性工程的进场道路、施工便道、弃土场、取土场、钢筋加工场、预制场、混凝土拌和站等，后期征地主要针对正线永久占地，拆迁主要针对公路建设红线范围以及非红线范围公路建筑用占地需拆迁的各类建筑和构筑物，包括房屋、坟所、工棚等。征地拆迁采取货币补偿安置与分散安置相结合的方式，县级领导亲力亲为，多次到实地现场办公，协调解决具体问题，做通群众思想工作。不少群众当即表示希望路快点通，将全力配合，积极支持家乡建设。在县、乡镇各部门的配合努力下，在道路沿线广大村干部和老百姓的鼎力支持下，拆迁工作得以顺利进行，涉及的林地、林木、杆塔基础、矿产压覆等一一妥善解决，征地近 15000 亩、房屋拆迁近 700 户、安置 680 多户、拆除坟所 3400 多座、拆移干线 500 多公里、迁改水利 58 个点……这一个个厚重的数字背后，是每位宜毕高速公路参建者用无数汗水换来的。

工程施工中，经常遇到溶洞、流沙、偏孔、塌孔，以及长期阴雨天气。沿线高山峡谷并存，地形地质复杂，连续性滑坡严重。材料机械设备运输量大、安全风险大，施工用电线路长、损耗大，施工场地狭窄，山区沟壑纵横，山高谷深，经常无信号、通信难。特别是岩溶发育、隧道瓦斯突出，增加了施工难度。比如道路的控制性工程扎西红军隧道，起点位于罗布镇簸火村簸牙村民小组，穿越后山，止于县城扎西镇观音办事处坳上，全长达5.26公里，对技术要求高，施工难度大。各级各部门和各参建单位共计60多家，8000多人，1400个日夜，通力配合、栉风沐雨、攻坚克难，以优质高效的组织和管理，保证了宜毕高速威信段公路项目建设高质量完成。

扎西沐党恩，大道入云来

2020年8月，宜毕高速公路威信段全线通车，结束了威信县内没有高速公路的历史。这条高速公路像一条银色的飘带，柔软的弧线缠绕着，依着山谷、穿过树林、盘旋曲折，穿越家乡座座青翠山峰，缠绕着翡翠般的山峦，飘逸而美丽！对于我和我的家乡，无异于瞬间闪现出的一束光，给我们期盼已久的心灵带来光明！

高速的贯通必将促进区域资源开发，繁荣威信县乃至滇东北地区经济发展，促进项目区域旅游开发特别是红色旅游开发。“每次回家，都会惊喜地发现家乡在一点点地改变。生活变好了，许多家庭盖了新房子、买了小汽车，环境变得更美了，蓝天白云让人神清气爽，交通更方便了，宜毕高速通车了……为家乡的变化感到欣喜。”返乡创业的杨某激动地说。驱车从昆明到威信的温某高兴地说：“作为威信人，在外工作多年，第一次驾车通过高速到威信，很有感慨！这条高速路虽不同于歌手韩红所唱的《天路》那样雄伟壮观，但却是我心中最美的风景线，是一条足以让家乡发生变化的脱贫路、致富路、希望路！”

既往皆辉煌、未来更可期。“十三五”时期威信县全面实施“交通先行”战略，交通基础设施得到极大改善，全县所有乡镇和建制村通硬化路率达到100%，成贵高铁、宜毕高速已经运营，真正达到交通出行方便快捷，形成以威信县为中心，至重庆、成都、昆明、贵阳等省会城市和泸州、宜宾、毕节、昭通等地级城市的 2 小时经济生活圈，南下川渝、北上滇黔，县乡通畅、村组通达的大交通格局初具雏形。

（作者时任威信县交通运输局基建规划股股长）

红色老区　高铁印象

周冬梅

在云贵交界的崇山峻岭间，一支铁军开山凿路，遇河架桥，从开局之年、攻坚之年到收官之年，砥砺几载历经各种困难挑战，讲述着中国铁军坚守奋战的故事，演绎着筑路大军攻坚克难的不朽传奇。

我是融媒体中心工作人员周冬梅，因为工作需要，2017 年被县政府抽调在县铁建办，参与了“两铁”（成贵高铁、叙毕铁路）有关新闻报道（重大节点、工程亮点、难点等方面），有机会走近这些中国铁军，见证了他们铁路建设中的艰辛历程。

“这是大山，山上有桥，桥隧相连，火车从桥上跑，鸟儿在天上飞……”2018 年一个阳光暖暖的午后，我来到中铁一局成贵铁路 10 标二分部的后院，看到饭后小憩的部分铁路工人及其家属带着孩子享受着短暂而又珍贵的天伦之乐。你添一笔、我抹一画，五六个孩子在板子上画出了一幅山水图，而一条铁路在山中蜿蜒前行，这就是孩子们对铁路、对他们父辈所从事工作最纯真的印象。这一笔一画也把我们带进了乌蒙深山建高铁的雄壮记忆中。

一桥与四隧　段段艰险　步步惊心

成贵铁路10标项目（四公司托管）经云南省威信县及镇雄县两个县，全长26.65公里。其中路基1.4公里，桥梁14座，隧道8.5座，车站1座（威信车站）。2014年1月1日开工，完工日期为2018年4月30日，合同总造价22.126亿元。

成贵铁路10标的重难点工程及控制性工程为“一桥四隧”，分别为：香坝河特大桥“全线最高墩柱107米，连续钢构大跨梁施工”、下坝隧道、文阁隧道、大地坎1号隧道“3座高瓦斯隧道”和姚家坪隧道“1座低瓦斯隧道”。

从指挥部(威信县城)驱车前往各个分部工地，山路盘旋，急弯很多，颇为难行，需要汽笛长鸣互相提醒。如遇上大车会车，这本就狭窄的山路立时堵塞。副驾驶只好下车指挥，双方一点一点地错开，有时候堵车时间会长达一两个小时。

我们从威信县城出发，行了近两个小时，也不知转过了多少个山头，眼前豁然开朗，只见两山之间几条粗壮的高墩拔地而起，上托白云、下依流水，巍然屹立在天地之间，这便是香坝河特大桥了。项目三分部总工李建锋告诉我们，香坝河大桥全长652.2米，其中主墩分别为107米和106米，为成贵铁路全线最高墩。桥梁墩柱在35度至60度的斜坡地形上施工，当地原有的杨扎公路仅有3.5米宽，难以满足大型施工车辆通行，为了到达主墩作业，沿山开辟便道一共用了半年时间，开辟出5.5米宽的便道共7.6公里，满足了施工需要。

“从桩基、承台、墩身到大跨连续梁施工，我们的方案优化从来没有停止过。”三分部经理张维远介绍说。

据了解，根据不同时期施工不同部位，项目对编制的施工方案逐一评审、优化。承台一次性浇筑3500立方混凝土施工中的《大体积混凝土施工方案》，将降温导水管由两进两出优化为四进四出，增加水流速度，有利于降温，保护了工程实体质量；完善了墩身模板配置方案，根据工期统计模板制作数量、周转次数、组合形式，提高了桥梁之间材料的相互通用性，节约成本89万元；对内作业平台进行优化，减少钢管用量，同时提高安全性。

在香坝河两岸，草木郁郁葱葱，这片壮美山河并没有因为高铁的到来而凋零。项目为了保护生态环境，对边坡进行植草，共7000多平方米。

威信、镇雄山高坡陡，铁路大部分建在山区，自然条件恶劣。用分部经理明晓伟的话说，这里“路难、水难、电难”。然而比起艰苦的生活环境，高瓦斯隧道才是项目面临的真正的难险所在。大地坎1号隧道属于高瓦斯隧道，掘进至320多米时出现煤层，施工中需要慎之又慎。分部经理明晓伟讲到，为了让员工们正确认识瓦斯，分部通过学习规范，邀请专家等方式做足了功课。在施工中“监测到位、设备防爆改装到位、管理到位”保证安全生产。

项目最艰难的横洞工区，担负文阁隧道3127米的高瓦斯，浅埋地段，富水区，反坡排水，岩溶等施工重任。项目一分部在施工中面临的问题最为复杂，车站、隧道、路基、桥梁、涵洞等工程一个不落全部包含。分部经理叶鹏勇说：“相比于施工难度来说，施工组织对我们的考验更大。”

威信车站路基桩板墙算是一个亮点，长806米共204根，工艺水平得到业主认可。

七项新工艺　道道务实　招招精准

“创造新工艺不是为了展示观摩，也不是为了评优获奖，而是为了切实提高劳动效率，让工人用着不顺手的新工艺就是失败的新工艺。”项目二分部经理李文刚说。

成贵铁路10标自进场以来，为提高隧道、桥梁施工质量水平，杜绝质量通病发生，减少病害，项目部打破以往的施工工装及工艺、设备，在本项目管段内推行推广使用了七项新工艺。

“实用才是王道”，项目从设计、推广新工艺以来，就是以“高通用、易上手”为原则。仰拱弧模及端模施工有效地保证了仰拱砼质量；防水板半自动化挂设平台增大了防水板的挂设宽度，并保证松弛度，节省人工；防水板超声波焊接技术保证了防水板焊接质量；二衬端模中埋式止水带固定保证了二衬混凝土质量和止水带完好无损；止水带热熔焊接技术保证了止水带焊接质量，并操作灵活；隧道水沟电缆槽移动模架施工工艺提高了劳动效率；隧道爆破开挖水压爆破工艺充分利用爆破能力，大大降低粉尘对环境的污染，就这“七般武艺”。成贵铁路有限责任公司董事长、总经理和党委书记张国力率领团队2次召开现场观摩会，予以全线推广。

“八字管理经”　人人用心　处处见效

一走进中铁一局成贵铁路10标项目经理部指挥部大楼，一张“成贵之星”的展板鲜艳夺目，上面张贴着每季度的优秀工作者照片，并附有个人简介。项目常务副经理、四公司副总经理蒋昌利用八个字阐述了经理部工作的核心思想：管理、监督、服务、协调。蒋昌利说：“经理部在项目管理中起主导作用，将安全、质量、进度、成本全部纳入其中。成贵项目管理目标可以归结为三句话：安全质量零事故，责任成本不亏损，信用评价保前三。”

为确保隧道施工安全，项目经理部将隧道施工监控量测工作作为确保隧道施工安全开工必备条件和关键工序严格进行把控，率先引进推广应用中铁西南院《隧道及地下工程施工监测信息系统》软件，组织技术骨干运行隧道防坍塌监控量测信息化系统，按照技术规范按时采集数据，对每个隧道进行严格把控。项目对瓦斯隧道管理尤为突出，组织人员编制了《成贵10标瓦斯隧道12项管理制度》，组织国内知名专家对通风方案、风险评估、有轨改无轨等方案进行多次优化评审，现场人员设备到位，多次邀请专家全员培训，使项目的瓦斯风险源全面受控。

开工以来，项目部取得良好成绩。成贵铁路及成渝客专（含代建渝黔铁路重庆枢纽工程）21家单位中信用评价取得两个第一、一个第二；曾在成贵公司及毕节指管段内连续月度评比获5次第一；项目部多人在成贵公司获先进标兵称号。

几年间，中铁一局成贵铁路项目部被中华全国铁路总工会授予火车头奖杯、成贵铁路项目部常务副经理蒋昌利被授予火车头奖章。这是成贵铁路全线16个参建单位中唯一获此殊荣的单位。

经过各参建单位数载的共同努力，2019年12月16日，成贵高铁全线通车，为威信的全方位发展创造了有利条件。驻扎在威信的中铁一局、五局铁路大军陆续撤离，转战到我们祖国的大江南北，开启新征程。但是他们在这片红色热土上付出的心血和汗水，将会滋养老区40多万人，福泽子孙后代。让我们永远记住他们的名字——中国中铁人！

（作者系威信县铁建办工作人员）

“电”亮美好生活

樊元强

经济要发展，电力必先行。怎样才能发挥好电力在脱贫攻坚工作中的基础作用和能源保障，是我们每一个电力人的思考点和发力点，作为供电局的主要负责人，我义不容辞，更觉得责任重大。但是面对1400平方公里土地，10个乡镇，40多万人用电的电网建设，又该从哪里抓起呢？农村电网改造、易地搬迁供电、插花安置户用电……毛主席说过“没有调查，就没有发言权”，所以就只能通过广泛调研取得基础数据，确立目标和思路。

威信电网起步于20世纪60年代，1964年第一条6.3千伏高压供电线路的架设，标志着威信电网开启了建设篇章，1979年，罗布至扎西第一条35千伏输电线路建成投运，威信电网输电网络开始形成，并得到不断发展。从1964年第一条6.3千伏高压供电线路开始架设到2017年220千伏徐家坝输变电工程建成投运，威信电网经历了从无到有，从弱到强，供电能力不断加强，供电可靠性不断提升。截至2020年底，威信电网运行220千伏变电站1座，容量180兆伏安；110千伏变电站3座，变电容量243兆伏安，110千伏线路5条，长度200.01千米；35千伏变电站8座（含开关站1座），35千伏主变压器13台，总容量79.05兆伏安；35千伏线路19条，长度219千米；管辖10千伏线路42条共1651.90千米，公变1912台，专变370台，容量230.09兆伏安。400伏及以下线路5228.48千米，中低压配网线路总长

7053.39 千米，自 2000 年以来累计投资 9.859 亿元，让 116730 户用户享受到优质电力能源带来的实惠。

威信电网虽然起步较早，然而，由于当时电网建设不够规范，质量较低，加之运行时间长，杆塔陈旧老化，甚至杆倒断线，导致电灯不亮，电机不转，电器不能使用，部分用户又回到了用煤油灯照明的时代。

为改变这一状况，全市充分利用国家“改革农电管理体制、改造农村电网、实现城乡用电同网同价”政策，加快了农村电网建设步伐。农村电网建设乃民生之计，群众所需，关系到广大农民切身利益，事关农村经济社会全面发展和农村稳定，我们应当站在构建和谐社会，促进地方经济社会发展，全面建设小康社会的高度认识农村电网建设和改造问题，把这项惠及老百姓的实事办好，使广大老百姓能够平等地享受到改革发展成果。农村电网建设和改造，不仅要考虑经济效益，还应当充分考虑巩固农村基础、维护社会稳定等因素，把经济效益与社会责任统一起来。将农电网建设和改造与易地扶贫搬迁、振兴乡村建设、小集镇建设等政府扶持的农村发展项目结合起来，合理规划，统筹安排。建立各方配合的农村电网建设管理体系，定期组织研究并解决农村电网改造中出现的新情况和新问题，加快农村电网建设速度，提高供用电质量。

从 2000 年第一批农网改造开始，威信电网建设进入了提升完善阶段。从 2000 年至 2015 年，威信电网先后实施了第一期、第二期农网改造、完善西部电网改造、无电人口通电工程及县城电网改造等多期电网改造项目，在农网改造后，农村电价从网改前的平均每千瓦时 1.20 元以上下降到同网同价的阶梯电价，并对“五保户”、低保户等实施每月 15 度减免政策，农民真正用上了“放心电，安全电”。但是由于部分 10 千伏线路架设时间早、供电半径过长等原因，部分地区供电质量及可靠性仍然偏低，譬如 10 千伏石坎线供电半径达 180 多公里，主干线长度近 17 公里，供电范围宽，且供电区域经过高铁、高速施工区，故障跳闸、涉电事故多发。10 千伏三桃新街线穿越雷区，线路通道等故障停电较多；早期架设的变压器容量不能满足人民日益增长的用电需求，甚至存在单相变压器（如石坎线黄茅草变压器）供电。

针对这一实际情况，威信供电局又继续投资实施电网改造升级。其中“十二五”期间，即2011年至2015年共计完成电网投资2.824亿元，建设改造35千伏线路20.46千米（其中35千伏“马旧线”17.91千米，35千伏“罗顺线”2.55千米），10千伏及以下工程部分27182.11万元，新建（改造）10千伏线路649.95千米，新建（改造）低压线路1385.94千米，安装配变846台，容量7.849万千伏安，项目主要涉及三桃、长安、林凤、罗布、高田、双河、水田、扎西、旧城、庙沟10个乡镇，45个行政村，607个自然村，改造户表31235户（无电户11944户），其中涉及民族乡改造1个3109户（双河乡），民族村改造6个2214户（天池村692户、半河村33户、玉京山村341户、坡上村325户、凤阳村230户、簸火村593户）。“十三五”期间，即2016年至2020年共完成农网工程投资7.035亿元；其中，新建220千伏徐家坝变电站一座，新建110千伏五显坝变电站一座，110千伏变电站增容1个单项，新增主变容量40兆伏安；35千伏部分1个单项，新增主变容量0.80兆伏安；新建（改造）10千伏线路310.99千米，新建（改造）低压线路860.97千米，安装配变702台，容量114.775兆伏安。项目主要涉及10个乡镇，70个行政村，304个自然村，改造户表10753户。

通过“十二五”“十三五”期间大力发展电力，威信电网发生了历史性变化。一是形成了以220千伏主网架为依托，以110千伏为骨干网架，以35千伏线路向各乡镇输电的电网格局；二是基本完成了县域35千伏输变电工程建设；三是以新建的35千伏输变电工程为依托，县域10千伏电网结构得到了不断优化，供电质量得到了进一步提升；四是扩大了电网覆盖面，全县83个行政村及所有自然村全部实现了通380伏动力电，农村经济发展的基础电力得到保障；五是降低了电价，全县“一户一表”覆盖率达到100%。农民用上了优质、放心、满意的电能。

自2015年党中央、国务院“精准施策、精准扶贫”的脱贫攻坚号角吹响以来，威信县易地扶贫搬迁安置及插花安置点数量逐步增加，2017 年 3 月，威信供电局组织了 255 车次，742 人次，对全县 10 个乡镇 83 个行政村 966 个自然村 8963 户进行用电需求信息入户摸底调查，取得了现场第一手资料，为项目的立项实施提供了支撑依据。大力实施改造升级、易地扶贫集中安置点通电工程、零星安置贫困户通电工程及分散贫困户户表安装工程。2017 年组织完成第一批小城镇、中心村农网改造升级项目共 27 个单项，完成投资 3359.44 万元。建设 10 千伏线路 26.99 千米，低压线路 137.08 千米，配电变压器 82 台，户表 1274 只。完成 2017 年农村电网改造升级项目共 18 个单项，完成投资 632.88 万元，建成 10 千伏线路 3.78 千米，低压线路 21.96 千米，配电变压器 28 台。完成易地扶贫搬迁集中安置通电工程共计 37 个单项，完成投资 1125 万元，建设 10 千伏线路 7.84 千米，低压线路 63.92 千米，配电变压器 33 台，完成零星安置户规范用电项目共计 18 个单项，完成投资 1181.72 万元，组立电杆 1620 基，户表安装 1204 户；完成大修项目共 35 个，资金 916.59 万元；完成 2017 年技改项目共 25 个，资金 624.24 万元；完成 2017 年农电三项费用项目 8 个，资金 570.51 万元；通过大修、技改项目的实施，进一步提高用户电能质量，提升了供电可靠性。

2015 年至 2018 年，威信电网累计投入资金 20293.04 万元，改造 10 千伏线路 166.14 千米，低压线路 1051.92 千米，改造户表 40105 户。完成易地搬迁集中安置点配套电网项目建设 24 个，投资 2172.13 万元，新建改造变压器 35 台，容量 7245 千伏安，完成户表安装 2422 户。贫困村通动力电及易地搬迁集中安置点用电：共计投入资金 14543.06 万元，改造 10 千伏线路 150.46 千米，低压线路 682.88 千米，配电变压器 362 台，改造户表 8882 户。完成了 39 个行政村通 10 千伏动力电，行政村所辖自然村通 400 伏动力电。全面实现了全县 80 个行政村及所辖 1621 个自然村通动力电。建档立卡贫困户用电保障：共计投入资金 4624.98 万元，建设 10 千伏线路 7.84 千米，低压线路 300.83 千米，配电变压器 64 台，改造规范户表安装 29092 户，其中建档立卡贫困户 10646 户。确保了贫困户房屋建设完成，实时满足了贫困户搬新家、住新房的供电需求，为贫困地区脱贫摘帽、致富奔小康提供了坚强的电力保障。

按照行业脱贫标准，组织完成认定台账编制。按照“各行政村通 10 千伏电源、各自然村具备 380 伏通电能力”的脱贫评价标准，局安排工作人员 11 人，分别到 80 个行政村进行了电力行业扶贫的认定，经贫困村村委会和昭通威信供电局认定：威信县“贫困村通动力电”指标达到出列标准。

把满足人民追求美好生活的电力需求作为公司一切工作的出发点和落脚点，让广大人民群众，特别是贫困地区的老百姓从“用上电”到“用好电”。注重做好电网建改造升级工程，统筹做好低电压台区整治，积极配合全县 87 个行政村（社区）基础设施建设、特色产业培育、能力素质提升、公共服务等建设，确保全县贫困人口如期脱贫。截至目前全县 80 个贫困村已经全部通 10 千伏配网线路，80 个贫困村所辖村民小组已经全部通 380 伏动力电。

威信电力的历史，凝聚着威信电力人一生的奉献精神，每一条线路、每一座电站和每一座变电站都记录着威信电力工作者的无私奉献和拼搏的身影。

（作者时任威信县供电局党委书记）

用心用情用力打好电力助推脱贫攻坚战

王绍雷

威信县地处滇、川、黔三省接合部，既是革命老区县，也是国家级贫困县，带着历史的荣光，经过艰苦的岁月，走进了新的时代。老区威信有快速的发展，有辉煌的魅力，也有贫穷的缺憾。

经济要发展，电力必先行。电力是经济发展的先行官，更是一项服务民生的关键工程，经济的腾飞和民生改善离不开电力的支撑。经过近 20 年电网改造建设，威信县域供电能力和服务质量得到显著提升，安全可靠的电力供应为贫困人口脱贫致富奠定了坚实基础。

点亮易迁安置点群众的幸福生活

威信县龙溪小区易地扶贫安置点紧邻县城，建设工程项目占地 422 亩，建房 7 栋 919 套，共安置扎西、水田、双河等 7 个乡镇的易地搬迁对象 879 户 3901 人，其中卡户 872 户 3870 人。因为是昭通市第一个高层建筑小区安置房，配电设施设计安装要求相当高。由于楼宇电气部分的配电设施建设和电网延伸还存在政策盲区，给项目立项和前期可研带来了较大的困难。时间一天一天过去，距离春节前交付使用的期限越来越近，但是可研批复一直没有下来，工程落不到实处。我作为县政府联系领导，深感责任重大。为此我带领威信供电局相关领导到昭通供电局反复对接可研批复下达，纳入年度项目前期计划，对现场多次进行勘察和方案比对，先后3次组织召开龙溪小区可研方案研讨会，终于在2018年10月16日，项目可研批复下达，纳入前期计划。

前期工作一经准备就绪，我就立即把县龙溪小区搬迁安置指挥部、县开投公司、云南建投、威信供电局、云南瑞能公司威信项目部相关负责人召集在一起，召开了一次又一次工地例会。努力终于换来成效，1天后箱变基础开始开挖；2天后云南建投施工单位开始进行电缆管沟施工；3天以后备用电源全面施工；4天后第一基电杆开始组立；7天后所有箱变基础浇筑完毕；8天后备用供电线路全面安装架设就绪，为推进室内工程施工提供了电源保障。

时间很快到了腊月二十七日，这天清晨当我来到施工现场的时候，云南瑞能施工项目部施工负责人早已经在施工点清点现场设备，与前段时间热闹的施工场景相比，现在只剩电力工人还在坚持工作，心里既紧张又酸楚。早上9点半，我在配电房再次召开推进会，10点刚过，施工小组按照会议的分工和安排，快速进入紧张的施工中。下午5点，双回10千伏线路全部完成搭接工作，对讲机不断传来“1号变完成”“2号变完成”的工作信息，我很清楚地记得《新闻联播》开始的时候，杆上的高空作业人员全部完成工作任务，撤回施工集结点。晚上8点，10千伏主线路送电成功。通过2个多小时的紧张调试后，晚上10点，配电箱顺利供电。

架起“人民电业为人民”的连心桥

扎西镇是威信县城所在地，也是贫困度相对较深的一个乡镇，常住人口占全县人口的四分之一左右。为扎实开展好扎西镇脱贫攻坚电力扶贫工作，我多次对扎西镇供电设施建设现状进行深入调研，组织威信供电局、扎西镇人民政府领导召开协调会，协调解决电网建设过程中的各项问题，旨在从供电服务方面全面提升人民群众的获得感、幸福感和满意度。

在脱贫攻坚供电服务方面。先后实施了农村电网改造升级、完善西部电网、低电压台区改造等工程，始终围绕电网升级改造、服务农业农村生产发展用电需要、推动供电服务提升，一步步做好扎西镇电力建设工作。到2020年，农村居民客户端电压合格率达98.8%，农村供电可靠率达98.27%，基本建成安全可靠、经济合理的现代化农村电网，为脱贫攻坚提供了充足电力保障。

在电网建设及优质服务方面。自2016年以来，扎西镇累计完成电网建设投资7041.46万元，建设10千伏线路65.146千米；低压配电线路129.378千米，建设改造配电变压器140台，容量42565千伏安，改造户表2507户。基本实现集中抄表，完成大部分用户智能缴费绑定工作，实现了广大居民用户足不出户就可缴纳电费的服务目标。

在为民服务方面，成立了优质服务组织机构，制定人员职责，落实服务机构职能，推行“互联网＋”线上办电，实现线上受理、预约办电等功能，客户办理常用业务“一次都不跑”，非常用业务“最多跑一次”的服务成果。通过电网建设和提升服务水平，到2020年，使扎西镇电力脱贫攻坚工作取得了显著成效。

电力照亮新时代老区万户千家

脱贫要致富，电力是基础。怎样才能发挥好电力在脱贫攻坚工作中的基础作用？面对1400平方公里土地，10个乡镇，10多万用户的电网建设，又该从哪里抓起，这是我作为一名县政府联系领导的灵魂考问。

我首先通过多方面调研获取农村电力现状的第一手资料，为开展工作协调指挥挖潜力，打基础。2015年以来，威信县易地扶贫安置及插花安置点数量逐步增加，我组织对全县10个乡镇83个行政村966个自然村8963户进行用电需求信息入户摸底调查，为项目的立项实施提供支撑依据。为大力实施改造升级、易地扶贫集中安置点通电工程、零星安置贫困户通电工程及分散户表安装工程奠定基础。

从2000年第一批农网改造开始，威信电网建设进入了快速发展完善阶段，先后实施了第一期、第二期农网改造，完善西部电网改造，无电人口通电工程及农村电力体制改革等重要项目，在农网改造后，农村电价从农网改造前的平均每千瓦时1.20元下降到同网同价，并对“五保户”、低保户等实施每月减免政策，农民真正用上了“放心电、安全电”。

目前威信电网运行220千伏变电站1座，110千伏变电站3座，35千伏变电站7座，全县“一户一表”覆盖率达到100%，优质高效的农村电网逐渐形成。2015年至2020年威信电网累计投入资金28602.13万元，改造户表42965户。农村电网的投资建设，有力确保了全县贫困户搬新家、住新房的供电需求，为农村贫困人口脱贫致富奔小康提供了坚强的电力保障。

做好群众电力保障的服务者

俗话说：“知屋漏者在宇下，知政失者在草野。”从老百姓淳朴的话语和灿烂的笑容就能看出扶贫工作的成效。威信县圆满完成扶贫攻坚任务离不开威信县委、县政府的精心部署，精准施策，更离不开扶贫干部以及一线员工的默默付出，他们用坚守与奉献、汗水与努力，驻守在扶贫的“战场”上，可亲、可爱、可敬。在这场伟大征程中，威信电力人始终秉承“全力提供电力供应”的服务宗旨，努力为脱贫攻坚提供稳定可靠的电力支撑。

这些付出也许在整个扶贫蓝图绘制中微不足道，但他们以饱满的工作热情情系扶贫，用平凡的行动谱写了一首首感人至深的电力扶贫赞歌，用自己的实际行动完美诠释了“人民电业为人民”的企业宗旨。

在今后的工作中，我将一如既往地带领威信电力系统持续做好电网重点工程建设及农村电网升级改造工程建设，积极向上级争取项目资金，加大投入农村电网升级改造及加强中心村电网改造，按照“小容量、密布点、短半径”原则进一步解决中心村用电负荷集中地区的低电压问题。持续落实好优化电力营商环境工作方案要求，依据“高效、便捷”的办电服务原则，为巩固脱贫攻坚成效、建设美丽县城和乡村振兴工作贡献自己的力量。

（作者时任中共威信县委常委、副县长，现任威信县人大副主任）

小小水龙头　处处彰党恩

宗　林

打赢脱贫攻坚战全面建成小康社会，这是我们党向人民、向历史作出的庄严承诺。农村饮水安全是决战脱贫攻坚全面建成小康社会的底线任务之一，推进农村饮水安全工程建设，“解民渴、应民需”，从“源头”到“龙头”，“小小水龙头”补齐小康社会短板，确保农村饮水安全不漏一户、不丢一人，这是党恩的彰显。

挑水吃的日子不见了

天还未亮，方明富就起床了，挑着水桶摸黑走在崎岖小路上，这条路走了10多年了，路上哪儿有个小石头自己都清清楚楚。距方明富家400多米的地方有个小水井，这是全村20多户村民唯一的饮用水水源。一家6口人、2头牛、3头猪一天要用一石缸子水150升左右，方明富一口气跑了4趟，用了1小时左右就把石缸子装满了。小水井出水量不大，遇到干旱时，全村人排队等水，要三四个小时才能等到一挑水，部分村民晚上不睡觉排队。这是20多年前大部分威信农村人的生活缩影。如今方明富已经60多岁了，在党和政府的关怀下，一家人住进了新房子，设计有卫生间、厨房，还安装了太阳能，县水务局为全组安装了自来水，水龙头一拧开，清清的自来水就哗哗地淌出来，再也不用去远处挑水和排队等水了。吃水不忘挖井人，党的恩情比海深。

喝高氟水已成为历史

扎西镇墨黑村的主要产业为煤炭产业，附近没有干净水源，大部村民饮用水水源为从采矿风井、废旧矿井中挑高氟水。水里有黄锈，闻起来有很大的腥味，喝起来很涩，泡茶茶无色，做豆腐豆腐不成。村里老老少少、男男女女一口氟斑牙让人都不好意思开口讲话，氟中毒在这里相当普遍。这就是威信过去农村饮水的真实情况，祖祖辈辈喝着高氟水，一口氟斑牙就成了威信人的“名片”。从“十一五”后期开始，威信县党和政府部门把目标调整为解决饮水困难的同时解决饮水安全，群众不但要有水喝，而且要喝干净水，千方百计找水源、筹措和争取资金解决高氟水问题，目前全县 23.13 万饮水不安全人口已经全部喝上了安全水。

抗旱应急，不让一名群众没水喝

2009 年至 2011 年云南大旱，各地水源枯竭，老百姓四处找水源，大部分农村用水要到几公里甚至十几公里外去人背马驮。许多老百姓最后只好卖了牲口，全家出门打工了。威信县各级党委政府积极组织干部群众抗旱救灾，水务局在抓好现有水源统一管理和调配的同时，千方百计筹措资金增加抗旱水源，加快应急水源工程建设。指导村民挖水窖，找来专业地质勘察单位打深井。组织协调运水、送水，不惜代价缓解群众饮水困难。

2020年是打赢脱贫攻坚战决胜建成小康社会的收官之年，在全国人民齐心协力抗击疫情的艰难时期，云南又大旱，100条河道断流，180座水库干涸。威信县水务局党组以8条硬措确保行业扶贫不出闪失。我局组织人员对全县饮水安全进行拉网式排查，切实做到网格化管理、户户清，对农户饮水覆盖的工程项目和水源、水质、取水距离、用水保障、管护机构和水费收缴等建立台账。水务局党组成员及水利工程建设管理站、乡镇水管站的同志顶骄阳烈日、跋山涉水，同时因疫情影响吃住不便，只能风餐露宿，通过找寻备用水源、排查维修管网漏损、加强群众节约用水宣传等措施，确保不让一名群众没有水喝。

找水源、踏管线、做方案

我县共10个乡镇，一村一寨、一河一坝、一沟一箐、一山一岭、一泉一塘奋战在农村饮水安全工程建设的同志们都能清清楚楚。我局技术人员对每一处水源的出水量、水质、水源稳定性、供水可覆盖村寨范围，都要经过反复的调查论证；对每一条管道线路及蓄水池位置都要经过多次现场踏勘、测量，并结合地形、地质、交通、施工条件进行科学比选；每一村每一户的入户管网都要因地制宜、结合群众用水需求和用水习惯进行优化布置。2016—2018年是威信县脱贫攻坚最关键的3年，我局完成了全县10个乡镇500多件农村饮水安全工程实施方案的审查论证，每个方案都经过了几次甚至十多次的修改完善。

罗布镇罗布社区毛坝村民小组，共有60户320人。全村用水水源为山箐水，近年水源开始枯竭，供水量严重不足。我局了解情况后，立即组织技术人员对现场进行勘察，经勘察，在茅坝村后山箐沟中找到一股水源，水质清澈，水量丰沛。经对水源点取水构筑物、水质净化设施、输水管线、高位蓄水池等建设方案进行反复论证、优化，工程顺利实施后，毛坝村民小组用水问题得到解决。

扎西镇观音小学、大坪上、仓头村民小组近 3000 人用水，受宜毕高速公路扎西隧道工程建设影响，水源水量大幅减少，不能正常供水。我局联合扎西镇水管站组织人员进行现场踏勘，在后山林场找到水源，并重新进行了水源取水构筑物、水质净化设施、输水管线、高位蓄水池等建设，解决了村民迫切的饮水问题。

筹资金、抓建设、控质量

农村饮水安全工程建设最难解决的是资金问题，威信县委、政府及水务局多方渠道，千方百计筹措资金，通过申报项目、做实施方案积极争取国家、省、市资金，同时县委政府通过银行贷款等渠道筹措资金用于农村饮水工程建设。麟凤镇木鱼包村民小组有农户 103 户 568 人，由于地理位置较高，无自流水源可以引用，村民长期靠水务部门 10 多年前投资 20 多万元组织劳力兴修的水窖饮水，但时间久了水质不能保障。面对这一情况，我局和麟凤镇党委政府下定决心不管花多大代价也要彻底解决木鱼包村民小组的饮水问题。2018 年，我局经过多次踏勘，制定方案，又投入 30 万元建设提水工程，让木鱼包群众喝上了干净的自来水。2020 年根据麟凤镇经济社会发展和脱贫攻坚需要，再次投资 65 万元在大雪山修建了 1000 方水池补充水源和安装管道，使木鱼包和附近 7 个村民小组 2000 余人饮水一并得到巩固提升。

“十三五”以来，全县农村饮水安全工程累计投入资金 1.34 亿元。全县87个村、社区（其中80个贫困村），17750户建档立卡贫困户74629人全部达到饮水脱贫4条标准。截至2020年8月，全县10个乡镇已建农村集中供水工程1560件，水源点500多个，新建或维修水池水窖1448口，安装各型管道7860千米，安装水龙头5万个，巩固提升了27.8万人饮水。

农村饮水安全工程建设点多面广，涉及千村万户，工程建设管理难度大，工程质量控制是确保群众喝到"安全水""放心水"的关键。为此，我局全面强化做好"三建三管"：按农村饮水安全脱贫4条标准建设、按工程设计实施方案建设、按整合资源资金建设，健全制度管理、登记备案管理、明确专人管理。我局随时根据全县农村饮水水源、水质、群众生活、居住地点的变化，开展农村饮水安全再排查和动态清零工作，逐村逐户逐工程进行排查，确保建档立卡贫困人口饮水安全问题全面清零。

重管护、建机制、强责任

加强农村饮水工程运行管理是贯彻习近平总书记提出的"节水优先，空间均衡，系统治理，两手发力"新时期治水方针的具体要求，也是水利部门"水利工程补短板，水利行业强监管"的具体体现。我县采取"五个一""两个三"工作措施，确保工程运行管理"三个责任"（地方人民政府主体责任、水行政主管部门行业监管责任和供水单位运行管理责任）和"三项制度"（农村饮水工程运行管理机构、运行管理办法和运行管理经费）落到实处。

"五个一"一个宣传。我们通过广泛宣传，让广大群众知晓节约用水、按量付费的重要性，自觉参与到农村供水工程运行管理中来。一个保护。凡是乡村集中供水工程，都要划定水源保护区对水源进行重点保护，目前，我县已完成20件千人以上供水工程水源保护区划定，下一步还将逐步对千人以下供水工程水源保护区进行划定。一个公示。每件工程水价、管理制度、管理人员落实后，及时制作“云南省农村饮水安全明白卡”发放到群众手中，并张贴公示。一个采购。凡是农村供水工程维修所需管材、水龙头、闸阀等材料，由乡镇统计后，报县水务局统一按程序采购，确保质量。一个考核。把“三个责任、三项制度”落实情况纳入对乡镇的考核内容，对进度快、效果好的乡镇给予表扬，对进度慢、效果差的乡镇给予通报批评。

“两个三”：落实三个责任。乡镇明确了地方人民政府主体责任、乡镇水管站监管责任和工程运行管理单位管理责任，并将责任人名单、监督电话等进行公示。落实三项制度。成立了威信县农村供水工程运行管理中心作为县级工程运行管理机构，出台了威信县农村供水工程管理办法，明确了县级运行管理经费的筹措和使用“三项制度”。

长安镇大山村民小组有 58 户 306 人，由于位置较高，方圆几公里内找不到可供水源，提水方案因投资大、运行成本高而多次搁浅，自解放以来几代人生活用水都是吃“望天水”，有了水泥平房后，屋顶成了多数村民的“蓄水池”。2018 年水务局投资 42 万元在该组建成提水项目，村民自筹资金安装水表，村民议事委员会制定了管理办法，选定专人对工程进行管理。通过运行成本对比，水价定为 3.5 元 / 立方米，按月进行收费。水价虽然略高，但想想几代人吃“望天水”的历史，村民都乐意交纳水费。农村饮水巩固提升工程在大山村民小组的成功实施，解决了当地群众饮水问题，结束了村民吃“望天水”、屋顶当“蓄水池”的历史，群众饮上清澈甘甜的自来水心里乐开了花。贫困户杨正雨家一共 7 口人，两位老人年老多病，本人常年在外务工，三个孩子还小，家里就媳妇一人操持家务，既要照顾老人孩子，还要干三四亩地的农活，负担很重。以前挑水吃要花费很多时间和力气，现在好了，再也不用挑水了，而且自来水很干净。杨正雨给笔者算了一笔账：以前自家每天要花半个劳力去挑水，保守估算半个劳力至少折 50 元，一个月下来光花在挑水上就要 1500 元左右，现在有了自来水，每个月用水在 4—5 方，平均每月水费也就 16 元左右，自己完全能够承受。通水当日该村一退休教师赋诗一首：雪花飞舞饮甘泉，甜进心里暖心怀；党的恩情永不忘，激励奋发奔小康。村民吃水不忘挖井人，都十分感恩党的领导，庆幸生活在中国特色社会主义的伟大时代。

目前，我县10个乡镇已建农村集中供水工程1560件，建立了清单，10个乡镇全部完成了工程移交管理手续，20件千人以上供水工程完成了定价并正常收费，千人以下供水工程定价基本完成，水费收缴正按计划推进。同时，加快实施农村饮水安全工程信息化建设，实现农村供水信息资源整合共享，逐步实现从取水、制水到输配水的供水全过程监管和水质监测常态化、运营管理数字化。

1990年以前，威信县大部分农村饮水水源都是水井、水窖、水塘、箐沟、煤矿等。水源水量、水质无保障，高氟水、氟斑牙问题是威信人祖祖辈辈无法摆脱的阴影。2016年以后，为农村饮水巩固提升阶段，农村饮水保障工作同时注重水量、水质、用水方便程度和供水保证率4个方面。2018年威信县脱贫摘帽后，县委政府仍千方百计筹措资金继续巩固提升农村饮水安全。

（作者时任威信县水务局局长）

心有灵犀一点通

梁 鸿

2018年9月14日，是威信扶贫攻坚进入冲刺的最艰难的日子，也是凤阳村李家坝基站开通的喜人日子。高田乡凤阳村地处威信海拔最高之地，是威信贫困面最大、贫困程度最深的村，贫困发生率65%，脱贫之前，处处房屋破烂不堪，60%以上的村民小组通电通信不正常。为了谋生，许多年轻劳动力远走他乡务工。家里老人和小孩与外出亲人联系都是靠手机。但因为没有机站，信号不通，很多时候群众要用手机通话，需要带着手机爬上海拔1620米的高山顶，依托四川方面传来的信号，才能给联系人员打一次电话。当天中午，秋风冷雨，作为县工业信息商务科技局通信扶贫的具体业务负责人员，我与有关专家前往该村民委员会验收最后一个竣工的脱贫攻坚基站。前进途中，在处处是“水混泥土”的弯弯曲曲山道上，一路颠簸，一路走走停停，有时1小时还前行不道20公里。当我们一行的车到邓家坪村民小组时，车轮陷进如田的公路里，进退难行。正在想方设法之时，路边的几位老人主动走过来协助我们，在大家的助推下，车才走出泥谭。当我们感谢完老人们准备出发时，机站同志来电询问我们的下落。看到我通完话，一位老人带着恳求和渴望的语气说：“同志，听说今天我们这里可以打电话了，能用您的手机给我打个电话吗？好久没有给广州打工的儿子和媳妇打电话了。”听到老人的话，我感到很心酸，这里群众等待通信太久了。当我拨通他远在广州的儿子的电话，听到儿子的声音，老人激动得呜咽不停、以袖拭泪、话不成声。这是几年通信扶贫中，所遇见的悲喜交加的场景之一。耳闻目睹，我们所有的人心里与眼里都灌满了辛酸泪，也包含了无比高兴和无比欣慰的泪水，因为截至2018年9月14日这特殊日子，随着今天我们验收最后一个竣工基站，威信终于实现了通信系统人和威信干部群众都梦寐以求的所有村民小组组组通移动手机信号的愿望，各个山旮旯的干部群众，只要心有所思，都可以利用手机，通过手指心有灵犀一点通。从这特殊日子起，过去未通信号的许多村民小组将告别无手机通信信号的历史，告别爬上高山用手机打电话的历史，告别依靠邻省、邻县手机通信信号通话的历史……威信移动通信随着脱贫攻坚，也在攻坚克难中步入历史性的新阶段。

在无比高兴和无比欣慰中，5年风雨征程的通信和网络扶贫历程，我所见所闻的一个个感人肺腑、催人泪下的网络扶贫故事，仿佛就发生在昨天；无数挥汗如雨、舍身扶贫的身影，依旧历历在目；无数干部群众欢声笑语、热泪盈眶的喜庆场景，不禁浮现在眼前……

而今迈步从头越

立下军令状，举手宣誓言。时光回到5年前。以脱贫攻坚统领经济社会发展的浩荡春风吹遍神州大地。县无线电办公室，作为县委县政府统筹协调通信和网络宽带扶贫的部门，提高站位，服务大局，为贫困山区构建四通八达的通信和宽带网络，更好地服务扶贫大数据平台、乡村电商、群众通信、党建促脱贫、贫困劳动力务工就业信息、帮扶管理系统等扶贫攻坚工作，提供信息智慧支持，义不容辞。而我，作为县无线电办公室主要负责人，更是责无旁贷。在县委县政府、局党组的领导下，立下军令状，协调移动、联通、电信等行业部门，齐心协力，投入这场新长征的战役中。

万事开头难，再难从头越。要开好头，摸清家底，是我首要的统筹工作。2017 年 2 月，自己协调和组织几家公司员工，经过 1 个月夜以继日、轮班作业的盘点清理和信号测试，结果显示：全县 87 个行政村（社区）1642 个村民小组，仅有数量屈指可数的 2G、3G 通信基站共 98 个，以及通乡镇、村宽带里程 127.4 公里。少之又少的设施，导致通信设施及光纤网络设施非常薄弱，移动信号站、宽带网络等覆盖率低，并且因设备陈旧，很多农村贫困地区开通的手机移动通信信号非常弱，甚至时有时无，大多光纤宽带网络仅仅覆盖到乡（镇）级且质量很差。不清不知道、一清吓一跳。面对历史欠账大，短时间必须补齐大量短板，实现完成村村网络宽带通达行政村办公楼、村卫生室、村完小和组组畅通移动手机信号的目标，数量多，任务重，时间短，难度大，骨头硬。但是，开弓没有回头箭，再难，我们仍然信心十足，迎难而上，发扬雄关漫道真如铁，而今迈步从头越的大无畏精神，为荣誉而战，尽职尽责，不辱使命，不拖后腿。

踏遍青山人未老

摸清家底后，深入实地，精准识别，规划引领，有的放矢，成为我重中之重的统筹工作。

差之毫厘，谬以千里。摸清家底后，2017 年 3 月，为精准规划未通宽带网络的村的宽带网络建设，以及未通移动信号的各村民小组的移动通信网络建设，我与几家通信公司技术人员利用威信有关图纸资料，按照覆盖半径对 1602 个未通手机信号的村民小组的通信基站进行精心规划设计，并附带宽带网络设计与规划。历时 1 个多月的夜以继日，轮班作业，在图上、电脑上终于完成了对 104 个点的布局，10 余人如释重负，无比兴奋。但纸上谈兵，是否精准，需要抽样验证。我们首先决定抽马鞍山基站。马鞍山属于高田乡凤阳村，与干田子、鱼井坝、河边上等村民小组连片，8 组 162 户 850 余人（其中卡户 106 户）居民分散居住在海拔 600—1633 米的高山、河谷地带，被四川叙永县的分水、白蜡等乡镇三面包围。长期以来，由于地处偏远、交通难以通达，因建设基站投资过大没有建设，很多群众一直依赖四川基站，但绝大多数在屋内接收不到信号，群众盼望手机信号进家门如盼亲人，朝思暮想。理论上，根据图纸的图标，在海拔 1621 米处的马鞍山梁子的一个斜出山顶建站，可以覆盖 96% 的农户。4 月 7 日，在一个风和日丽、春花烂漫的日子，我们在当地向导的带领下，带着斩荆劈刺的砍刀，背着粗大的越野用绳，沿着杂草丛生、荆棘遍布、密木挡道的陡坡，从河谷披荆斩棘、你拉我牵向上而行。在人人都经历满身湿透、衣裤划破、脸手伤痕累累、鞋子变形等遭遇后，达到制高点实地观测时，令人大失所望。这里纵山峰峦起伏，沿途横亘出列列高山，山随谷转，一站实际只能覆盖不到 33% 的农户。

克服千难万险，翻越万水千山。我县地处滇、川、黔三省接合部，属四川盆地向云贵高原的过渡地带，从海拔 260 米的四川盆地一路爬升到海拔 1900 米的威信县域。特殊地理区位，境内山川交错，河谷纵横，最低海拔 480 米，最高海拔 1902 米，95% 以上属于山区，不同村和村民小组，通过 GPS 测试，有时经度纬度相差甚微，有的甚至重合，给人以一站广覆盖的表象。43 万群众有的聚居城镇，有的聚居村落，有的散居高山野岭……千差万别的自然条件，很多村落之间或一山横亘，或一弯转折，或一坡度过大，左邻右舍的各村寨貌似紧邻，实则难以共享一基站信号。基于马鞍山、干田子、鱼井坝经验警示，规划设计必须一山一地考察。同时，马鞍山、干田子、鱼井坝的经历告诉我们，要取得布局规划设计的真经，大家要树立遭遇超过《西游记》九九八十一难的思想。但为了山区广大人民，万水千山总是情。我带着大家始终抱着红军不怕远征难、万水千山只等闲、踏遍青山人未老的战山斗难情怀，分组深入每个村民小组，风餐露宿，风雨兼程，忍饥挨饿，忍痛伤身，跋山涉水，亲力亲为，不畏千难万险，不惧万水千山，身临一山一山又一山，脚踏实地，多处着眼，纵横测试，历时3个多月，才精准完成近400个点的布局和设计，并在完成后按照省实施方案总体要求，制订了《威信县通信网络扶贫行动工作方案》，明确目标、任务、措施、时间等，上报通过市、省专家组的评审。

在历时3个多月的野外艰苦作业岁月里，我和大家一样，处处伤痕，衣裤划破了20多套，鞋子作废了20多双，人也瘦了20多斤……可是当我们看到山区人民的生活越来越好时，我们不后悔。正所谓：踏遍青山人未老，风景这边独好！

不破楼兰终不还

空谈误国，实干兴邦。为避免规划流于写在纸上、挂在墙上，2017年7月，一场时间倒计、任务倒逼的挂图作战战役全面打响。

王丹月，老一辈电信人的女儿，电信文化流淌沸腾在她的血脉里。19岁那年，她秉承父业，成为一名光荣的电信人。2017年，26岁的她，和所有通信系统的员工一样，投入了这场光荣的网络通信扶贫战斗。每天，毫不犹豫乘车颠簸来去，徒步翻山越岭，在高山之巅，冒着严寒，顶着酷暑，渴饮山泉，饥餐干粮，夜宿乡村，督促施工进度，一待就是5年。施工岁月，无灾不成年。陡坡、河谷的通信设施每至夏天，经常杆倒线断。即使灾后恢复，之后不停的暴风雨、洪水、泥石流、山体垮塌很快又毁于一旦。灾情就是命令，每次灾情发生，她都要和当地干部职工穿高筒水鞋，冒着暴风雨、洪水、泥石流、山体垮塌的威胁，统计灾情，恢复通信。有时因交通中断，公司救援无法到达的情况下，只好自己指挥甚至亲自参与竖水泥杆、架通信线路，抗灾自救。时常满身湿透、全身是泥、饥肠辘辘、浑身疼痛，被当地干部开着玩笑说：巾帼不让须眉，红颜更胜儿郎。因经常参与立电杆架线，还被取了“小猴”绰号。在爬高山、越野岭、跨深壑的通信工程建设中，王丹月只是不计其数的队伍中的一员。不破楼兰终不还。2016 年以来，为确保村民小组通移动信号，确保网络宽带到每一个行政村、村卫生室、村完小，我、其他所有通信网络建设者，没有一人当逃兵，风雨无阻，克服千难万险、踏遍千山万水，不停新建，不停维修，保证手机通信畅通，保证宽带网络畅通……但是，为此光荣使命和事业，我们都像王丹月一样，一次又一次受伤、一次又一次病倒、一次又一次站起，用顽强不屈的身躯支撑起昭通首批脱贫的威信县顺利通过国考、省考、市考。同时，建设中，也离不开当地群众的无私奉献。如凤阳李家坝基站建设，群众投入 120 余个义务工，开辟出运输基站材料的简易车道 600 米；李绍友家无偿为施工队提供住宿，动员群众免费提供田间地头的蔬菜。建设期间，像凤阳一样为施工队无私服务的群众超过 4 万人次，他们把建设基站视为共同的事业，共筑康庄大道。

5 年来，围绕主要实施新建通信基站、新增网络传输线路两大项目工程，补齐农村移动通信、互联网基础设施建设的突出短板，完善农村基础公共服务体系，据不完全统计，全县网络通信建设总投资 2.58 亿元，共新建、改扩建 400 余个基站，新架、改扩宽带网络线 400 余公里，实现了所有移动通信信号覆盖 100% 的村民小组，宽带网络 100% 覆盖到 87 个行政村（社区）的村民委员会办公楼、村卫生室、村中心完小，圆满完成了村出列的考核任务。

心有灵犀一点通

我难忘的一天。2018 年 10 月 1 日，凤阳村中心小学，整个场景喜气洋洋，不是过节，胜似过节。2000 余名各族群众，和网络通信系统职工载歌载舞，欢庆全村组组通移动信号，村办公楼、村卫生室、村完小、12个村民小组通宽带网络。公司提供多个大屏幕，许多老年人通过微信视频和远方务工的子女通话，专业人士现场把凤阳的竹笋、土鸡等传发世界各地，现场干部群众拍摄短片将欢歌跳舞的喜庆场景也传播到四面八方。随着凤阳最后一个村实现“两个100%”，威信通信网络随着脱贫攻坚，也在攻坚克难中步入历史性的新阶段。

“两个100%”的实现，保证1400平方公里红色大地手机通信畅通，以及各级行政办公地宽带网络通达，拉近了贫困地区与现代化信息化的距离，便捷了千家万户通信联系，无论干部远隔万里，普通群众身在何处，需要办事和联系，都可通过手机一点就办，真可谓心有灵犀一点通。罗布镇新庄村平坝卡户马银贵，一家10口人，手机信号未通前，家里孩子病，或者需要花钱，要花40多分钟到村上找人打电话才能联系上在东莞务工的孩子。有手机信号后，孩子给他买了手机，申请了微信，教会他使用微信收款、支付，他高兴地随时称赞：手机信号开通好，有事找人不再跑，用钱和缴纳新农合参合金等等，一点轻轻松松就做完了。

同时，“两个100%”的实现，还拓展农村创新创业空间，增强农民群众发展的外在动力，加快了贫困山区脱贫奔小康步伐，助推了贫困地区经济社会发展。如凤阳村李家坝、埂上、马腰杆等5个村民小组，是水竹、方竹、罗汉竹等盛产地，累计3.5万亩，一年四季均有不同竹笋破土而出，只是藏在深闺人未知。2018年，四组移动信号畅通、凤阳村电子商务站建成后，村委和群众成立合作社，利用信息化平台，通过微信、电商等把竹笋信息广泛传播，吸引四川、浙江20余个老板上门收购。仅2019年，这里198户群众利用出门百步就打笋的优势，专门竹笋收入就达到400多万元，其中赵礼泽一家打笋收入超过4万元，人均8000元。随着农村4G网络覆盖，按照电子商务精准扶贫“三有一能”建设目标，我县建立了农村电子商务运营中心，10个乡镇分别建成电子商务公共服务站，43个贫困村建立了村级电子商务公共服务点，绿源商贸、棒棒食品、家银合作社、万生养殖、亿丰农业、凤来养殖等一批扶贫企业，按照党支部＋公司＋基地＋农户＋电商模式，把扶贫农产品推销向世界各地。自脱贫攻坚启动以来，截至2019年，初建的电商累计实现电子商务交易额2.74亿余元，带动180个合作社、400多家企业、30000多农户等成功网上交易，其中带动8021户贫困户2019年户均增收2011元。威信脱贫攻坚，通信网络扶贫功不可没。

如今，随着乡村振兴不断推进，根据国家工信委要求，我已指导县域移动分公司等企业于2019年完成威信县（2020—2022年）5G和宽带网络建设配套共享设施建设规划，网络宽带、移动通信将更加广泛使用，依托"一部手机游云南""一部手机办事通"等11个平台，必将又开启网络宽带、移动通信的应用广阔空间，为产业兴旺、生态宜居、乡风文明、治理有效、生活富裕的乡村振兴，以及现代化威信建设插上腾飞引擎。

（作者时任威信县工业信息商务科技局四级主任科员）

让每个贫困老百姓都有一个温暖的家

王祖春

作为一名威信本地的党员干部，自 1991 年参加工作起，我就在住房和城乡建设部门工作了 17 年，从一名科员到副局长再到局长，在乡镇党委书记职务上干了近 6 年，又在扎西干部学院任副院长，参与龙溪小区的易地扶贫搬迁建设安置工作，直到今天任分管住房和城乡建设工作的副县长。在威信工作已近 30 年，不管是身处何职何岗，都与住房保障和城乡建设工作紧密相连、息息相关。

习近平总书记指出，“住房安全有保障主要是让贫困人口不住危房”。住房安全有保障，是贫困人口脱贫的基本要求和核心指标，直接关系攻坚战质量。在贫困户脱贫出列的标准中，住房安全有保障为一条硬性标准。为了打赢脱贫攻坚战，从 2009 年开始，中央、省、市县相继出台了农危改、易地扶贫搬迁等一系列的住房安全保障措施。这些政策，是党和国家保障民生的一项壮举，更是推进新时期社会经济发展、夺取脱贫攻坚全面胜利的重要举措，回顾近些年的脱贫攻坚艰辛历程，感慨颇深。

重任千钧，结对帮扶用真心

2015年11月，脱贫攻坚冲锋的号角正式吹响，县处级领导开始挂乡包村，既当指挥长、片区长，又当“施工队长”。全县所有的领导干部职工都与贫困户结对了“亲戚”。时任扎西干部学院副院长的我包保了扎西镇干河村和田坝村，所在单位也挂点水田镇龙洞村。我是从农村成长起来的干部，深知脱贫攻坚任务艰巨、责任重大，也知国家对“战胜贫困”的决心和信心。为尽快进入角色，努力使帮扶工作出成效，我多次带领干部职工深入挂点帮扶的水田镇龙洞村开展走访谈心、宣讲政策、引导就业及开展“三同五促”活动。对龙洞村河边村民小组所有的28户农户实行了遍访，并抽出时间深入扎西镇干河村、田坝村开展调查走访，和三个村“三委”领导班子密切配合，对照“户脱贫、村出列”的标准，认真采集贫困村、贫困户信息资料，确保各项数据信息客观、准确、有效，为乡镇、村组精准制订帮扶计划提供翔实依据。

水田，是我曾经工作过的地方。印象中的河边，通过2010年的“一事一议”公路修通后，“路通人和”，应该会有更多的变化。当越野车止步于油路，徒步于杂草丛生的“毛路”上，心随之而低沉。河边村民小组建档立卡贫困户6户17人，贫困率达18.1%，全组经济收入以外出务工和种养殖为主，常住居民可支配收入仅为2400元。由于地理位置特殊，公路间断性通行，户间道没有硬化。最让人揪心的是，全组还没有出过一个大学生，有能力的家庭纷纷搬出了村子，仅有的土地撂荒在50%以上。全组16栋房子只有2座水泥平房，且都是危房，看到与五年前的河边没有什么变化，心里无限惭愧。面对河边特殊的情况，我们与村民进行深入交流，深深感受到河边群众充满对美好生活的向往，对脱贫致富的迫切期盼。通过与县直部门和镇村领导的多方协调对接，这条路终于在2016年年初通过中低产田改造项目得以实施，对河边1.8公里入组公路和2.4公里户间路进行了硬化，彻底解决村民出行难的问题。历时半年，一条宽敞明亮的致富路点燃了河边村民致富的希望。如今的河边，已是青瓦白房、百亩李子园已成为河边的支柱产业，群众安居乐业，正在向着美好生活艰苦奋斗……

扎西镇干河村是扎西干部学院的帮扶村，由于村委会办公设施简陋，不少桌椅陈旧破损严重，难以继续使用。扎西干部学院始终将村支部阵地建设纳入帮扶计划，充分发挥党组织的战斗堡垒作用和党员的先锋模范作用，完善村党支部、村委会的各类软硬件建设，从扎西干部学院调至桌椅、打字复印机、文件柜、宣传展板等急需的办公设施，并为干河村特殊困难群体提供了百余床棉被，为助力脱贫攻坚、巩固党组织活动阵地、服务群众提供有力保障。

真抓实干，农危改特色路暖人心

威信，是一个典型的山区贫困县，全县有贫困村 80 个（深度贫困村 55 个）。2013 年，全县建档立卡贫困人口有 17798 户 74549 人，贫困发生率为 14.92%。全县危房存量 33612 户，约占全县人口户籍数的三分之一，其中还有不乏生活条件困难、无力建房的贫困户。如此庞大的体量要在短短 5 年时间完成蜕变，是对威信脱贫攻坚任务的大考。通过几年的探索实践，紧密结合县情实际，县级抽调专家技术人员组成专家组，奔赴 10 个乡镇开展现场分析研判。按照“屋顶不漏雨、墙体不透风、门窗要安装、地面要硬化，酌情考虑院坝”的标准，将危房改造分为拆除重建、修缮加固、兜底帮建三种类型，量身定制“一房一方案”，并采取边核边建、干部把关、现场定补、统一施工、据实计算的方式组织实施。扎西镇田坝社区学堂头村民小组王华书户，一家 5 口人。王华书老人长期患病，其儿子、儿媳、孙子身体残疾，小孙女在学校上学，一家人都没有劳动力，家里经济来源主要靠微薄的低保收入。第一次到王华书家中，一家人蜗居在不足 60 平方米的茅屋里，没有任何家用电器，翻开灶头上的米锅，一家人的午饭就是米汤水配咸菜。看到家中那般破败景象，了解到家中的诸多难处，我的心底已是为之一振，一种辛酸的滋味止不住涌上心头。当我把 1200 元慰问金送到老人家的手里，老人家“颤抖”的手与我紧紧握住久久不肯松开。通过与镇村干部研判并多方协调，我为该户危房进行了“兜底帮建”，协调东莞对口帮扶为该户获取 2 万元的爱心帮扶，再通过“社会扶贫”APP 平台面向社会为该户捐助了 1 万余元帮扶资金。考虑到该户建房后没有能力进行水电安装，便协调原财政局职工毕承钊同志为该户免费安装水电，使该户能尽早入住。

还有另一户建档立卡户黄赞武，说起黄赞武，还真不容易。2017 年，他成为我的扶贫对象，还因为扶贫的事情到村委大闹一场。经过走访得知，黄赞武的媳妇多年前就忍受不了他懒惰的生活习惯，便丢下两个孩子离家出走了。黄赞武 2015 年在外务工时左手不慎受伤，做了个大手术，大儿子黄东腿脚残疾，加上原来危房改造时不小心把黄赞武家名单落下了，让他产生不满情绪。为此，他还到镇里面告过状。我们的到来，让他看到了希望。在我的帮助下，黄赞武家申请到了危房改造修缮加固补助 2 万元，通过镇村干部的一起努力，还把他入户的连户路 150 米硬化了。想到他们家的特殊情况，两个儿子还在上小学，一家人没有收入来源，便按政策把该户纳入了政策“全兜底”。他真正受益后，也改变了扶贫干部在他心中的印象。

而今，每当到这些农户家中走访，他们眼中都满是感谢，总要喊喝口水、吃口饭，或许是聊表心意权当是感谢，也或许在他们的心中，早就把我当成了一家人。这些只是众多危改户建房过程的缩影。2013 年以来，通过农村危房改造解决 27272 户农村不安全住房，占全县危房存量的 81.14%，通过解决非四类对象建房问题 2510 户，占 7.47%。这些群众住进了新房子，圆了他们的安居梦想。

攻坚克难，易迁好政策得民心

为加快脱贫攻坚步伐，着力解决好“一方水土养不起一方人”的群众，县委、县政府确定将易地扶贫搬迁城镇化安置作为改善群众居住条件的重要手段，全县规划建设县城龙溪小区、双河比喜、高田大元子、水田上寨、麟凤小寨、庙沟瓦房寨等6个城镇化集中安置点。

2018年9月底，我任龙溪小区易地扶贫搬迁建设安置工作指挥部副指挥长。接受工作任务以来，我及时调整心态、抓紧学习政策，尽快进入工作状态，组建工作队伍、建设办公场所、完善工作制度机制，扎实有序推进安置对象搬迁入住、配套基础设施和公共服务设施建设、搬迁对象教育引导、后续扶持保障政策落实等工作。

龙溪小区安置点位于扎西镇石龙村马蹄井村民小组，是全县最大的集中安置点，计划安置扎西、双河、水田、高田、三桃、长安、庙沟等7个乡镇52个行政村搬迁对象879户3901人。其中，建档立卡贫困户872户3870人，同步搬迁对象7户31人。由于安置规模大，建设工期短，经报请省市同意，决定采取回购县城龙溪小区部分公租房改造和利用小区内空地新建3栋高层楼房的方式安置建档立卡搬迁对象。新建安置房采用EPC总承包模式建设，由大型国有企业承建，有效控制了建房时间及成本。建设之初，受气候、资金等影响，项目进展并不顺利，为确保工程建设顺利推进，改建安置房、新建楼房和配套公共服务设施能快速推进，我们采取调整工序、优化流程、倒排工期、增加工人和设备等措施，昼夜强推。在建设期间真正成了“不夜城”，每天有专人去数上工人数，每天坚持晚饭后召开调度会，学习政策文件、听取工作汇报、调度项目建设，及时研究解决工作中的困难和问题。通过多方的共同努力，龙溪小区最后一栋新建高层“A1”栋的封顶完工，标志着全县最大的安置小区安置房建设完毕，即将迎接来自全县7个乡镇872户贫困户的搬迁入住。

搬迁群众如何选房、搬迁后生活会不会习惯、满不满意？成为我们这一班人必须面对和攻克的重大课题。由于搬迁的群众大多来自边远山村，没有居住过高层住房，很多群众不懂得电梯、水龙头、电灯开关的使用，在群众入住前必须全盘谋划、全力服务。为了让大家在迁入新房时能尽快习惯“新家”的生活，我们协调扎西镇在龙溪小区设立党支部，配备支部委员4名，研究制定小区物业管理规约，编制关于居家安全常识、消防安全、电梯使用、环境卫生等方面的知识宣传手册发给所有搬迁对象学习，促使他们卫生习惯得以转变，还为每户搬迁群众配置了电视机、电磁炉、床被、沙发、锅碗瓢盆等必需生活用具。要求挂包干部到龙溪小区帮助他们适应生活，及时抽调涉及乡镇分管领导和工作人员入住龙溪小区开展搬迁对象管理服务工作，并协调县工商业联合会组织社会企业赠毛巾、肥皂、垃圾桶等日用品，帮助搬迁群众解决搬迁入住中的困难和问题。据统计，2013年以来，全县通过易地搬迁解决3727户，占11.09%。数万名贫困群众实现从深山到城镇的跨越。住进新房子、有了新产业，在贫困群众面前开启的，不仅有蒸蒸日上的新生活，还有广阔的奋斗新天地。

如今的龙溪小区，绿树环绕，文化广场、运动场、便民超市、卫生诊所、活动中心、小区物业等配套设施一应俱全。偶尔路过，还能看见花甲之年的群众享受着小区里散步的时光，从小区广场里不时传出孩子们嬉笑的打闹声，我想他们已经真正地融入了这片土地，真正地拥有了一个温暖的家。

（作者时任威信县人民政府副县长）

圆群众“安居梦”

姜兴党

威信县位于乌蒙连片山区，是革命老区，也是国家级贫困县，贫困程度较深。过去，农村群众居住条件落后，破败不堪的住房成为大家的困苦之殇。通过近几年实施农村危房改造，农民住房条件得到彻底改善，我们在确保“四类重点对象”全覆盖的基础上，将危改对象延伸到一般农户，真正做到应改尽改，让革命老区群众圆安居梦。

一组数据对比

为精准锁定危改对象，顺利推进我县农危改工作。2017 年以前，主要聚焦建档立卡户，2017 年 5 月后，由于农村危房改造政策的调整，全面聚焦四类重点对象，先后开展三次识别保对象精准。第一次是围绕贫困人口精准识别，同步开展住房安全认定。县四类重点对象危房认定和改造指导专家组共认定不安全住房 14583 户（四类重点对象 12167 户，易地扶贫搬迁 2416 户）。其中，C 级 2814 户，D 级 14222 户。第二次是 2017 年底，对因卡户和低保动态调整及眼光差异导致认定误差，对住房安全等级进行再认定。通过动态调整和部分认定结果调整后，确定我县2017—2018年农危改对象为14739户。第三次是2018年7月，聚焦脱贫出列，又组织对全县住房逐村逐户排查，对因灾等原因的新增危房进行认定，一并纳入农危改。通过三轮摸底排查、核实工作，做到危房摸底排查户户见面，并及时将初步确定的对象提供给审计部门进行前置审计，最终锁定2017—2018年农危改14822户。

2013年以来，累计投入资金85596.2万元（其中中央、省、市、县补助资金64871.45万元，贴息贷款18466.25万元，县级筹资解决非4类对象建房补助2258.5万元）。补助资金实行专项管理、专账核算，确保专款专用。2017—2018年，根据上级农危改相关政策要求，我县分类制定了补助政策。其中，修缮加固户，县财政按户均2.5万元补助资金下达到乡镇，乡镇根据农户"一户一方案"，在原则不低于2万元、不高于4万元的指导线内调节使用；拆除重建户，按照兜底户补助4万元、非兜底户补助3万元的标准执行。同时修缮加固户和拆除重建户均能享受政府贴息的信用贷款。2017年中央、省按照户均2.3万元补助，2018年，按户均2.1万元补助，缺口资金由县级自筹解决。

积极组织邀请有技术、有实力、有社会责任的建筑企业和农村施工队参与农村危房改造工作。要求建筑企业和施工队为其工人购买保额不低于50万元、附加医疗不低于2万元的工伤保险，县人民政府按每改造一户250元的标准给予建筑企业和农村施工队保险费补助，以确保危房改造质量合格、施工安全。基本做到了村村都有施工队、劳务队参与农危改。截至目前，全县应拆农危改危旧房9899户，已经拆除9024户，未拆975户，农危改拆旧率达91.2%。

进村入户认定和指导

2017年，我刚接手农危改工作，就赶上了危房改造工作条件最艰苦、时间最紧迫、压力最大的时候。贫困户要脱贫，住房保障是硬指标。为了精准锁定危改对象，2017年5月，正值全县开展贫困人口精准识别工作，县委政府组建了1000人的摸底调查工作队，分派到10个乡镇83个村开展贫困人口精准识别，同步开展农村住房安全等级认定。虽然经过统一培训，但“什么是A级房，什么是C级房？标准是什么？依据是什么？该怎么认定？”农村住房安全等级认定问题让很大一部分没有接触过此项工作的摸底调查工作队员一头雾水。县住建局局领导带队，抽调全局人员组建专家组，一段时间，除了值班值守人员留守外，住建局全员出动，分片负责10个乡镇住房认定指导，不分白天黑夜，不分晴天雨天，不分周六周末，进行巡回指导，各工作队只要有问题，专家组第一时间赶赴现场，及时解决。

危房认定不是简单的打个钩，填张表。“姜副局长，我们镇的某某户，对房屋认定等级不认可，请你们再来核实一下”“同志，我的房子怎么会定成B级，比我房子好的都定成C级了，你看，这个是我房子的照片”“我的房子因为下大雨影响，开裂了”。有镇村干部联系，有挂包干部反映，还有农户直接到住建局反映，因眼光差异导致认定误差，因灾害新增，动态新增等各种原因，我们先后组织开展了三轮大规模的住房等级认定、复核，做到了住房等级认定户户见面、准确。

“加餐”是常态

2017年下半年，在农危改工作最为吃紧，也是各类问题集中凸显的时候，各乡镇对补助标准、面积、贴息贷款等一些涉及政策性的问题无所适从，我们及时回应并提出相关建议，报请县委县政府研究后，县委办、县政府办曾在半个月内先后连续下发了3份文件，对乡镇提出的农危改方面困难和疑问及时给予答疑释惑和政策支持，为乡镇脱贫攻坚工作提供了坚实的政策保障。

“一接到你的电话，一看到你的短信，心就慌！”在和一些乡镇领导交流时，他们半开玩笑地对我说。的确，脱贫攻坚期间，大家不分白天和黑夜，不分周末不周末，“5+2”与“白加黑”是家常便饭，只要接到行业部门电话，不是请客吃饭，一定是安排“加餐”。白天进村入户，晚上汇总当天工作，遇到临时性工作，随时还要“加餐”。凌晨两三点仍在和各乡镇主要领导、分管领导联系对接工作是常态，乡镇接手了一项紧急任务的同时，手里面还压着数个紧急工作更是常态，但大家不敢有丝毫放松和懈怠。

说起农危改，看起来只是简单的几个字，但是，涉及的是方方面面。对象确定、补助标准、贴息贷款、方案制定、施工组织、建材组织、水电路布置、档案建立问题，事无巨细，都需要我们广大县乡村干部、广大农危改人一个个解决，遇到部分不理解、不支持、不配合的群众，踏破门槛、磨破嘴皮，只为争得群众理解和支持，推进危房改造工作。农户无能力建房，就组织工作队援建；农户不愿建房，组织队伍帮建，在各乡镇反馈交流中反映出，存在县乡村组领导干部上门做工作上百次才建房的情况，在部分乡镇，甚至存在不支持的农户提着刀“对抗”农危改帮建。但是，这些困难，都被我们农危改人一一克服了。

农危改人都是“万金油”

逢山开路，遇水架桥，在农危改的路上，我们农危改人风雨无阻。“感谢党的政策，同志们辛苦了，虽然是我修房子，但是你们比我更操心、更辛苦。”庙沟镇马河村村民陈绍才对帮助搬新房的扶贫干部满是感谢。

2017 年，在得知自家的建房政策得到落实后，庙沟镇马河村村民陈绍才和妻子马不停蹄地开始了建房。然而不幸的是，在打地基的时候，陈绍才不幸脚受伤，建房工作就此耽搁下来。挂包单位县委组织部常务副部长肖英龙带着两名部门职工吃住在马河村，与村“两委”、驻村工作队一道开展脱贫销号工作，并将该户问题列为工作重点。针对陈绍才户存在的思想上畏难情绪，房址交通恶劣的情况，通过镇村多次做思想工作，并为其争取社会帮扶资金，又安排镇村干部直接负责协调帮助，陈绍才终于答应重新开工。

通往陈绍才房址的公路为泥土路，坡度较大，拉建房材料的大型车辆无法通行。为了陈绍才顺利运输建材，帮扶人员一边联系砂厂，一边弯下身子填坑铺路，使车辆能够通行，建房得以继续开工。

12 月底，因私人矛盾纠纷，陈绍才运送材料的车辆被堵，工程再次停工，挂片干部第一时间入户调解化解矛盾。在停工期间，水泥因淋雨无法使用，雪上加霜的是道路受大雨影响坑洼较大，无法再拉材料上去，挂包干部再次联系土方石铺路。陈绍才的房屋主体建设终于完成，挂包干部又帮助陈绍才在威信县和庙沟镇挑选门窗。

临近年关，陈绍才原来联系的装修工人因价格原因无法按时入场，挂片干部通过多方联系终于在县上找到工人。屋漏偏逢连夜雨，拉装修材料的车辆又坏在了泥土路上，村“两委”及时协调挖机处理。之后每天挂片干部是开着私车将工人从县上带下来，一日接着一日做，陈绍才顺利搬迁入住新房，也才有了陈绍才的肺腑之言。

倒逼基础设施大改善

危房改造的推进，在一定程度上倒逼了基础设施的改善。通过多年农村危房改造覆盖，交通方便、基础条件较好的地方，危房改造基本完成，剩下的就属于半山、二半山区，公路通行条件差，甚至不通公路，基础设施薄弱，是脱贫攻坚住房保障工作难啃的硬骨头。但是，县委县政府下定决心，不管是多硬的骨头，都坚决将其嚼碎。用水的问题，水务部门全权负责，确保通水；用电的问题，供电部门负责架设到户；通路的问题，交运部门优先解决。

通往麟凤镇麟凤社区梁子上村民小组的村组路，以前一直是一条泥巴路，晴天一身灰，雨天一身泥，通行条件差，摩托车勉强通行，若是遇到下雨天，就变成了一条“水泥路”，难以通行的梁子上村民小组建房户就只能望路兴叹，但是危房改造迫在眉睫、刻不容缓。为此，县委政府专题研究，县住建局和麟凤镇及时协调县交运局，调整村组路硬化计划，提前完成了到梁子上村小组的道路硬化，“水泥路”成了名副其实的水泥路，极大地节省了农户建房成本，保障施工进度。

通过各级各部门的共同努力和艰辛付出，威信县农危改交出了满意成绩，答好了脱贫攻坚时代考题威信卷，实现了危房清零，住房安全有保障，通过国家、省级脱贫成效考核，顺利达到脱贫验收标准。

（作者时任威信县住建局副局长）

第四编　易地扶贫搬迁

脱贫攻坚“硬骨头”

范茂鸿

2015 年 11 月 17 日，云南省扶贫开发领导小组以云贫开发〔2015〕21 号文件下达威信县易地扶贫搬迁三年行动计划任务 4500 户 17487 人，其中建档立卡户 3000 户 11379 人。任务在手，首先是“为什么搬”，然后是“搬什么”，最后是“怎么搬”。从此，威信县开始了由发改局牵头，历时 2000 多个日夜的“战斗”。我作为发改局的一员，有幸于 2015 年 12 月起参与了这场战斗。

实施易地扶贫搬迁政策，不仅可以从总体上减少贫困人口，促进“老少边穷”地区经济、社会和生态环境协调发展，还对实现西部大开发的战略目标具有重要的意义。易地扶贫搬迁是新时期脱贫攻坚的标志性工程，在“五个一批”精准脱贫工程中（发展生产脱贫一批、易地搬迁脱贫一批、生态补偿脱贫一批、教育脱贫一批、社会保障托底一批）是“关键的一批”，是几轮扶贫开发后留下来的“硬骨头”，是脱贫攻坚重中之重、难中之难。这就是“为什么搬”。

那么，什么样的条件才能易地搬迁呢？易地扶贫搬迁是通过国家政策扶持，把生活在生态环境恶劣、不具备生存条件、地质灾害高发地区以及国家主体功能区规划中的禁止开发区或限制开发区等“一方水土养不起一方人”的“六类地区”贫困群众，按照群众自愿的原则，在政府的统一组织下，搬迁到条件较好的地方居住，按规划、分年度、有计划组织实施，实现迁入地在交通、医疗、文化教育等生产生活条件方面有明显改善，迁出区生态环境有效恢复，有利于贫困群众创业、就业，逐步提高收入水平和生活质量，确保搬得出、稳得住、有事做、能致富。因此，易地搬迁的前提条件就是，生活在“一方水土养不起一方人”的地区，即资源承载严重不足地区、公共服务严重滞后且建设成本过高地区、地质灾害频发易发地区、国家禁开或限制开发地区、地方病高发地区等，同时兼顾位于受泥石流、滑坡等地质灾害威胁，需要与建档立卡贫困人口一起整村搬迁的人口，符合以上搬迁条件的“应搬尽搬”。这就是“搬什么”。

精准识别搬迁人口，解决“搬什么”的问题，是易地扶贫搬迁工作的最关键一步。按照“三评四定两审两公示”的整户识别程序，搬迁人口生不增死不减，签订“三个协议”，我县共识别易地搬迁建档立卡户 3727 户 16255 人。按年度分，2016 年度实施规模内搬迁任务 7886 人 1793 户，2017 年度实施规模内搬迁任务 4048 人 923 户，2018 年度实施规模外搬迁任务 4321 人 1047 户。随同建档立卡整村整组搬迁的 478 户 1966 人，最终我县共实施易地搬迁 4205 户 18221 人。

易地搬迁，最重要的是“怎么搬”。首先是建立健全工作机制，制定工作方针，指明工作方向，熟知注意事项，禁越“三条红线”。2016 年 3 月 17 日，县委、县政府成立威信县易地扶贫搬迁指挥部，县委书记、县长任指挥长，常务副县长任副指挥长，发改、扶贫、财政、住建、国土、水务、交运、城投公司、农发行等相关部门为成员，为加强对易地扶贫搬迁工作的统筹协调和督促指导，实行党政“一把手”负总责的易地扶贫搬迁工作责任制和处级领导挂钩联系包保乡镇工作制度，每个乡镇各由 1 位处级领导包保；建立专题研究工作机制，县扶贫开发领导小组、县委常委会、县政府常务会一季度不少于一次专题会议研究易地扶贫搬迁工作，分析解决存在的问题，推进易地扶贫搬迁工程进度；建立月调度制，易地扶贫搬迁指挥部办公室每月至少召开工作会议 1 次，听取工作情况汇报、调度项目建设、学习政策文件、研究解决工作中的困难和问题；落实“双点长”负责制，2017 年底启动建设的城镇集中安置点安排 1 名处级领导任点长，负责统筹、指导、督促工程建设和搬迁安置工作。

接下来再完善配套政策，为易地搬迁工作的有序推进提供强有力的政策保障。县易迁办牵头，根据国家、省、市易地扶贫搬迁相关政策要求，结合实际研究制定了《威信县易地扶贫搬迁实施意见》《威信县易地扶贫搬迁整改方案》《威信县易地扶贫搬迁统规统建集中安置点搬迁安置工作方案》等一系列配套政策文件，形成正确贯彻执行国家、省关于对象识别、建房、补助、项目管理、资金管理等方面政策规定的政策体系。

然后，按照规划引领，开展易地搬迁。县易迁办牵头陆续完成了 23 个集中安置点新村规划、编制集中安置点实施方案 23 个，分散安置工程实施方案 10 个。6 个城镇集中安置点的住房、配套基础设施和公共服务设施采取统规统建，17 个农业化集中安置点采取统规联建的方式建设。分散安置的住房采取统规自建方式建设，基础设施和公共服务设施严格按照县里出台的项目资金暂行管理办法等要求实施。

城镇化安置主要采取集中安置方式。考虑到乡镇规划区土地资源紧缺，以及节约集约利用土地等因素，搬迁到建制乡镇规划区范围内的全部实施集中安置。全县新建集中安置点 23 个、安置建档立卡户 2042 户 8804 人，其中，安置点选址在组内 7 个安置 121 户 559 人、行政村 10 个安置 279 户 1324 人、乡镇 5 个安置 770 户 3054 人、县城 1 个安置 872 户 3867 人。

分散安置的严格落实建房政策，确保全体群众“搬得出”。通过落实补助、严控面积，让搬迁群众不仅住上安全稳固住房，又不因建房而大额举债。安置房建设严格执行建房政策，建房补助标准为人均 2.6 万元，其中人均建房补助 2 万元、签订旧房拆除协议并按期拆除人均奖励 6000 元，建房补助和奖励资金不得超过面积控制标准的建房成本，即 5 人及以上 1 户的建档立卡搬迁户建房户均补助 10 万元，签订旧房拆除协议并按期拆除旧房的奖励 3 万元。

在此，让我至今记忆犹新的是，罗布镇簸火村坪上安置点农户建房事件经央视曝光后，暴露出云南省执行中央补助政策的偏差。从此易地搬迁工作就踏上了漫长而坎坷的整改路。也因此，建房补助由原来的建档立卡每户贷款6万元加补助6万元的一刀切方式，改为人均2.6万元但不能超过建房成本。补助到户改为到人后，原来的一系列规划、方案、文件、档案全部推翻重来，而且涉及群众利益的纠葛，各类问题交织，千头万绪。最终，经过全县人民艰苦卓绝的努力，不断探索完善，向国家、向人民交上了一份满意的答卷。有的乡镇干部戏称，我们在"揉面团"，无论什么要求，我们都能满足，因为我们是共产党领导的干部。

最后，为保证搬迁群众不仅"搬得出"，还要"稳得住""能致富"。我们在规划易地搬迁工作时就要求落实社会保障及服务政策，保障易地扶贫搬迁群众的基本生活。配套基础设施建设主要有水、电、路、通信，"两污"处理、绿化亮化等；基本公共服务设施包括就业、就学、养老、文化体育设施、便民超市、集贸市场等。配套基础设施按照缺什么、补什么的原则实施规划建设，基本公共服务设施，结合安置地现有公共服务基础规划完善建设。23个安置点配套实施了道路、饮水、通电、排污排水、绿化亮化、活动室、活动广场等工程，部分安置点配套建设了卫生室、学校、商铺，分散安置户共享基本公共服务。建设完成配套道路117.5千米、污水处理设施28个、垃圾处理设施23个、改扩建幼儿园1个、新建小学1所、改扩建卫生室（所）2个、新建综合活动室（阅览室、图书室、会议室等）17个、新建文化活动广场23个。3727户建档立卡搬迁户全部通水、通电、通硬化路，广播电视、通信全部覆盖，就医条件明显改善，1241户有小学生家庭、931户有中学生家庭的就学条件明显变好。

"硬件"完善了，"软件"也要跟上。从农村分散居住到城镇集中居住，搬迁群众的生活环境、生活方式等方面发生了巨大变化，如何使搬迁群众在新的搬迁安置地遇事有人管、就近有保障、公平享受公共服务成为搬迁安置后续管理的重中之重。因此各安置点建立并优化公共管理和社会治理体系，规范城镇化安置社区管理，保障搬迁群众合法权益，合理制定物业管理服务收费标准，切实保障安置小区物业管理正常运转，确保为搬迁群众提供优质物业服务，从而实现“稳得住”。同时探索社区管理模式，确保群众融入安置地社会生活。17个组内、行政村集中安置点按照属地管理原则，由所在村委会负责，引导制定村规民约，实施自主管理。5个乡镇安置点和1个县城安置点分别建立了党支部，负责做好搬迁入住、社区治理、后续扶持等工作，开展“三讲三评”“三同五促”“文化进万家”“百场演出进百村”等活动，同时开展文明礼仪、家庭卫生、环境卫生、用电用气安全、电梯使用、消防和道路安全等培训，帮助搬迁群众摒弃陈规陋习，不断增强搬迁群众的情感认同，促进搬迁群众尽快融入城镇生活。对800人以上的安置点，实行党建“1＋8”模式强化管理，成立党支部，设立便民服务大厅、警务室、新时代文明实践站、青年之家、老年大学、妇女儿童之家、红十字服务站。开创以楼栋、年龄为网格的“两个网格化”综合服务管理模式，推进党建、综治、民情、文明四个板块融合，对群众实行精准有效的管理和服务，以完善基本生活需求为基础，精准、高效服务群众为目的，确保群众融入安置地生活，稳定下来。

搬迁是手段，脱贫是目的，就业是核心。易地扶贫搬迁坚持脱贫致富的目标导向，把就业作为核心，产业就业创业齐抓，确保搬迁群众“逐步能致富”。通过组织搬迁户劳动力进行规范化技能培训，大力开展订单式、针对性适用技能培训；采用多渠道就业，有计划、有组织地输出劳动力到外地务工；采取公益岗位兜底就业，对搬迁贫困户中的“4050”人员（指劳动年龄女40岁、男50岁以上，本人就业愿望迫切，但因自身条件较差、技能单一等原因，难以在劳动力市场竞争就业的劳动者），充分开发城镇和社区环卫、绿化、安保、交通协管、公共设施管护等公益性岗位解决就业；大力发展产业，增加搬迁群众收入，在维持迁出地各项支农惠农政策不变的基础上，盘活易迁“三块地”（耕地、林地、宅基地），鼓励和引导搬迁农户以土地承包经营权和林权流转、合作、入股等方式参与土地开发经营，因地制宜发展特色优势产业，紧密结合全县高原特色农业，规模化、集约化发展马铃薯、中药材、猕猴桃、魔芋、经济林果、竹子等重点产业。最终，有劳动力的家庭全部实现至少有1人就业，无劳动力家庭有167户全部实行整户兜底保障。

2019年年初，实施易地搬迁的建档立卡户3727户16255人通过云南省第三方脱贫摘帽专项评估，全部按当年标准实现脱贫摘帽。

如今，每当我坐在办公室回想起这2000多个日夜的奋战，有如释重负的感叹，更多的是无上的成就感。经过全县上下不懈努力，广大群众搬离生产生活条件恶劣的地方，阻断了贫穷的代际传递，彻底拔掉了穷根，过上了幸福、安康的生活。

（作者系威信县发展和改革局职工）

我的这五年

丁开砚

助人者自助。那些身处生活低谷的人，不过是早先领受了命运的困厄再给我们这些幸运者提供一些生存之道。这些年来，当帮扶者与贫困户结成帮扶对子，二者之间便形成了一个动词：脱贫。他们总是偶数，并彼此融合着。

地处乌蒙山麓的威信县，面积 1400 平方公里，最低海拔 480 米、最高海拔 1902 米，年平均气温 13.6℃，年平均降雨量 963 毫米，是一个集“老区、民族、山区、枢纽、美丽”为一体的欠发达县，也是国家乌蒙山集中连片贫困地区之一。从 2015 年开始到 2020 年，5 年时间里，我从县司法局到县发改局，从县发改局再到县人民政府，始终都与脱贫攻坚紧密联系、息息相关。5 年时间里，我的挂包户一户一户脱贫，挂包村一个一个地出列。5 年时间里，我看到一户户的贫困户搬出大山，走向致富之路。5 年时间里，我经历了身边的扶贫战士倒在扶贫一线，将生命定格在扶贫路上。5 年时间里，我既是这场脱贫大决战的见证者，也是参与者，更是记录者和聆听者。

易地搬迁——搬出来的幸福生活

根据组织安排，我于2016年8月到威信县发展和改革局担任党组书记、局长一职。2017年5月，根据省市会议明确安排由发改局负责易地扶贫搬迁工作后，我正式全面参与到脱贫攻坚这场史诗级的战役当中。为打好这场易地扶贫搬迁攻坚战，我及时学习理解国家、省、市易地扶贫搬迁政策，准确把握政策要点。因为只有政策理解吃透了，才能准确把握、正确贯彻落实，才能防止“跑偏走样”。在充分学习和掌握政策后，我围绕解决“搬迁谁”“往哪搬”“怎么搬”“按时搬”“稳得住”五个问题，以破釜沉舟的决心和勇气，不断调整思路和方法，全力以赴推进易地扶贫搬迁工作。

解决好“搬迁谁”的问题。搬迁对象精准识别认定工作是抓好易地扶贫搬迁的前提和基础，是关乎成败的第一粒“扣子”。若搬迁人口识别不精准，在开展工作的过程中会花上较多精力和时间去反复调整核实搬迁对象，延误工作。因此，我高度重视搬迁对象精准识别环节，按照政策规定抓好搬迁对象调查识别工作。严格执行优先搬迁居住在“一方水土养不起一方人”的六类地区建档立卡贫困人口的政策规定和要求，安排工作人员深入全县贫困边远村寨开展入户调查，并按照相关程序精准识别搬迁对象。通过逐级审核，在全县范围内认定了4205户搬迁人口，其中就有3727户建档立卡搬迁人口。三桃乡三桃村蚂蟥坡，山高坡陡、自然条件差，是我县一个典型的“一方水土养不起一方人”的六类地区，但当地群众因故土难离、对政策不熟悉等原因，始终不愿搬迁。对此，我多次深入当地逐户走访讲解政策，终于说服当地群众搬迁进城。上周我到龙溪小区安置点，蚂蟥坡的搬迁群众王林看到我后还拉着我说，当时幸亏听了我的话，搬到这儿比以前好多啦！

解决好“往哪搬”的问题。为保证搬迁安置点选址和规划科学合理，我带领各部门专业人员亲自选点，逐一查看，充分结合威信县地形地貌和自然条件，再根据本县城乡发展规划、土地（林地）利用总体规划和城乡总体规划开展实地调查和踏勘，选择靠近县城、重点乡镇、产业园区、旅游景区和中心村等公共基础及公共服务设施相对较好的地方作为安置点。为确保选址科学合理，我多次召开院坝会和专题会等征询群众和相关部门意见建议，2016 年在全县规划建设集中安置点 16 个，2017 年规划建设安置点 7 个（集镇安置点 6 个）。

解决好“怎么搬”的问题。为了及时解决在工作开展过程中存在的问题和难点，我每月至少组织召开 1 次办公室工作会议，专门听取工作情况汇报、调度项目建设、学习政策文件。在准确把握国家、省易地扶贫搬迁政策的基础上，我牵头结合实际草拟《威信县易地扶贫搬迁实施意见》《威信县易地扶贫搬迁项目资金管理办法》等一系列配套政策文件，形成正确贯彻执行国家、省关于对象识别、建房、补助、项目管理、资金管理等方面政策规定的政策体系。我安排人员将民居建设参考图集、户型设计图等发放搬迁对象，让搬迁对象了解房屋选址建筑基本知识。把易地扶贫搬迁政策编成通俗易记的顺口溜，印制成宣传画发放给搬迁对象学习。印制精准帮扶手册、易地扶贫搬迁明白卡等资料填发搬迁对象，让群众清楚知道享受的政策和扶持措施。编印图文并茂的《搬迁对象居家安全及文明卫生常识》《搬迁对象入住须知》等发放给进城入镇安置搬迁对象，让他们学习居家持家、防火防盗、文明卫生等方面的常识，尽快适应新家园、融入新环境。把宣讲易地扶贫搬迁政策知识作为结对帮扶干部、扶贫驻村工作队员走访贫困户的工作内容，向搬迁对象面对面宣传讲解。

解决好“按时搬”的问题。对于统规自建的安置房，我要求每户落实 1 名乡镇、村（社区）干部负责指导督促建设。对于统规统建的集中安置点，采取调整工序、优化流程等措施，尽量减少雨雪天气对工程造成的影响，采取倒排工期、制定工作时间表、增加工人和设备等措施，保证项目按期建成投用。现在，全县所有的搬迁户都已搬迁入住，并逐步稳定下来，朝着“能致富”的方向迈进。

解决好“稳得住”的问题。为抓实抓好扶持措施和政策保障措施，全面实现搬迁对象“搬得进、稳得住、持续能发展”的工作目标，我多次入户走访调研，了解群众顾虑，结合省市相关政策措施切实抓好后续扶持，切实解决好“稳得住”的问题。群众最关心的还是就业问题，对于那些进城入镇安置的零就业且有劳动力的家庭，我采取的是开发城镇公益性岗位，每户安排 1 个公益性岗位。对于有经营能力、一技之长的搬迁对象，我积极组织开展创业培训，提供信息服务，协调落实扶贫贷款、创业担保贷款等，支持、鼓励自主创业。积极主动调查城镇各类企业、施工单位（高速公路项目、高速铁路项目等）用工需求，优先安排搬迁的建档立卡贫困人口就业。为了保证搬迁群众中的留守妇女和年龄稍大劳动力就业，我因地制宜利用小区内安置楼房一楼铺面房、预留的地下停车场等空闲建筑建设扶贫车间，引进外商投资发展水晶饰品加工、电子产品组装、纺织品加工等手工车间。入学同样也是群众关心的头等大事。我积极协调教育部门负责制定搬迁对象子女就近就学工作方案，全面了解掌握搬迁户适龄子女义务教育阶段入学基本情况，解决好搬迁对象子女就近入学、学籍办理、教育资助等问题，确保搬迁群众与迁入地居民共享教育资源，享受各项教育扶贫资助政策。搬迁群众最放心不下的还是老家的土地。我们采取的是迁出地土地承包经营权利不变，拆除旧房后，宅基地复垦形成的土地经营权转增为搬迁户的土地承包经营权。充分开发利用迁出地土地、林地资源，使搬迁户获得稳定收入，宜于退耕还林的，全部实施退耕还林；林地和不宜于退耕还林的土地由村集体经济组织以合理价格流转经营管理，每年年初向搬迁户支付流转费。通过不懈努力，世代居住在生存资源贫瘠、边远落后地区的贫困人口 3727 户 16255 人通过搬迁“挪穷窝、断穷根”，生存发展条件明显改善。

王恒（化名）是三桃乡的搬迁户，家里 4 口人，搬迁到龙溪小区安置点后，王恒前往东莞务工，家里由妻子带着两个孩子在家读书。由于搬迁学生入学需要通过抽签的方式进行择校，两个孩子分别被分到第二小学和石龙小学。王恒妻子又在扶贫车间务工，根本不能同时接送两个孩子。了解这一情况后，我及时和教体部门联系，协调学位将其两个孩子换到石龙小学，既可以同时接送两个孩子上下学，又可以使其妻子在扶贫车间务工，真正实现家庭工作两不误。

“我是三桃乡的，我的老家在大山上，每次去赶场我都要走两个小时，很不方便。搬来龙溪小区后，我在珠珠厂上班，每个月有两千多，离城近，我晚上没事都会带孩子去转一下。我的孩子在桂花小学读书，感谢党和政府！”在和一位龙溪小区的搬迁户交流时，他这样跟我说。对此，我倍感欣慰、深受鼓舞。

劳务输出——走出去的致富道路

在组织关心下，我于2019年8月任威信县人民政府副县长，负责教育体育、卫生健康、医疗保障、人力资源和社会保障、农村人力资源开发、文化旅游和生态环境等工作。在新的工作岗位上，我继续写着在脱贫攻坚道路上的新故事。控辍保学、健康扶贫、医疗保障、劳务输出等一项项重要的扶贫工程，我都认真带头研究，努力做好这一件件惠民事业。而令我最难忘的，还是2020年年初的劳务输出。

威信人民有着代代传承的红军长征精神和在大山深处锻造出来的脱贫干劲，但因特殊的地理条件和滞后产业发展方式，外出务工是我县群众收入的主要方式。同时，威信县又是劳务输出大县，45万人口中就有劳动力25万，年均外出务工劳动力15万人左右。2020年1月，一场突如其来的新冠肺炎疫情席卷全国，全国上下进入了全民抗疫的紧张时期，群众外出务工受到前所未有的困难和挑战。为最大限度降低疫情对群众外出务工的影响，在县委、县政府的坚强领导下，我进行了充分调研，抓住省外转移的黄金“窗口期”，组织了一批又一批的劳动力前往东部沿海地区。

全面摸清劳动力情况是实施有组织转移输出的基础。我们全面统筹整合乡镇、村组干部、驻村扶贫工作队员和就业扶贫信息员等工作力量。从2月13日至20日，以村民小组为单元，采取上门登记、电话摸底等方式，对全县农村劳动力转移就业情况进行全面排查，逐户逐人进行造册登记，精准掌握全县劳动力人数和务工区域分布情况。重点对自驾出行人员、需要政府统一安排车辆返回原岗人员以及需要人社部门提供岗位统一组织输出等三类人员数量、出行时间、岗位需求等进行了详细摸底，为“点对点”输出调度车辆及务工人员的有序出行提供第一手资料。同时，积极协调中国移动威信分公司，在全市第一家开展“机器人外呼”服务，由智能机器人对我县外出务工人员务工地点、服务需求等进行调查了解，摸清务工人员底数。累计通过“机器人外呼”服务调查核实外出务工人员信息10245人次。

为了掌握各企业复工复产、岗位需求等情况，及时为群众提供就业信息，我安排专人负责开展岗位对接协调工作。于2月初先后派出2个工作组赴广东、浙江等地，与当地人社部门、企业进行协调对接，广泛收集企业复工复产时间、用工需求、招聘计划等信息，并将收集落实到的170多家企业5万余个岗位信息及时向务工人员宣传反馈。在“走出去”落实就业岗位的同时，又将用工量大、薪酬待遇较好的22家企业引进威信，在县内举办巡回招聘会，为务工人员提供2万余个岗位。同时，积极开展线上岗位推荐活动，定期通过各类媒体各种渠道发布就业岗位信息，切实做到岗位落实一批组织一批、企业开工一批到岗一批，竭尽全力帮助务工人员找到满意合适的岗位。

在新冠肺炎疫情肆虐横行的情况下，出行难办、岗位难找已成为解决群众外出务工难的核心问题。为此，在县委县政府的领导下，我积极与成都铁路局协调对接，通过14列专列、74辆客运大巴将16406名务工人员“点对点、门对门”安全、快速送到企业，其中有9560名劳动力享受乘坐免费高铁（大巴）外出务工，6846名劳动力享受半价补助和100元至200元定额车费补助外出务工，共计补助“点对点”有组织输送到浙江、广东两地务工人员车费达900余万元。真正让外出务工人员开心、顺心，让用人单位安心、放心，实现务工人员“出门上车门、下车进厂门”的闭环直达运送。

在交谈中，来自旧城镇的一名务工人员说道：“我们在家里已经玩了好久了，由于疫情影响一直待在家，不敢出门，票也买不到。这次感谢政府给我们安排了专列，如果不是这样的话，我们都不知道要拖到什么时候才能够返工。如果不返工的话，我们在家里坐吃山空就没办法供读书的孩子，还有家里的老人小孩，就没经济收入，没经济来源。”作为一名普通妇女，家里有孩子还在上学，父母还需要赡养，经济压力一直比较大，但受疫情影响，一直想走却走不了，在家很焦急。通过统一组织输送，一下解决了这个难题。

挂包帮扶——扶出来的别样人生

按照县委县政府的统一安排部署，我负责挂包长安镇。长安镇辖5个村（社区）110个村（居）民小组，总人口7257户32913人。全镇有建档立卡贫困村4个，非贫困村1个，现有建档立卡贫困人口1357户5767人。同时，负责结对帮扶高田乡坞城村海子村民小组5户建档立卡贫困家庭。

定期走访调研。严格按照县委政府扶贫工作安排部署，定期到结对帮扶对象家中及挂包乡镇走访调研，与乡镇一起对标对表分析研判，与结对帮扶对象一起找路子、算收入、讲政策。同时扎实开展“三同五促”和感恩教育活动，为群众排忧解难，针对帮扶对象提出住房楼道灯坏、墙体开裂等情况，及时协调安置点管委会帮助解决。

抓实问题整改。自挂包长安镇以来，我带头与长安镇党政班子和各村社区负责人，聚焦贫困退出“571”标准和巩固提升20条措施，对标“两不愁、三保障”工作要求，深入分析研判，全面完成97个各级反馈问题整改并长期坚持。

凸显帮扶成效。通过实施精准帮扶，我帮扶的5户建档立卡贫困家庭全部光荣脱贫，“两不愁、三保障”无短板，情感认同良好。4个贫困村于2018年脱贫出列，所有贫困人口于2019年全部脱贫。

余坤（化名）是我帮扶的家庭中最为困难的一户，虽然现在才50来岁，但妻子去世得早，家中就他一个人。2019年12月，由于积劳成疾，余坤患病在家，行动不便，生活不能完全自理，但因家庭经济拮据无积蓄看病。得知这一情况后，我立即将其带到县人民医院联系医生为其诊疗，并为其垫付医药费用。经过两周的入院治疗，余坤恢复了健康，目前他已经完全康复并能够参加劳动。

陈明（化名），家里5口人，2018年底搬迁至县城龙溪小区易地扶贫搬迁安置点。刚帮扶他时，他家住在高田乡坞城村的大山上，路不通，家里有三个孩子读书，负担重，又不愿外出务工，也不愿意搬迁。后来我多次入户和他交谈，为他添置了一些家具，帮他申请了就近务工补助等，他也渐渐转变观念，搬进了龙溪小区。现在大女儿毕业了务工补贴家庭，陈明也在小区附近务工，每月收入稳定，开启了自己下半生的别样生活。上个月我到他家去看望他，黑色的夹克，擦得发亮的皮鞋，还有他那“时髦”的发型，早已不是两年前的样子，变成了彻底的“城里人”。我刚到他家，他就激动地跟我说：“领导，我当时听你的话搬到城里，真是庆幸啊！这里真的是太方便了，我们村里好多人都羡慕我呢！现在我没事就在小区的广场里走走转转，真是谢谢你啊！”对于陈明而言，脱贫，不仅仅是物质上的脱贫，在思想上的洗礼才是最难能可贵的。作为一名帮扶干部，这应该是最大的鼓励和动力吧！

结 语

荣格说："谁向外看，他就在梦中；谁向内看，他就会醒来。"我们的脱贫攻坚是物质的，是收入、支出、房子、家庭、身体，是一日三餐和生老病死……我们的脱贫攻坚又是精神的，是留守儿童、精神障碍、道德信仰、人性人心，是理想信念和人生追求……物质和精神，他们相互依存、不可分离；而贫穷和富裕，哪是两条铁轨似的简单？他们无限长，却曲曲折折地交叉贯通，再扭曲地盘起，它们的行进路线总是波澜迭起。冬去春来，一切都是那么自然。

时代赋予了威信县和威信人民一个伟大的课题——脱贫攻坚。我是这个课题的见证者、参与者，也是记录者、聆听者。这五年来，我始终坚持党的领导，矢志不渝；始终坚持以人民为中心，为民服务；始终坚持事实就是，一以贯之；始终坚持不忘初心，砥砺奋进；始终坚持作风建设永远在路上！这五年来，我见证了威信县退出贫困县序列，17750户74629人减贫，80个贫困村出列，贫困发生率从2014年底的12.37%下降至0；我参与了3727户16255搬迁贫困户的搬迁致富之路，长安镇1357户5767人的脱贫历程，参与了教育保障、医疗健康保障和就业保障一件件伟大的脱贫工程；我记录着帮扶的5个建档立卡家庭的脱贫故事，记录着我在脱贫攻坚中的每个感人故事；我聆听着每位贫困家庭的心声和党的赞歌，我们一起奋斗，一起感动。

党的十九届五中全会提出，在"十四五"期间，要巩固拓展脱贫攻坚成果，全面推进乡村振兴战略，要实现巩固拓展脱贫攻坚成果同乡村振兴有效衔接。2020年是脱贫攻坚的巩固年，也是脱贫攻坚的收官年，习近平总书记为我们擘画了"十四五"期间的美好蓝图，而我也将在属于我的岗位上继续参与威信县艰苦卓绝的脱贫攻坚事业，书写着属于自己朴实无华的脱贫攻坚故事，记录着他人不屈不羁的脱贫之歌。

（作者时任威信县人民政府副县长）

红红火火过日子

郑百方

2019年1月5日，阳光终于从雾蒙蒙的寒气中洒了下来，让人格外温暖，似乎知道今天是个好日子，今天是上寨红韵小区搬迁群众搬进新家的第一天，早上9:00刚过，水田社区半坡居民小组陈绍军、陈吉林等11户搬迁群众在镇村干部组织的车辆上，将老家的生活物资通通运到红韵小区楼下，邻里之间相互帮忙搬运东西，大家干得热火朝天。镇干部谢建帮助搬迁老人艾宗刚将一袋50斤的大米搬上六楼，艾宗刚老人马上就提着酒桶子要倒酒给他喝，他说："这酒是为了搬进新家特意打的，今天高兴，请一定要喝。"是啊，今天是这些搬迁群众搬离"山卡卡"住进"凤凰窝"的一天，这天将永远记在他们每一个人的心里，今天的搬迁必将影响他们一代又一代人，他们将跟上广大人民群众的步伐走向美好幸福的生活。

水田镇上寨红韵小区易地扶贫安置点，位于水田镇水田社区上寨村民小组磨槽地，占地16.1亩，属于新建小区，于2017年10月开工建设，2018年12月竣工，由中铁八局承建，历时一年多建设完成，是我镇建设规模最大、搬迁人数最多的易地扶贫搬迁安置点，安置水田社区、香树村、河坝村、龙洞村4个村（社区）的易地搬迁对象69户219人，其中卡户65户210人。项目总投资2262万元，建设安置房86套、建筑面积7050平方米；配套基础设施有道路1573平方米、绿化400平方米。安置点所在地属我镇集镇范围，与集镇居民共用学校、卫生院、电力等公共设施，能够满足群众生产生活必要条件。完善的配套服务设施、健全的管理服务制度、较高的管理服务质量，对搬迁群众来说，搬迁后的生活环境与曾经的生活环境发生了翻天覆地的变化，这一变化深刻留在他们每一个人心中，必将影响深远。

搬迁入住后，在新的环境中，很多老年人不会使用新的家用电器，就有这么一次，搬迁户苏德银，家里就老两口，搬进新家后，从未见过和使用过新家用电器，甚至有次因为不会使用新式的锁，把自己锁在家里，我们不得不用挖掘机把社区干部举到二楼把门打开。经过这一次，我们知道，一定要想办法帮助搬迁群众熟悉新环境，学会使用新的家用电器，让搬迁群众在新环境中住得舒心、住得放心，加快红韵小区搬迁对象生活方式的转变。

我们多次组织由镇政府女职工和水田社区妇女干部组成巾帼志愿服务队和镇机关支部、青年人才党支部、水田社区党员志愿服务队到红韵小区开展文明礼仪、家庭卫生、爱护环境卫生、用电用气安全、消防和道路安全等培训，手把手地教搬迁群众使用开关，修冲水马桶，换灯泡等，以摒弃陈规陋习，促进搬迁群众尽快融入城镇生活。同时定期到小区了解群众生活中的困难，帮助群众解决力所能及的事情，在组织搬迁群众入住、收集住户动态信息、组织务工就业、协调解决住户困难等发面发挥了重要作用。

但是，我们毕竟没有住在那里，也有帮助不到位的地方，为了管理好小区，更好地服务搬迁群众，我们从每栋楼选举出 1 位有责任心、敢于担当、乐于奉献的搬迁群众担任楼栋长。以每个楼栋为网格单元，组成以“楼长 + 党员 + 包保干部”的“有事找我”3 人小组，分组包保楼栋，形成服务管理合力，管理小组主要负责及时反映群众诉求，协助解决矛盾纠纷和生活困难问题，对无法解决的困难问题建立包保台账，交由网格干部限时解决。对特殊群体特殊关照，我们整合安置点内工作力量，一方面是针对生活困难家庭、独居老人户、留守儿童户，采取申请临时救助、定期走访等方式进行关爱和关心；另一方面是针对精神病患者、智障家庭，积极联系卫计部门开展义诊行动，对患病比较严重的，主动联系送往精神病院，让他们能搬进来，稳下来。

最初动员群众搬迁的时候，大多数人觉得老家才是自己的“根”，尽管生产生活条件恶劣，他们也不愿意离开，水田社区半坡居民小组陈绍安和老伴郭天元，都是80岁的老人了，通过我们走访了解，他们二人有10多年的时间没有离开半坡到过水田集镇，固守“山卡卡”，每天仍然在地里“一身泥，一把水”地劳作，我们镇村干部和扶贫工作队一次又一次地走访，做思想工作，才动员他们搬迁进入红韵小区，这样的工作我们走访了一家又一家，其中的艰辛是为了他们的幸福明天。搬迁后，生活条件上的改变是他们最愿意津津乐道的事，在就医、就学方面每个人都有自己要讲的故事，“搬迁入住后，孩子们上学更方便了，不用再雨天冒着大雨，热天顶着烈日走五六公里上学了。”水田社区马湖居民小组王正海这样感慨道，马湖居民小组距离集镇5公里，由于地处偏远，至今未通公路，如今实施整组搬迁后，上学更加便利了，安置点附近100米就有中学1所，小学1所，幼儿园2所，按照就近就地入学原则，结合搬迁户意愿，对搬迁群众义务教育阶段学生，全部安排在距离小区较近的中小学校就读，达到了“两不愁、三保障”中的就学有保障。就医更加便利，集镇范围有卫生院1所，卫生所1个，并且根据相关政策，对小区所有搬迁建档立卡贫困户都由政府代缴了部分医疗保险，签订家庭医生，有效解决了群众看病难、看病贵的问题，真正做到“小病不出门，大病就地医”。还有小广场3个，其中红韵小区内部1个，为小区群众提供了休闲娱乐之所，走进小区里，已是花甲之年的老人们三五几个围坐在一起拉家常，享受着小区里悠闲的时光。

为确保搬迁群众就业有渠道、产业有支撑、收入有保障，让搬迁群众既要住进新房子，还要鼓起钱袋子。我们充分开发利用迁出地土地、林地资源，使搬迁户获得稳定收入。将红韵小区搬迁户迁出区未退耕的土地和低产低效林地纳入全县竹产业发展规划，利用迁出区900亩未退耕的土地和低产低效林地流转村集体或造林公司发展笋用竹产业基地，搬迁对象通过土地入股、收益分成的方式发展经营。同时，搬迁户可将政府无偿补助的到户产业扶持资金以股金的方式加入村级集体经济组织用于经营发展，占股比例按每股 1000 元计算，建档立卡户不承担经营风险，村级集体经济组织按照“固定回报 + 分红”的模式，按建档立卡户入股总额的年 5% 的比例作为固定回报，可实现每个搬迁户至少加入一个经济合作组织，享有一份稳定的资产收益。还编制产业发展计划，一户一策，帮助措施精准到户到人，每个搬迁家庭至少享受 1 项产业帮扶措施。也开展技能培训，积极动员群众外出务工。我们在红韵小区设立了便民服务大厅并设立就业服务站，安排专人负责，搭建劳动就业服务平台，引导小区劳动力向经济活跃地区外出务工。为提升搬迁群众就业能力，在小区内有针对性地开展种养殖等劳动技能培训 3 期 200 人次。针对小区中“大龄户”“一人户”等弱劳动力和不便就业的家庭，通过开发生态护林员、保洁员等公益性岗位，已安排 7 人就业，彻底消除“零就业”家庭。

易地扶贫搬迁的实施，大大改善了贫困群众的居住条件，搬出大山天地宽，群众真真切切实现“挪穷窝，拔穷根”的目标，过上了“旧貌换新居”的新生活，红韵小区安置点的人们正在以这里为新起点，向着幸福新生活全力冲刺。

（作者系水田镇人民政府职工）

危旧房户也有春天

张万春

“庙沟镇的脱贫攻坚工作太扎实了，确实是高质量的脱贫，特别是住房保障抓得好”，普查组的工作人员在入户普查后如是评价庙沟镇的脱贫攻坚工作。听到这样的评价，我心里莫名地产生一丝丝触动，一幕幕既心酸又感人的画面在脑海中浮现。

思想不通，示范带动

住房有保障是脱贫攻坚“两不愁、三保障”的重要内容。自古以来，百姓最看重的就是有个安全、温暖的家，农村危房改造工作就是改善民生、惠及百姓，实现群众住房有保障的一条重要途径。为了从根本上改变群众的住房条件，实现农户危旧房应修尽修，应建尽建，镇党委、政府成立了危房改造领导小组，由党政主要领导任双组长，并重点由我负责统筹抓落实。按照政策要求，C 级危房的改造方式以维修加固为主，D 级危房的改造方式为拆除重建，人均建筑面积不低于 13 平方米，不超过 18 平方米，上限为 126 平方米。

将上级的政策向建房对象宣传了以后，收效甚微，大部分群众都不理解支持，基本都是“我不要补助政策了，维修加固还不是那样子”“人均18平方米怎么住，等我以后有钱了自己修，不要补助政策了”等类似的声音。一方面脱贫摘帽的时间就要到来，另一方面是群众的不愿意，住房达不到安全稳固标准。为此，我深入开展走访调研，及时组织镇村干部一起探讨研究，如何才能更好地推动工作。群众不愿意维修加固，是因为担心改出来的效果不好；不接受人均18平方米，是担心以后不够住或不好住。“大家担心改出来的效果不好，我们先找一至二户作为样板房改出来让大家看看；担心人均18平方米不好住，我们和住建部门或者设计公司联系，做几个设计图供大家参考。”时间不等人，定了就干。随即便确定了示范户，联系施工队启动样板房改造，联系县住建局帮助设计户型。经过20多天的努力，第一户样板房完工，“青瓦、白墙、玻璃窗”的整体外观与之前破旧的形象形成鲜明的对比，室内经过简单粉刷装饰，简洁卫生。镇里立即组织镇村干部、群众代表现场观摩，并耐心细致向参加现场会群众代表做好政策宣传和解释说明。“目前，我们是脱贫，脱贫就是解决基本保障。让大家维修加固，限制建房面积，是国家不希望大家在这个阶段超出能力建大房子。建大房子一方面造成资源浪费，另一方面增加我们群众的负担，影响群众在孩子学习上的投入，影响大家的生活质量……”通过现场观摩，群众的思想逐步通了，不管是维修加固还是拆除重建的危房改造对象陆续启动建设。

能力不足，政府帮助

工作并不如想象的那么顺利，陆续又有新的问题暴露出来。庙沟社区宗德为，一个人居住生活，70多岁，耳朵不怎么听得见，沟通困难，他的建房成了问题。走访中了解到他还有其他兄弟，工作组就到其兄弟家了解情况。其兄弟对他的生活状况也很同情，经过工作组反复做工作，其兄弟同意帮助其建房。房建好了还有饮水的问题，马上又联系了挂包部门自来水公司，公司职工既提供材料，还安排技术人员帮助解决了实际困难。同宗德为类似的还有不少，有的家庭就两个老人，没有劳动力，也没有建房经验；有的就一个人，长期在外务工，仅过年过节才回家；还有的想建房，但邻里关系处理不好，找不到宅基地，问题多种多样。“镇长，我旁边这家不允许我修房，说是挡住他家的光线。”“镇长，我家的装修工人不干了，我认得的人不多，你能不能帮忙联系一下搞装修的人员？”那段时间，经常会接到这样的电话。针对这些问题，我们抓紧召集镇村召开推进会议，明确由镇村组织施工队帮助建设，组织工作专班帮助协调宅基地，及时解决建设中的困难和问题。

马河村大河村民小组的旧屋基处于半山之中，交通不便，贫穷落后。陈绍才是旧屋基最后建房的贫困户，可陈绍才这“家”搬得着实不易。为了节约建房成本，他们两夫妻你挖我背自己干，然而不幸的是，在打地基的时候，陈绍才不幸脚受伤，思想上产生了畏难情绪，不想再继续建房，建房工作就此停了下来。2018 年是我县的脱贫摘帽之年，为了全面销号贫困户的短板弱项，不带一个问题进入考场，威信县发起了脱贫攻坚“百日总攻”，陈绍才户的脱贫问题即实现住房保障就成了工作的重中之重。针对陈绍才存在的思想上畏难情绪和选址交通条件较差的实际，村委会以结对帮扶的同志为主体组建了工作组，工作组通过多次沟通解除了陈绍才思想上的顾虑，并承诺为建房提供帮助，陈绍才答应重新开工。复工后也并不顺利，陈绍才选址的地方公路是土路，坡度较大，拉建房材料的车辆通行困难。工作组马上又联系砂厂，砂厂同意免费提供砂石，立即就组织了几名镇村干部当工人，你挖我抬，填坑铺路，确保车辆能够通行，房屋得以继续施工。真的是一波三折，没过几天，因私人的矛盾纠纷，拉材料的车辆被堵，再次停工，工作组又及时入户化解矛盾，建房才又得以顺利进行。好不容易完成了主体，陈绍才原来联系的装修工人因价格原因不动工，新年将至，装修工人不好找，通过多方联系，终于在县城找到了工人，由挂包人员每天开着车将工人从县城接到工地。历尽艰辛，陈绍才的新房终于装修完毕。搬入新家那天，陈绍才激动地说："感谢党的政策，同志们辛苦了，虽然是我建房，但是你们比我更操心。"脱贫攻坚启动以来，全镇通过代建、帮建方式帮助残疾家庭、特困供养对象等困难群众完成建房 40 余户。

资金不够，大家来凑

"小宋，你的房子咋还不启动呢？""同志，没钱啊，光政府的补助远远不够，款也贷不了，不敢动。"经过了解，宋啟江之前决心要发展产业，已经贷款 5 万元，按政策不能再贷款了。怎么办呢，联系了信用社也没有解决的办法。突然之间，工作组心里面又有了想法，银行最近不是推信用卡吗？通过协调信用社，宋啟江很快办理了 5 万额度的信用卡，也相当于贷款，马上启动房屋建设。启动建设了，工作组一周至少 3 次到场催进度，有一家的施工人员和我们开玩笑说："同志，你们比主人家还催得凶，每次不是书记亲自来就是你们来，有时候一天来好几拨人，现在的工作与过去相比，同志们真是辛苦啊。"随着工作的推进，有不少群众房屋主体建完后就停了，没钱装修入住，资金不够成为最大的困难。面对困难，镇党委、镇政府一方面积极向县委、县政府汇报反映，争取支持；另一方面，根据县委、县政府的工作安排，党委书记和我带头，努力动员身边的企业家、爱心人士、干部职工捐款。为了推进工作，这时候彻底放下脸面，甚至为了自身的事情也未曾开过口的人士，只要觉得有一线希望，都把电话打了过去。经过不懈努力，争取了县级资金 50 余万元，动员社会各界人士和干部职工捐款 70 余万元，争取挂包部门协调资金 150 余万元，帮助 200 余户农户解决了建房资金不足问题。

住进新房，心里亮堂

在农村危房改造中，群众是最大的受益者，通过危房改造，群众搬离了“忧心房”，住进了“舒心房”，生活得到了不断改善。

“我家原来住的是砖瓦房，当时烧柴，时间长了房子熏得很黑，到处都漏雨漏风，破破烂烂。而且我们家庭人口多，住在一起特别拥挤，后来我们被纳入危房改造户，得到政策帮助后，我们才新修了房子，住上了小平房，感谢国家的好政策。”谈起住进新房的感受，马河村贫困户陈绍松这样对我说道。陈绍松是马河村甘榜村民小组的贫困户，家庭人口6人，自己身体一级残疾，基本的生活都需要人照顾，原来住房不安全一直是他的一块心病。通过享受农危改政策，他家修起了小平房。现在走进陈绍松家，房屋四面通透采光很好，地面干净整洁，洗碗池、电磁炉、彩电等家居用品一应俱全，还有一个视野开阔的院坝。傍晚，陈绍松的妻子还可以在这里和邻居一起跳广场舞，生活十分惬意。

崔光海是马河村刘家村民小组的贫困户，家中只有自己1人。原来他长期在外务工，回到家都没有一个合适的落脚处，只能同哥哥一家居住在破旧的老房里。2018年，崔光海被列为危房改造对象，在政府的关心和帮助下，他在交通便利的兰榜村民小组修建了新房。“住新房真好，政府免费给我修了40个平方米的房子，房间设计得也好，水电都安装齐全，还有城里面才使用的水冲厕所，从来没想过能住上这样的房子，非常地感谢政府。”拥有了新房后，崔光海对未来的生活越来越有信心。

在脱贫攻坚住房保障攻坚战中，我镇共实施农危改1274户，在工作过程中，虽然镇村干部吃了很多苦，受过太多累，有过不少委屈，但看到如今庙沟镇的群众住房旧貌换新颜，父老乡亲安居乐业，老百姓住得高兴，心里亮堂，我作为参与者和见证者，看着高兴，心里自豪，顿觉所有的付出都值得！

（作者时任庙沟镇人民政府镇长，现任双河苗族彝族乡党委书记）

搬进阳光明媚的春天

常吕祥

“人间四月芳菲尽，高山桃花始盛开。”2020年4月28日，锣鼓声、鞭炮声、欢笑声交织在一起，随着杨华宗户搬进新房，安乐村陈家山村民小组全部搬迁完成，搬迁的群众脸上洋溢着幸福的笑容。我站在人群中，看到这一幕感慨万千，思绪如潮。

思维桎梏——“住惯的山坡不嫌陡”

陈家山村民小组位于安乐村的东北面，有农户55户212人，其中建档立卡贫困户16户60人。有土地面积614亩，其中耕地172亩、林地442亩，群众经济收入以务工为主。该村民小组属“一方水土难以养活一方人”的典型山区，海拔1600米，山高坡陡，地质条件差，山体严重风化，在雨季时刻面临着泥石流、山体滑坡等地质灾害威胁。一些村民的住房存在地基下沉、墙体开裂等情况，村民的生命安全得不到保障，住房安全亟须解决。加上交通不便，饮水困难，电力设施简易，土地贫瘠，气候恶劣，基本丧失生产生活条件，整个村组贫困面大，贫困程度深，就地扶贫难度极大，适宜整村组搬迁。

2013年，由于陈家山属地质灾害点，经镇党委、政府与县发改局对接，计划将其纳入易地搬迁工程实施。我带领镇村干部多次到陈家山村民小组召开群众会，宣传搬迁政策，动员群众搬迁。受“住惯的山坡不嫌陡”的思想局限，虽然我们做了大量的思想工作，但收效甚微。除个别群众愿意搬迁外，大多数群众均不愿意搬迁，甚至还有大部分群众说搬迁连根都没有了，还谈什么致富，怕只会越搬越穷。为了推动工作，我多次带着工作组到陈家山逐户走访，详细了解群众的想法和诉求。通过走访，我了解到群众不想搬迁的背后还存在其他复杂的原因，大家主观认为是附近的银厂沟煤矿开采煤炭，导致陈家山村民小组出现地质灾害，一直都与煤矿有纠纷，想让煤矿出钱“全埋单”进行搬迁。思维桎梏、主观臆断、诉求超标、意见多样……工作陷入泥沼，推进异常艰难。

先行先试——“示范带动破题破局”

2015年，党中央吹响了精准扶贫的号角。随着脱贫攻坚的推进，2016年，镇党委、政府决定采取先行先试的办法，在安乐村实施易地扶贫搬迁工程。陈家山村民小组的卡户，除2户搬迁至麟凤东凤幸福家园外，其余14户与街上村民小组3户卡户共同搬迁到街上安置点进行集中安置。搬迁，关键在于做通首批搬迁户的思想工作。镇党委、政府决定成立陈家山安置点搬迁工作组，由我担任组长。2016年年初，陈家山还感觉到春寒料峭，我带领工作组便进驻村组开始了“5+2”“白加黑”的工作模式，我们带着房屋的设计图纸，找来党员代表、德高望重的群众，共同到群众家里动员搬迁。正如市委杨亚林书记所说，只要干部沉下去，脱贫攻坚必胜。精诚所至、金石为开，经过1个多月反复细致地做群众的工作，搬迁终于打开突破口。安置点工程于 2016 年 6 月正式启动，历时 1 年，工程于 2017 年 6 月全部完工，17 户建档立卡贫困户先后搬进新家。

时间到了 2017 年，陈家山村民小组未搬迁的群众看到已搬迁群众住上新房，交通、饮水、教育、医疗条件明显改善，他们感到非常羡慕，便选派村民代表杨波、李良维等到党委政府反映，希望把未搬迁的农户搬迁到安置点。这时，镇党委、政府察觉到整村组搬迁的时机已经成熟。为此，镇党委、政府与县发改局、县自然资源局对接，请求将陈家山村民小组剩余农户，采取随迁安置的模式，纳入安乐村街上易地扶贫搬迁工程项目。在县发改局和县自然资源局的支持下，2018 年 5 月安置点第二期工程建设如期启动，活动广场、文化活动室、路灯、绿化、道路、垃圾处理房等基础设施于 2018 年 12 月全部完工，今年 4 月完成了整组搬迁，全组实现了有房住、有饭吃、有水喝、有衣穿、能就医、适龄儿童有学上的目标。

"常镇长，快到家里来喝茶。"一声热情的招呼，让我的思绪回到现实中来。走进杨华宗的家中，映入眼帘的是墙上挂着的 55 英寸大彩电，沙发、茶几等物品摆放有序，地面一尘不染。"以前我家的住房虽然是瓦房，但因为地基下沉，墙壁、屋顶有很多裂缝，住在里面每天都担惊受怕的。要不是国家的政策好，做梦也想不到我们家能住上这么好的房子啊，共产党好啊，我们心里要感谢一辈子的。"当我问起现在生活怎么样时，杨华宗和全家人都洋溢着满脸的喜悦，一个劲儿地感谢党和政府的政策，感谢挂包单位省体职院和挂包干部的帮扶。在场的贫困户李洪德，抹着眼泪说道："搬迁前家里的住房破破烂烂，还面临着滑坡风险，一家 3 口人，妻子是精神病，儿子又患有肾衰竭，生活负担压得我们一家人喘不过气来。如果不是国家的政策好，把我家纳入建档立卡贫困户，还解决全家 3 个人享受特困供养政策，特别是我儿子李波，除每年报销医疗费外，民政部门还给予临时救助。没有党和政府的照顾和关心，我们一家人早就死了。"同样感同身受的，还有街上村民小组的建档立卡贫困户胡聪元，他高兴地对我说："我们家是贫困户，如果没有易地扶贫搬迁好政策，没有帮扶干部的帮助，我们一家5口人还挤在40平方米不到的破房子中，靠我们自己，一辈子都不可能修得起房，住得上新房子。”搬迁前，胡聪元一家人挤在街上村民小组不到40平方米的房子中，生活极其不方便。2016年，在镇村干部和驻村扶贫工作队的政策宣传引导下，动员其到街上易地扶贫搬迁点修建住房，使得一家人住进了100多平方米的大房子，彻底解决了住房问题。当我问他对今后生活的期盼时，他说不能忘记共产党的恩情，不能忘记镇村干部和驻村扶贫工作队，在今后的生活中，大家要和谐相处、共同努力，把日子过得更好，把安置点建设得更好。

致富增收——“实现搬得出稳得住”

搬迁只是第一步，搬得出还在能稳得住，群众腰包里有钱了才是硬道理，过上好日子才是最终目标。如何才能让搬迁的群众“搬得出、稳得住、能致富”？这就要拓宽贫困群众增收渠道。经过入户走访，与群众共谋致富之策，大家一致认为，按照“短能脱贫长能致富”的原则，结合陈家山地理条件和群众情况，目前只有走好就业和搞产业发展两条路子，短期脱贫主要还是外出务工，长远方面主要是种植方竹和猕猴桃。

在确定了长短结合的发展思路后，我与安乐村党总支书记严冰、驻村扶贫工作队韩亚培同志一起，到安乐村街上易地扶贫搬迁点，召开了群众会，与群众一起探讨搬迁后要如何发展才能脱贫致富，让群众心里有底，有信心脱贫。由于人多地少，土地贫瘠，一直以来外出务工是陈家山群众收入的主要支撑。“人多地少，土地还不出货，不出去打工，地里的收入是养不活一家人的，所以我们每家每户都有一至二人在外务工。有劳动力必须把工打好，在家里的就要想法挣钱，才能脱贫过上好日子。”群众会上，村民小组长杨波如实地分析了陈家山现状，并一语中的道出脱贫增收的路子。经过统一思想，陈家山搬迁安置群众明确了发展思路，一方面抓好外出稳定务工；另一方面就是把搬迁后的土地全部流转出来，交给村集体公司，发展猕猴桃种植。同时，安置点的14户建档立卡贫困户把政府给予的每户3000元后续产业发展扶持资金入股村集体公司，参与村集体公司发展产业。目前，村集体公司种植的170余亩猕猴桃长势喜人，今年已经开始试挂果，年产2000头生猪养殖场已经收获32.5万元的“第一桶金”。“我最近这三年都在村集体公司的猕猴桃园里劳动，差不多每年有一万多元的收入，我这个年龄外出没人要，没想到在家门口就能挣到钱，加上土地流转费，娃娃在外务工的收入，过上小康生活完全没问题。”50岁出头的柳光辉谈起流转土地搞产业就满是感触。

搬迁是手段，脱贫致富才是目的。特别是今年，受新型冠状病毒疫情影响，大部分劳动力“窝”在家中，以前务工的小型企业基本处于停工状态。为了让群众能尽快返岗就业，我多次到集中安置点开展走访调研，摸清贫困劳动力的就业需求，了解原务工企业复工情况，同时，宣传就业扶贫政策，推荐务工就业岗位。通过大量工作，今年安置点49户搬迁农户中，152名劳动力中外出务工就业124人。杨祥龙户就是其中之一，今年疫情中我了解到他找不到务工岗位，便给他推荐去了浙江苍南的一个公司，解决了他的燃眉之急。另外，对家庭负担较重的2户家庭（杨永华、杨永福），安排了保洁员的公益岗位，增加其家庭收入，确保稳定脱贫。事实证明，长短结合，抓务工就业和集中搞产业的路子是正确的。在今天的陈家山搬出区，3公里的产业硬化道已全覆盖，年产2000头的生猪集中养殖场已建成运营，170亩猕猴桃已初试挂果，来年定会硕果盈枝。如今的陈家山迁入区安置点，崭新的活动室、宽敞的活动广场、明亮的路灯、装修漂亮的住房，加上精神饱满、生活殷实、幸福洋溢的群众，构成了一幅搬得出、稳得住、能致富的美丽画卷。

“人挪活、树挪死”“一方水土难以养活一方人”，易地搬迁是解决问题最有效、最直接的手段。陈家山易地扶贫搬迁安置，只是伟大脱贫攻坚进程中极其微小的组成部分，49户群众从抵触到搬迁，再到发展的过程，凝聚了许多干部的艰辛付出和辛勤汗水，也凝聚着200多名渴望幸福美好生活群众的深切期盼。作为一个见证者与实施者，我全程参与了陈家山村民小组的搬迁过程，亲眼见证了她的昨天和今天。我更加期待着易地搬迁的群众，用自己勤劳的双手，创造明天幸福美好的新生活。

（作者时任长安镇人民政府镇长）

打造特色示范村　提升群众幸福感

毕先才

初冬的威信大地，阴雨绵绵，地处威信西北的三桃乡更是浓雾笼罩，我们一行冒着绵绵细雨，在萧瑟的寒风中来到菜坝村麻壤小组，这个小组是2019年度特色示范型村庄建设30个示范点的其中一个。顺路随机走访几家农户，了解他们的生产生活情况，宣传特色示范型村庄建设的必要性，听听他们对建设项目有什么看法和想法。沿途看到部分农户饲养的鸡在公路上自由自在觅食，路上不时有零星的鸡粪，特别是组内几栋老旧房屋给人一种破败的感觉。我对同行的乡人居办同志说打造特色示范型村庄，不但要加强一些短板建设，也要对这些不好的现状和一些不卫生的习惯进行整治。像这样为掌握直观的第一手材料亲自到现场调查走访，已记不清有多少次。为打造威信县2019年度特色示范型村庄，我们几乎走遍了全县30个点。

我县地处川、滇、黔交界处，素有鸡鸣三省之称，辖7镇3乡（扎西镇、旧城镇、罗布镇、麟凤镇、庙沟镇、水田镇、长安镇以及双河苗族彝族乡、高田乡、三桃乡），有83个村民委员会，4个城市社区，全县80个贫困村，其中特困村55个，有建档立卡贫困户17750户，贫困人口74629人，2018年末顺利脱贫出列，经过脱贫攻坚各项基础性工程项目实施，农村交通建设、饮水工程、危房改造等基础设施建设发生了翻天覆地的变化，但部分村落还存在私搭乱建、乱堆乱放、乱排乱倒等情况，造成有新房无新村、有新村无新貌的现象。为促进人居环境提升，以点带面，示范推广，按照县委县政府工作安排，我们指导和督促抓好2019年30个特色示范型村庄建设，让农村美、生活优、群众乐，推进特色示范型村庄的绿化、公共空间照明、垃圾处理、粪污治理各项建设，改善了人居环境，巩固了脱贫成效，促进了群众幸福感和获得感更进一步提升。

2019年8月，威信县农村人居环境整治领导小组办公室设在农业农村局，下辖四个专项小组，而农业农村局主要负责农村“厕所革命”和特色示范型村庄建设。古人言，工欲善其事必先利其器，为此我们认真学习了《云南省农村人居环境整治三年行动实施方案（2018—2020年）》和百村示范、万村整治相关文件精神。从网上查找其他地方先进做法，特别是浙江等地建设特色示范村庄的政策投入、建设内容、组织模式。结合本地实际，兼顾地方财政情况，从微信上、电话上向市内其他县区同志请教他们的操作模式和资金补助政策。为让技术干部对特色示范型村庄建设内容、建设模式有更直观的了解，我和人居办同志特意去参观学习了2018年度特色示范型村庄楠木村岩桑坳易地扶贫搬迁小组和水田镇水田社区湾子苗寨，走访了部分群众，听取他们对打造特色示范型村庄的看法和建议，结合两处村庄涉及易地扶贫搬迁、少数民族风情特色，了解他们的建设原则和资金使用情况，并就建设内容、管护措施落实情况进行参观学习。最终结合本地实际编制了《威信县2019年“百村示范、万村整治”特色示范型村庄创建工作方案》，多次向县政府分管领导汇报，于2019年11月下发各乡镇和相关单位。具体业务由农业农村局牵头，乡（镇）村抓落实，充分调动群众积极性，结合威信“两高”开通的契机，旨在打造一批“产业生态化、居住城镇化、风貌特色化、特征民族化、环境卫生化”的美丽宜居村庄，为提升威信旅游形象添砖加瓦。

按照我县打造示范型村庄建设资金计划总量，结合云南省美丽乡村打造的建设主要内容，我们指导各乡镇做好基础数据调查和群众意愿征集，明确了建设内容主要是公路硬化、公共空间照明、垃圾收储设备建设、绿化、无害化卫生厕所改造、文化展示墙建设等短板建设，对各建设单项造价做了实地调研和咨询，提出了指导性价格区间。同时下沉到各乡镇与他们商量具体建设步骤，指导他们根据拟建示范村庄存在的短板和资金计划，结合示范村庄自身实际情况，灵活安排建设内容，确保有限资金覆盖必建大多数项目。

在下乡指导示范型村庄建设的时候，我们与各乡镇人居办同志座谈商量，各地要根据自身硬化、绿化、亮化实施情况，结合资金安排，灵活计划建设内容和建设数量，既做到必需建设内容进行建设，又要做到建设资金不存在缺口。各示范点在优先把“厕所革命”的无害化卫生厕所覆盖率、垃圾处理设备作为必建项目外，因地制宜，体现特色，合理自主安排示范型村庄相关措施。我们与乡镇人居办同志共同研究各示范点短板，有的重点措施为连户路和进村公路硬化，有的重点为公共空间照明，特别是硬化公路的路灯安装，有的倾向于公路、活动场所绿化。各乡镇按照建设方案和补充通知精神，充分调查研究，结合自身优势和短板劣势，自主安排建设内容，确保了特色示范型村庄既满足了上级文件精神，又达到打造宜居村庄目的。如水田镇为打造红色旅游特色示范型村庄建设，他们自主采购的太阳能路灯非常具有民族特色，虽说价格贵许多，但由于他们自身示范点原有基础条件好，民族特色强，所以我们充分尊重他们这一选择；而对于庙沟镇、三桃乡等为了让太阳能路灯尽量覆盖村庄，他们的选择原则是物美价廉、注重数量。在绿化上有的地方选择桂花，让金秋香气四溢，有的地方选择红棘树，树苗价格便宜，以期用规模效应打造宏伟景观，让寒冷的冬天，多了几分火红的感觉和冬日的温暖。在各示范点建设上我们充分尊重群众意愿和乡镇意见，多指导、少命令，多沟通、少安排。一次下乡指导的时候看到群众用涵管切割，我好奇地问他们做什么，说是做树形垃圾桶，我对他们的改造思路给予充分的肯定。我说为了达到与农村村庄山水房屋的有机统一，如果在涵管脚底增添一些树根样子，涵管外面用水泥制成纹路，是不是更好呢？群众说好是好，只是没有看到个具体样子，我拿出手机搜了几张图片跟他们看，他们说知道了。第二次我再下去的时候，看到树形垃圾桶很有老树根样子，电话夸赞了他们。不久一个群众来电话说村领导要求将树形垃圾桶外面用油漆涂抹成黄色或者绿色，我说你看到树根是绿色的吗？水泥的灰色与树桩颜色更相似呀，你们与领导沟通一下吧，最后领导认同了群众的做法。在全县的建设中，县、乡、村同志都是这样充分尊重群众意愿，只要在资金总量、建设内容等建设框架下，各点完全可以根据自身实际打造不同的特色和亮点。

在建设初期，我们要求乡镇人居办同志一定要下沉各示范村庄，召集发展议事委员会成员和村民代表开会集体研究，集思广益，将建设资金、建设内容、完成时限对代表们进行讲解，让他们充分参与规划。定版后的建设内容、建设数量，村民发展议事委员会成员要签字认可。通过加强宣传，强化农民主体意识，发动村庄内知名人士和党员干部示范带动，让全体村民积极参与到示范村庄建设项目规划中，对建设质量和进度等积极建言献策。开工后充分发挥就近务工与义务投劳结合优势，投身到示范型村庄建设中来，充分体现群众自建自管自享的主体性作用，全程参与工程质量的建设和监督。我们在下乡指导中，对各地建设内容提出了一些宏观的建议，了解群众意愿。向群众宣传现在农村不但吃饱了，还要住好，生活好，宣传绿水青山就是金山银山理念，讲解示范村庄建设全县 1633 个村（居民）小组只有 30 个小组指标，提升群众的荣誉感和使命感，促进村民提高卫生保洁意识，养成良好生活习惯，发挥主人翁精神，积极参与到村庄美化建设和维护中来。

通过多次向分管人居领导汇报，县政府在资金非常紧张的情况下，整合 472.6 万元用于特色示范型村庄补短板建设，解决了巧妇难为无米之炊的困境。为充分发挥资金作用，确保资金用在刀刃上，结合省特色示范型村庄建设优先建设硬化、绿化、公共空间照明等相关要求，结合我县实际，我们编制并经威信县农村人居环境整治工作领导小组办公室下发了《关于威信县 2019 年特色示范型村庄补短板建设内容及标准的补充通知》，将主要建设内容、指导建设单价、各示范村庄资金安排进行了明确，特别是指导单价充分考虑我县人工、建材价格，做到价格尽量低且具有可操作性和可行性。30 个特色示范型村庄根据所处公路沿线和民族地方分为两大类打造，一是集中型打造 10 个特色示范村庄，每个示范村庄建设资金计划 23 万元；二是达标型打造 20 个特色示范村庄，每个示范村庄建设资金 12 万元。由于资金有限，我们在下乡工作时多次与乡村干部和村民座谈，鼓励大家积极参与到项目建设中，在自己家园参与建设，既美化了环境，又提升了生活质量，促进了资金最大化利用。所需建设原料和购买物品，要货比三家，多方询问，尽量用最少的资金购买更多的路灯、绿化树、建设材料等。

特色示范型村庄建设实施方案于 11 月 19 日下发各乡镇，距离年末只有 1 个多月，时间非常紧、任务非常重，加之威信冬季本身阴雨多，部分示范型村庄处于高寒地带，多数时间阴雨绵绵，有时甚至雨雪交加，造成施工难度大。为促进工作按期完成，在推进农村无害化建设工作的同时，我们加大特色示范型村庄建设指导力度和督促检查，我们在县政府督查室组织下，对全县 30 个示范型建设进度做督促，先后于 12 月中旬和 2020 年 1 月上旬对全部建设点进行了两次督查，有效促进了工程建设进度。

通过示范型村庄项目的建设，乡村公路两旁绿化树整齐规律，绿叶荫荫，每到晚上，太阳能路灯照亮整个村庄，在黑夜中遥看似繁星点点。如果天气晴朗，人们在明亮的路灯照耀下，三五成群走在乡村公路上，村庄里呈现一片祥和的景象。以前破旧老危房消失了，复垦后栽上花草或者打造成精致的小菜园，公路两旁建设的垃圾房，起到临时收储作用。放眼公路两旁，很难见到白色垃圾，晨曦中偶闻鸡鸣犬吠声，村庄越来越显得宁静和干净、美丽。

（作者系威信县农业农村局职工）

第五编　教育文化健康扶贫

扶智治愚　阻断贫困的代际传递

郑祖强

为深入贯彻习近平总书记关于“让贫困地区的孩子们接受良好教育，阻断贫困代际传递”的重要指示精神，深入实施“发展教育脱贫一批”，如期共建小康的目标，我县坚持以党建为引领，凝聚党建合力，真抓实干、锐意进取、攻坚克难，切实加强教育精准扶贫，有效开展教育脱贫攻坚工作，用实实际际的行动让全县人民共享教育发展红利，全力助推威信脱贫攻坚。

摸清底数明任务

按照脱贫攻坚“两不愁、三保障”基本要求，结合“发展教育脱贫一批”根本任务，教育扶贫主要承担入学机会保障工作任务。主要攻坚任务有三项：一是巩固义务教育均衡发展成果；二是确保建档立卡贫困家庭适龄少年儿童无因贫失学辍学；三是确保各教育阶段建档立卡贫困家庭学生“应助尽助”。截至2020年秋，全县有建档立卡贫困学生17512人，其中，学前教育1875人、小学7577人、初中3292人、高中1987人、中职810人、大专1000人、本科941人、研究生30人。

压实责任抓落实

开展教育扶贫工作以来，威信按照“扶贫先扶智、治贫先治愚”的工作思路，制定了《威信县教育扶贫规划》，先后印发《威信县教育扶贫实施方案》《威信县义务教育阶段“控辍保学”工作实施方案》《威信县打赢教育脱贫攻坚战三年行动的实施方案》《威信县教育扶贫“百日总攻”清零行动工作方案》《威信县 2020 年教育扶贫巩固提升脱贫成果工作实施方案》等一系列教育扶贫工作方案，紧扣“控辍保学”“精准资助”两个重点，下好“先手棋”，打好“攻坚战”，让每个乡村孩子都能接受公平、有质量的教育，着力斩断贫困代际传递链。全县教育系统层层压实工作责任，坚持做到在精准施策上出实招、在精准推进上下功夫、在精准扶贫上见成效，形成了主要领导负总责，分管领导具体抓，学校和驻村工作队全面落实的良好工作格局，确保教育系统脱贫攻坚各项工作“落实”和各类惠民政策“落地”。

控辍保学扛在肩

建立控辍保学长效机制，严格按照“双线六长”责任制要求，抓牢“教体局局长→乡镇中心学校校长→各义务教育学校校长”这条线。紧盯家长这一重点，充分发挥县教体局、学校、教师、家长在“控辍保学”工作中的主要作用，层层签订“控辍保学”责任书，实行销号管理制和四包责任制（县教体局领导包学校、校领导包年级、班主任包班、科任教师包学生），采取“一户一案、一人一策”措施，通过“劝返就读”“送教上门”等方式，逐一落实、逐个销号。截至 2020 年秋，全县有义务教育阶段学校 180 所，在校生 55403 人。其中，小学 164 所，在校生 39569 人；初中 16 所，在校生 15834 人，全县义务教育阶段适龄儿童少年无因贫失学辍学。

精准资助全覆盖

为确保各个阶段学生全程获得资助，威信县按照“应助尽助、卡户确保”的原则，全面落实各教育阶段学生资助政策，对建档立卡户学生实行全覆盖。通过落实“减、免、补、助、奖、贷”等资助政策，没有一个学生因贫失学辍学。2015 年以来，累计发放学生资助资金 92298.9 万元，资助学生 49.4 万人次，其中建档立卡学生 32.7 万人次。

义教均衡水平升

威信围绕义务教育“均衡、内涵、优质”发展目标，按照义务教育发展基本均衡工作指标要求，健全保障机制，坚持制度创新，深化教育改革，缩小城乡、区域、校际办学差距，各项指标符合认定标准，威信县义务教育基本均衡发展 2017 年 12 月通过国家评估认定。近年来，通过不懈努力，有效巩固了义务教育基本均衡发展成果，确保了义务教育保障持续稳定有质量，有效助推了全县脱贫攻坚脱贫摘帽的步伐。

办学条件大改善

通过实施全面改薄、初中工程、教师周转宿舍、学前教育等建设项目，极大地改善了学校办学条件，为适龄儿童少年接受义务教育提供了有力的基本条件保障。2014 年以来，全县完成建筑面积 33.242 万平方米，运动场面积2.24万平方米，设备采购18.0301万台（件、套）。其中，“全面改薄”项目学校校舍建设（127所，项目单体203个），投资62642万元完成建筑面积27.0952万平方米，投资2538万元完成设备采购18.0301万台（件、套）；“初中工程”学校校舍建设（8所），投资7717万元完成建筑面积2.9125万平方米、运动场面积2.24万平方米；“教师周转宿舍”项目建设学校（30所），投资3624万元完成建筑面积1.8123万平方米；“学前教育”项目建设学校（7所），投资1819万元完成建筑面积1.422万平方米。

教师队伍助攻坚

为加强教师队伍建设，威信认真实施“500+X”乡村教师补助，助推乡村孩子接受良好的教育，根据相关要求，兑现乡村教师生活补助（乡村教师500+X生活补助），激励乡村教师下得去、留得住、教得好，确保乡村学校开齐课程、开足课时，让乡村孩子能更好地接受良好的教育。截至2020年10月，共有9389人次享受乡村教师差异化生活补助，发放金额共计552.27万元。

职教扶贫效能显

为充分发挥职教扶贫效能，努力践行“职教一人，就业一个，脱贫一家”工作，威信积极出台政策鼓励“两三”毕业生到东莞中山职校就读。截至2020年8月，共动员6490人就读省内外职业院校，其中1036人就读东莞市中职学校。特别是开展职业教育协作，将我县因成绩差、不能考入普通高中就读的贫困家庭学生输送到广东经济文化发达、职业教育水平优异的东莞、中山市中等专业学校的机电维修、信息技术、汽车运用与维修、纺织服装制作、电子商务、数控技术的实用专业学习，接受专门的教育培养，不仅帮助这些贫困学生掌握一技之长、提升就业水平，还能帮助他们自力更生，为家庭脱贫致富带来新的希望。

对口帮扶增动力

2016 年至今，东莞市教体局、中山市教体局、东莞市民盟、云南能投、太平集团、万江街道等单位和团体共捐资 418 万元，受助覆盖学生数 1098 人。广东东莞、中山市投资修建高田乡新华小学学生宿舍、麟凤镇龙塘小学学生宿舍、罗布镇尧坪小学综合楼、高田乡花树坡小学教学楼，校舍占地面积共 730 平方米。此外，中国太平保险集团共享中心（上海）和广东省东莞市石龙镇为我县留守儿童共捐助价值 10 万元的物资。同时，认真做好东西部组团式支教和教师帮扶工作。截至 2020 年 9 月，东莞市教体局共派出 14 名教师到威信县中小学挂职支教，威信选派 48 名教师到东莞参加跟岗培训，选派 228 名教师参加中山名师走进昭通活动等。

教育是最大的民生。今天的威信，“扶贫先扶智”“教育承载梦想”“今天的教育就是明天的希望”……都已成为全县上下的共识。在推进脱贫攻坚、共建小康的道路上，全县教育系统坚持以党建为引领，播撒爱心，收获希望，扬帆远航，不忘初心，下步工作中，我们将统筹推动振兴乡村教育和教育振兴乡村，落实好教育阻断贫困代际传递的各项任务。

（作者系威信县教育体育局工作人员）

一个女孩命运的改变

张洪双

我叫张洪双，是威信县旧城中学的一名英语教师。2017 年，学校安排我开始负责职教工作。从此，除了日常的教学工作之外，我的又一项重要工作就是对未升入普通高中的学生进行职教宣传、扶志、扶学业和扶生活。

因为靠近而了解，因为了解而理解，因为理解而奉献。2018 年，习近平总书记在新年贺词中指出，“各级党委和政府要把加快发展现代职业教育摆在更加突出的位置，更好支持和帮助职业教育发展，为实现‘两个一百年’奋斗目标和中华民族伟大复兴的中国梦提供坚实人才保障”。几年来，通过对职教工作的接触，我对习总书记的讲话感触更加深刻了：知识，真正能改变一个人甚至一家人的命运！

我校 166 班学生张德凤就是这样一个典型。她家住旧城镇文兴村榜上，家庭属于建档立卡贫困户。父亲叫张先明，家中还有弟弟、妹妹、爷爷和奶奶，而母亲因病在读初二时就去世了。2017 年 7 月，张德凤完成初中学业，中考成绩 506.9 分，这在乡镇中学来讲是相当优异的了。可是由于家庭贫困，无法支付就读高中的费用，面临辍学的危险。时任校长的曾家才老师听说了此情况后，非常着急，叫上我和班主任肖敬富老师，前往她家中了解情况。一进门，家徒四壁的境况让我们心里凉了半截，通过交谈，我们的心更沉重了，这个家庭实在太艰难了：住房简陋就不说了，爷爷、奶奶年岁已高，没有劳动力！弟弟、妹妹还小，没有劳动力！父亲患有多种慢性疾病，不能做重体力劳动，没有经济来源！张德凤读高中的费用，像一座山一样压在全家人的心头，一家人正为她是去读书还是去打工而犯愁。其父亲很无奈："还是不去读高中了，去打工算了，因为即使去读高中，考上大学也无钱供她呀！"

我们不死心，反复做家长的思想工作：孩子成绩如此优秀，无论如何都应该让她去读高中，以后才会有很大的发展。但张德凤父亲语气非常坚决地表示："家庭困难，实在读不起！"我们再三劝说无果，无奈失望而归。

我心里非常难过，我想：如果她辍学了，又可能成为下一个卡户，一家人脱贫无望不说，作为农村女孩子也许就等着嫁人生子了，而这个家庭以后要如何撑下去呀？我再三思考后，决定退而求其次走另一条路：读高中实在不现实，干脆让她去中山、东莞就读职校，这样见效快，时间短。至于费用问题，一方面可以向政府反映争取最大支持、最优惠的扶贫政策，一方面我们可以全校呼吁，请大家伸出援手，帮助她渡过难关……我把这个想法跟曾校长和肖老师一说，他们想了想，觉得可以试试，之前我们一直钻进了读高中的死胡同，忽略了张德凤的家庭情况，其实他父亲的选择也不无道理，真是：山穷水复疑无路，柳暗花明又一村！

于是我们就从就读职校的好处、政策的照顾层面以及今后的就业趋势，还有就读职校成功的案例进行了一次次的游说，终于，该同学的家长思想松动了。我们又转过头来做张德凤同学的思想工作，可同样遇到了难题：要知道，优秀学生选择读职校，在近几年旧城还无先例，去的话就要承受当地人的非议和疑惑的眼光；可是不去的话，就意味着从此断绝了自己的求学路！小姑娘很纠结读职教这条路到底对不对……于是，我们坐在一起，把各种情况一一进行比对：从经济来源到就业前景，从体谅家庭难处到个人理想的实现，从个人与社会的关系等等方面，我们不知费了多少口水，深入浅出地做家长工作、做学生工作，终于，皇天不负有心人，张德凤同学和其家长同意就读职教学校了！

为避免夜长梦多，我说动就动，立即帮助张德凤办理好了相关就读手续，还不时地去家访，坚定张德凤一家人的信心。2017年8月26日，张德凤终于登上了前往中山沙溪理工学校的列车，她就读的是会计专业。我不知道她这一去，会有什么样的前景在等着她，但我坚信：只要能读书，只要能学知识，只要能有一技之长，小姑娘的未来绝对比留在农村做农活、等着嫁人强！

三年来，我时刻关注着张德凤在学校的学习状况。这个要强的小姑娘非常珍惜难得的学习机会，在校期间遵守学校纪律、积极向上，学习目标明确，态度端正，勤奋刻苦，因成绩优异多次被学校评为“三好学生”“技能之星”。她每天都刻苦训练点钞、翻打传票、做账，长时间的坚持，大大提高了她的反应能力和专业知识。

在老师的推荐下，她参加了会计电算化的技能竞赛。2018年10月，张德凤参加“科云杯”全国职业院校财会能力大赛，荣获了三等奖，2019年荣获二等奖；在第21届中山市技能竞赛中荣获三等奖。这些获奖大大增强了张德凤的自信心，三年来积极参加各种专业技能比赛和活动，均获得了不错的成绩和良好的反响，一时间，各种荣誉接踵而来！命运女神似乎开始眷顾这个曾经在贫困环境中挣扎的女孩了，而只有我们这些时刻关注着她的老师才知道，荣誉的背后并非偶然的幸运，而是女孩付出多少汗水和艰辛才换来的啊！

如今，张德凤已如期于2020年6月中专毕业了，她再次以优异的成绩获得了当地教育部门的认可和肯定，现已就职于中山市鸿冠会计事务有限公司，任会计助理，已签订了正式的劳动合同，月薪达8000元左右，一个家庭就这样脱离了贫困，真正享受到职教扶贫，知识改变命运的“红利”。

（作者系威信县旧城中学教师）

用爱心抚慰伤心

方自明

从来没有想过，身为教师的我有一天会走出校门，去做我从来没有接触过的工作。没错，在时代浪潮的冲击下，我也加入了脱贫攻坚的队列。在学校的安排下，我和本校的 4 个老师组成一个小组，进行控辍保学的片区帮扶。我们本着“一个都不能少”的原则，认真在做学生的返校工作，虽然过程有些艰辛，但能引导那些辍学的学生重回学校接受教育，这对我们老师来说无疑是很有意义的一件事。

十年树木，百年树人。教育对一个人、一个家庭的影响是极其深远的，但不是所有人都明白这个道理，尤其是在我们这些偏远的山区。记得我读小学的时候，班上有些同学基础差，学习兴趣本就不浓厚，再加上家庭条件困难，种种原因导致他们没法继续进入初中完成学业。这些同学要么辍学从事农活，要么外出打工，有些辍学的女生更是早早嫁为人妻，而男生则是为生计四处奔走。如今，有机会帮助辍学的孩子不再走弯路、不留遗憾，我感到责无旁贷。

在帮扶的过程中，遇到的学生形形色色，其中一个姓汪的女同学给我留下了很深刻的印象。一开始拿到辍学名单的时候，我就有点诧异，这位女同学就读于我校一个很优秀的班级，这是很好的学习机会，她为什么要放弃呢？怀着这个疑问，我们在本县城一个偏僻的小巷子找到了她家租房的地方。当时与我们见面的是她的母亲和她的大姐，她的母亲虽然年纪看起来不是很大，但是头发已白了许多，脸色很憔悴，身形消瘦，感觉一阵微风就能把她吹倒。

在交谈的过程中，我不时地打量她们租房的地方，一进一出两间不大的屋子光线昏暗，白天如果不开灯根本无法看见东西，墙面斑驳，房间里偶尔有潮湿和发霉的味道扑鼻而来，想必家庭条件不好。

在汪同学的母亲口中我们得知她们家有三个孩子。大姐早已不再读书，老二还在读高中，汪同学作为家里最小的那个孩子，本应在校接受教育的，但由于母亲得了癌症，疼痛难忍，身体每况愈下，不仅丧失了劳动力，还需要大笔的钱来维持生命。汪同学这样一个懂事听话的孩子，想到自己母亲的病况以及家里的负担，毅然选择了辍学，想着为家里出一份力，真是懂事得让人心疼。

当我们问及其父亲的时候，大姐一下子就流了泪，想到自己母亲无法医治的病、整天喝酒不管事的父亲、妹妹不想为家里增添负担而辍学打工的事，不禁潸然泪下。听到这些遭遇，我们几个老师心情很沉重，深表同情，将国家相关的教育政策给她们细说，应该能帮助他们不少。她们说会尽量劝汪同学返校读书，不能让她小小年纪就辍学打工，这样可能一生都摆脱不了贫穷。

我们临走的时候汪同学还未回家，天也下起了小雨。她的母亲再三地跟我们说，即使家庭再困难，也一定会尽力送她读书，言辞恳切，爱女之心溢于言表。为了方便与其沟通，我们几个老师和她母亲交换了联系方式，后来我们也多次电话联系和家访，最终汪同学成功地返校读书。

除此以外，我已经记不清下过多少次乡了，去的地方不少，有些路真的是寸步难行。有个叫桂香沟的地方，是隶属扎西镇的一个小村庄，山路非常难行，车子过不了的地方我们只能踏着泥泞的道路步行，脚会陷在里面，拔不出来，只能相互搀扶着慢慢前行。可谓山路十八弯，环环绕绕，蹒跚前行，几个小时才赶到目的地。每到一个辍学学生的家里，我们的老师都耐心地和他们交流，了解他们在校和在家的生活状态以及内心的一些想法。在与学生沟通交流的过程中，我最大的感受就是孩子们并不是不想继续学习，而是因为自身的基础太差，再加上在校跟不上老师教学的步伐，久而久之就产生了厌学的心理，最终选择了辍学回家或者是外出打工。存在这种心理的学生不在少数，老师在尽力做通他们的思想工作，把他们引上正确的道路。

枸林村，坐落在更加遥远偏僻的群山之中。我们帮扶的黄同学家就在这个地方，整个山头上只有他们一家人。第一次去她家的时候，村负责人就告诉我们由于下雨，再加上路不好走，车子无法开上去，只能步行。我们大约走了一个小时，好不容易才到她家。她母亲热情邀请我们进屋，为我们端来热水驱寒。我打量了四周，屋里面堆满了杂物，四面的墙壁漆黑，做饭用的都是木头。据了解她们家有 5 个孩子，大一点的 4 个是女儿，最小的那个是儿子，但有一点先天性的疾病。我们的帮扶对象黄同学排行老二，但辍学之后就去浙江打工了，我们只能与其进行电话交流。在与她交谈的过程中，我们了解到这位同学是一个比较听话乖巧的学生，她想着自己基础不好，再加上家里条件太差，姐妹太多，想着读完初中也只能外出打工，所以干脆就提前辍学。

作为一名教师，听到这些话我真是深感惋惜，便竭力安抚她，耐心告诉她读书就是为了以后摆脱贫穷，给自己和家人创造更好的生活。也希望她能明白，大好的年华，应该用在接受教育和做一些有意义的事情上。现在国家对于教育这方面非常重视，教育政策也非常好，继续接受教育没有太大的问题。听完这些话，她沉默了，或许是觉得老师说得有道理，又或者是为自己当初冲动的决定在后悔。我告诉她，现在回来继续读书为时不晚，最后她答应我说会考虑回来继续读书，也会常与我联系。

后来，通过与我多次电话联系与微信聊天，她渐渐明白，正是因为贫穷才更不能轻易放弃学习的机会，所以决定返校读书。

劝学工作在不断推进，其中的艰辛自是不言而喻，但辍学的孩子在我们的努力下，一个又一个地返校，值得欣慰。同时我更加明确了一件事：教育扶贫不仅仅是一项工作，更是一种责任和爱心的传递，跟这些辍学的同学互相认识、了解，给他们无微不至的关爱和关心，拉近与他们心上的距离，倾听他们内心真实的想法，让这些孩子和家庭看到希望，这也是一种成功的教育。

（作者系威信县扎西中学教师）

摸清家底　精准施策　全面实施健康扶贫

李再权

全县脱贫攻坚动员会后，威信立即成立健康扶贫领导组，下设办公室于县卫健局负责日常工作，并从全县卫生战线抽调精兵强将，组建调查摸底工作组和督导组，全面铺开全县建档立卡贫困人口健康状况精准识别摸底调查工作，拉开了健康扶贫的序幕。

加强“三个一”建设，夯实基础，让贫困群众有地方看病

村卫生室：2016年至2020年的五年间，威信通过争取东西部扶贫协作项目和国债项目等，投资1750万元对75个村卫生室进行新建或改扩建，使全县83个村卫生室业务用房面积均达到100平方米以上，配齐了门诊检查床，身高体重计、婴儿秤、药柜、冷链设备和常用检查设备等。其中争取威信宏康药业有限公司援助22万余元，为全县83个村卫生室配置了中药柜、高压消毒锅。实现了村卫生室“三室一房”（诊断室、观察室、包敷注射室、药房）分设。对乡村医生不足的村卫生室，通过公开招聘配齐了乡

村医生，使每个村卫生室至少有一名村医生执业。无论是业务用房面积、设施设备，还是人员配备均达到了国家脱贫标准。

乡镇卫生院建设：投资100余万元建成旧城、高田、双河、水田、三桃、麟凤、庙沟、扎西、罗布等9个乡镇卫生院标准化中医馆，能够规范开展8类以上中医药适宜技术，运用经济实惠的中医技术为群众诊疗，减轻群众经济负担；投资1180万元对高田、长安、三桃、扎西和水田卫生院业务用房进行的改扩建；投资47.25万元按每千服务人口1.2张的标准配齐了床位，划拨260万元为乡镇卫生配置了全自动生化分析仪、彩超、血球计数仪等医疗设备。通过健康扶贫项目的实施，使乡镇卫生院业务用房、设备配置、病床设置等满足临床需要，达到了国家脱贫标准。

县级医院建设：争取太平洋集团保险公司的援助，为县人民医院融资2098万元，完成了层流手术室改造，配置了核磁共振、C臂、检验流水线等设备。县人民医院在原科室设置的基础上新增了消化内科、呼吸内科、神经内科、泌尿外科、重症医学科等科室。所创建的脑卒中心、胸痛中心、危急孕产妇救治中心、危急新生儿救治中心、创伤中心已通过市、省级的评审验收。

投资5600万元改扩建了县中医院业务用房，获准立项建设县人民医院业务用房3.3万平方米和威信县第二人民医院11.4万平方米。县人民医院、县中医医院二级甲等已通过省级评审验收。

围绕方便群众预约挂号看病，结合紧密型医共体建设，于2020年委托云南白药集团帮助建立“建康威信”服务平台，将县人民医院、县中医院、县妇幼保健院和扎西卫生院先期纳入“互联网+医疗”服务，为群众提供网上预约挂号、网上缴费、网上查询和健康宣传等服务。平台的开通运行，极大地减少了群众排队挂号、缴费等候的时间。

如今，县人民医院自助挂号机、缴费机、自助报告机、休息椅一应俱全，再也见不到过去排长队挂号、缴费的状况。专家门诊、普通门诊就诊秩序井然，病房内卫生整洁，温水、开水、空调俱全，再也没有了过去异味熏人的感觉。各乡镇卫生院病房、病床焕然一新，设施设备能满足日常临床工作需要。村卫生室门诊基本诊疗服务设备齐备，公共卫生管理规范，制度健全。基本实现小病不出村，常见病不出乡镇，一般大病不出县。县域内就诊率由 5 年前的 87% 提升到现在的 90.07%。

加强卫生人才队伍建设，提升技术，为贫困群众看得好病

在县、乡、村“三个一”标准化建设基本满足临床诊疗工作的同时，服务技术和服务能力是提高县域内就诊率和治愈率的关键，因此加强人才队伍建设也成为健康扶贫的工作重点。针对卫生人才紧缺的状况，威信通过“送出去，请进来”的方式进一步加强卫生人才队伍建设。

2016 年以来，全县先后派出医务人员 200 余人次外出进修学习，其中到上海、广东东莞、昆明等地学习培训的共计 51 人。援助威信的东莞市共派出 14 人次医护人员支援我县人民医院泌尿外科、胸外科、呼吸内科、妇科等。支援医生认真开展传、帮、带、教，充分发挥引领和带教作用，指导受援医院开展新技术、新项目。共开展了新生儿复苏等 6 项新适宜技术和新项目，为受援医院进行专业技术培训 459 人次，切实提升受援医院医务人员业务能力和水平。同时，县人民医院和县中医院还与昆明医科大学第一附属医院、昭通市中医院等建立专科联盟，分别在威信设立“艾青龙专家工作室”和“饶忠明工作站”。通过专家工作站的传、帮、带和送出进修学习，一批技术骨干将临床诊疗工作推向了一个新的起点，仅县人民医院就新增拓展了开颅手术、微创手术等治疗项目，极大地提升了全县医疗卫生服务能力和水平。

在人才队伍建设中，还通过紧缺人才招聘、补员招聘、临聘等形式不断增加人才总量。健康扶贫期间，通过各种途径招聘的各类卫生专业技术

人员共计400余人，其中，紧缺卫生专业技术人才30人，订单定向医学生59人，乡村生102人。

截至2020年12月，全县卫生系统专业人员总量达2127人，其中公立医疗机构1254人，乡村医生338人。每千人拥有卫生人员4.8人，医生813人，每千人拥有执业（助理）医师1.84人，护士950人，每千人注册护士2.15人。全县有正高级职称6人，副高级职称50人，中级职称217人。其中，名医名家5人。专业涉及内科、外科、妇产科、儿科、五官科、神经外科、中医科等。

开展“三个一批”救治，精准施策，让贫困群众看得起病

构建以城乡镇居民医保为基础、以大病统筹为保障、以大病救助为补充、以补充保险为托底的“四位一体”的兜底保障机制，保障贫困群众看得起病。在做好各项保障措施有效衔接的同时，出台针对贫困群众的倾斜政策，大幅提高保障水平。

按照云南省《健康扶贫30条措施》的要求，威信制定出台了《威信县贯彻落实云南省健康扶贫30条措施实施方案》《关于印发威信县大病集中救治和28种慢特病认定查缺补漏工作方案的通知》《威信县脱贫摘帽“百日会战”健康扶贫破题攻坚工作方案》《威信县建档立卡贫困户28种门诊特慢病认定申报录入工作方案》等一系列文件，由县财政统筹资金，按照建档立卡贫困人口每人每年180元的标准补助，使建档立卡贫困户100%参加城乡居民医疗保险。

落实“先诊疗后付费”“一站式”窗口结算和“四重保障”政策，让建档立卡贫困群众基本医疗有保障。建档立卡贫困户大病患者县域内住院凭

身份证免交押金即可办理住院，出院时在出院结算窗口只需付清个人自付部分即可办理出院手续。通过基本医保、大病保险、医疗救助、兜底保障的四重保障报销后，贫困患者自付部分均不高于10%。转县外就医的，只要完善转诊转院手续，其报账比例仍然按90%执行。

在“三个一批”救治中，慢病患者占了患者总数的较大部分，如高血压、糖尿病、肺结核、重性精神疾病等，其治疗过程较长，基本不可能治愈。在具体救治过程中主要采取慢性病签约服务，对如高血压、糖尿病、重性精神疾病等患者，按照诊断流程，由县人民医院、县中医院等相关专家组成诊疗队深入到村组开展义诊，出具相应的诊断证明，按《威信县建档立卡贫困户28种门诊特慢病认定申报录入工作方案》，简化申报流程，及时在医保系统进行标识，让贫困患者在长期的门诊购药中享受到80%以上的报账比例政策，以减轻家庭经济负担。对重性精神疾病患者，通过与四川自贡市精神卫生中心以及昭通市精神卫生中心联系，派出专家到威信乡镇、村、组开展义诊，对危险级别在0—2级重性精神病人，由县内精神病专科医院实行集中收治或送医送药；对危险级别在3级以上的精神病人，送往具有资质的精神病专科医院治疗。对儿童先天性心脏病患者，联系云南省阜外医院专家下沉到县开展筛查，对符合手术条件的由云南省阜外医院收治，并按“四重保障”政策落实救治费用。

建档立卡贫困户慢性病患者除了申报为慢性病、特殊病享受相应补偿政策外，还由县、乡、村三级医护人员组成的家庭医生签约服务团队定期上门开展家庭医生签约服务，定期上门服务，针对患者病情指导就诊、用药。

在具体实践中，针对患者的一些特殊情况，医保部门经过专家讨论认定，其治疗费还可给予宽限报销，由医保部门提出名单组织专家进行评审，凡属于危急重症按已转院规定予以报销。对一些医疗自付费用过大的重病患者，由主管部门定期进行筛查，将名单反馈给乡镇政府研判，通过民政或防贫基金给予补助。

在建档立卡贫困户中，艾滋病也是重要的致贫原因，针对此类家庭，派出专门工作组适时走访慰问，将“四免一关怀”落到实处，并确保“入组治疗”。对部分特别贫困的艾滋病患者家庭，主动与民政部门对接，为他们争取低保。经统计，此类患者解决低保 240 余人。

普及健康知识，加强宣传，让贫困群众尽量少生病

要实现让贫困群众尽量少生病，重点在于加大疾病防控工作力度，开展好健康宣传教育，不断改善卫生环境，引导贫困群众革除卫生陋习。

在疾病预防控制方面，制定下发了健康扶贫疾病预防控制方案及重点疾病分病种管理指导意见。健康扶贫工作启动以来，适龄儿童国家免疫规划疫苗报告接种率达到 95% 以上；肺结核规范管理率达到 90% 以上；肿瘤随访登记报告覆盖率达到 100%；对高血压、糖尿病、重性精神病、肺结核进行规范管理；突发传染病疫情及时处置率达到 100%；死因监测县级覆盖率达到 100%。同时做好孕前优生检查、增补叶酸、新生儿筛查、两癌筛查、妇女病筛查等妇幼卫生工作，从而减少妇女儿童出生缺陷妇女疾病带来的致贫因素。

加强对全县村级安全饮水检测。县疾病中心对全县 83 个村驻地小学、村委会等重点目标进行定期采样监测，通过监测，发现有不合格水质及时通报相关部门进行整治，从而减少饮水卫生问题带来的肠道寄生虫病等问题。

健康扶贫工作中，威信还以创建国家级卫生县城和省级卫生村为契机，以“三同五促”活动为载体，大力开展环境卫生综合整治，改善人居环境。广泛开展健康促进与健康教育。拍摄《健康扶贫，我们在行动》微电影进行健康扶贫政策解读，开设“威信健康之声”微信公众号，开辟健康宣传专栏，适时更新将健康扶贫政策、卫生健康知识等内容。在乡镇、村设置专门健康宣传栏，定期将宣传资料下发更新，广泛开展健康教育进机关、进学

校、进社区、进农村“四进”活动，对群众进行健康教育。以健康扶贫政策为内容印制了健康扶贫宣传画、宣传品等资料，分别发放到各乡镇卫生院、村卫生室以及建档立卡贫困户手中，将健康扶贫政策和医保报账标准制作成宣传单，按户发放张贴；通过扶贫干部、家签医生入户等形式为贫困户进行面对面健康扶贫政策宣讲，提高群众自我健康管理能力和卫生知晓率。

在宣传中，注重发挥扶贫干部和医务人员的作用，组织全县驻村干部、扶贫干部、挂包干部、医务人员共计2418人参加健康扶贫政策和知识学习、考试，进一步提高了广大扶贫干部、医务工作者对健康扶贫政策知晓率。

爱心结对，真情帮扶暖人心

爱心活动的开展，为基层村民提供了专业的医疗服务，将精准扶贫工作落到实处，落到行动中，落到百姓的心坎里。

“一对一帮扶”直接指导看病就医。结合威信县建档立卡贫困患者病种和群众健康需求实际，实行医护人员与建档立卡贫困患者一对一帮扶，加强与贫困患者的沟通，帮助贫困群众树立健康意识和卫生意识，直接指导群众看病就医，切实做好贫困患者的救治。在家庭医生签约服务的基础上，通过县、乡、村医务人员挂包贫困患者的办法，将贫困患者按不同类别分配给县、乡、村级医务人员进行帮扶。县级医生主要帮扶重病和29类大病患者，乡级医生主要帮扶一般大病患者，村级医生和护理人员主要帮扶慢性病患者。

“专家团队”构建重、大病帮扶联盟。全县共抽调75名县级医生和124名乡镇医生组建10个爱心专家团队，结对帮扶大、重病患者，指导其就医用药；组织县、乡、村医护人员736人分别结对帮扶慢性病患者。

“定期巡访”压实帮扶责任。为切实保证“看得起病、方便看病、看得好病、尽量少生病”目标得以实现，全县帮扶医生实行每半月不少于一次电话随访，每月不少于一次走访，向贫困群众宣传健康知识、健康扶贫政策，动员患者住院，指导居家治疗与护理等。

在面对面解决群众困难的实践中，我们坚持群众关心什么、期盼什么，就脚踏实地地干；群众缺什么、愁什么，就倾其所能地帮；群众反对什么、不满意什么，就真心实意地改。深入、全面、客观地了解基层情况，不断提高发现问题、分析问题、解决实际问题的能力，不断丰富做基层工作、群众工作的办法，密切了党和人民群众的血肉联系，推动机关帮扶工作的不断深入，为构建威信经济社会的发展做出了应有的贡献。

（作者系威信县卫生健康局办公室工作人员）

为春天的到来献上一分新绿

黄云海

1995年的秋天，我结束了昭通卫生学校读书学习的生涯，被分配到威信县人民医院工作。走进县人民医院给我的第一印象就是沧桑和陈旧，临街是一座三层的水泥平房，外墙面斑驳不堪，上面镶嵌着“门诊楼”三个字。门诊楼旁边就是医院的大门了，那是一扇用旧钢管焊制的大铁门，沿着大门走进去就是住院综合楼，是座俄式风貌的三层建筑，门窗都是黄色的，掉漆比较严重，房屋很大，楼层很高，有些古朴厚重，也透露出几分神秘，楼梯是木质的，走在上面咚咚作响。出于好奇，我继续浏览了医院放射科、传染科等建筑。后来，我才知道县人民医院始建于1953年，重建于1984年。

报到后，我被安排在手术室工作。这个地方可算是医院最好的地方了，设有四间手术室，多孔无影灯、简易手术台、两台麻醉机、氧气筒、负压吸引器，这就是手术室的所有家当了，要知道这可是当时全县最好的配置哦！医生术前洗手用自来水，热天还行，到了冬季，不但要用冰冷的水反复三次洗手，还要把手放入酒精中浸泡5—10分钟！这样的手术环境对病人也是一个考验：他们不但要面对手术的心理恐惧，身体还要承受寒冷，很多病人在手术台上冷得瑟瑟发抖，我能做的只是帮加盖一床被子，可是手术部位只能暴露于沁骨的寒气当中了。那个时候，不知有多少病人离开手术室合并了感冒。

时间一天一天地过去，县人民医院也在一步一步地发展着，于1999年修建了1号住院楼、传染病房，又改造部分科室，购置新设备，使得县人民医院的医疗环境和诊疗条件有了大幅改善和提升，业务也大幅度增收，还跨入了二级乙等医院的行列。2003年一场突如其来的非典型肺炎疫情席卷大半个中国，县人民医院自然成了全县疫情防控的桥头堡，全院上下井然有序，做好一切防控工作，顺利渡过了难关，我想这还是得益于之前医院基础设施的不断完善和医疗条件的不断提升。在之后的年月里，随着国家对投入的不断加大，威信县人民医院的功能也发展得越来越齐全了。而我，也从一个意气风发的青年步入中年，从一个普通医生成长为一名管理者，我伴随医院一起走过20年。

如果说前20年县人民医院的发展用“稳”字来形容的话，那2015年以来医院的发展就只能用“快”字来形容了。因为，县人民医院赶上了国家脱贫攻坚的浪潮，威信作为国家级贫困县，打好打赢健康扶贫攻坚战成为全县实施精准扶贫政策的重要部分，而县人民医院作为全县唯一综合医院和“龙头大哥”，也必将迎来一个翻天覆地的变化，担起历史责任和社会公益性的“桥头堡”重担！

好政策犹如春风拂来，医院的干部职工铆足了劲儿，撸起袖子加油干！回首那段时间，全院上下一心、同心协力、全力以赴，以高度的责任感和使命感，恪尽职守，全身心投入到医院改革发展中。而我作为院党委办公室主任，每一样材料都要从我手中过，每一项政策的实施都得有个细则，我每天不停地做方案、拟制度、画流程，开启“5+2”“白加黑”的工作模式，更是忙得不可开交。累虽然累，可我心里乐呵呀，当时我预测：通过这次健康扶贫政策的实施，县人民医院基础设施建设走上了发展的快车道，进程速度向前推进了20年！

果不其然，自脱贫攻坚战打响以来，面对基础设施薄弱短板和医疗技术欠缺的状况，医院以“追求卓越，赶超一流，建设标准化、规范化、现代化二级甲等综合医院”，围绕“以病人为中心、患者至上”的服务理念，大胆改革，务实创新，医院基础设施建设呈现出良好的发展势头。先后投入资金7000余万元，新建了天桥和1500平方米的业务用房，并对门诊楼、病房楼等进行了高品位的装修改造，新购置了核磁共振、双排CT、多功能X光机、柯达数字化DR，C臂、四维彩超、电子胃镜、全自动生化流水线、全自动生化分析仪等多种国际先进诊疗设备。先后选送医生、护士140人次到上海、成都、昆明等三级医院进修培训，通过“引进来”的模式与中国人民解放军总医院（301医院）、广东东莞大岭山医院、广东东莞沙田医院、昆明医科大学第一附属医院、昆明医科大学第二附属医院、昆明市第一人民医院等医疗机构建立了长期稳定的技术协作关系，每年至少有6名专家帮扶县人民医院。通过提质达标建设、补短板强弱项等措施，县人民医院的服务能力、服务水平不断提升。

如今，县人民医院顺利通过提质达标、二级甲等医院复评验收和五中心建设，无论是人员床位比例、业务收入，还是服务能力和服务水平都发生了翻天覆地的变化。现在也能做很多省级三甲医院的手术了，切实解决了广大人民群众看病难、看病贵的问题，以后很多病人都不需要转院了，在本地就能诊断治疗，既减轻了患者负担又缓解了医保资金缺口的问题。用患者李勇的话说：“今天的威信县人民医院看病检查方便多了，以前做个CT检查都要到省城三甲医院去，更不要说开颅、开胸手术了，外出看病既加重了老百姓经济负担，又占用省级优质资源，极为不便。现在好了，在家门口，就能享受三级医院的诊疗服务！”

作为一个县人民医院发展的参与者和见证者，我在这个地方贡献了我最美的年华，尤其是我进入中层管理岗位之后，“院兴我荣，院衰我耻”的理念更是时时提醒着我要以院为家，当它遇到难题和挫折时，我感同身受，竭力奔走，以自身微薄之力助它走出困境；当它取得一点进步时，我由衷欣慰，喜形于色，恨不得广而告之普天同庆！

我只是个平凡人，无法成为参天大树做栋梁之材，但我愿意做一棵小草，为威信县人民医院春天的到来献上一分新绿！

（作者时任威信县人民医院党委办主任兼预防保健科科长）

上善若水抚民生

吴健争

作为医保人，我非常清楚重大疾病医疗保障的作用，它是在基本医疗保障的基础上，对重大疾病患者发生的高额医疗费用给予进一步保障的一项制度，是基本医疗保障的延伸，是解决“因病致贫”和“因病返贫”的一项利器，让老百姓在基本医疗保障待遇的基础上得到更进一步的帮助。在医保工作中，我见证了重大疾病医疗保障是如何助力脱困脱贫行动，如何让老百姓受益的。

把好门，化解群众难上之难

2019 年 6 月，因工作需要，我和同事们回访重大疾病医疗保障受惠者。威信县双河乡菜营村烂池村民小组，是一个距县城几十公里的偏远山村。在这个村里，有一个身患白血病的女孩，她就是这次回访的目标之一。

“我没想到，我去年住院的医疗费用政府还能给我报销，这真的是雪中送炭，缓解了我们家庭的医疗费用支出压力。”患者王丹的父亲王开贵对我说道。

“去年我女儿因白血病在上海市儿童医院住院治疗，共花去医疗费用28.53万元，医疗保险报销了19.02万元，但因为自付部分的医疗费用支出也不少，对家庭经济造成了不小的压力。党和国家、政府关心我们，后来又对我去年的医疗费用进行了1.44万元的救助，帮我家渡过目前的难关！”王开贵絮絮叨叨地对我们一行人说着他内心的激动与感激！他做梦也想不到，在女儿住院医疗保险报销过后，还能得到医疗补助的厚厚一沓钱。看着王开贵感激的神情，看着因病而饱受折磨的小女孩，我们在怜惜的同时也倍感欣慰。女孩王丹此次住院费用按照规定得到救助后，医疗支出明显减少，自付比例明显下降。像王丹这样的例子还有很多，在2019年，全县符合重特大疾病医疗救助患者32人次，共享受医疗救助资金15.87万元。

威信县医疗保障局是个新组建的部门，工作人员配备不齐，所以我本人也是身兼数职。但是不管工作任务多么繁重，我都毫无怨言，加班加点，尽职尽责，为广大群众做到“应助尽助、应报则报”。因为我是医保人，但我本身也是一个普通人，对群众的难处也是感同身受：谁家门前没有块“滑石板”？谁不会“摔跤”生病？没有大病统筹，一旦得了重病，普通人家怎么扛得住？所以，我尽我所能，把好门，守好关，成为广大群众特别是贫困人口重特大疾病患者的“守护者”，让患者抱希望而来，欣慰而回。

守好关，破解群众贫中之困

桂花村，是县城扎西镇辖区里离城最近的一个村，我因工作需要经常到村里进行宣传。2019年的一天，迎着朝阳，我踏进了一个村民的家。这个村民叫李孟秋，是一名残疾人，也是民政特困人员。刚进屋，她就拉着我的手，迫不及待地说：“吴同志，我接到扎西镇社保服务中心的电话了，我2019年大病回补的资金下来了，共计6597.10元，要我带上身份证及农村信用社银行卡及时到他们那里去办理大病保险回补登记手续。这下好了，给我减轻了不少的医疗经济压力！”我看着她脸上洋溢的笑容，不禁回想起第一次见到她的场景。那是一个细雨迷蒙的早上，我在办公室上班，一个中年妇女吵吵嚷嚷地进了办公室，劈头盖脸地就问了我一大堆问题。我给她倒了一杯茶，让她先坐下来喘口气再慢慢说，她接过茶，这才平复了情绪说出了原委。原来，她曾经去过其他单位询问她的大病保险什么时候可以办下来，可是几次都没得到明确的答复，心里有些窝火，情急之下就直接冲来我们医保局办公室了。听了她的话，我耐心地向她解释了大病保险的相关问题，并告诉她让她安心等待。她认真听了我的解释后，又问了一些相关的问题，最后连连点头，笑着对我说：“吴同志，听了这么一解释，我心里的疙瘩也解开了！请你原谅我刚才的冒失和冲动，下次我不这样了！”我也笑着说：“我把我的电话号码给你，以后有什么疑问你直接打电话咨询我就是了，不必每次都亲自过来！”最后，李孟秋笑逐颜开地回去了。

是啊，为最大限度减轻贫困人口经济负担，我们根据政策规定及有关数据，依托各乡镇统一收集材料，通过定点银行向受益人统一发放，这个过程中有很多不为人知的困难和艰辛，但看到老百姓受益，再苦再累也是值得的。2019 年，全县大病保险回补 2904 人次，回补金额 199.97 万元。大病保险待遇保障制度的稳步提升，进一步减轻大病患者、困难群众医疗负担，因病致贫、因病返贫问题得到有效解决。

兜底线，抚慰民生痛中之痛

按照云南省健康扶贫 30 条措施要求，建档立卡贫困人口年度内符合转诊转院规范的个人负担住院医疗费用经基本医保、大病保险、医疗救助报销后，报销实际补偿比例达不到 90% 和超过当地农村居民可支配收入的，由县级政府统筹资金进行兜底保障。

患者舒予巍，家住威信县扎西镇石坎村老鹰村民小组，是建档立卡贫困户，因患急性单核细胞白血病，2019 年发生住院 19 次，总费用 33.17 万元，报销 30.79 万元，报销比例达 92.82%。其中在浙江大学医学院附属儿童医院住院治疗的 2 次医疗费用，均根据政策规定标准按照 100% 的报销比例给予了报销。

“患上白血病，是我孩子的不幸，有国家的扶持，是不幸中的万幸！”这是舒予巍父亲在给其子报销过程中对我说出的话。“如果没有国家的扶持，我都不知道，我的孩子该怎么办！”说到动情处，这位父亲眼里噙着泪。我知道，这热泪中不仅有对自己孩子的怜惜，更有对国家政策的感激。

兜底保障是一项民生保障制度，是“精准扶贫”“精准脱贫”的重要组成部分。医疗兜底保障政策主要针对建档立卡贫困患者实施医疗兜底保障工作，充分发挥健康扶贫医疗保障政策的作用。顾名思义，兜底保障就是要兜住贫困人口民生底线，为每个生命“救急兜底”！

目前，我们国家医疗保障体系大体是这样一个构成：首先是基本医疗保险，接下来是城乡居民大病保险和各类医疗救助，最后是兜底保障制度，其保障民生的优势环环相扣共同发挥作用。大病医疗是目前最为突出的民生难题，社会关注度非常高，特别是重特大疾病对于困难群众产生的影响更加突出。在这种情况下，迫切需要完善相关制度，规范这项工作，积极破解困难群众大病保障难题。

路漫漫其修远兮，在为老百姓服务的路上，作为一名医保人，我从未止歇！

（作者时任威信县医疗保障局办公室主任）

文化扶贫路上的“乐章”

桂　韬

扶贫的关键是扶人，脱贫的根本是摆脱贫困的思想观念、脱掉文化的“贫”，这就需要文化来滋养。近年来，县文旅局始终把脱贫攻坚作为中心工作，在文化扶贫的道路上不断探索，以文化自信引领脱贫自信，激发贫困群众内生动力，走出了一条以文化助力脱贫攻坚的新路子，用奋斗音符谱写了脱贫攻坚的生动乐章。

文体活动场所深扎基层种植文化

时间回到 2016 年，随着农村文体事业的蓬勃发展，威信县各乡镇文体活动丰富多彩，特别是极具地方特色的广场舞和健身操如雨后春笋般层出不穷。但由于多种原因，广大农村群众想开展文体活动却没有好的设施器材，想举办文体活动却没有足够的场地等问题普遍存在，农村文体场所和公共设施的匮乏已成为制约农村群众文化进一步发展的“瓶颈”。这个大背景下，按照县委、县政府的部署，县文旅局多渠道多方式筹资推进农村文化阵地基础设施建设。

三年时间里，在县、乡、村等各级的共同努力下，全县共建立了 82 个村级文体活动场所。建设中，各地群众纷纷投工投劳，积极建言献策，共同打造出了本地一个个独具特色的村级文体活动场所。投入使用后，每天都能看到孩童们在广场上欢快地追逐嬉闹，老人们总是在饭后三五成群聚集在一起谈天说地，爱看书的也能经常到图书阅读室浏览各种书籍，有的广场还自发组织跳起了广场舞。脱贫攻坚不仅仅是帮助贫困群众解决一时的温饱问题，提高群众的身体素质和思想教育水平，改变生活方式，享受到文化生活的便捷和愉悦，物质文明和精神文明两手都要硬，这也是文化部门的职责所在。

“百场演出进百村”奏响乡风文明“和谐曲”

2015 年前，农村地区文化基础非常滞后，文化建设举步维艰，落后的文化供给使农村群众的精神文化生活相当匮乏。威信县红色文化厚重，中央红军长征在我县 10 余天的革命活动留下了很多感人肺腑的故事，同时威信民族文化丰富，有很多宝贵的民族文化遗产，这些文化不仅是全县人民的骄傲与荣光，更是激励支撑全县各族人民艰苦奋斗、锐意进取的不竭动力和源泉。农村是党的执政基础和发展基础，是文化建设最基层的阵地，这块阵地不去占领，不去武装它，其他的落后文化就会乘虚而入。脱贫攻坚，送戏下乡，海山相依，情深谊长。五年来，威信文艺工作者进乡入镇，走村串寨，以大山为背景，以田野为舞台，在群山峻岭间引吭高歌，在村口广场翩然起舞，用老百姓听得懂的语言，看得见的表演，学得会的舞蹈，形象生动、深入浅出地把党的政策传递到千家万户。

“百场演出进百村”每年全县 87 个村社区全覆盖，其中《二月红军到扎西》《共筑中国梦》《扶贫真情》《精准扶贫就是好》等表现民族团结、对口帮扶的节目演出后，受到群众的一致好评，成为保留节目。威信文艺工作者用实际行动在贫寒的乌蒙高原走出了一条文化乐民、文化育民、文化惠民的康庄大道。

送春联为群众送去精神食粮

每年岁末年初，“迎新春、送春联”是县文旅局的必备活动，火红的对联，既是对过去一年美好的总结，也是对未来一年发展的期盼。

威信书法协会的会员们不管有多忙，但到这段时间总是如期而至，奔赴各乡镇为当地群众书写对联。天气虽严寒，暖意却融融，为了让更多的百姓收到这份新春祝福，会员们一下车顾不上休息，立马就伏案挥毫泼墨，运笔如飞。会员们用各自擅长的书法风格，书写盛世、歌颂党恩，为早就等候在此的群众送上了一副副红彤彤的春联。有的群众边扶着红纸，边和会员老师商量哪个房间贴什么样内容；有的群众边看边炫耀：自己每年都会来这里等候拿春联，家里房间多，花钱买可要不少钱呢！还有的群众拿着对联和旁边的人互相对比着……火红的春联，热闹的人群，浓浓的年味扑面而来。

文化扶贫，通过发挥文化的教育作用，以文化人、移风易俗，传递正能量、引领新风尚，在贫困地区树立起良好的社会风气。送春联作为文化扶贫的重要组成部分，为贫困群众送去新春的祝福和温暖，鼓励坚定脱贫信心，勇敢面对生活中遇到的困难，增强贫困群众的脱贫责任感和自觉性，帮助树立“自力更生、勤劳致富”的正确观念。

乡土文化人才培训带动基层文化繁荣

威信拥有丰富的生态资源和独特的文化资源，但受困于各种原因而发展滞后，陷于“富饶的贫困”之中。文化浅薄、技术缺失、思想落后，成为制约贫困户、贫困村脱贫致富的重要障碍。文化扶贫的基础在教育，关键在技能。

为做好文化精准扶贫工作，威信文化工作者对乡村基本情况、基层文化设施、人员队伍建设、文化产业发展等情况进行细致的调研，在教育引导、搭建平台、提升素质、产业融合等方面下功夫，开展了乡土文化人才培养工程。

根据市场需求，威信举办针对贫困户家庭的技艺培训班，多次开展苗族服饰、蜡染、刺绣、芦笙制作等非遗传承和手工制作类培训。在各地的农家书屋，邀请乡村贤达、致富能手、技术骨干来授课，突出就业技能、实用技术、特色手工、技能教育等重点，引导贫困群众树立劳动致富的理念，很多贫困户系统学习了种养殖业、果蔬栽培等技术，拓宽增收致富渠道，农家书屋被形象地称为“脱贫致富加油站”。在贫困村举办乡土文化讲堂，讲解传统文化、家风家训、移风易俗、文明新风等内容，倡导邻里和睦、孝老敬亲的优秀传统文化，为贫困群众鼓舞干劲、提升精气神，增添脱贫致富共创美好家园的信心和决心。还开展文艺辅导、军乐鼓练习、广场健身操培训等活动，极大地丰富了老百姓的精神文化生活，充分发挥“文化亲民”作用，引导村民做好本土特色项目发展的“宣传员”，用社会主义核心价值观引领农村文化阵地的价值取向。

扶贫路上，既要发展产业、壮大经济，更要激活文化、提振精神。乡土文化人才培训，将“送”文化和“种”文化结合起来，使文化的种子在乡村大地生根发芽，让乡村成为输出打工者、引回创业者、带动就业者的热土，为脱贫攻坚注入源源不断的精神动力。

龙溪小区村史馆为思想打开一扇窗

龙溪小区位于扎西镇石龙村马蹄井村民小组，是威信县内建设规模最大、搬迁人数最多的集中安置点，共安置扎西、水田、双河等 7 个乡镇的易地搬迁对象800多户3900余人。不同乡镇不同民族的搬迁群众受惠于党的脱贫攻坚政策，一步进城入镇，由农民变为居民，生活条件发生了翻天覆地的变化，却都有不同而难忘的艰苦奋斗的岁月。为留住乡愁，记住乡音，龙溪小区村史馆应运而生。

村史馆面积不大，却存放着不少压箱底儿的“宝贝”。墙面挂着犁耙镰刀等农耕用具，陈列平台上放置茶杯木勺等较小的用品，通道旁摆放石磨石堆等大件的农具，四周陈列着迁出地个人和集体获得的奖励和表彰，展览着生产建设及重大历史事件图片。这里的每一样老物件都留有龙溪人的温度和他们背后的故事，生动记录了耕耘桑梓的往事。村史馆是个缩影，再现了改革开放40余年来农村由贫穷走向富裕、由农耕文明走向乡村振兴之路的艰辛历程，激励着一代代后人记住昨天的“根”，做好今天的事，继续艰苦奋斗，砥砺前行。自村史馆开馆以来，每天约500人前来参观，多数都是周围的干部群众。

文化帮扶为思想打开了一扇窗，为脱贫攻坚提供了一种润物无声的精神力量。文化环境的营造，对于文化扶贫具有潜移默化的重要作用。一间村史馆，传承文化，延续民风，成为几代人安放记忆的共同家园，也展示着近年来脱贫攻坚的累累硕果。人们的生活方式变了，但良好的家风、村风、民风不能丢，只有一代代传承下去，方能留住乡愁，并在乡愁中获得前行的力量。

筑牢文化文明之基，补足信仰精神之钙，引领脱贫发展之舵，这是脱贫攻坚系统工程中文化脱贫的责任与担当。一枝独秀不是春，百花齐放春满园，在脱贫攻坚的伟大实践中，我县充分发挥文化扶贫优势，在文化“宣传”“鼓劲”和“扶志”“扶智”方面积极作用，打通文化扶贫“最后一公里”。

（作者时任威信县文化和旅游局办公室副主任）

第六编　挂钩帮扶及社会扶贫

“挂包帮”倾力战贫 “转走访”真情扶困

陈吉运

威信县是全国592个扶贫开发重点县、全省73个国家扶贫开发重点县之一。为坚决打好脱贫攻坚战，2015年起我县按照省市关于建立扶贫攻坚长效机制扎实开展“挂包帮”“转走访”的统一部署要求，县委、县政府超精心组织、迅速行动，全县各级各部门把落实“挂包帮”“转走访”工作作为全面落实习近平总书记扶贫开发战略思想的首要任务，严格落实不脱贫不脱钩的责任机制，形成了省、市、县、乡、村五级联动，共同推动扶贫开发的良好氛围，全面掀起了“挂包帮”“转走访”工作热潮，为威信县在2018年底顺利实现脱贫摘帽及摘帽后的巩固提升作出了积极贡献。

超前谋划，高位推动

按照省、市要求，县委、县政府研究制定了政策性、指导性、操作性较强的《关于举全县之力打好扶贫开发攻坚战的实施意见》等“1+N”配套文件，对全县脱贫攻坚工作进行了全面部署。及时调整充实扶贫开发工作领导机构，建立了“挂包帮”“转走访”双总召集人机制，县委常委包保乡镇、处级领导包保村脱贫攻坚工作。县委书记和县长作为县联席会议的总召集人和脱贫攻坚工作的“第一责任人”，亲自谋划部署，亲自督促检查，亲自推动落实脱贫攻坚“挂包帮”“转走访”工作。县、乡（镇）成立了“挂包帮”“转走访”工作联席会议办公室，抽调专门人员作为联席办工作人员，建立相关制度，切实抓好工作落实，推动了脱贫攻坚“挂包帮”“转走访”工作制度化、规范化、常态化。

传导压力，压实责任

围绕中央和省市县委、政府脱贫攻坚年度目标，对省、市党委、政府和县委、县政府已经部署的工作，切实抓好整体谋划、部署安排、高位推动和督促检查，做到及时安排、明确分工、抓好督促，确保有序推进、取得实效。实行处级领导包乡挂村，部门包村，干部帮户，确保每一个贫困乡、贫困村、贫困户全覆盖、零遗漏。挂点领导、挂包部门、帮扶干部认真按照县委、县政府的部署认真开展脱贫攻坚工作。在脱贫攻坚不同时段，我们召开了全县脱贫攻坚动员大会、推进会、誓师大会，“挂包帮”“转走访”动员会、联席会议，多次召开推进会，层层签订了目标任务和精准脱贫责任状、政治生命承诺书，把脱贫攻坚作为领导班子和领导干部政绩考核的重要依据落实到位。乡镇党委书记、乡镇长分别向县委、县政府作出了确保扶贫对象精准的承诺，形成了县委政府主抓，乡镇党委政府具体抓，挂包部门配合抓，帮扶干部抓具体的脱贫攻坚工作格局。县委、县政府把脱贫攻坚工作作为对各乡镇、各挂包部门综合目标考核的重要内容之一。同时，由县纪委、监委从相关部门抽调人员组成督查组，定期不定期开展督查，并适时通报，督促整改。县联席办对10个乡镇83个有脱贫攻坚任务的行政村“挂包帮”“转走访”工作和驻村扶贫工作队员在岗履职及作用发挥情况进行全面抽查和督查，有力推动了全县“挂包帮”“转走访”的工作落实。形成全县工作督查通报45期，发出工作队在岗履职及作用发挥情况通报38期，通报擅自脱岗扶贫工作队员36人，撤职召回6人，约谈19家县级部门主要负责人和42个驻村队员，通报挂钩帮扶抽查情况8期。

尽锐出战，全力帮扶

统筹整合省、市、县、乡镇各级帮扶力量，及时调整充实驻村扶贫工作队员，“因村派人”。选派省市县驻村帮扶工作队员338名，组建了83支驻村扶贫工作队。省、市、县共100个党政机关和企事业单位、3954名干部职工参与“挂包帮”定点帮扶工作，五年来各级挂钩帮扶部门主要领导到村开展工作累计1.2万余人次5万余天，其他班子成员近3万人次10万余天；干部职工走访结对帮扶户近20万人次235万余天。覆盖全县10个乡镇83个村（居）委会，17750户贫困户74629人。全县统一组织开展了15次大规模“转作风、走基层、遍访贫困村贫困户”工作和25次回访工作，针对贫困群众脱贫意愿和动力仍然不足，部分贫困群众思想观念滞后、发展进取心不足、积极性不高、主动性差，“等、靠、要”依赖思想严重，脱贫内生动力不足，广大挂包干部切实深入村、组、户，做深入细致的思想工作，摸清了贫困村贫困户基本情况，掌握了致贫原因，研究了帮扶措施，完成了贫困农户动态管理调整，制订到村到组到户帮扶计划76180个。挂包帮扶部门按照全县脱贫攻坚规划，落实“五个一批”精准脱贫措施，加紧实施行政村整村推进项目；围绕产业扶贫规划，按照户均不低于3000元的资金标准扶持贫困农户发展产业，千方百计增加贫困群众收入。五年来，各级挂包帮扶部门围绕所挂包的贫困乡镇、贫困村“基础设施建设、产业发展、文化教育、医疗卫生、人力资源培训、人居环境整治”以及补短板等投入帮扶资金 35330.25 万元（捐物折资 4249.37 万元）。其中投入基础设施 5602.33 万元，产业开发 2055.2 万元，文化教育 734.92 万元，医疗卫生 3313 万元，人力资源培训 171.99 万元，赈灾救济送温暖 381.24 万元，安排工作队工作经费 622.5 万元，其他 1586.35 万元；协调引进投入各类资金 15841 万元，帮助争取列项项目 406 个，开展消费扶贫 484 万元，组织劳务输出 65355 人。同时，由县委分管领导牵头，县联席办定期向省市定点帮扶单位汇报、对接脱贫攻坚“挂包帮”“转走访”工作开展情况，并形成长效机制，促进精准扶贫、精准脱贫各项工作扎实开展。

五年来，省、市、县各挂包部门都作出了很大的贡献，比如云南省工行、市委组织部和威信县供电局。自 2015 年 8 月开始，云南省工行本部定点扶贫点威信县麟凤镇大塘村。面对大塘的困难情况，省工行扶贫工作组深入调研走访，多措并举，精准施策，截至 2020 年 10 月 20 日，累计投入引入扶贫资金 1041.46 万元，用于支持集体经济发展，让村民住房、饮水、道路、教育、卫生、村容村貌、村民精神面貌等方面旧貌换新颜，实现高质量脱贫。市委组织部累计直接或协调投入庙沟镇扎实沟、马河两个村资金 6800 余万元，实施各类项目 33 个，涵盖基础设施、公共服务、教育卫生、产业发展、人居环境等多个领域；累计下派驻村扶贫工作队 5 批次 21 人。威信县供电局 2017 年 10 月挂钩帮扶高田乡凤阳村至今，除了发挥行业部门优势为该村完善电力设施外，还引进民办幼儿园改善教育条件；协调打通了凤阳人民出川道路“最后一公里”；让农民“走出去”，产业“走进来”稳固保障收入水平；捐资改善党员学习和村委环境；利用系统平台，扩宽扶贫点农产品销售渠道，提高贫困户产业收入等。

明确目标，狠抓落实

紧紧围绕脱贫摘帽年度工作目标，加强督促检查，采取专项督查、随机调研等方式，了解脱贫攻坚“挂包帮”“转走访”工作进展情况，掌握工作中存在的实际困难和突出问题，提出改进工作的意见措施。做好对驻村扶贫工作队及队员的管理和考核等工作。深入开展结对帮扶干部与群众同吃、同劳动、同学习，促进困难问题解决、促进脱贫内生动力增强、促进人居环境改善、促进扶贫政策知晓率和促进群众满意度提升“三同五促”活动以及“三讲三评”活动。据不完全统计，全县累计开展“三同五促”“三讲三评”活动达2000余场次，涉及帮扶干部近5万人次。通过活动的开展，拉近了干部与群众之间的距离，真正解决了精准扶贫“最后一公里”的问题。同时，督促挂包单位认真履行挂包责任，整合资源优势，采取多形式、多渠道落实包村帮户措施，实施精准扶贫。

注重宣传，营造氛围

针对脱贫攻坚“挂包帮”“转走访”阶段性工作的部署机制，做好脱贫攻坚宣传工作。运用广播、报纸、手机报等媒体通过文字、图像、视频立体展示威信“挂包帮”“转走访”工作动态。在“新华网”“云南网”“红色扎西”、《昭通日报》、“威信党建网”“威信新闻网”及各级电视台专题报道我县脱贫攻坚“挂包帮”“转走访”工作，编报工作简报66期，加强精准扶贫政策的宣传，增强贫困户主体意识，激发内生动力，充分调动贫困户主动参与脱贫致富的积极性。做好资料信息收集整理，总结提炼部门帮扶、驻村扶贫工作队和驻村第一书记扶真贫、真扶贫、抓党建、治难点的好经验好做法，积极宣传工作进展情况、先进典型和工作成效，在全社会形成良好的舆论宣传氛围，引导并凝聚广大干部群众精准扶贫共识，打好扶贫开发攻坚战。通过宣传，反映了我县脱贫攻坚“挂包帮”“转走访”工作推进情况，营造了全社会关心、支持脱贫攻坚“挂包帮”“转走访”工作的良好社会舆论氛围。

五年来，县委县政府英明决策、审时度势，高位推动扶贫开发战略部署；各级各部门全面发力、主动作为，强势推进脱贫攻坚战术战法；广大干部职工和驻村工作队员心系群众、真情帮扶，精准落实各项扶贫政策措施。我县于2018年成功实现了脱贫摘帽，革命老区威信在决战贫困史上谱写了前所未有的辉煌篇章！

（作者时任威信县“挂包帮”“转走访”联席会议办公室主任）

铁军是怎样锤炼出来的

杨鹏仕

自2015年精准扶贫以来，革命老区——威信的大地上处处涌动着决胜贫困、合力攻坚的热潮，一场集中财力、物力、人力的精准扶贫攻坚战全面打响。2016年年初组建驻村扶贫工作队65支，2017年10月按“因村派人”原则向有脱贫任务的83个村（社区）都派驻，实现了驻村工作队全覆盖。自此，这支特殊的队伍扎根于农村，与40多万威信人民一道奔赴脱贫攻坚战场，在一场接着一场的硬仗中，帮助威信人民摆脱贫困，走上致富之路。

制度建设挺在前，尽锐出战展雄风

“这是我们单位最能干的小伙子了，把他派到村上好好锻炼，希望大家以后多多帮助。”“感谢单位领导支持，爱将都派来帮我们搞脱贫攻坚，这下我们的信心更足了。”

根据《中共云南省委办公厅　云南省人民政府办公厅印发〈关于加强贫困村驻村工作队选派管理工作的实施意见〉的通知》（云厅字〔2018〕15号），威信县始终坚持优中选优、“尽锐出战”原则，着力打造一支脱贫攻坚的过硬队伍。提倡党员带头，重点选派政治素质好、工作作风实、综合能力强、健康且具备履职条件的干部；优先安排优秀年轻干部和后备干部，把大学生村官和驻村选调生纳入驻村工作队管理；因村选人组队，根据贫困村优势与不足，把熟悉党建工作的干部派到基层党组织软弱涣散、战斗力不强的贫困村，把熟悉经济工作的干部派到产业基础薄弱、集体经济脆弱的贫困村。结合挂包单位调整，县级人才工作战略部署，充分发挥派出单位和驻村干部自身优势，帮助贫困村解决脱贫攻坚面临的突出困难和问题。经过不断优化调整，目前全县共有省、市、县单位派驻 338 名驻村工作队员，按照《中共云南省委组织部关于发起驻村扶贫“总攻战”决战决胜脱贫攻坚的通知》（云组通〔2020〕3 号），威信县始终坚持“一进一出”原则，严格落实“四个不摘”要求，保证驻村工作队员人数不减，驻村帮扶力量不减。

为了管好这支脱贫攻坚的先锋队、排头兵，威信县先后于 2016 年 3 月印发了《威信县驻村扶贫工作队管理办法（试行）》（威办发〔2016〕7 号），2017 年 10 月修订完善并印发《威信县驻村扶贫工作队管理办法》（威办发〔2017〕30 号），同年 10 月印发《关于进一步加强驻村扶贫工作的通知》（威办通〔2017〕59 号），2018 年 10 月印发《关于在全县脱贫摘帽“百日会战”中进一步严肃驻村扶贫工作纪律　强化工作队作用发挥的通知》（威驻组〔2018〕1 号）等系列文件，为全县驻村扶贫工作队和队员规范管理提供了依据，确保工作正常有序开展。同时，及时成立驻村扶贫工作领导小组，从相关部门抽调人员充实县驻村办、县联席办工作力量，专门负责驻村扶贫工作队管理工作，将工作经费列入财政预算。各乡镇成立了以党委书记和乡镇长为组长的驻村工作协调小组，安排专人具体负责驻村扶贫工作。根据省委组织部《关于在部分贫困乡镇任命乡镇工作队长的通知》精神，从全县各驻村第一书记、工作队长中择优任命 10 个乡镇工作队长并挂任乡镇党委副书记，作为乡镇驻村工作协调小组成员，负责所在乡镇驻村工作队管理，形成县、乡、村贯通到底的管理链条。

星级管理来助力，驻村作风大变样

“这个季度评出来的五星工作队换了哟，人家那支工作队帮着村里把产业搞上去了不少，你们的这颗星星我就先取下来了啊。”“好不容易得来的荣誉，少一颗我都心痛，我们还要再接再厉，争取你下个季度再来给我们把这颗星星挂回去。”

要打赢硬仗，首先就要有一支作风过硬的队伍。为进一步加强驻村工作队管理，引导各驻村工作队员从“要我履职”转为“我要履职”，威信县委组织部以省、市管理办法为蓝本，结合实时重点工作，制定《威信县驻村工作队星级管理办法》，推行驻村工作队“星级动态管理”制度，根据履职情况对驻村工作队进行评分授星。首先我们要求不评个人评集体，以工作队为单位进行评比，大家“一荣俱荣、一损俱损”。“一个篱笆三个桩”，集体感让各工作队员互相监督、互相帮助，共同促进作用发挥。其次是五星就要秀出来。评选结果充满“荣誉感”，全县通报表扬五星工作队，并就其先进经验做法和优秀感人事迹以“威信党建”为载体发布“驻村星图鉴”系列进行宣传报道，在其所驻村设立五星工作队星级公示牌，并在年终考核中予以评先评优倾斜。让有为者有位、流汗者流芳，荣誉感有效激发了驻村工作队作用发挥的主动性。然后是不搞“一团和气”，树立红线意识。对在岗履职不好的工作队敢于亮剑，2020 年以来，责令 1 支一星工作队作出书面检查，由乡镇党委主要负责人对该工作队进行集体约谈；1 支未授星工作队，对直接责任人予以“召回”，年度考核确定为“不合格”等次，其派出单位年终综合考核成绩扣分。“能者上、庸者下、劣者汰”，制度的“鞭子”也是催人奋进的“号子”，红线意识有效抵制了驻村工作队员脱贫攻坚进入收尾阶段的慵懒情绪和无谓态度，进一步保障了队员的正常在岗履职。

且看 2020 年第二季度驻村工作队长例会中，第一季度未授星驻村工作队——水田镇龙洞村新任第一书记、工作队长邹林在交流发言中如是说：

“第一季度我们这支工作队出现了一些问题，单位领导临阵换将，让我来重新带好这支队伍。我要做的第一件事便是稳定军心，和队员们一起从摔倒的地方站起来，于是我以思想认同为突破口，和队员们以心交心，常常促膝长谈到深夜，队员们从心里和我站在了一起。以真干实干为着力点，面对难点工作，坚持由我带头。征地我上、危旧房拆除我上、活人墓整治我上，队员们看在眼里，记在心上，不久之后变成了所有工作我们一起上，行动上我们又走在了一起。我们根据每个人的特点和长处对常规工作做了分工，让每个队员都能更加胜任工作任务，利用每周例会相互交流工作中存在困难，共同寻求解决途径。我们做到了同心同德，同德同行，同行同向。”就是因为每当有问题出现，县委组织部都及时调整、派出单位积极配合、驻村队员知耻后勇，威信驻村工作队这支队伍才会有澎湃的动力和旺盛的生命力。

“三讲三评”吐真情，干群关系心连心

“是党的政策和大家的帮扶给了我和家人一份温饱的生活，往后的日子我家不仅要脱贫，更要大步奔小康。”“政策千万条，实干第一条，我们下来驻村就是希望能帮乡亲们多干实事，一起把我们的生活变好。”

为提高群众政策、思想、情感“三个认同”，威信县不断探索改善“三讲三评”方式，将讲评范围扩展到全部群众（建档立卡贫困户和非贫困户），不断增强群众认同感和满意度。一开始，由县委组织部每月制定“三讲三评”实施方案，到庙沟镇马河村进行实践，在实践的基础上不断完善。然后组建“三讲三评”示范小组，深入全县10个乡镇，邀请全体驻村第一书记、工作队长、村（社区）班子成员到现场学习，将创新形式的“三讲三评”向全县推动。由于村（社区）工作经费有限，脱贫攻坚任务艰巨，我县“三讲三评”工作由挂包单位牵头，驻村扶贫工作队员、村组干部协助。通过开展典型评选

活动，评选出身边最勤劳的人、最孝顺的人、最乐于助人的人、最懂政策的人并给予一定奖励，提升群众内生动力和积极性；创新探索“幸运大转盘”抽奖和脱贫政策漫画讲解的方式，提升群众政策知晓；通过联合县城爱心志愿商铺开展义务剪发、免费观影等活动，为60岁以上老人和儿童过集体生日，帮助留守老人和儿童与远方亲人视频聊天，增强群众认同感；大力开展“爱心”超市活动，将群众卫生治理、政策知晓、传统美德、内生动力等进行量化打分，以积分的方式兑换物品。截至目前，共开展“三讲三评”活动1200场次，参加群众72000余人次。“三讲三评”的开展，使驻村工作队员、村（社区）干部、贫困户相互之间进一步加深了解。许多平时走访过程中没有掌握的情况，在讲评会上，参会党员和群众认真监督，促使部分贫困户讲出实情，也进一步让贫困户了解工作队员和村（社区）干部日常工作情况，促进工作开展；在讲评过程中，通过贫困户对自身发展动力的讲述，贫困户之间相互比较，并通过驻村扶贫工作队员和村组干部的评议，找出发展中存在的不足，让他们认识到要实现脱贫致富除了依靠各级党委政府帮扶，更重要的是自身还要努力拼搏；通过驻村工作队员、村组干部将帮扶和履职情况的讲述，参会群众认识到了党委政府对他们关心和扶贫干部为脱贫付出了努力，密切了干群关系，解决了群众工作“最后一公里”的问题。在“三讲三评”中，村组干部和驻村扶贫工作队员找准了帮扶工作中存在的不足，群众明白自身脱贫还存在的问题，进一步找准方向，共同进步。在“三讲三评”中全县共收集整理问题清单1904条，制定1671条整改措施，目前已全部整改完毕。

关心关爱强保障，正向激励振人心

“干部公示又出来了嗦，看下哪些同志又升官了。”“哟，这次又提拔了几个我们的驻村工作队员嘛，好好干还是有奔头嘞。”

对驻村工作队，我们既“严管”又“宽爱”。为进一步激发广大队员干事创业激情，自 2016 年以来，在全县干部选拔任用工作中，切实把优秀驻村工作队员的选拔任用摆在首位，截至 2020 年 9 月，共提拔任用优秀驻村工作队员 56 人，其中从副科到正科 34 人，科员到副科 10 人，事业人员中从一般工作人员到副科 5 人，职级职务晋升 7 人。通报表扬队员 30 人，同时，对驻村帮扶先进事迹、有效做法和成功经验等，利用微信公众号进行宣传，目前，“驻村扶贫剪影”系列宣传在“威信党建”公众号已发布 26 期，“驻村星图鉴”系列发布 21 期，宣传推荐上报省级表彰优秀扶贫大学生村官 1 人，市级表彰优秀驻村扶贫工作队员 2 人，建议派出单位表扬奖励 6 人，安排 15 名驻村扶贫工作队员到腾冲疗养。

在经费保障上，县委组织部协调县财政每年为每支驻村扶贫工作队安排 1 万元的工作经费，县派出单位每年分别为本单位派出工作队员（含工作队长），每人安排不少于 5000 元的工作经费。由县委组织部统一为队员购买人身意外伤害保险，督促派出单位定期组织队员进行健康体检全覆盖，按时兑现队员差旅费、生活补助费等。2020 年 3 月印发《关于切实加强脱贫攻坚一线干部健康保障和紧急医疗救治工作的通知》，建立脱贫攻坚一线干部紧急医疗救治体系，将驻村安全教育作为驻村工作队员培训的必学科目，切实加强安全教育，提高驻村工作队员安全防范意识、自护自救能力和应对突发事件的处置能力。对因公负伤的做好救治康复工作，对因公牺牲的做好亲属优抚工作。工作队员驻村期间的医疗费，由派出单位按规定报销。在元旦和春节，分别向驻村扶贫工作队员及其家属寄送慰问信，春节期间给每支工作队发放慰问金。各驻村工作领导小组成员、派出单位主要领导或分管领导每月到村看望工作队员至少 1 次，为派出队员解决工作、生活等方面的实际困难，解除队员后顾之忧。

县驻村扶贫工作队总队长和副总队长经常巡回到全县 83 个村（社区）看望驻村工作队员并督促工作。2020 年 5 月 12 日上午，总队长董从民就轻车简从，专程来到高田乡大湾村委会，看望驻扎在这里的驻村扶贫工作队，认真细致地了解工作队平常的生活起居情况，并与工作队员进行了交流，了解大湾村委会的基本情况及驻村扶贫工作队面临的困难和问题。在听取工作队员的汇报后，总队长对工作队所做的工作给予了肯定，鞭策工作队要争取成为五星驻村工作队。同时他要求工作队要在 2020 年 7 月全市普查脱贫工作开始之前完成所有普查前期的准备工作，努力交出一份脱贫攻坚高质量答卷。队员们纷纷表示将积极与村委会干部沟通协调分工合作，把脱贫攻坚和后续乡村振兴工作任务抓好抓牢。

今年是脱贫攻坚的收官之年，打赢脱贫攻坚战是最大的政治任务和政治责任，在省、市两级的坚强领导和县委组织部的严格管理下，各驻村工作队员正以过硬的“铁军”风范，确保焦点不散、靶心不变，以良好的精神状态和扎实的工作作风迎接接下来的又一个征程——乡村振兴战略。

（作者系中共威信县委组织部职工）

生命的最后印迹

曾　钊　方绍泽

生于斯，长于斯，奉献于斯。他几十年如一日扎根基层，用实实在在的行动报效家乡，始终想群众之所想，急群众之所急，解群众之所忧，特别是脱贫攻坚战打响以来，他时刻把群众安危冷暖放在心上，走村串户、深入田间地头，用一心为民的情怀带领群众脱贫致富，在一点一滴中将群众工作做深、做细、做实、做透，最后甚至为了脱贫攻坚事业献出宝贵的生命。他就是双河苗族彝族乡双河村原党委书记——杨学奎。

杨学奎，男，中共党员，苗族，54 岁，双河苗族彝族乡双河村人，2010 年 3 月至去世，先后任双河村党总支书记、村党委书记。2019 年 1 月 31 日（农历腊月二十七）离春节仅剩三天，全县各乡镇，各村（社区）“三讲三评”、环境卫生整治、走访慰问贫困群众等活动干得热火朝天。而就在大家干得如火如荼之时，一则消息刷爆了威信人的朋友圈：31 日 12 时许，双河苗族彝族乡双河村党委书记杨学奎在带领村干部开展环境卫生整治时，突发疾病晕倒，经抢救无效，于 13 时 40 分左右去世，他的生命就此定格在了脱贫攻坚战场上。

情系群众，踏踏实实办实事

2019年1月31日上午9时，杨学奎主持召开村脱贫攻坚办公会，对帮助深度贫困户添置生活用品、完善住房档案资料、整治环境卫生等工作做全面安排。上午9时30分左右，杨学奎带领村监委会主任施怀学到大石板村民小组，走访陈庆芳、陈明方、廖绍银等几户他一直记挂在心上的建档立卡户。

陈庆芳介绍说："31日早上杨书记来到我家，来得很早，看到我们的房子已经装修好，正在打扫卫生，他很高兴，拍拍我的肩膀笑着说‘小伙子可以！房子装修得不错，好好把卫生打扫干净，房前屋后都认真清理一遍，整好了舒舒服服地过个年！’中午，在电话里听到杨书记去世的消息，我第一反应就是不相信！明明早上还在跟我说话呢，怎么可能转个身就不在了！我再三核实了消息之后，心里顿时感到无比难过……我会按杨书记最后的嘱咐，开年出去打工，把自己的日子过好，不辜负杨书记对我家的期望。"

陈庆芳的妻子张朝芝说："我喊杨书记到屋里坐坐，他说忙得很，不坐了，今天来看到我家里整好了，心里很满意，接下来还要去看几家人，就不耽搁了。我又问杨书记我家屋前的变压器哪时候才能搬迁，离屋子太近了不安全。杨书记说他已经跟供电公司对接好了，接下来只要找到地块就可以搬迁，他已经看好了位置，过两天他要亲自上来协调地块的……杨书记是个好人，从来没有因为我们又穷又病而嫌弃过我们，有事情找到他，他都认认真真帮我们办理，他是一个好人……他……"

谢先蓉（大石板村民小组长）说："杨书记来到陈明方家，看见房屋装修已经结束，院坝硬化已经完成，和陈明方交谈了几句，要他抓紧时间把家庭卫生打扫好。临走时突然发现他家檐坎面积宽过屋檐，瓷砖地面容易积水，有滑倒的危险，就建议陈明方再在屋檐上安装一个雨棚，陈明方愉快地接受了。"

廖绍银说："我们两口子都在外边打工，家里的房屋修建都是我家老人在家操持的，每次杨书记一来过我家，我家老人都会给我打电话。昨天听说杨书记不在了，我心里凉凉的，很难受……"

谢作英（廖绍银之妻）说："我们的房屋维修改造得到的补助是 3 万元，已经得到 2 万了，31 日早上杨书记亲自来我家检查房屋装修进度，给我讲剩下的 1 万元尾款已经划到银行了，最近几天就可以到个人账户了，记得抽时间去查收。另外还给我家 1050 元的补助，用于添置沙发、床等，要我们抓紧时间去购置……我们都没有想到，这是见杨书记的最后一面，刚听到他去世的消息，我当时就哭了一大场……我们打算把家里的事情整理一下，去送送他。"

廖宗贵（廖绍银之父）说："杨书记经常过来看我们，有时遇到饭点，喊他吃饭他也不吃，他跟我说'幺叔，我忙得很，等两天不忙了，我才来找你要好不好？'我说：'要得！要得！'你看现在，再也不会来看我了……我昨天饭都吃不下去，一端起碗就想起他对我说过的要来看我的那些话……"

勇挑重担，真心实意促脱贫

有村民说："我跟学奎认识几十年了，我比他大十多天，我们关系一直很好。每次他来，再忙都要跟我坐几分钟，有时就在田坎边坐着或者站着摆谈几句。他是个耿直的人，找他帮忙办事情，能办的就尽力去办，不能办的就正面回复，从来不哄骗人。这两年他抓扶贫工作，对贫困户也好，非贫困户也好，从来不看人说话，一直都是好好对待。"

31 日上午 11 时左右，杨学奎回到村上，尽管隐隐感到身体有些不舒服，稍坐片刻，他还是站起来带着村副书记谢太君、副主任吴洪及监委会主任施怀学到公路沿线检查环境卫生整治情况，大家一路走走停停，边看边谈论着一些事情，在行进的路上，杨学奎突然说了一句“头好晕，我累得很，受不了了”随即昏倒在地。现场村干部从来没有遇到过这种事情，一下子就蒙了，忙拨打急救电话。医务人员赶到后，立即就地进行全力抢救，但是无论如何施救，也无论同事们如何呼唤，杨学奎再也没有醒过来。

1 月 31 日，从早上起床开始工作直至中午事发，村监委会主任施怀学一直陪同在杨学奎的身旁，眼睁睁目睹了杨学奎从一个活生生的人到猝然离世，直至 2 月 1 日，施怀学还一直未从这场剧变中走出来，一遍一遍回忆前一天上午发生的一切。“感觉心像刀割一样痛，”他说，“眼睁睁看着书记在我身边倒下去，我不知道如何才能留住他的生命！这两天，我虽很累，但是一睡觉就无法合眼，一闭上眼睛就会不断回想起昨天令人心碎的一幕！”

杨学奎的猝然离世，让双河村的大学生村官曾凡飞也无法接受，她觉得杨学奎对待她们像对待自己的儿女一样，有好吃的经常带到村上吃，偶尔包里会揣着一些糖，问工作苦不苦？来！吃颗糖就不苦了。现在他的离去是多少颗糖也无法弥补的苦……

工作上杨学奎总是冲锋在前如同“拼命三郎”，最大的困难总是他来解决，最难做的工作也是他来做。比如长岭安置点的建设涉及坡上村 15 户卡户、9 户随迁户，随迁户只有 2 万元补助资金，部分家庭负担较重的随迁户房屋修建比较困难，杨学奎就联系了建筑企业，采取了公司垫资修建，分期付款的方式将安置点修了起来，特别是部分资金紧缺的随迁户，还积极帮助协调贷款找人担保，帮他们解决了资金问题，最终将坡上村民小组全部搬迁到新的集中安置点，各项基础设施全部完善。还有干沟村民小组分散安置户陶江，家中有 90 多岁的老人和年幼的小孩，家庭负担比较重，房屋修建后无力装修，杨学奎了解到他家情况后，多次与陶江通电话做工作，考虑到陶江要务工赚钱，便组织施工队帮助他家把房子装修了，还协调补短板资金予以补足，帮助陶江一家高高兴兴地住进新房。

杨学奎的妻子是双河中心校教师，学校放寒假以后就投入到教育扶贫的工作当中去了；大儿子在昭通水富市某镇政府工作；小儿子在双河乡政府禁毒办上班，也在参与扶贫工作。这是一个幸福的四口之家，虽然都很忙碌，但是彼此间都在互相鼓劲：再坚持一段时间，等脱贫攻坚任务完成了，一家人到水富去团聚，好好轻松一下！没想到，随着杨学奎的猝然离去，这个约定永远定格在了 2019 年 1 月 31 日这一天……

后　记

杨学奎的猝然倒下，再次说明了扶贫之路的崎岖不平和艰难。而今，在扶贫这条战线上，有太多我们还不知道名字像杨学奎一样的基层扶贫干部，他们始终坚守在脱贫攻坚第一战场，用最朴实、最接地气的方式融入贫困大众，用自己的汗水和泪水浇灌着贫穷苦寒的土地，唤起千万贫困群众战胜贫穷的必胜信念，用热血和生命谱写着平凡而又壮烈的时代史诗。

杨学奎同志长期工作在基层一线，始终把党的事业和群众利益放在第一位，是全县基层党员干部学习的榜样、脱贫攻坚一线的战士典范。他为了打赢脱贫攻坚战，献出了宝贵的生命，经威信县委研究，于 2019 年 2 月 2 日决定追授杨学奎同志为“优秀共产党员”。

（作者曾钊系中共威信县委宣传部职工，方绍泽系威信县融媒体中心记者）

定格在扶贫路上的无悔青春

詹生才　曾　钊　王　娜

为有牺牲多壮志，敢教日月换新天！

为了贫瘠的土地上早日开出艳丽的花、为了让贫困乡能够早日脱贫、为了让贫困群众早日奔小康，一批又一批扶贫干部奋斗在脱贫攻坚这场没有硝烟的战场上，殚精竭虑、呕心沥血，有的甚至献出了宝贵的生命，他们用生命诠释了全心全意为人民服务的根本宗旨，践行了一个共产党员的初心使命。威信双河乡，就有这样一位同志在苗岭大地上披荆斩棘，力战“贫魔”，他朴素、和蔼、实干，他用一个个实际行动感染着身边的每一个人，用生命诠释了一心为民的大爱。他就是威信县双河苗族彝族乡原人大副主席——杨祖辉。

“我在走访贫困户，我太累了，不回来了……”这是杨祖辉去世当天和妻子的通话，这句话也让妻子对他平添很多心疼和担忧，然而这句话也成了他与妻子说的最后一句话。

2018 年 11 月 25 日，杨祖辉带领村干部在双河乡天池村最为贫困的岩脚和后寨村民小组组织群众装修住房，争取在寒冬来临之前让贫困群众能搬迁入住。随后杨祖辉到所挂包的天池村坪上、岩脚、后寨、大营头几个村民小组进行入户走访，直至深夜才结束。当日正值杨祖辉小儿子满月，18 时 12 分，杨祖辉妻子马丽与他通电话，望杨祖辉能回到三桃乡的家中和孩子照张满月照。天不怜人，这一美好的愿望终究没有实现。当晚，杨祖辉拖着疲惫的身躯还没有走进自己的宿舍，就因劳累过度而猝死。年仅41岁的他，生命就此定格在了脱贫攻坚战场上，从此离开了他热爱的工作，离开了家人，离开了还没有脱贫的贫困户。

杨祖辉自2018年4月起，任双河苗族彝族乡人大主席团副主席。因其是苗族干部，为了方便与群众的沟通交流，乡上安排他挂钩苗族聚居的天池村。到双河任职以后，投身脱贫攻坚战场、奔走基层一线、经常熬夜加班。自从他干脱贫攻坚工作以来，只回过三次家。早上8点就开始下乡走访贫困户，随时晚上七八点打电话给他，他还说才下乡回来还没有吃饭。在双河工作的几个月时间里，他没有请过一天假，而且越是节假日，他越是坚守在工作岗位，直至奋战到生命的最后时刻。“我不要做你的妻子，我要做你的贫困户。”这是杨祖辉妻子马丽曾与他“开玩笑”时说的话。从马丽的这句话我们不难看出，杨祖辉对贫困群众的真挚感情。

他没有官架子，总是用心用情帮助群众，到每个贫困户家中都用笔记本记录每家的问题，主动思考解决办法。2018年，正是我县脱贫攻坚关键之年，大到每个村社的道路等基础设施建设要全部完成，小到每户贫困户的住房建设都要完成入住，在这过程中，不管谁遇到困难，他都竭尽所能地进行帮助。到贫困户黄应家后发现该户装修资金短缺，他便自己垫了6000块钱为他家安装门窗，为了减省人工费，还亲自去拉砂、石、水泥帮贫困户家打院坝，从混凝土的搅拌、浇灌到铺平，他都亲自参与。到陶家林户遇上同样的问题也是他亲自上阵推砂、搬水泥帮助他们打院坝，帮助他们装修房子，布置家中物件摆放，事无巨细为贫困户着想。

他为人务实。教师出身的他做事认真，对群众耐心。李学琼家中总共6人，孩子还在读书，丈夫外出务工的收入全部用于李学琼治病，杨祖辉挂包她家以后，主动帮助修建了新房子并帮助申请低保，考虑到李学琼的身体原因不能过度劳累，杨祖辉又帮她申请了护林员的公益岗位。

他工作敬业。来到双河后杨祖辉同志负责人居环境整治工作，在带领干部参与整治工作时，他总是最卖力的，最脏最累的活总是他在做。一次他带领天池村的干部到天池岩脚捡垃圾、焚烧垃圾，小推车上面的垃圾比杨主席身高高出很多，他还是不遗余力地推着小推车，硬是颤颤巍巍地把垃圾推去了处理垃圾的地方。遇到路边有些群众乱推乱放比较多的，他就晚上继续到群众家做工作。在整治路域环境过程中，发现有一棵树阻挡行车视线，需要被砍伐，群众阻挡砍伐工作，杨祖辉自己出了 500 元钱解决了群众诉求。为了不耽误扶贫工作进度，直到妻子生产当天，他才匆匆忙忙地从挂包的天池村赶到医院，妻子剖宫产后三天，杨祖辉又辞别还躺在病床上的妻子和襁褓中的小儿子，马不停蹄赶回双河，投身到脱贫攻坚工作中来。杨祖辉就是这样，身先士卒，用自己瘦弱的身躯推动了天池村环境卫生的整治工作，推动了天池村的脱贫攻坚。

他乐于助人。这些年杨祖辉一家共带了 12 个孩子读书，最早的已大学毕业，有些还在昭一中、云天化等学校读高中，现在也还有两个孩子在他的家里借住读书。两个孩子的母亲黄永珍说："当时看到三哥家两个孩子在那里读书都考上了昭民中珍珠班，我们就说也想请他帮我们带孩子读书，他二话没说就答应了，我们说每个月给点生活费他都不要。我们的孩子被他培养得很好，可我们还没来得及感谢他，他培养的这么多孩子也还没来得及报答他，他就这样走了……"他的一生为工作而辛苦，为家乡后代而劳累。

2018 年 12 月 4 日，按照家乡的风俗，是杨祖辉入土为安的日子，在长长的送行队伍中，有他生前帮扶的建档立卡贫困户、挂包村的委员、领导同事、亲朋好友、左邻右舍、学生等，还有很多是被他的精神事迹所感动自发前来加入的送葬者，在人们不言的低沉中，有一种精神力量在感召，那就是杨祖辉同志的高尚情怀。

生前，杨祖辉办公室的灯很晚还亮着，那是他在加班加点；在他给妻子不回家了的话语中，不是因为不想家，是他心里装着脱贫攻坚工作这个大家。与他共事过的同志一提起他，总竖起大拇指，对他的工作表示肯定。凡是要求别人做到的，他总是先做到，最脏最累的活留给自己，别人劝他说一起休息下再干时，他总说，再！再坚持一会儿。现在，他终于休息了，他长眠在了这片他为之付出青春的土地上，他的奉献精神也永远留在了脱贫致富奔小康的路上……

（作者詹生才时任威信县文化产业办公室副主任，曾钊、王娜系中共威信县委宣传部职工）

兜底脱贫保障基本民生
民政爱民情系千家万户

彭吉武

2017年12月，根据组织安排，我轮岗到县民政局任职，从这时起，我成为一名民政人，成为一名困难和特殊群体的“代言人”。此时，脱贫攻坚战正酣，转变角色、快速融入，扛起责任、扎实工作……用心用情用力，把爱民为民的民政工作理念落实到每一天、每一项、每一次的行动中，打好打赢了每一场硬仗，为“社会保障兜底一批”尽好了民政责任、奉献了民政力量，保障了建档立卡群众吃穿不愁。

精准识别　锁定民政　社会救助脱贫保障对象

我还没到民政局之前，困难群众兜底保障、精准锁定各类对象的工作就已展开。从2016年开始，就在精准锁定社会救助保障对象方面不断开展工作。2016年10月至2017年年初，我们就组织县乡民政系统全体人员，清理全县农村低保、特困供养、孤儿救助对象，将不符合享受的对象清除，将符合享受的对象纳入。2017年8月，又在深入调研的基础上，制定了《威信县农村低保和特困供养动态管理识别标准》，印发了《威信县农村低保和特困供养精准识别工作方案》，在县委、政府领导下，组织抽调县直部门及各乡镇工作人员700余人，各级领导干部带头，我们全体工作人员昼夜兼程，用脚步丈量全县1400平方公里土地，深入千家万户，用了两个多月时间，在全县开展了农村低保对象精准识别精准施保专项行动。这次专项行动取得的效果十分明显，清退不符合享受农村低保对象11887户14279人，纳入符合享受农村低保对象12105户15501人；清退不符合特困供养条件人员1801人，新增特困供养对象68人。2018年1月至6月期间，脱贫摘帽在即，我们又按照要求，为了使建档立卡户中无劳动力或者部分丧失劳动力，无法通过就业和产业扶贫实现脱贫的人口顺利实现脱贫，我牵头制定了《关于对建档立卡贫困户全兜底家庭实行"两线合一"的实施意见》，协调县乡村上下联动，先后集中开展了三次清理排查锁定兜底对象行动，采取逐一入户核查、组织工作组到乡入村复查、县级集中审查的方式，精准锁定了建档立卡全兜底户，为整户施保、确保"两不愁"奠定了坚实基础。目前，通过每年动态管理，实施"救助渐退"政策，全县尚有民政一般保障建档立卡贫困人口12509户21289人；有建档立卡兜底脱贫家庭（全兜底）2200余户4900多人。

聚焦建档立卡贫困群众　精准落实民政政策

我重点抓四个方面工作。首先是抓"两项制度"衔接，充分发挥兜底作用。即农村低保与扶贫开发政策两项制度衔接，为使每个年度建档立卡全兜底家庭收入全部达到脱贫标准，我每年牵头研究制定《建档立卡全兜底家庭实行"两线合一"的实施意见》，报请县政府批准落实。其次是抓保障标准提高，确保卡户收入水平提升。几年来，我牵头研究并上报批准，先后调整全县低保标准5次，特困供养标准4次。目前，农村低保补助水平A类从153元/人·月提高到375元/人·月，B类从143元/人·月提高到270元/人·月，C类从133元/人·月提高到200元/人·月；特困供养人员供养标准统一从124元/人·月提高到832元/人·月；孤儿基本生活补助标准从 875.15 元 / 人 · 月提高到 1280 元 / 人 · 月；城市低保保障标准从 307 元 / 人 · 月提高到 640 元 / 人 · 月。2020 年农村低保 4500 元 / 人 · 年的标准与扶贫开发 4000 元 / 人，年脱贫标准相比，已经超出脱贫标准 500 元 / 人 · 午。然后是抓城市低保服务易地搬迁，切实保障易迁群众基本生活。2019 年，我们根据《昭通市民政局关于保障易迁困难群众基本生活工作方案》，积极推进社会救助服务易地搬迁进城入镇困难群众工作，确保易迁困难群众搬得出、稳得住、基本生活有保障。我牵头研究印发《关于保障脱贫攻坚易地搬迁进城入镇困难群众基本生活的通知》，组织对易迁进城入镇群众基本生活进行全面排查，按程序为申请符合城市低保条件的易地搬迁进城入镇困难群众办理城市低保。全县 6 个易地搬迁进城入镇集中安置点 1641 户 7116 人，按程序纳入城市低保 2629 人、特困供养 164 人、孤儿及事实无人抚养儿童 41 人，继续保障农村低保 743 人。同时，通过社工机构购买服务开展社区四点半课堂、陪伴服务、心理疏导等活动，为易地搬迁安置点困难群众提供心理抚慰、环境适应、社会融入、学习教育、能力提升等方面的专业社工服务，尽最大努力保障易迁进城群众基本生活，促进了搬得出、稳得住，实现迁居、安居、乐居的目标。最后是抓社会救助资金精准到位，保证资金使用安全。从 2019 年开始，通过协调县财政、农商行等有关方面，全面实现社会救助资金社银一体化发放，确保建档立卡贫困家庭基本保障资金按时发放、足额发放、社会化发放，确保到户到人到位。

动员特困人员集中供养　切实为卡户“减负、松绑”

农村特困供养人员，是脱贫攻坚贫中之贫、困中之困，我知道，解决不好这一群体的基本保障问题，将是失职，同时，这一群体生活质量、生活水平不能有效提升，也是无能。根据省市县加强特困人员集中供养的要求，我带领班子及相关人员，认真调研、摸清底数，厘清思路、制定方案，打了一场特困人员尤其是组织失能和半失能人员集中供养攻坚战，努力为建档立卡贫困家庭“松绑”“减负”，改善他们的生活现状，也让一部分劳动力从照料护理中解放出来，实现外出务工增加收入。从我本人来说，在做好统筹推动全县特困失能半失能人员集中供养的同时，也亲自深入到双河乡茨竹坝、长安镇长安和瓦石村等乡镇、村（社区），深入到组到户动员组织入住敬老院20余人。在我和班子成员分组带领下，党员带头，全局下沉到村到组到户，50余名干部职工分为4个小组，分别挂联到10个乡镇83个村（社区）1613个村民小组，与乡（镇）、村（社区）和村民小组互联互动，认真负责、深入细致地做好失能半失能特困人员及监护人的思想工作，尽心尽力为特困人员着想，切实改善他们生活状况，提升其生活质量，得到了群众的一致好评。同时也受到市民政局的充分肯定，在我县召开了全市民政特困人员集中供养现场经验交流会议。通过县、乡、村组共同努力，无论是领导还是干部职工，充分发扬了不怕脏、不怕苦、不怕累的精神，或背或抱，或抬或扛，人扶车送，硬是把这项十分艰巨的工作做到了极致。到去年底，全县1022名失能半失能特困供养人员中，动员组织入住到中心敬老院、旧城敬老院达471人，入住率从原来的9%提高到46.1%，取得了显著成效。正如卢德副局长说的：“我们民政人不但要能吃苦，还要有一副菩萨心肠，时刻把群众装在心上。”这项工作将一直在路上，今年，我们还要在组织入住失能半失能特困供养方面，继续保持初心，争取更大成效，努力实现现有养老床位入住达85%以上的目标。

民政社会救助　保障贫困对象永远在路上

无论脱贫攻坚，还是未来的乡村振兴，作为局长，我永远要关注和思考的，就是贫困群众的基本生活保障，困难群体在一定时期内将会继续存在，我的工作也永不会止步。年初以来，在新冠疫情防治的大背景下，我们持续做好巩固提升脱贫成果的各项工作，采取“四个逐一”“三个全覆盖”的措施，确保困难群众基本生活保障兜准兜住兜牢。逐一走访核对农村低保中的老年人、残疾人、儿童等重点对象，对符合特困人员认定条件的纳入特困人员救助供养；逐一走访核对家庭中有老年人、残疾人、儿童的建档立卡贫困户，及时将符合条件的家庭纳入低保，对不符合条件但生活确有困难的，及时给予临时救助；逐一走访核对建档立卡贫困户中的重病患者、重度残疾人等完全丧失劳动能力和部分丧失劳动能力人员，参照“单人户”将其纳入低保；逐一走访核对2018年以来退出农村低保的老年人、残疾人、儿童，及时将符合低保条件的“脱保”对象重新纳入低保。通过全面落实“遍访全覆盖、政策宣传培训全覆盖、漏保排查全覆盖”的要求，即依托全县各乡镇扶贫干部、乡镇村干部、村组干部进行遍访、政策宣传和“漏保”排查，切实提高基层经办人员对政策的精准把握和群众对低保政策的知晓率，有效解决低保指标思维、“一刀切”、对象认定标准混淆和“一兜了之”等问题，有效防止“错保、漏保、错兜、漏兜”和“关系保”“人情保”产生，进一步保证了精准施保、精准兜底，巩固了脱贫攻坚成效。

“民政为民、民政爱民”工作理念将永远贯穿在我的民政工作生涯，用心用情用力将是我们民政人永远不变的追求。民政行业扶贫虽然通过脱贫攻坚一次次“大考”，今后让每一名困难群众都享受到党和政府的关爱和保障，我和我们民政团队永远在路上，我们将努力前行。

（作者时任威信县民政局局长）

兜住底　兜好底

何　毅

全面脱贫、全面建成小康社会是中国共产党对全国人民作出的郑重承诺，充分体现党“全心全意为人民服务”的宗旨，更是关系人心向背的民生战略。为提高贫困家庭收入、改善民生，确保贫困户如期实现脱贫，其中社会保障兜底一批是重要举措。

社会救助发挥脱贫攻坚兜底保障作用

为确保应保尽保，应退尽退，精准施保，2017 年，我局对全县城乡低保开展了大清理行动，从根本上解决了过去低保人情化、关系化、配额化、行政化的“潜规则”问题，真正实现了精准化、法治化、阳光化，充分发挥了社会救助的社会功能，全面落实“脱贫有保障，脱贫不脱保”的政策要求，兜实了脱贫攻坚“最后一公里”的底线。三年来，共纳入建档立卡户家庭低保 9633 户，共计 12276 人，共发放低保保障金 29462400 余元；解决临时救助 1698 人次，共发放临时救助金 2191038 元；共解决了特困供养 4005 户，合计 4305 人，其中集中供养 131 人，分散供养 4174 人，共发放特困供养补助 24 276 890 余元。从最大限度上配合脱贫攻坚兜底工作，预防了“返贫”情况的发生。

还记得三年前，我们入户进行低保申请调查的时候，有这样一段对话。“低保是有关系的吃的嘛，特别是那些跟村上关系好，或者当官的亲戚朋友吃的，跟我们老百姓没有关系。”高田乡坡上村村民说。“不是这样的，以前，城乡低保确实是有点混乱，绝大多数地方都是这样，基本上都是上边给县里名额，然后根据各乡镇人口等情况进行配额，而且几乎也不存在什么入户调查。可现在不一样了，一切都按照文件来办理，申请城乡低保是老百姓的权利，如果你们觉得符合我们的城乡低保政策，都可以提出申请，依法依规办理。如果发现有‘关系保’‘人情保’，我们将严肃处理，我们接受群众监督，大家可以匿名举报，如果实名举报的，我们会严格保密的。”县民政局社会救助股武孔军耐心地解答道。

如今入户，又是一番景象。“现在的政策就是好，我们队上就有好几家建档立卡贫困户，挂包干部都很负责，只要有政策总是为了贫困户的事情跑上跑下，有时候一个月有 20 多天可以看到政府的人往贫困户家跑。这不，现在你们又来了嘛。”高田乡高田村村民笑道。“我们都是从农村来的，过去贫困老百姓享受的政策太少，现在不同了，除了其他的脱贫政策外，我们县民政局现在按照实际，快速响应党中央、省、市的政策号召，对符合脱贫条件，但仍处于最低生活保障线以下的建档立卡贫困户，用城乡低保、临时救助、特困供养来托起防贫返贫红线，让他们的生活得到保障，都是邻里乡亲的，都希望他们过得好，是吧。”武孔军回答道，脸上露出了笑容。“谁说不是呢，我们村万朝江家，他家一家几口人可怜得很，队上的人都看不下去了，太可怜了，万朝江得了大病，妻子也快 70 岁了。就一个儿子，都是离婚的，出去打工，两个孩子读高中，负担重呀，真是到了山穷水尽的地步呀，我们也想帮忙，可是我们家条件也不好，也是无能为力呀。现在好了，共产党政策好，他家享受了那么多政策，生活上都快赶上我们喽。”“您刚才说的这户人家，不就是今年 3 月份我们抽查的那户吗，那家人确实是很困难呀。”武孔军道。“我也想享受一下建档立卡的政策，你们看我符合条件吗？”该村民开玩笑说道。“哈哈，你可以跟政府说的，然后根据你家的综合情况，按政策按要求进行研判。”武孔军笑道，气氛那个和谐，无以言表。

“最近两三年，共产党政策越来越好了，过去靠关系、靠人情、官员承诺解决低保，现在不是，现在是只要我们老百姓哪家人认为他们符合享受我们的城乡低保政策，就可以向村或乡镇提出申请，乡镇百分之百入户调查后，经县级不低于30%比例抽查，县级进行审批、公示，符合条件纳入低保就可以发放。现在的低保政策更规范化、阳光化了。更进一步的是，我们自去年就已经全面要求各户尽可能安装‘一部手机办事通’，低保、特困、临时救助等可以通过手机办理，更加方便快捷，提高了办理效率。这在以前是想都不敢想的。”高田乡马家村村副主任缪兴娥说。

“过去我们的城乡低保政策主要是通过‘配额’分配至各个乡镇，然后乡镇根据‘实际情况’进行分配，再加上那个时候正处于改革开放的中前期，我们县进行了多项城乡建设规划，由于乡镇工作不好做，于是出现了‘拿低保换作筹码’的情况，从而产生了庞大体量的‘政策保’，再加上多种原因，使之成了低保运营上的瘤子，无法摘除。自实施‘阳光低保’政策以来，我们认真贯彻了省市文件精神，坚决出击，清理了大批‘政策保’，使得现在低保政策真正是在阳光下运行了，获得了群众的一致称赞。并在很大程度上发挥了社会救助在脱贫攻坚最后阶段的兜底保障作用。”县民政局分管副局长童常宁说。

城乡最低生活保障托牢返贫预防底线

精准扶贫开始后，根据云南省委省政府的安排部署，我县定于2018年脱贫摘帽，这个任务能否完满完成，关键在于贫困家庭是否能脱贫。而城乡最低生活保障是全面脱贫的“最后一公里”，同时也托起了预防返贫红线、底线。

“过去我们一直担心政府宣布脱贫后就不管我们了，或者是现在我们认可了已经脱贫，但要是娃娃读书或者家里谁得了大病重病又返贫了政府会不会管。很多疑虑在心，常常不能释怀。”麟凤镇龙塘村建档立卡贫户江级巧说。像她这样有顾虑而当初怕在脱贫认定书上签字的贫困户不在少数，但是，实际情况告诉他们，这些疑虑都是多余的，民政部门始终坚持应保尽保的原则，一直对困难家庭施以最低生活保障。“现在民政社会救助已经基本上实现了阳光低保，办理程序阳光化，监督机制阳光化，动态管理，对像我们这样已经达到脱贫标准但仍处于城乡最低生活保障线的家庭，政府快速有效衔接，现在我们家申请了农村低保，我们家 2 人享受了 B 类低保，每个月 482 元的最低生活保障金，我还有一个公益性岗位，再加上儿子和媳妇出门打工，我们家生活也慢慢好起来了，感谢党和政府，感谢我们的帮扶干部。”江级巧接着说。我们的目的就是让建档立卡贫困家庭都能稳定脱贫。

实事求是，因地制宜，根据政策要求，我们将建档立卡户中的城乡最低生活保障家庭分为一般保障家庭和兜底保障家庭两类。对家庭成员有劳动能力，但通过其努力仍然处于最低生活保障标准线以下的建档立卡贫困户，纳入一般保障家庭一类，根据实际决定纳入几人，纳入哪一类。对建档立卡户家庭确实因重特大疾病、重残等原因导致家庭无劳动力，且还有老人赡养或者有小孩抚养的家庭，纳入兜底保障家庭一类，进行全兜底。临时救助与最低生活保障相结合，符合特困政策的纳入特困供养。最大限度，最大努力助力脱贫攻坚，让这些贫困家庭切实享受到政策的红利，实现与其他家庭同步奔小康的目标。

家住麟凤镇斑鸠村化槁坪村民小组的钟绍红，32 岁，离异，共同生活家庭人口 3 人，钟绍红本人患长期慢性病且非常严重，完全丧失劳动能力，两个小孩都在读小学。我们下户调查后，认为该家庭情况与镇上反映的情况基本一致，将原已享受的三人农村低保 B 类调整为 A 类，并为该户解决临时救助 5000 元额度。“同志们，你们辛苦了，感谢你们，感谢共产党，要是没有党和你们，我的家庭可就完了。”钟绍红感激地哭道。“没事的，你好好养病，现在你们家已经纳入了全兜底家庭，以后有好的政策都会偏向像你们这样的家庭的，谁都会遇到困难，没事的，有政府呢，不要感到绝望，以后孩子们长大了就好了。”入户的工作人员齐声劝道。

特困供养死守贫困“红线”

针对那些无劳动能力、无生活来源、无法定赡养、抚养义务人或者其法定义务人无履行义务能力的人实施特困供养政策，保证极度困难的家庭能生存，能过好，有保障，让这部分人不绝望。

2018 年是我县脱贫攻坚最关键的一年，因为将迎来云南省第三方评估验收，然而还有一部分特殊家庭是没有劳动力或者弱劳动力，他们想努力，但是仍难以做到脱贫。对这部分家庭，通过研究，决定将这部分家庭或个人纳入特困供养，以实现全面脱贫。

长安镇瓦石村居民黄占友，50 岁，未婚，无子女，身体比较差，患有急性心肌梗死、心脏病、急性心力衰竭等多种疾病，这些疾病导致他完全丧失劳动能力。经县级入户调查和领导研究决定，由于其本人虽然才 50 岁，符合特困供养政策，决定纳入特困供养，方式为分散供养。

扎西镇小坝办事处村民陈光元，63 岁，建档立卡贫困户，子女患侏儒症，本人年老体弱，无经济来源，子女无赡养能力，经县级入户调查和领导研究决定，陈光元纳入特困供养。

高田乡鸽城村村民刘明全，无儿无女，智力三级残，生活自理能力非常低，无劳动能力，无家庭经济来源。经县级入户调查和领导研究决定，刘明全纳入特困供养。

“在社会救助实际的实施过程中，我们时刻在想：在把握原则和守底线前提下，如何实现政策把握的灵活性，操作的可行性，如何把握那个度，说实话太难了。但难也要做了，那涉及这个社会最弱势、最底层的那部分群众的基本生存和生活呀。”县民政局局长彭吉武说。

2018 年，威信县如期摘掉贫困县的帽子，2020 年，高质量通过普查，如今，全县人民逐步致力于乡村振兴。程序透明，办事快捷！在过去的脱贫攻坚战役中，一项项民政举措的有效及时落地，一组组惠民为民的民生数据，串起了民政人在脱贫攻坚工作中的坚定步伐。在接下来的工作中，县民政局将继续彰显民政人“民政为民、民政爱民”的情怀，充分发挥社会救助托底保障功能，聚焦保障改善民生，为全县乡村振兴战略贡献民政力量。

（作者时任威信县民政局社会救助专职助理员）

涓流汇海　山水情深

余华龙

2017 年 7 月，广东省东莞市大岭山镇结对帮扶威信县。2018 年 8 月，为加大帮扶力度，拓展帮扶成果，东莞市委、市政府安排洪梅、沙田 2 个镇抱团与大岭山共同结对帮扶威信县。

东西扶贫协作以来，县委、县政府高度重视扶贫协作工作，成立主要领导任组长的东西扶贫协作工作领导组，把扶贫协作工作提升为“一把手工程”，认真贯彻落实习近平总书记关于东西扶贫协作的重要战略部署，根据“六个精准，五个一批”，紧紧围绕“两不愁、三保障”目标，按照“西部所需、东部所能、企业所愿、实现共赢”要求，抓实农业协作、人才交流协作、劳务输出和劳动力转移就业协作、示范点建设、教育协作、产业协作、卫生计生协作等“1+N”协议内容落地。

东部结对单位一鼓作气，强力出手，竭力在专业人才交流、贫困村结对帮扶、农村基础设施建设以及产业、医疗、教育、劳务协作等方面为威信县提供全方位的援助，让威信获得了难得的反哺和滋养。同时，广东省各人民团体、企事业单位、社会组织以及各界人士也纷纷参与威信的扶贫事业，由政府主导的单项扶贫转向全方位协作、互融式发展，打出了扶贫“组合拳”，形成了东西联合、多方联动的大扶贫格局。

截至 2020 年底，累计到位东西扶贫协作财政专项资金 1.3 亿元，落实携手奔小康资金 973.5 万元，社会捐款捐物折资约 2234.25 万元，支持贫困户住房安全保障、劳务输出及贫困村公共服务设施、产业建设等民生工程项目，为助推威信县如期实现脱贫摘帽和巩固提升工作作出重要贡献。在扶贫协作资金使用上，我县始终坚持精准原则，将协作资金适度统筹，充分发挥协作资金“四两拨千斤”的作用，用在关键领域上、用在战场刀刃上、用在脱贫攻坚主战场上。大力支持贫困乡镇、贫困村发展，着力帮助贫困群众解决实际困难，补齐短板，发挥协作资金的最大效益。

2016 年以来，我县共安排了东西扶贫协作财政专项资金 7681.24 万元分配到村作为村集体经济用于产业扶贫，实现了 80 个建档立卡贫困村村集体经济有扶持资金注入、有经营实体、有分红收益。其中投入到生猪规模化养殖场建设的 2550 万元，覆盖了 34 个建档立卡贫困村，村均投入 75 万元；投入到东西协作智慧园区扶贫示范建设项目 4950 万元，覆盖了 80 个建档立卡贫困村。东西扶贫协作资金的投入，极大夯实了我县产业发展基础设施，真正发挥了“筑巢引凤”效果。目前，我县已引进了铁骑力士、猪猪侠等知名企业，启动打造“滇东北金色优食谷”，着力培育产业链长、产品附加值高、品牌影响力大、辐射带动面广的高原特色产业，推动实现农业“产品”向“商品”转变，传统农业正逐步实现向现代产业的革命性突破；引进威利达水晶制品有限公司落地威信县，吸纳 300 余名富余劳动力就业；引进深圳市金宏翔耳机喇叭厂，在龙溪小区地下停车场建设 650 平方米耳机组装扶贫车间一个，可吸纳搬迁群众 150 人以上到车间进行耳机组装工作；引进东莞焱森集团打造水田全域旅游项目，该项目总投资 10 亿元，目前已启动游客中心、停车场、绝壁栈道、漂流上下站、自动扶梯等建设项目。

把两地干部人才交流作为扶贫协作工作的重要切入点，采取双向挂职、两地培训等方式，促进我县干部思想观念大转变、能力水平大提升。2017 年以来，相继组织开展了科级干部（含后备干部）、村（社区）创业致富带头人培训，互派机关事业单位干部、专业技术人员到两地的党政机关、经济部门、规模以上企业等单位挂职锻炼，促进两地干部“观念互通、思路互动、技术互学、作风互鉴”。东莞市共选派62名干部、医生和教师和专业技术人才到威信县挂职交流，威信县共选派69名干部、医生和教师到东莞市跟岗学习和挂职锻炼。

威信、东莞两地人力资源部门牵头，搭建多渠道劳务合作平台，建立了东莞企业劳务输出即时联系机制，实现企业用工信息的实时传送，威信对群众外出务工实行精准组织。2017年以来，威信县共组织7次80余人深入东莞市大岭山镇企业考察，与大岭山镇人力资源分局、众人人力资源市场、东莞市众鑫劳务派遣有限公司等就农村劳动力转移就业签订了人力资源开发战略合作协议。截至目前，东莞市企业累计到威举办专场招聘会6期、巡回招聘会338期，有序转移就业农村劳动力10158人次，其中，建档立卡劳动力占比稳定在40%左右。

广东在积极推进协作帮扶基础上，社会扶贫也开展得如火如荼，全力动员爱心资源和力量，积极开展济困帮扶工作。2016年以来，广东社会各界爱心企业和人士累计向我县捐款捐物折资2234.249万元，其中直接捐资1063.14万元，捐物折款1171.109万元。有68家企业与威信县69个贫困村签订结对帮扶协议，结对企业创造条件吸收建档立卡贫困户劳动力1000多名。6个社会组织与威信县5个贫困村签订结对帮扶协议，捐资捐物达30余万元。7所学校与威信县7所学校签订结对帮扶协议，4所医院与威信县3个医院签订结对帮扶协议，10个村与威信县11个村签订结对帮扶协议，捐赠资金40余万元，并就劳务输出、人才培训、扶贫协作等方面广泛开展交流与合作。

东部有资金、有市场，威信自然条件好、生态资源丰富，为把东西部扶贫协作真正落到实处，让贫困群众得到实惠，从采购原生态食品、手工产品开始，两地探索订单农业市场化机制，开通“滇品入广”直通车。2016年以来，共实现消费扶贫收入582.05万元。另外，通过东西部协作，云南御咖牧业有限公司销售生猪10362万元。

2020年年初，面对突如其来的新冠肺炎疫情，东莞市大岭山镇、沙田镇、洪梅镇在威信疫情防控最紧张、医疗物资最短缺的紧急关头伸出援手，捐赠威信一次性医用口罩21000个、红外线体温计200支、84消毒液20桶（每桶20升）、护目镜2100个、防控经费10万元，有力支持了威信疫情防控，充分体现了血浓于水的兄弟情谊，45万威信人民铭记于心、深怀感激。

跨越千里，山水情深。如今，来自东莞的资金、技术、人才和理念正在威信大地生根发芽，东莞人民用爱浇灌的扶贫协作之花正在革命老区的红色大地上灿烂开放，并将永远绽放在老区人民的心里。

（作者时任威信县人民政府扶贫开发办公室副主任）

转移就业促脱贫　劳务协作结硕果

杨远松

云南省威信县和广东省东莞市，这两个相距 1500 多公里，一个在东，一个在西，远隔千山万水，与地域环境毫无关联的城市，却因为东西部扶贫协作而紧密联系携手前行。

位于乌蒙山腹地的云南省威信县，是一个集“边、山、老、少、穷”于一身的国家级贫困县、革命老区县。全县产业基础薄弱，经济发展滞后，贫困群众大多受教育程度低，劳动技能缺乏，80% 以上的贫困家庭收入来源于外出务工，劳务输出已成为增加农民收入的主要渠道。

一直以来，由于我县没有与沿海发达城市建立劳务协作关系，老百姓外出务工散乱无序，导致有的务工人员长时间找不到工作。2017 年年初，在国家《关于进一步加强东西部扶贫协作工作的指导意见》及《广东省东莞市中山市与云南省昭通市扶贫协作框架协议》精神指引下，我县与东莞市大岭山镇建立了东西部扶贫劳务协作关系，不仅让我县贫困群众改变了生活的窘境，也缓解了东莞企业用工短缺难题，实现了两地双赢。

三年多来，我县共组织到东莞市大岭山镇及周边地区务工 10628 人，其中建档立卡劳动力 6993 人（50 岁以上的大龄就业困难人员 1251 人，残疾人员 81 人），人均月工资达 4000 元以上，稳定就业率达 90% 以上。

构建协同机制 搭起劳务协作桥梁

58 岁的张林武，是我县高田乡人。2017 年 11 月在县委、县政府的组织下，第一批到大岭山镇的东莞永鹏家具有限公司务工的务工人员，至今已在该厂工作近 3 年，月收入从刚来时的平均 600 元左右增长到 5000 元左右。

来东莞之前，张林武没有跨出过威信。只有小学文化程度的他，不敢出远门打工，尽管他也很想出门赚钱。农忙之余，他就在家附近的村庄打打零工，有活做的时候，一天可以赚七八十元，但一年平均下来每个月只能赚六七百元。家里的孩子虽也在外打工，但几乎没有钱寄回家，他一个人扛起整个家，对生活的要求是“填饱肚子就行”。

他的生活被一场招聘会改变了。2017 年 11 月 11 日，东莞市大岭山镇在我县县城扎西体育馆广场召开对口帮扶农村劳动力转移就业专场招聘会，来自东莞市的 68 家企业到我县招聘工作人员。在乡、村、组干部的多次引导下，张林武决定勇敢地“走出去”。那一次，我县共组织了 180 名劳动力到大岭山镇的企业务工。在 70 多天时间里，他带着 9000 多元的工资回家过年。

大岭山镇与我县确立对口帮扶后，我县在大岭山镇建立了劳动力转移就业基地，威信县人力资源服务有限公司与大岭山众人人力资源市场签订了就业帮扶协议。截至 2020 年 8 月底，我县共组织建档立卡劳动力 83 批次 6900 余人到大岭山镇企业务工，其中有部分为残障人员。

两地结对以来，我县抢抓大岭山镇对口帮扶的机遇，充分发挥我县劳动力资源丰富和广东东莞就业市场广阔的互补优势，县委政府建立了主要领导定期到东莞市对接劳务协作工作机制，与东莞市用工企业、劳动力市场等建立了劳务输出战略合作关系和长效机制。同时，成立了劳务协作工作组，派出专人长期驻守大岭山镇，负责联系用工企业，落实就业岗位，保障岗位供给。2017年以来，共协调东莞市企业为我县落实劳动强度不大、技能要求不高、薪资在4000元至6000元、包吃包住的优质就业岗位近3万个，开发扶贫专岗300余个，为部分大龄、弱残建档立卡劳动力落实就业岗位，共组织了300多家中介服务公司、大中型企业赴我县开展就业招聘，搭建起了我县劳动力与东莞用工企业之间的稳固桥梁。

广泛宣传引导　发动劳动群众出山

我县是人力资源大县，全县共有农村劳动力22.4万人，其中建档立卡贫困劳动力4.01万人。如何让更多的劳动力走出大山，是劳务输出的第一步，也是最难的一步。

“建档立卡贫困劳动力，存在年龄大、文化程度低等现状，还有一些身体有问题，甚至思想有问题，‘等靠要’思想比较严重，想躺着脱贫。”我县驻东莞工作组工作人员杨永平说。面对“不想去、不敢去”的群众，我县组织乡村干部反复上门动员。杨永平为了让一名劳动力出门打工，数次上门做工作，对方都烦了他，但他并没有放弃，继续上门动员，终于打动对方。

两地结对以来，我们在每年春、夏两季组织召开大岭山镇对口帮扶我县农村劳动力转移就业招聘会的基础上，整合人社局、人力资源办、人力资源公司工作人员，分期分批到乡（镇）村组开展宣传及岗位推介活动，做好群众思想动员、政策宣传、就业意愿登记等工作，引导群众破除“等靠要”思想，促进群众走出农村、走进城市，用勤劳双手创造幸福生活。我们还制作宣传片、微电影、宣传单、宣传手册等，通过电视、宣传车、微信公众号、务工微信群、QQ工作群、回乡东莞务工人员谈体会等方式，大力宣传外出务工的目的意义、政策措施以及岗位、工种、薪酬、服务保障等。三年来，两地携手共在我县举办农村劳动力转移就业专场招聘会6场次，发放务工宣传资料20万余份。特别是拍摄的《我要去东莞》《我在东莞等你》两部微电影，受到广大群众的欢迎，点击率达50000余人次，收到了较好的效果。

务工奖补政策　激发群众外出动力

2018年春节，在镇、村和挂钩帮扶干部动员下，吴维奇来到东莞市大岭山镇务工。在岗位安置过程中，由于吴维奇自小患腰椎结核，后又患淋巴结核全身感染，导致驼背、视力弱、右手关节不灵活，鉴于其身体情况特殊，多家企业均不愿录用。本人不甘心就此返乡，找到我县驻东莞工作组，工作组及时给予思想上安慰，劝其不用担心，有工作组在，不愁找不到工作。经工作组的多方协调，新洲印刷有限公司同意留用实习，但因他残疾多症，试用多个岗位均不能胜任，公司准备退回。工作组立即与公司的人事经理协调对接，经过多次调整，成功匹配到适合吴维奇工作的岗位。目前吴维奇每月纯工资收入4000元以上，按月给母亲寄回生活费500元。

针对建档立卡贫困劳动力外出务工的担忧顾虑，我县制定一系列务工奖补政策，明确建档立卡贫困劳动力赴东莞“四不愁”（务工路费不愁、吃饭不愁、住宿不愁、工作不愁），“三保障”（工资有保障、权益有保障、服务有保障），“两放宽”〔年龄放宽（55岁）、学历放宽至文盲〕，“两补助”（务工半年以上给予500元/人交通补助、1000元/人稳岗补贴，其中残疾人2000元/人）政策。在此基础上，积极协调东莞市大岭山镇采取每位学生每年大岭山镇补助5000元、学校减免500元、建档立卡户承担2000元的方式，解决举家赴东莞就业建档立卡户子女在当地就学问题，解除贫困劳动力外出务工的担忧和顾虑，增强外出务工就业意愿。2017年至

2019 年底，我们共发放到东莞务工的贫困劳动力交通补助、稳岗补贴等补助资金 552.2 万元。其中，发放交通补助 9259 人 450.8 万元、稳岗补贴 605 人 61.8 万元、培训补贴 396 人 39.6 万元。

就近就地就业　挣钱顾家两不误

上午 8 点 30 分，家住扎西镇龙溪小区易地扶贫搬迁安置点的卡户黄碧，准时来到金宏翔电声有限公司的生产车间，开始了一天的工作。只见她在生产线上熟练地操作起来，不一会儿，一个耳机已焊锡完成。“每天能生产这种耳机配件几百个，我们是按计件发工资的，保底工资 2000 元，完成任务有额外的绩效，一个月下来有 3000 元到 4000 元的收入。”28 岁的黄碧说，“由于家中小孩在读幼儿园，需要人照顾，不能出去打工，只能就近找点工作做，看见我们住的地方贴出的招工通知，我就过来报个名。”经过 3 个月的岗前培训和实操训练，黄碧和几位邻居一同进入了金宏翔电声有限公司的工作车间。

金宏翔电声有限公司是东西扶贫劳务协作以来，我县从东莞引进的第一家企业。该企业生产车间建在我县龙溪小区廉租房地下一楼的门市，总投资 250 万元，主要从事耳机、耳蜗生产，2018 年被我县人社局认定为就业扶贫车间，截至 2020 年 8 月，该公司累计吸纳群众就业 202 人。实际上，自从东莞对口帮扶我县以来，有许多像黄碧一样的威信人，通过东莞援助帮扶建设的一批扶贫车间，实现了就地就近就业，这样既照顾了家庭，又为贫困家庭的脱贫带来了增收的渠道。

残障特殊人士　也能在莞务工就业

除了就近就业外，两地劳务协作是贫困户脱贫的主要渠道之一。邹正书，是我县旧城镇龙马村柏香村民小组人，患有先天性小儿麻痹症，行走障碍，体弱多病，一家2人，父亲邹占富将近80岁，他是家中唯一的顶梁柱。由于下肢严重残疾，行走十分困难，在家仅能以务农为生。2017年11月，邹正书在县、镇、村的动员和组织下，抱着试试看的态度，来到了东莞市大岭山镇。东莞众人人力资源市场为其对接联系企业和匹配岗位，但对接联系的企业，均因邹正书身体状况原因，不愿接收，邹正书对实现务工就业已不抱希望，准备返乡。我县驻东莞工作组在对组织到东莞务工人员进行信息摸排时，了解到邹正书的情况后，按照不放弃任何一个有就业意愿贫困劳动力的原则，通过多方协调，东莞市新洲印刷有限公司同意留用邹正书实习一段时间，观察能否适应工作。在实习期间，邹正书虽能吃苦耐劳，但由于实习岗位要求频繁走动，邹正书不能满足岗位需要，公司准备予以辞退。他得知消息后，立即与工作组联系，告诉工作组他不想回去，想留下再挣点钱，希望工作组能帮助他留下来。经过驻东莞工作组与新洲印刷公司领导积极协商，同意调换岗位，历经四次调岗，邹正书找到人岗相适岗位、工种。现在邹正书每月纯收入有3500元左右，存款6万余元。两地建立劳务协作以来，东莞市已为我县提供残疾人等特殊群体就业岗位300余个，帮助贫困残疾人实现就业81人。

“四心”倾情服务　获得群众真心赞誉

人来了，也进了工厂，能不能留下来安心工作成了最后一道难题。39岁的谢光辉带着儿子，来到大岭山镇领丰电子有限公司上班。但没有多久，他的儿子就不想干了，返回了威信县城去学习其他手艺。

在众人人力资源市场总经理蒋斌看来，人员的离开有个人客观的困难，但更多的是工作面临着一些小问题。这些没怎么走出过大山的人，来到东莞面临着各种不适应。有些人不会按电梯，有些人不会讲普通话，有些人想念家乡和家人，有些人想与熟人进同一家工厂……为了帮助他们解决问题和困难，实现在东莞稳定就业，我县在大岭山镇成立了驻东莞劳务协作工作组，由一名县委常委、副县长带队，从相关部门抽调工作人员 4 人至 10 人常驻东莞。工作组始终以“输得出、稳得住、增收入”为宗旨，认真细致了解务工人员的具体学历、工作经历、年龄和身体健康状况，根据企业的用工需求提前为他们联系最为适合的企业和工作岗位。务工人员到莞后，及时对其进行岗前培训，使他们掌握外出务工生活常识、维权法律常识和简单的岗位技能。按照先上岗再择岗的原则，对到东莞的务工人员，先行安排岗位，对不适应的积极协调企业进行换厂、调岗，确保实现人岗相适，务工人员满意，提高稳岗就业率。对一些特殊对象，如身带残疾或家庭情况比较特殊的务工人员，做好情况记录，并根据记录不定时地追踪了解，努力帮助特殊人员找到适宜的工作岗位。同时，抓好维权服务，积极协调大岭山镇相关部门，保障务工人员的合法权益，帮助他们解决员工纠纷、工资拖欠、工伤事故处理等问题。以真心换真情。工作组人员始终保持 24 小时手机开机，对每个务工人员打来的每一个电话都耐心倾听，对其诉求及时做好详细的登记和细心处理，对于他们提出的合理要求和实际困难，及时联系务工企业帮助处理，稳定好务工人员思想，尽最大可能让务工人员安心就业、稳定就业。通过爱心、耐心、关心、细心“四心合一”倾情服务，换得了务工人员的真心赞誉，实现务工人员稳定就业，三年来，我县组织输出到东莞的务工人员稳定就业率达 90% 以上。

东西呼应，山海遥望。对口帮扶，山海相连。三年来，东莞市大岭山镇累计投入我县劳务协作资金 800 余万元，累计为赴东莞务工的贫困劳动力开展培训 2815 人次，补贴 207.65 万元；为近 7000 名到莞务工人员发放交通补助、稳岗补助共511.6万元。协调企业到我县创建就业扶贫车间3个，总投资近3650万元，帮助300余名群众实现就近就业。在莞企业开设扶贫专岗，帮助80余个残疾家庭解决就业增收问题。我县累计为东莞企业输送工作人员10628人，有力帮助东莞解决用工难，促进企业发展。东西部扶贫劳务协作的建立，让东莞威信协作之花越开越艳，果实越结越丰硕。

（作者系威信县人社局职工）

第七编　组织保障

瞄准靶心　真抓实干　凝心聚力战脱贫

杨应厅

自脱贫攻坚以来，威信县充分发挥党的政治优势和组织优势，着眼抓党建促脱贫攻坚，切实把党建优势转化为扶贫优势，将组织活力转化为攻坚动力，有力推动了脱贫攻坚的深入开展。

强化思想建设，提升抓党建促脱贫攻坚“引领力”

加强理论武装。思想是行动的先导，理论是实践的指南，思想理论是任何工作的引领，要完成抓党建促决战决胜脱贫攻坚工作，就要牢牢把握住习近平新时代中国特色社会主义思想这个总引擎。脱贫攻坚工作以来，全县各级党组织以党的十九大精神和习近平新时代中国特色社会主义思想为指引，提高政治站位，强化责任担当，树牢“四个意识”，切实把党建工作重心转移到为脱贫攻坚凝聚人心、汇集力量、夯实基础上来。充分发挥党的政治优势、组织优势和群众工作优势，把中央和省、市委的决策部署转化为各级党组织和广大党员干部担当作为的自觉行动，坚持精准扶贫、精准脱贫，注重扶贫同扶志、扶智相结合，围绕“133”群众工作法，着力实施好抓党建促脱贫攻坚，把实现脱贫摘帽作为最大的政治、最艰巨的任务、最实的民生、最重的担当和最光荣的使命。加强脱贫攻坚政策学习，将相关扶贫政策编印成易于携带的小册子，方便随时随地进行学习，形成良好的学习氛围，确保做到入脑入心，学以致用。充分利用云岭先锋综合服务平台、新时代文明实践站、村民小组活动场所等载体加强对农村实用技术培训学习。

压实工作责任。建立完善处级领导包保制度，实行县处级领导全覆盖包村负责。全面建立“挂包帮、转走访”工作机制，统筹省、市、县挂包力量，实现驻村帮扶、结对帮扶全覆盖。层层签订“政治生命承诺书”和“履职尽责承诺书”，制定了处级领导帮扶干部的考核办法，明确具体的考核奖惩措施，实行县级挂钩帮扶单位帮扶成效与政治生命挂钩，建立起压力全覆盖、任务全分解、责任全落实的脱贫责任机制。

激发群众内生动力。注重活动开展，通过开展“三讲三评”“三同五促”暖民心活动。组织县乡村干部和驻村扶贫队员，以村民小组为单位，通过召开党员会、群众院坝会、户代表会，教育引导群众自强、诚信、感党恩，争贫和赖贫现象大幅减少。挂包单位干部职工与贫困户同吃、同劳动、同学习，促进困难问题解决、促进内生动力增强、促进改善人居环境、促进扶贫政策知晓、促进满意度的提升。

加强组织建设，提升抓党建促脱贫攻坚“向心力”

优化组织设置。按照有利于工作开展、有利于资源整合、有利于辐射带动的要求，合理调整优化党支部设置，因地制宜、灵活多样地设置党支部。坚持把党组织建在产业链上、建在专业合作社中，确保党对各类经济组织的统一领导。大力推行“党组织＋”模式，进一步深化“党组织＋合

作社 + 农户”，使党组织成为引领产业发展的坚强堡垒。各乡镇党委进一步摸清村民小组一级党支部设置情况，按自然村或人口集中连片区域调整设置党支部，原则上在家正式党员 3 人以上可设立党支部，在家党员 7 人以上设立支部委员会。

抓好班子建设。把加强乡镇领导班子建设作为打赢脱贫攻坚战的根本保证，坚持围绕脱贫攻坚考察干部、选用干部，把有思路、敢担当、善作为、能够引领推动脱贫攻坚的干部充实到乡镇领导班子，不断优化乡镇领导班子结构，提高专业化能力，增强整体功能，着力建设带领群众脱贫攻坚的“一线指挥部”。2016 年以来，从脱贫攻坚一线选拔优秀干部 135 人次。严格村“两委”及村务监督委员会成员监督考核，突出干事创业导向，强化脱贫、发展、党建“三项考核”，推行不称职村干部调整退出机制，整合 445 万元用于村（社区）干部脱贫攻坚专项绩效补贴，对所辖村（社区）班子特别是党组织书记进行集中摸底，逐人分析研究、分类排队，对不善为、不作为、乱作为的，及时进行培训提高、诫勉谈话和组织调整。全面启动村（社区）党组织书记分析研判工作，对履职不到位、精神状态不佳的 24 名村（社区）党组织书记进行诫勉谈话，对不胜任工作岗位 15 名村（社区）党组织书记进行调整更换。

抓整顿促后进。常态化开展软弱涣散党组织整顿工作，健全完善整顿软弱涣散党组织常态化机制，组织群众对基层党组织进行评价，把带领群众脱贫致富不力、扶贫效果不明显、群众不满意的基层党组织确定为软弱涣散基层党组织，集中开展整顿提升，按照“一村一策”建立问题清单、任务清单和责任清单，通过健全组织、配好班子、完善制度等办法，采取挂点联系、结对帮扶、包保整改、选派第一书记等措施，共整顿软弱涣散村（社区）党组织 48 个，解决突出问题，实现转化提升，夯实党在农村的执政基础。

注重载体建设，作为抓党建促脱贫攻坚主要目标

实施“四个组织化”。充分发挥农村基层党组织领导核心和示范引领作用，紧紧围绕提升组织力，不断提高易地扶贫搬迁、劳动力转移就业、产业扶贫、人居环境整治提升“四个组织化”程度。实施易地搬迁组织化，在易地扶贫搬迁安置点建立党支部 4 个、修建活动室 22 个，整合经费 46 万元对易迁党组织开展活动进行补助，“红黄绿”精细化管理促易迁群众搬得进、稳得住、能致富。实施就业扶贫组织化，利用村组活动场所、田间学校、新时代文明实践站（所）等开展实用技术技能培训，不断增强贫困群众的自身造血功能，在杭州、东莞等地建立流动党支部 4 个，做好流动党员及外出务工群众的服务管理工作，增强党组织的凝聚力，通过组织引导、党员带动，发展劳务经济增加收入。实施产业扶贫组织化，围绕以方竹为主导的“1 + N”高原特色产业，大力推广“党组织 + 集体公司 + 合作社 + 农户”等模式，把支部建在产业链上，把党员带到田间地头，形成党组织引领，龙头企业或专业合作社带头、老百姓参与的产业发展模式，推动方竹、生猪、魔芋、猕猴桃等高原特色产业发展。注重发挥实效，强化活动场所“建管用”。以建设基层服务性党组织、提升群众满意度为目标，切实加强村民小组活动场所的管理和使用工作，建立长效机制，把活动场所建设成为党组织开展办公议事、党员活动、教育培训、便民服务、文体活动、维护稳定的综合阵地，着力提高我县基层党建工作科学化水平。自 2017 年以来，威信县把村组活动场所建设作为一项硬任务、硬指标，纳入全县基层党建的重点工作，充分整合财政资金、党费、社会资源和脱贫攻坚、美丽宜居乡村、民族团结示范村、综合文化服务中心等项目资金 4532 余万元，完成 263 个村民小组活动场所建设任务。通过定期组织召开“三会一课”，主题党日等党内活动，使党内生活常态化、规范化，各级党组织抓实村民小组活动场所的“建管用”，将村民小组活动场所打造成“三讲三

评”活动开展的主阵地，建成各级党组织开展厨师、电工、挖掘机、汽修等致富技能培训的课堂，使基层党组织的阵地作用得到切实发挥，有效增强了贫困群众自身造血功能，夯实了党在农村的执政基础，让群众实实在在感知组织的存在。

基层治理新模式，充实基层治理“主力军”。创新基层治理模式。深入开展党建强基强志工程，成立村（居）民发展议事委员会 719 个，覆盖 87 个村（社区），依托村民小组活动场所、文体广场等，广泛开展“听总书记的话”农家课堂学习、“大家的事情大家办”议事、“远亲不如近邻”互助、“平安和谐靠大家”创建活动，组织开展“五好议事会”评选表扬，通过“以奖代补”促村民发展议事会作用发挥，推进村民自治，汇聚起决战脱贫攻坚、决胜全面小康的强大合力。

（作者系中共威信县委组织部组织股负责人）

奔跑吧，乡亲们

杨 娟

2016年，我通过换届选举，担任水田镇河坝村党总支书记兼村委会主任。转眼5年多的时间，村上发生了很大的变化，村组群众的生产生活水平逐年提高，生活质量得到了明显的提升，无论是村组公路硬化、照明路灯安装，还是群众户外文体娱乐活动设施建设，或是组织多元化的群众性文化活动，都在各级党组织和广大党员群众的共同努力下，一步一步得以实现，并固化下来，形成了好的机制，推进了乡风文明，促进了人文和谐，改善了村容村貌，提升了河坝形象。一系列利好的变化，主要是得益于抓好基层党建，打牢基层基础。下面，我围绕基层党建引领村组发展建设，以时间为脉络，详细地回顾河坝村的变化。

两个教育统一思想

2016年，党中央在全党开展了“两学一做”学习教育，要求全体党员“学党章党规、学系列讲话，做合格党员”。我们村严格按照上级党组织的具体要求，通过组织党员集中学习、送学上门、利用微信群等新媒体发放学习资料的方式，在全村掀起了学习热潮。同时，积极抓好全市“五项制度”的贯彻落实，组织党员通过自主学习和参与固定活动日志愿服务活动的方式，以学促行，对标对表“四讲四有”合格党员标准力所能及地发挥作用。通过“两学一做”学习教育提高了全村党员的思想政治素质，拓宽了全村党员对经济社会发展规律认识，增强了全体党员抢抓发展机遇主动融入全村发展建设的积极性，带动了村组群众广泛接受、参与和支持新型发展理念的积极性，为全面推进脱贫攻坚、乡村治理等各项移风易俗或改变生产生活方式的措施落地提供了有力的思想认识支撑。2017年，中央要求推进“两学一做”学习教育常态化制度化。我主动落实上级党组织的具体要求，每月至少开展一次学习和一次志愿服务活动，通过常态化、制度化的学习教育，多数在家党员知晓了当期镇村工作，知道了自己应该做什么，自己可以做什么，为我们全面做好脱贫攻坚精准识别、措施精准等各项工作做出了积极的努力和贡献。2018年，“不忘初心，牢记使命”成为每一名党员牢记在心的信念，融入了村组发展建设的方方面面，激励全村人民同心同德，全力保障全村2018年脱贫攻坚的各项任务有序推进，如期实现了全村2018年的整村脱贫出列。

四个主题明确标准

2016年，围绕全省“基层党建推进年”这一主题要求，我对全村党组织情况进行了全面的摸底排查，对党员文化结构、性别比例进行了翔实的统计，通过建强支部“堡垒”，擦亮党员“旗帜”的方式，努力补短板、抓规范、提质量、上水平，组织各级党组织全面投入脱贫攻坚主战场，以纾贫困群众思想之困，解贫困群众劳动之惰为主线，教育引导全体在家党员发挥先锋模范作用，做贫困群众脱贫致富思想上和行动上的引路人。2017

年，围绕全省“基层党建提升年”这一主题要求，我重点对基层党建和中心工作“两张皮”的现象进行了专项整治，就部分党组织开展组织生活不严肃、不认真的问题进行了专题整改，杜绝党员学习教育“走过场”，履行义务“上冷场”的情况。2018 年，围绕全省“基层党建巩固年”这一主题要求，重点抓支部规范化“五个基本”建设，对支部建设有了更加明确的标准，3 个党支部有了公共活动场所，党员集中开会，参加党的组织活动更加方便了；群众集中开会、开展文体活动有场所了，服务和引导群众全力打赢脱贫攻坚的渠道更宽了。为全力打赢脱贫攻坚战，我认真贯彻市委“133”工作思路，发挥好党组织的战斗堡垒作用和党员的先锋模范作用，创新开展了“有事找我”党员服务活动，通过给在家党员设岗定责的方式，力所能及地为身边群众解决实际困难和问题，最大限度助力全面打赢脱贫攻坚战。2019 年，围绕全省“基层党建创新提质年”这一主题要求，我按照新的支部规范化建设“五个基本”要求，进一步规范已达标创建的党支部，坚强党组织，为服务和巩固脱贫攻坚成效提供了坚强的组织保证。这一年，也是全村党员示范带头，确保村组发展建设各项事务深入推进的一年。比如，党员带头，率先启动人居环境整治户厕改建（造）“三格化粪池”试验，并在全镇推广，起到了良好示范带动作用，全村提前超额完成全镇安排的户厕改建（造）任务；党员带头，按照县委“1 + N”产业发展战略，把自家的耕地拿出来栽种方竹，带动周围群众率先完成全镇配定的方竹栽种、管护任务等等。党员带头做的事情还有很多，我坚持村上的发展建设，党员必须首先带头做，在全村群众当中得到了积极的支持和参与，有的村组群众主动参与，信心满满，却不忘“调侃”道：“怕什么，党是为我们老百姓谋利益的，党组织要求党员做的，党员同志们带着我们做的就是对的，哪怕是做错了还有我们的党组织跟我们撑着嘛。”

六个载体同频共振

深入实施“乌蒙扶贫先锋行动”。严格按照市县乡工作部署，积极想办法、想措施促进本村党员干部、党员、乡土人才、在外能人、基层群众五类群体为家乡发展建设贡献力量，最大限度拓宽推进脱贫攻坚的实现途径。比如，划定村干部贫困户联系服务责任片区，落实村干部网格化服务贫困群众具体措施，实现一站式接收贫困群众诉求，解决贫困群众困难，提高了群众满意度；为在家党员定制党员服务卡片，分发党员所在村民小组群众，指导在家党员力所能及为村组群众解决实际困难；组织开展农村实用技能培训，邀请上级专家或村组能人为贫困群众开展实用技术培训，提高致富能力等等。系列举措的落实落地，给贫困群众和村组发展带来了更多的动力，提高了脱贫速度，提升了脱贫成效。

固化“有事找我”党员服务“一个服务阵地、一支服务队伍、一张服务卡片、一个事实服务、一个服务登记、一个服务满意”的“六个一”服务制度，教育全村党员牢记党员意识，树牢服务宗旨，在各项村组发展建设当中走在前、当先锋、做表率，让群众跟有对象、干有盼头、创业致富有希望。

建立“遇事有我”村干部上门服务“一个责任片区、一站式服务包干、一次服务成效‘回头看’”工作制度，在村组群众当中树立村干部良好作风，维护村“两委”良好形象，村“两委”动员、宣传、组织、凝聚群众的功能进一步提升，“有事大家多商量、凡事大家一起干”的村组发展建设思路深入人心。

八支队伍共同努力

脱贫攻坚是场艰难的战役，要靠县、乡、村各级干部以及群众心往一处想，劲往一处使，才能如期达到目标。我竭尽全力，帮助驻村工作队尽快融入村级班子，成为打赢脱贫攻坚主力军，主动对接服务县乡挂包干部，通过定期告知贫困群众生产生活情况、乡村扶贫工作措施以及亟须工作支持的方式，帮助包保干部第一时间掌握贫困群众思想和生产生活状况，一对一、点对点解决存在问题。

俗话说“打铁还靠本身硬”，尽量挖掘本地村干部的工作潜力成为我的一个重要工作职责。我以划定责任片区的方式，建立村“两委”干部“有事上门办、无事常转转”工作机制，让村“两委”干部成为反映村民群众具体情况最及时、最准确的渠道。

在农村，有个不容忽视的群体，那就是村民小组长，用好了等于自己多只耳朵，多双眼睛。我同全村各村民小组长保持紧密联系，坚持村组群众具体事项听取村民小组长意见建议，及时准确掌握实际情况，精准解决实际问题。

2018 年，我按照县委工作安排，建立健全了村民发展议事委员会，通过每月指导村民发展议事委员会开展学习、议事、决策的方式，提高村民自治水平，实现村组事务村民议，村组矛盾村民解，村组发展村民定。

火车开得快，全靠车头带。为了解决贫困群众的经济难题，我想方设法联系和服务乡土人才，推荐组织有劳动力的贫困群众到能人身边务工，提高收入水平。同时，积极推荐申报有较好带动群众提高收入水平的土专家、田秀才，帮助争取更多的产业扶持，扩大生产规模，提升服务功能。同时，积极做好本村在外能人的联系服务，建立工作台账，组建联络工作群，通过适时发送村情概况、需求信息等方式，争取本村在外能人的大力支持。在 2018 年全村打赢脱贫攻坚硬仗当中，积极组织了本村在外能人为全村脱贫攻坚捐款，帮助了贫困群众解决了存在的实际困难，实现了如期脱贫出列，并对后续持续巩固脱贫产生了巨大的扶持效应。

支持和配合好“急难险重”任务镇派干部的各项工作，协调镇村干部拧成一股绳，圆满解决各项突发事件、攻克各项难题。比如，在全镇新冠肺炎疫情防控工作当中，进入全村人流、车流最大，面对启动初期县乡紧急工作安排，我们积极调动村组干部，密切配合，第一时间设点建卡强化管控，第一时间巡逻宣传强化引导，得到了县乡的肯定和认可，最大限度保障了群众生命安全和身体健康。广大党员也在疫情防控当中奋不顾身，作出了防控宣传和居家劝导应有的努力和贡献。党员联防联控巡逻队成为全村最靓的仔。

回望过去，河坝村五年的实践经验启示我：谋村组发展建设，必须首先发挥好各级党组织的战斗堡垒作用和广大党员的先锋模范作用。基层发展的事情需要人去做，需要有一个坚实的阵地基础，只有把基层党建抓牢、抓实、抓细、抓出成效，推进基层党建与脱贫攻坚深度融合，才能为本地稳定脱贫提供坚强的组织保证，才能实现党员先干，群众跟着干，党群合力同心干，齐心协力促发展的巨大动员效应。

贫困的帽子摘掉了，但是致富奔小康还在路上，让我们鼓足干劲，奔跑吧，乡亲们！

（作者时任水田镇河坝村党总支书记）

凝心聚力“战”　较真碰硬“督”

蔡发云

纪委的职责是监督、执纪、问责，监委的职责是监督、调查、处置。监督是第一位的职责和任务。监督提醒的目的是，制止苗头性、倾向性的问题继续恶化，防止小错变成大错，从而保护党组织多年培养的干部不犯大错、保护群众的利益不受损害、保护党的事业不受影响。2015 年以来，威信县纪委县监察委员会（2018 年监察局撤销，设立威信县监察委员会）始终按照党中央和省市纪委的安排部署，认真开展扶贫领域的监督执纪，为党中央重大决策部署的落实保驾护航，为打赢脱贫攻坚战提供坚强有力的纪律保障。

一、教育在前，监督跟进，预防违纪行为发生

惩处只是手段，预防才是目的。为预防扶贫领域的违纪违法行为，县纪委县监委始终坚持教育在先、提醒在先的思路，引导党员和干部提高党性修养，树立正确的权力观、价值观和人生观。

案件通报促反思。及时转发省市的扶贫领域典型违纪违法案件通报，下发本县查处的典型案例，引导各级党员干部进一步筑牢拒腐防变的思想防

线，进一步认清党组织反对腐败的信心和决心。转发上级扶贫领域案件通报24份，“点名道姓”通报本县扶贫领域腐败和作风问题典型案例50起76人。

警示教育取教训。不定期开展警示教育，对新提拔干部开展任前廉政谈话，组织党员干部到威信县省级廉政教育基地参观。通过开展警示教育，引导党员干部进一步认清当前的反腐倡廉形势，帮助党员干部算好“人生六笔账”，增强党员干部不想腐的自觉。开展警示教育21场次，教育党员干部6403人次。

专项通知明要求。在全县开展低保享受对象动态管理等脱贫攻坚各项重点工作时，根据工作的政策规定和风险点，有针对性地提出纪律要求。下发扶贫领域通知21份。在全县开展脱贫攻坚业务培训时，安排纪检干部到场同步开展廉政专题讲座，让党员干部既知道如何干事，更知道如何廉洁干事。

派驻监督眼常在。监察体制改革后，15个纪检监察组进驻64个县直部门，同时进一步加强派驻干部培训，实现能监督、敢监督、会监督。派驻干部采用列席部门党组会议、民主生活会，了解党员干部日常言行等方式，对驻在部门的党政领导班进行监督，督促他们正确履行职责。五年来，对职能部门履行扶贫领域监管责任进行提醒谈话共计80余人次。与此同时，抽调纪委两名工作人员长期在脱贫攻坚指挥部蹲点工作，对开展脱贫攻坚的各项工作进行监督检查。

专项监督精准快。根据脱贫攻坚的推进情况，对动态管理、产业发展等阶段性重点工作，抽调有关部门的业务人员与纪检监察干部组建临时联合督察组进行督促，防止和处置不作为、慢作为、乱作为的现象。召开各类监督培训会、汇报会、领导小组会议20余次，组织开展脱贫攻坚专项纪律督查40余次。现场交办和反馈问题127个，书面交办问题265个，形成专题监督检查报告19个，发布通报6个，通报违反驻村工作纪律13起28人。

同时，还督促各村认真做好村务全透明公开工作，将权力运行的过程和结果晒在群众监督的阳光下，倒逼村干部规范用权，调动社会广大群众对村干部进行广泛监督。

二、眼观六路，耳听八方，立体搜索违纪违规线索

设置了来信、来访、来电和网络四种方式方便群众举报，及时接收上级纪委交办我县的线索，共收到扶贫领域举报133件次。加强与审计、法院、人大等部门的联系，主动收集他们工作中发现的违纪违规线索，收到部门移送的案件线索6条。在审查调查中发现扶贫领域线索10条。开展脱贫攻坚专项巡察，发现扶贫领域问题线索59条。认真分析查办的扶贫领域的腐败案件，针对腐败问题易发多发环节，组建明察暗访组，主动深入群众中排查线索、倾听呼声、收集建议。

收到线索后，及时对线索进行分析研判，对扶贫领域的反映具体、线索清晰、具有可查性的线索进行初步核实。并根据初步核实的情况进行分门别类处置：对反映不属实的，进行信访了结；对反映部分属实，但问题较轻的，本着治病救人的原则，按程度分别进行批评提醒、问责处理；对反映属实且问题严重的，集体研究决定后进行立案调查。

对于业务范围以外的信访举报，则通过两种方式解决，一是引导群众到相应的部门反映，或者将信访件转交相应的职能部门办理；二是直接协调相应的部门办理，2015年以来，运用脱贫攻坚“五级联动”举报平台受理群众反映问题3441件，办结3430件，10件正在办理。

三、立案调查，固定证据，千方百计查清违纪事实

以事实为依据，以法规为准绳，用超常规的作风，在严格保密的情况下，按照程序合法、安全文明等要求做好审查调查工作，及时回应各方关切。

抽丝剥茧找真相。先从线索和被调查人有关的外围进行情况了解和证

据收集，逐步深入问题核心。日夜兼程与时间赛跑，防止证据自然消灭或人为销毁；与被调查人斗智斗勇，从他的言谈举止中判断说话的真伪，了解他的心理活动；白天找人了解情况，晚上分析案情制定下步调查方向，周末和节假日撰写调查报告，用“5+2”“白加黑”“夜总会”的方式开展监督执纪。虽然我单位保留了6辆公务车，但遇到工作繁忙时，车辆依然不够用。仅2018年8月以来，我单位在公务用车平台申请的车辆就达378辆次。

贯穿思政育干部。把调查对象的思想政治工作贯穿整个初核、立案调查和处分的全部过程，使被调查对象在调查中受到教育、受到感化、受到改变，从而真正悬崖勒马，继续为党和人民的事业贡献力量。即使严重违纪违法被开除公职的，也劝导其改过自新，重新起步人生。

增兵增压保进展。共抽调过乡镇纪委书记、专兼职纪检委员等干部57人次到县纪委监委帮助工作，最多的时候同时抽调了17人。由县纪委常委带队督办，深入最基层加强对乡镇和村“两委”脱贫攻坚工作的监督，从快从严查处、查实、解决问题。

文明规范保质量。注重收集签领表、银行交易流水等书面证据和物证，广泛收集经办人、见证者等言辞证据，科学收集录音、录像等影像证据和电子证据，用完整的证据链来佐证错误事实。在与被调查人进行谈话中，文明办案，不打骂、侮辱被调查人，不进行诱供骗供。落实各项安全办案的措施和要求，确保办理的每个案件经得起上级部门对业务的检查，经得起历史和人民的检验。

四、移送审理，定性量纪，严肃追究违纪人员责任

为严把案件质量关，内部建立了两支专业化的队伍，一支是专门负责案件调查的调查人员，一支是专门负责案件审理的审理人员，发挥专职人

员熟悉业务的专业优势。同时，两支队伍相互制约相互监督，预防“灯下黑”。各乡镇调查的案件，也由县纪委的案件审理室进行审理。

程序实体全审查。审理室对案件的审批流程、办理流程等程序环节是否合规进行审查，对固定的证据是否客观、全面、真实进行审核，评估证据对案件的支撑力度，审核证据的取得是否合法合规。

定性量纪提建议。找被调查人开展审理谈话，就认定的错误事实，听取被调查人的意见，询问审查调查过程中有无违纪违规的行为，询问被调查人对认定的错误事实有无异议。之后，将逐级听取被调查人所在党组织对给予其处分的意见建议，了解被调查人的综合表现。

集体决策定处分。审理室用召开内部会议集中讨论的方式审理案件，对案件的程序和实体、适用的党纪条规等方面听取大家的意见，并提出具体的处分档次建议。最终，召开纪委常委会或者监委委员会，采用民主集中制的方式作出最终决策。

2015 年以来，累计处置扶贫领域腐败和作风问题线索 122 件，党纪处分 45 人，政务处分 3 人，双重处分 1 人，问责 71 人，8 个单位，通报曝光扶贫领域腐败和作风问题典型案例 19 批次 49 起 71 人。

五、送达文书，宣布处分，惩前毖后教育其他干部

派专人将处分文书送达被处分人所在的单位，并在领导班子或全体干部职工大会等一定的范围内宣布，引导与会的干部职工从身边的案例中深刻吸取教训。同时，针对重大或腐败问题高发的单位，深入分析发案背后思想教育、制度建设、日常监督等工作中存在的薄弱环节和问题，督促该部门制定相应的措施进行整改防范，实现查处一案、警示一片、规范一域的目标。下发监察建议 19 份。定期不定期对处分决定的执行情况，例如工

资的降低、评先评优的取消、提拔的暂缓等方面的执行情况进行核实，确保处分决定不落空，让受到处分的干部为自己的行为付出相应的代价。

（作者系威信县纪委县监委办公室工作人员）

扶贫督查二三事

余顺扬

2018 年国庆节后，根据工作需要和组织安排，我从县纪委临时抽调到县脱贫攻坚“百日会战”指挥部办公室，安排在督查联络组工作了半年。其间，我主要负责参与制定督查工作方案、组织开展督查业务培训，强调督查要求，明确督查任务和工作方法，做好车辆协调等后勤保障，并分类汇总情况，为县委县政府决策提供参考；有时也参与下乡督查。那半年，我很少有节假日，晚上加班也多，每天的工作都比较充实和紧张。当然，也见到很多令人难忘的事。

批　评

2018 年 10 月 4 日，县委发文要求全县各级干部职工要进村入户与群众开展“三同五促”工作。10 月中旬，县纪委涂云聪同志带队对扶贫干部纪律作风开展督查时发现有驻村干部工作态度不端正，在公开场合言辞不得当，给当地乡村干部造成不好的导向，涂组长当面指出了存在的问题，但是遭到该干部的抵触对待，不愿意接受批评。当时每个组的督查情况由组长当面向县委汇报，我也参加了汇报会，听到了心里也感到不可思议：在脱贫攻坚“百日会战”的紧要关头，还有人如此松懈，实在是要不得啊！后来，县委主要领导在干部大会上狠狠批评了该单位相关领导，强调要加强单位派驻队员的管理，提高思想认识和政治站位，并对此事进行通报批评。并对其他未将脱贫攻坚挂钩帮扶工作列入部门重要事项进行安排部署、挂包成效差、群众认可度低的个别单位也进行了点名批评。

心中有党，督查更有高度。我觉得纪检监察机关是党的政治机关，脱贫攻坚督查工作，就是要对落实脱贫攻坚政治责任到位、不坚决、不深入，工作消极应付、敷衍塞责，不担当、不作为，作风不实、纪律松懈等形式主义、官僚主义现象，要敢于说不、勇于揭短。

表 扬

2018 年 10 月底，根据督查情况，县脱贫摘帽“百日会战”指挥部通报表扬了部分单位的先进做法。包括庙沟镇采取“3+3”工作法；县委组织部到各乡镇开展的“‘三讲三评’感党恩，齐心协力战贫困”活动；县纪委坚持支部牵头、党员领导干部带头分组到挂包村开展“三同五促”活动等；强调这些单位创新工作方法，为群众解决实际困难，促进干群关系，有力宣传党的政策，有效提高群众满意度，工作成效明显，其他县直部门和乡镇要借鉴学习。同时，对县法院杨忠洪和麟凤镇王丽两名同志进行全县通报表扬，要求全县干部职工以他们为学习榜样，学习他们思想认识与县委政府要求保持一致的看齐意识，学习他们把扛责在肩、抓责在手的责任意识，学习他们吃苦耐劳、奋力攻坚的拼搏意识，认真抓好职责范围内的各项工作。通过交流先进经验、树立先进典型，全县形成比学赶超的良好氛围，脱贫攻坚工作突飞猛进，取得显著成效。

心中有爱，督查更有温度。当初我负责梳理汇总督查中反映出来的一些先进做法和先进事迹时，我总是惊叹于镇村干部“革命理想高于天”的坚定信仰和“敢教日月换新天”的时代情怀；折服于扶贫干部“舍小家顾大家”的奋斗精神和“不脱贫摘帽誓不罢休”的革命意志。于他们，创新的过程累并快乐，奋斗的路上苦亦充实；对社会，榜样的力量无穷大，充满正能量，洋溢新希望，增强脱贫攻坚凝聚力，提高全县扶贫工作战斗力。

手机壳

2019年1月20日，已临近脱贫摘帽第三方成效考核，我带队督查旧城镇脱贫攻坚工作，在旧城社区座谈过程中，发现村干部对扶贫政策了如指掌，对社区的总户数和人口、建档立卡贫困户及人口、已脱贫和未脱贫等情况，更是烂熟于心，对贫困发生的原因、采取的措施、享受的政策、存在的问题了然于心。我惊奇于他们的精准记忆，心里也暗暗惭愧，要是换作是我，怕是做不到这样流畅的一口清。偶然间，我看到旁边一名年龄稍长的村干部总在时不时地偷瞄手机反面，我有些好奇，也伸过头去看，发现他手机有玄机，便要过来细细查看：这个手机有些老旧，透明的手机壳也明显泛黄，在手机壳的夹层里，藏着一张卡片，上面写满了该社区脱贫的相关数据信息。这名干部有些不好意思，他说因为年龄大了，记性不是那么好，就把相关的脱贫政策指标和村情贫情数据写成小卡片，放在触手可及的地方，或贴在电脑显示器下方，或揣在身上，便于一有闲暇，就加强熟悉，即使上厕所，也要看上几眼，就算睡觉前，也要读上几遍。他们讲得很自然，我心里却颇受感动。

对于基层工作，最好的创新是落实，最强的敬业是全身心投入，最大的责任是埋头苦干。在全县脱贫攻坚中有这样一群人，他们工资待遇不高，工作任务却不少，白天走村串户，晚上开会研判，工作总是放在第一位；他们文化水平不高，业务能力却不低，电脑、QQ、微信样样溜熟，产业发展、危房改造、人居环境整治样样精通；他们年龄偏大，却不服老不认输，早上上班天不亮，晚上回家月亮上，讲得清政策，说得服群众，推得动工作。

扶贫领域督查，是到群众家里的实地走访，也是与镇村干部面对面的交流；是发现工作中出现的问题，也是挖掘工作中呈现的亮点；是曝光假丑恶，也是弘扬真善美。

（作者时任威信县纪委驻县委组织部纪检监察组组长）

大事记

2015年

3月19日，市政协主席熊启怀到威信县罗布镇簸火村开展脱贫攻坚随机调研。

9月13日，省扶贫办巡视员余潮在威信县调研扶贫攻坚工作。

10月9日，威信县召开扶贫攻坚“挂包帮”“转走访”工作动员大会，全面安排部署威信县扶贫攻坚工作。

10月12日，威信县召开扶贫攻坚“挂包帮”“转走访”工作紧急会议，对“挂包帮”“转走访”工作进行再动员、再贯彻、再部署、再落实。

10月13日，威信县召开扶贫攻坚“挂包帮”“转走访”培训会，就如何做好“转走访”工作提出6点要求。县扶贫办就相关调查问卷、表格的填写作讲解。

11月7日，威信县召开扶贫攻坚建档立卡“回头看”工作会议，安排部署下步扶贫攻坚建档立卡“回头看”工作。

11月8日至10日，市委书记范华平在威信县扎西、高田、罗布、旧城、双河、三桃、长安、麟凤等乡镇调研农村危房改造、产业发展、扶贫攻坚、基层党组织建设等工作。

2016 年

1 月 15 日，威信县召开“挂包帮”“转走访”回访工作会议，全面总结全县 2015 年“挂包帮”“转走访”工作，安排部署下步“挂包帮”“转走访”回访工作。

2 月 18 日，威信县召开革命老区三年行动计划暨易地扶贫搬迁工作推进会。

3 月 9 日，威信县召开精准扶贫精准脱贫乡村干部业务培训会。

3 月 10 日，威信县召开驻村扶贫工作队培训会。

3 月 16 日，县委、县政府作出关于全力打赢精准扶贫精准脱贫攻坚战的决定。

3 月 17 日，威信县脱贫攻坚工作暨威信县革命老区精准扶贫精准脱贫两年行动计划领导组成立。

3 月 24 日，市政协主席熊启怀带领昆明市医疗专家前往罗布镇簸火村丁家坝村民小组，对建档立卡“因病致贫”贫困户进行医疗帮扶。

4 月 1 日，威信县脱贫攻坚光宽带信息化工程启动。

4 月 6 日，云南省扶贫投资开发有限公司总经理何胜峰一行在威信县调研指导易地扶贫搬迁和产业扶贫工作。

4 月 8 日至 11 日，云报“记者走基层”聚焦“镇彝威”脱贫攻坚全媒体采访报道活动首站走进威信县，在威信县开展采访报道。

4 月 13 日至 14 日，省委书记李纪恒在威信县调研指导脱贫攻坚工作。

5 月 4 日，市委书记范华平率队到威信县，对双河乡楠木村岩桑坳易地扶贫搬迁安置点建设进行现场观摩点评。

6 月 2 日 18 时 35 分，云南电视台国际频道《云南新风采》栏目首播威信县扶贫攻坚工作 10 分钟专题片。

6 月 14 日至 16 日，省体育局局长何池康率省体育局党组班子成员在威信县开展“挂包帮”“转走访”回访工作，并向双河乡捐赠体彩奖156万元。

8月18日，威信县召开扶贫开发信息系统业务管理子系统培训会。代理县长肖顺兴出席会议并作讲话，县统计局主要负责人就建档立卡户经济收入的测算方法进行现场讲解。

9月6日，威信县举行“能投圆梦·照亮人生”扶贫助学捐赠仪式。云南能源投资集团有限公司向威信县捐赠扶贫助学资金150万元。

9月9日，威信县召开贫困退出自查评估专题会议，研究部署相关工作。

10月9日，市长郭大进、市委副书记王忠、市政协主席成联远等市领导率全市脱贫攻坚第二次现场观摩团第二组到威信县观摩点评。

10月11日，市委书记范华平率全市第二次脱贫攻坚现场观摩点评第一组到威信县开展观摩点评。

11月1日，广东省扶贫协作第五工作组在威信县麟凤镇调研对口帮扶示范点建设工作。

12月20日，全市扶贫系统脱贫攻坚座谈会在威信县召开。

12月22日，威信县召开脱贫攻坚工作约谈会，县委副书记马永孝就建档立卡信息采集录入和扶贫对象动态调整工作，对各乡镇党委书记、乡镇长和人大主席进行集体约谈。

2017年

1月15日，县政府、市人力资源和社会保障局在扎西体育广场举行“威信县2017年脱贫攻坚农村劳动力转移暨大中专院校、技工院校毕业生招聘会”。

3月12日，省扶贫开发工作成效和贫困退出考核工作组，到威信县考核脱贫攻坚工作。

3月16日，市委书记杨亚林到威信县麟凤镇调研东莞对口帮扶麟凤易地扶贫搬迁集中安置点建设。

4月7日至8日，市委书记杨亚林一行在威信县调研脱贫攻坚、教育发展、基础设施建设、产业培育、城市建设等工作。

4月16日至18日，全国政协常委、副秘书长、民建中央副主席宋海，全国政协委员、新疆维吾尔自治区政协副主席毛肯·赛依提哈木扎，全国政协民族和宗教委员会委员、民革北京市委副主委、国务院参事室副主任王红等组成的政协调研组，到威信县督查调研脱贫攻坚工作。

4月28日，威信县召开脱贫攻坚工作暨县委农村工作会议，会上对周英等20名脱贫光荣户、瑞丰大酒店等5个社会帮扶先进单位及王志春等67名优秀驻村扶贫工作队员进行表彰。

5月19日，威信县召开精准识别摸底调查工作动员大会。会议贯彻落实市委第17次常委（扩大）会议、全市脱贫攻坚精准识别摸底调查动员暨业务培训会议精神，动员全县各级党员干部，统一认识，端正态度，以更加务实的作风、更加有效的措施，推进脱贫攻坚摸底调查工作，为全县打赢脱贫攻坚战、打造脱贫出列示范县奠定坚实基础。

5月24日，中国太平集团在威信县开展健康扶贫捐赠活动，向威信县人民医院捐赠价值400余万元的西门子原装进口全新生化免疫流水线检查设备一套。

6月4日，市长郭大进率市直相关部门负责人在威信县调研脱贫攻坚工作。

7月5日，昆明医科大学第二附属医院与威信县举行医疗帮扶签约仪式，对威信县医疗领域展开各项帮扶活动。

8月11日，威信县召开农村低保和特困供养精准识别试点工作会，威信县农村低保和特困供养精准识别试点工作正式启动。

10月15日，威信县召开全年扶贫目标“百日行动”暨打响八大攻坚战动员大会。县四套班子领导，各乡镇党委书记、乡镇长，县直各相关单位负责人，全县各村党总支书记，驻村工作队员等300余人参加会议。

10月16日，威信县举行在脱贫攻坚中开展“自强、诚信、感恩”主题实践活动启动仪式。脱贫户代表、贫困户代表、村党总支书记代表、乡镇党委书记代表、离退休老干部代表作发言。

11月11日，由威信县委、县政府及东莞市大岭山镇党委政府主办，县人社局、县人力资源办、东莞市大岭山镇人力资源分局承办，威信县人力资源服务有限公司、东莞市众人人力资源市场协办的“2017年东莞市大岭山镇对口帮扶威信县农村劳动力转移就业专场招聘会”在扎西体育馆广场举行。

11月16日，威信县组织首批66名贫困劳动力外出务工人员启程到广东省东莞市大岭山镇务工就业。

11月19日至20日，农发行云南省分行行长江卫国在威信县调研信贷扶贫工作。

12月15日，国务院教育督导委义务教育均衡发展检查组在全省义务教育均衡发展督导验收反馈会上宣布，威信县义务教育基本均衡发展通过国家评估认定。

2018年

1月5日，威信县召开高原特色农业产业推进会。会议就威信县7大主导产业（猕猴桃、肉牛、生猪、马铃薯、中药材、辣椒、魔芋）发展做具体工作安排。

1月15日，市委书记杨亚林到威信县调研指导易地扶贫搬迁工作。

4月20日，海尔集团统帅电器“公益万里行”“万企帮万村”精准扶贫威信站现场捐赠仪式在高田乡举行。

4月24日至26日，由威信县教育局、县扶贫办、团县委协调大岭山镇团委组织在威信县开展“青春助威”爱心助学活动。

5月7日至12日，由市委、市政府主办，市委宣传部、市文化体育局承办，昭通市文化艺术剧院有限公司“新时代红色文艺轻骑兵”演出小分队30名演职人员主演的“自强、诚信、感恩”百场演出进百乡在威信县10个乡镇演出10场，观众达3.8万余人。

5月15日至16日，市委书记杨亚林到威信县调研脱贫攻坚工作，并主持召开座谈会。

5月22日至23日，全市就业扶贫工作现场会在威信县召开。

5月26日，威信县政府在浙江苍南县新设劳务输出工作站，这是威信县第二个驻外省的扶贫协调组（站）。

6月13日，中国太平财险云南分公司党委书记、总经理付正宇，副总经理樊旭东等一行6人，到威信县调研脱贫攻坚工作。

8月23日，市委第二巡察组召开专项巡察威信县脱贫攻坚工作动员会。市委第二巡察组自即日起对威信县进行为期30天的脱贫攻坚专项巡察。

同日，县四套班子领导率先举行教育扶贫现场捐款仪式。

10月5日，威信县召开脱贫摘帽“百日会战”誓师大会。随后，县直各部门，各乡镇、村（社区）相继召开脱贫摘帽“百日会战”动员大会。

10月9日，召开脱贫摘帽“百日会战”大督察动员会。

10月17日，在扎西体育馆广场举行主题为“聚全民之心，举全县之力，决战决胜脱贫攻坚战”的脱贫摘帽“百日会战”暨国家扶贫日文艺演出。

11月1日，市政协主席成联远到三桃乡调研脱贫攻坚产业发展。

11月8日，广东省中山市对口帮扶昭通市脱贫攻坚农特产品“以购代捐”对接会在扎西干部学院举行。

11月21日至22日，市人大常委会主任张绍雄到威信县督导调研脱贫攻坚工作，并出席县委召开的脱贫攻坚督导调度工作会。

12月12日至13日，市长郭大进率市政府领导班子成员到威信县调研易地搬迁、危房改造、产业发展等脱贫攻坚工作，并主持召开威信县脱贫摘帽座谈会。

12月27日至28日，市委书记杨亚林到威信县调研易地扶贫搬迁、产业发展、人居环境整治等工作。

2019年

1月6日，市委、市政府在威信县召开昭通市2018年脱贫攻坚暨东西部扶贫协作工作汇报会，向省际脱贫攻坚成效交叉考核组及东西协作考核组汇报昭通市2018年脱贫攻坚及东西协作工作开展情况，并对2019年脱贫攻坚工作进行了安排部署。

1月10日，昭通市扶贫开发领导小组办公室向社会公示威信县、绥江县贫困退出。

1月22日，中国五矿集团下属五矿矿业开展“以捐代购”精准扶贫活动，委托工会组织采购了威信县价值77万余元的农特产品。

2月13日至17日，西南科技大学进驻威信县开展脱贫摘帽第三方评估工作。

3月24日，县政府与重庆铁骑力士、猪猪侠集团公司举行产业发展座谈会暨签约仪式。

4月4日至11日，省扶贫开发领导小组办公室对威信县等33个贫困县拟退出贫困县序列予以公示，接受社会各界监督。

4月30日，省政府新闻办在昆明举行云南省2018年33个贫困县（市、区）退出新闻发布会。威信县等33个贫困县通过第三方评估机构实地评估检查，达到贫困县退出条件。经省委、省政府研究，同意退出。

5月15日，水利部副部长田学斌一行到威信县调研指导农村饮水安全工作。

7月6日，威信县委、县政府和广东东莞市大岭山镇党委、政府在扎西体育馆广场共同举办2019年夏季东莞市大岭山镇对口帮扶威信县农村劳动力转移就业暨大中专毕业生就业招聘会。

7月9日，《云南日报》头版头条刊发《威信：弘扬长征精神　抒写脱贫壮歌》特别报道。

7月12日，由县委、县政府主办，县委组织部承办的威信县易地扶贫搬迁“小手拉大手”宣讲活动在县城龙溪小区启动。

7月22日至24日，农工党中央会同南京邮电大学组成调研组到威信县开展脱贫攻坚前瞻研究调研。

7月23日至24日，县委书记肖顺兴、县长李沅勇率队到重庆、成都、绵阳考察铁骑力士集团，并出席24日下午在绵阳市铁骑力士集团总部举行的“威信县人民政府·铁骑力士集团滇东北优食谷项目”签约仪式。标志建设“滇东北优食谷”的全产业链新布局正式启动。

10月22日，昭通市委书记杨亚林到威信县调研指导“不忘初心，牢记使命”主题教育开展情况和脱贫攻坚巩固提升工作。

10月25日，市委书记杨亚林到威信就脱贫攻坚、产业发展、人居环境提升、农危改、控辍保学等工作进行调研。

11月4日，县人力资源和社会保障局举办2019年东西部扶贫劳务协作项目农村致富带头人培训班。

11月9日，威信县召开产业高质量发展突击战推进会，部署全县产业高质量发展工作。

同日，县委、县政府作出对高田大湾村等21个村（社区）发展壮大村集体经济以奖代补的决定。县委、县政府拿出950万元，重奖2019年21个产业发展先进村（社区），用于滚动发展壮大村集体经济。其中一等奖4个，每个奖励100万元；二等奖7个，每个奖励50万元；三等奖10个，每个奖励20万元。

12 月 16 日，成贵高铁宜宾至贵阳段开通运营，成贵高铁全线开通。

12 月 26 日，威信县举行方竹产业发展总顾问聘请仪式，正式聘请中国林科院林学博士后、西南林业大学筇竹研究院院长、博士生导师、云南省中青年学术和技术带头人董文渊教授为威信县方竹产业发展总顾问。

2020 年

2 月 16 日，威信县首批 23 名农民工在政府工作人员和医务人员的护送下，搭乘返岗专车奔赴广东东莞返岗或就业，拉开威信县 2020 年春节后劳动力就业转移输出序幕。

2 月 23 日，威信县首列务工高铁专列开往浙江杭州，1054 名外出务工人员（其中卡户 422 人）免费乘坐该专列开启致富之旅。县委书记肖顺兴、县长李沅勇等县领导到高铁站为该批务工人员加油鼓劲送行。

7 月 20 日至 8 月 10 日，盐津县派驻普查工作组到我县开展脱贫攻坚普查工作。就建档立卡户基本情况、“两不愁三保障”实现情况、主要收入来源、获得帮扶和参与脱贫攻坚项目情况，以及县和行政村基本公共服务情况等开展实地普查。

本卷后记

王维强

2020 年 4 月 14 日，中共昭通市委召开会议，对编撰出版《昭通市脱贫攻坚大决战实录》系列丛书作出安排部署，要求各县编撰实录分卷。市委明确安排由市县政协牵头，发挥政协文史资料存史、资政、团结、育人功能，依照政协文史资料“亲历、亲见、亲闻”原则，以政协文史资料的形式，全方位、多角度、客观全面记录反映全市在党的十八大以来，特别是 2015 年 1 月以来，锲而不舍抓精准脱贫工作过程、实绩和成效的历史事件。

中共威信县委高度重视《昭通市脱贫攻坚大决战实录 · 威信卷》的编撰工作。成立了以县委副书记赵红为组长，县政协主席王维强、组织部长罗忠平、宣传部长陶永朝、县委办主任姜伟五、县政协分管副主席陶思宽为副组长，县扶贫开发领导小组成员单位、县政协文化文史和学习委负责人为成员的《昭通市脱贫攻坚大决战实录 · 威信卷》文稿编撰领导组，下设办公室于县政协文史委，县政协副主席陶思宽兼任办公室主任，文史委主任张正茂兼任办公室常务副主任。在全县抽调了政治素质高、写作能力强的 8 名人员负责文稿编辑工作。县委召开工作会议就威信卷编撰进行了安排部署，中共威信县委办公室印发《昭通市脱贫攻坚大决战实录 · 威信卷编撰方案》。为《昭通市脱贫攻坚大决战实录 · 威信卷》征集、编撰工作指明了方向，明确了任务，提供了组织和人员保障，推动了征集、编撰工作顺利进行。

县政协把编撰《昭通市脱贫攻坚大决战实录·威信卷》作为一种政治责任、历史责任，发扬脱贫攻坚“昭通精神”和严谨作风，组建编撰工作专班，有序推进征集、编撰工作。通过全体编撰工作人员历时近一年的共同努力，编委会共收到稿件280余篇，约76万字，图片100余幅。从中选取105篇稿件，约38万字，16幅照片收录在正文中。全书分为序言、正文和后记三部分。正文部分设为综合篇、产业就业扶贫篇、基础设施建设篇、易地搬迁扶贫篇、教育文化健康扶贫篇、挂钩帮扶及社会扶贫篇、东西扶贫协作篇、组织保障篇等8个篇章，每篇设3—5个栏目，分别为概述、决策部署、勇毅笃行、大事概要；特色产业登塔尖、创新机制求发展、借船出海拓市场、就业扶贫助脱贫；天堑变通途、灯火照万家、兴水润城乡、网络联世界、山乡展新姿；新区崛起、我要搬家、贴心服务、农村新貌；扶智断穷根、健康惠民生、文化促和谐、感恩摘穷帽；挂帮记忆、驻村往事、社会情怀、岁月如歌、政府情怀；谋划与部署、奉献与实效、山海相连；乌蒙铁军、一线作战、铁纪护航等32个栏目，力求反映这段各级干部和广大群众极为不平凡的奋斗历程、及其珍贵的创业史料，体现中共中央“五级书记”抓精准脱贫的要求和我县在市委“133”脱贫攻坚思路的指引下，贯彻落实中央省市县关于精准扶贫、精准脱贫的决策部署，展现脱贫攻坚取得的历史性重大成就，展示小康画卷的绘就之路，引领读者深切领悟党的初心使命，深切体会模范典型的人格魅力、精神力量，深切感受脱贫攻坚生动实践的历史厚重感、庄严使命感和鲜明时代感，再现时代记忆，引发情感共鸣，激发前行动力，起到“存史资政、团结育人”的作用。

文字的价值在于其所承载的时代精神，其背后映射的是辛勤耕耘。《昭通市脱贫攻坚大决战实录·威信卷》从谋划到成书近一年的时间里，倾注了各级各相关部门和广大干部群众的心血。县委书记肖顺兴、县人民政府县长李沅勇等领导多次对编好这本书提出指导意见和要求，亲自为本书作序，“四班子”主要领导亲自带头撰文，提供了脱贫攻坚珍贵的第一手资料，起到了较好的示范带动作用。各级各有关部门各行业积极响应，认真组织征集和撰稿工作，在开展工作之余，花时间和精力给我们写稿、赐稿，充分反映各自工作最大的特色和亮点。县委、县政府各处级领导，10个乡镇党委书记和行业扶贫部门领导积极撰文，对其分管行业和部门提供的稿件严格把关和审核。县政协在“精”字上下功夫，多次召开专题会议研究和安排，集中集体智慧反复研讨编撰思路和提纲，集中力量投入稿件征集和编审。特别是负责汇稿工作的文化文史和学习委主任张正茂同志和白尚芬、周元珠、罗吉芬、詹生才、周睿、赵耀、刘瑶、郑方星等8名从相关部门抽调的责任心强、文字功底扎实，工作认真负责，有编撰工作经验的同志，在编辑、组稿、校对工作中尽了最大努力，贡献了聪明智慧，付出了辛勤劳动，力求把这本书编撰为无愧于脱贫攻坚伟大实践的优秀文史资料，奉献时代，奉献人民。在付梓之际，我谨代表威信县政协向曾经和如今仍在一线奋战的同志们表示崇高的敬意！向各撰稿单位以及为此书付出辛勤汗水的工作人员表示衷心的感谢！

脱贫历程铭记于心，攻坚记忆永不消失。在全县脱贫攻坚的伟大事业中，县委县政府牢记使命，率领各级各部门聚焦脱贫摘帽、全面实现小康，打好组合拳，用驰而不息的信念、滴水穿石的恒心、久久为功的韧劲、攻坚克难的干劲，闻鸡起舞谋脱贫、日夜兼程抓落实、不舍昼夜推进度、夙夜在公为民生，坚决打赢脱贫攻坚硬仗的担当作为。各级干部以“静夜之思、清晨之问，案无积卷、事不过夜”的工作作风，一直坚持奋斗在崇山峻岭，奉献在千家万户，拼搏在日日夜夜，以苦干、实干和实绩诠释了对党忠诚和为民情怀。许多同志轻伤不下火线，带病坚持工作；有的同志身体严重透支，累倒在工作一线，甚至献出宝贵的生命；有的支持儿女在一线建功立业，为他们加油鼓劲；有的父母、子女、兄弟姊妹齐上阵；有的夫妻共同奋战在攻坚一线；有的独自承担起扶老顾小的家庭重担毫无怨言，十天半月难见一面；有的即将退休仍干劲不衰；有的一再推迟婚期……感人事迹精彩纷呈，脱贫历程记忆犹新，攻坚记忆历历在目。我们传承秉笔直书的精神，希望通过一个个真实孤立零散的故事，把《昭通市脱贫攻坚大决战实录 · 威信卷》的无数片段串成一条完整的历史记忆链条，为今后进一步总结威信脱贫攻坚经验、提炼威信脱贫攻坚精神留下珍贵史料，提供有益参考。但由于涉及范围广，难以面面俱到，加之受篇幅的限制，很多领导干部扶贫的感人故事，很多部门的辛勤付出，很多一线干部的先进典型，很多群众力战贫困的感人事迹，没有一一记录；对集中来自某个行业、某个乡镇的一些好稿，仅能择其一二，对不少好稿只能忍痛割爱，在此深表歉意！

不忘初心砥砺行，老区威信翻新篇。在威信顺利实现脱贫摘帽，全力巩固脱贫成果，推动脱贫攻坚和乡村振兴有机衔接，谱写开启全面建设社会主义现代化国家新征程威信篇章之际，我们谨以《昭通市脱贫攻坚大决战实录 · 威信卷》这一部勠力同心、砥砺前行的创业志，这一部奋进新时代、阔步新征程的奋斗史，向攻坚克难、共克时艰、顽强战胜贫困最终取得脱贫决定性胜利的威信人民献礼！向威信全面建成小康社会献礼！向中国共产党建党 100 周年献礼！

由于我们水平有限，瑕疵之处在所难免，敬请广大读者批评、指正。

2021 年 1 月

（作者时任威信县政协党组书记、主席）

《昭通市脱贫攻坚大决战实录》后记

经过半年的谋划，历时一年的编撰，《昭通市脱贫攻坚大决战实录》（一套书共 19 卷，其中市级 8 卷、县市区 11 卷）终于在党的百年华诞之际与广大读者见面了。这既是政协昭通市第四届委员会文史工作的成果展示，又是对我市脱贫攻坚工作客观真实的记录，更是用真实的故事展示历史资料的大胆尝试。

反贫困是世界性难题，也是现代国家面临的迫切任务。党的十八大以来，以习近平同志为核心的党中央把扶贫开发摆到治国理政的重要位置，提升到事关全面建成小康社会、实现第一个百年奋斗目标的新高度，纳入“五位一体”总体布局和“四个全面”战略布局进行决策部署，加大扶贫投入，创新扶贫方式，出台系列重大政策措施，扶贫开发取得巨大成就。

昭通作为全国、全省脱贫攻坚的主战场，是最难啃的“硬骨头”，2015 年习近平总书记首次离京考察就到昭通，并对昭通脱贫攻坚工作提出了“三个更加”的重要指示要求。昭通全市上下牢记习近平总书记的殷切嘱托，坚持把脱贫攻坚作为全市工作的主题主线，坚持“双统领”“双保障”“双推进”，践行“133”工作思路，汇聚中央和省定点单位、东西部扶贫协作、社会扶贫和各族干部群众磅礴力量，在昭通脱贫攻坚主战场上打响了一场史无前例的脱贫攻坚大决战，长期困扰昭通发展的主要“瓶颈”得以突破，实现根本性跨越，全市185.07万贫困人口全部脱贫、1235个贫困村全部出列、10个贫困县（区）全部摘帽，昭通大地发生了翻天覆地的变化，困扰昭通千百年的绝对贫困得到历史性解决。

为充分发挥政协文史资料“存史、资政、团结、育人”功能，客观、真实地记录昭通市在脱贫攻坚中各项建设和群众生活发生的变化，记述各级干部群众在脱贫攻坚工作中可歌可泣的感人故事，市政协党组拟组织相关部门、专家对2015年至2020年我市开展脱贫攻坚的重大事件、典型故事进行搜集整理，编撰《昭通市脱贫攻坚大决战实录》丛书。

在市政协成联远主席亲自关心和指导下，编委会拟订了编撰工作的初步方案和《昭通市脱贫攻坚大决战实录》的整体框架，并于2019年8月7日向市委报送了关于编撰《昭通市脱贫攻坚大决战实录》的请示，市委杨亚林书记批示“此项工作很有意义，同意组织编写，请联远主席牵头负责”，按照市委的批示，市政协党组迅速行动，成联远主席亲自安排、统一部署，及时组织专家拟出了《昭通市脱贫攻坚大决战实录》编撰任务分解方案，经反复讨论、多次修改后，于2020年3月30日上报市委，市委杨亚林书记批示“同意所报方案，客观精准务实地做好工作”。

2020年4月14日，市政协组织召开了《昭通市脱贫攻坚大决战实录》专题会议，市委副书记朱家伟出席会议并作动员讲话，编撰工作在全市正式启动，会议统一了认识、明确了要求。为进一步细化任务、落实责任，编委会于2020年4月23日印发了《昭通市脱贫攻坚大决战实录》编撰任务分解方案的通知，加强对市级单位和县区市编撰工作的指导。随后，市政协副主席陶仁带领专家对11县市区的编撰工作进行了调研、培训、指导、督促，推动各县市区编撰工作有效开展。针对全市编撰工作存在的问题，编委会经反复研究，统一思想，召开了由40多个市级部门参加的征求意见协商座谈会，在此基础上，进一步完善了编撰任务细化量化分解方案，印发到各县市区加强指导，并于2020年7月16日召开了《昭通市脱贫攻坚大决战实录》编撰工作推进暨培训会议，推进编撰进度，提升编撰水平。

为把《昭通市脱贫攻坚大决战实录》打造成“建党一百周年特别献礼工程”“昭通脱贫攻坚工作特别纪念”，市政协抢抓时间，及时出台系列配套文件，明确了市政协机关各委室联系各单位、部门及市政协委员，专门负责催稿工作，2020年10月底稿件收集基本结束。为使编辑审稿工作有序推进，落到实处，市政协从昭通学院和市委党史研究室聘请专家对编辑工作进行审稿（其中，昭通学院教授唐靖负责市级篇章《综合卷》和《巧家卷》，市政协原经农委主任王华国负责市级篇章《产业就业扶贫卷》和《鲁甸卷》，昭通学院教授傅奠基负责市级篇章《基础设施建设卷》和《盐津卷》《大关卷》，昭通学院教授陈玥负责市级篇章《易地搬迁扶贫卷》和《永善卷》，昭通学院教授王琼负责《民生扶贫卷》和《镇雄卷》，昭通学院教授任继敏负责市级篇章《挂钩帮扶及社会扶贫卷》和《水富卷》，昭通学院教授周玲负责市级篇章《扶贫协作卷》和《彝良卷》《威信卷》，市委党史研究室副主任翟昭明负责市级篇章《组织保障卷》和《昭阳卷》《绥江卷》）。2020年11月18日，市政协陶仁副主席主持召开《昭通市脱贫攻坚大决战实录》统稿工作会，统一了丛书形式和内容、结构和逻辑框架。

在市政协党组的坚强领导下，在各位编撰专家、市直各单位、市政协机关各委室、各县市区政协以及编撰办公室成员的大力支持和共同努力下，经夏历冬，数易其稿，2021年3月初，《昭通市脱贫攻坚大决战实录》样书基本成型。2021年3月17日，市政协副主席陶仁主持召开《昭通市脱贫攻坚大决战实录》样稿讨论会，进一步推动《昭通市脱贫攻坚大决战实录》编辑出版工作。

首先，本丛书的编撰出版得益于各级领导的正确领导，特别是市委杨亚林书记、市政府郭大进市长、市委朱家伟副书记的指导和支持。其次，本丛书的编撰出版得益于市政协党组的坚强领导，特别是成联远主席亲自指挥，亲自督战，亲自修订纲要，并亲自撰写总序和文章。第三，本丛书的编撰出版得益于全市200余家单位和部门的积极参与，全市领导干部，基层工作人员，脱贫攻坚督导员、驻村工作队员，政协委员，他们不仅是脱贫攻坚一线指战员，同时还撰写亲身经历脱贫攻坚工作的真实故事。据统计，全市共有 1700 余人参与《昭通市脱贫攻坚大决战实录》撰稿工作中，收到初稿 2526 篇。应该说，本丛书的编撰工作是我市脱贫攻坚工作的有机组成部分，同样也凝聚着全市干部群众的智慧和心血，是集体智慧的结晶。最后，特别要提的是昭通学院对本丛书编撰工作的支持和帮助。昭通学院党委大力支持《昭通市脱贫攻坚大决战实录》的编撰工作，在师资紧缺的情况下，委派出周玲、傅奠基、唐靖、陈玥、任继敏、王琼等六位教授参与编撰工作中，为编撰工作注入了智慧和力量。

在编撰《昭通市脱贫攻坚大决战实录》时，编撰专家精心筛选、整理、提炼，力求将那些散落于基层的珍珠捡拾起来，洗尽铅华，还原本真，形成真实的历史故事，最终确定收入《昭通市脱贫攻坚大决战实录》的稿件 1936 篇，600 多万字。这套书注重文史资料“亲历、亲见、亲闻”原则，以第一人称行文，部分新闻通讯、消息类稿件，在公开媒体上发表过，体现新闻的真实性，也作为资料收录，补充《昭通市脱贫攻坚大决战实录》内容。编者旨在通过真实、感人的故事让脱贫攻坚工作在时代的聚光灯下接受检阅，给过往和经历者以心灵的依稀穿越，获取一种灵魂的战栗和反思。同时，给不曾经历，甚至不曾听闻过的后人以另一种历史的演绎，告诉他们当年自己的祖先那段荡气回肠、可歌可泣的脱贫史。

虽说《昭通市脱贫攻坚大决战实录》丛书已呈现在读者面前，但由于编撰时间紧迫、人手不够、水平有限，不免存在内容欠全面、认知不到位、归类难把握等问题和瑕疵，恳请各位方家在阅读过程中批评指正，不吝赐教，我们定当虚心接受意见建议，进一步加以修改完善，以遗后人，真正达到“存史、资政、团结、育人”之目的。

（编委会办公室）